《21世纪交通文化建设研究与实践》系列丛书

航标文化

孔繁弘　主　编
韩　伟　葛树增　副主编

人民交通出版社
China Communications Press

图书在版编目（CIP）数据

航标文化／孔繁弘主编.—北京：人民交通出版社，2008.4
ISBN 978-7-114-07019-8

Ⅰ.航… Ⅱ.孔… Ⅲ.航标－文化 Ⅳ.U644

中国版本图书馆CIP数据核字（2008）第026621号

《21世纪交通文化建设研究与实践》系列丛书
书　　名：航标文化
著 作 者：孔繁弘
责任编辑：张征宇　乔文平
出版发行：人民交通出版社
地　　址：（100011）北京市朝阳区安定门外外馆斜街3号
网　　址：http://www.ccpress.com.cn
销售电话：(010) 85285838,85285995
总 经 销：北京中交盛世书刊有限公司
经　　销：各地新华书店
印　　刷：中国电影出版社印刷厂
开　　本：787mm × 980mm　1/16
印　　张：24.25
字　　数：430千
版　　次：2008年4月第1版
印　　次：2008年5月第2次印刷
书　　号：ISBN 978-7-114-07019-8
印　　数：4001-7000册
定　　价：68.00元
（如有印刷、装订质量问题的图书由本社负责调换）

《航标文化》研究工作领导小组

组　　长	徐俊池
常务副组长	徐津津　王金付
副 组 长	孔繁弘　洪　冲　谭永烈　杨盘生　韩　伟 邱　铭
成　　员	宋永强　王敬东　辛艺强　马亚平　孙洪志 葛树增　李矩海　杨晓霖　聂乾震　刘德珍
主　　审	王先进
主　　编	孔繁弘
副 主 编	韩　伟　葛树增
编写人员	葛树增　王学秀　袁同凯　刘华芹　王英志 刘凤香　李　汶　范冠华　马亚平　孙洪志 李鲜枫　王　汶　王文建　高　峭
专家顾问	郭　莘　郑和平　赵亚兴　金胜利　王英志 肖维强　阎晓明　李　汶　李矩海　陈锦德

总 序

国民之魂，文以化之；国家之神，文以铸之。“加强文化建设，明显提高全民族文明素质”，是党的十七大提出的实现全面建设小康社会奋斗目标的新要求。胡锦涛总书记在党的十七大报告中明确指出：“当今时代，文化越来越成为民族凝聚力和创造力的重要源泉、越来越成为综合国力竞争的重要因素，丰富精神文化生活越来越成为我国人民的热切愿望。要坚持社会主义先进文化前进方向，兴起社会主义文化建设新高潮，激发全民族文化创造活力，提高国家文化软实力，使人民基本文化权益得到更好保障，使社会文化生活更加丰富多彩，使人民精神风貌更加昂扬向上。”这不仅深刻阐明了兴起社会主义文化建设新高潮的重大现实意义和深远历史意义，更为新时期加强文化建设指明了方向和路径。

交通文化是社会主义先进文化的重要组成部分，是交通行业的灵魂，是实现交通又好又快发展的重要精神支柱。交通运输是支撑经济良性发展、促进社会全面进步的基础性、先导性产业和服务性行业，服务是其本质属性。基于这一认识，我们提出了“交通发展要服务国民经济和社会发展全局、服务社会主义新农村建设、服务人民群众安全便捷出行”，提出了“发展现代交通业，建设一个更安全、更通畅、更便捷、更经济、更可靠、更和谐的现代公路水路交通系统”。从文化的角度看，这也正是我们基于交通运输的本质属性和交通行业的神圣使命所作出的价值选择，是交通文化的核心内涵，是引导交通事业科学发展的价值导向，也是贯彻落实党的十七大关于加强社会主义文化建设的具体体现。

交通部党组高度重视文化建设工作。2006年全国交通工作会议明确提出：“努力建设具有鲜明行业特点和时代特征的交通文化，用文化和精神的力量凝聚全行业，使交通行业更加充满活力，不断开创交通事业发展的新局面。”2006年6月26日召开的全国交通行业精神文明建设工作会议更加明确地提出：“加强交通文化建设，努力增强行业软实力”，力争文化建设在今后五年内取得明显进展。随后，部印发了《交通文化建设实施纲要》，对交通文化建设的指导思想、目标任务、工作原则和工作措施作出了具体安排和部署。这是交通部颁布的第一个有关交通文化建设的重要文件，它强调新时期交通文化建设要深入贯彻科学发展观和构建社会主义和谐社会的要求，建设具有鲜明时代特点和交通行业特色的精神文化、制度文化和物质文化；要以实践社会主义荣辱观为主线，以弘扬爱国主义为核心的民族精神和以改革创新为核心的时代精神为重点，大力加强精神文化建设；要在实践中加强探索和研究，系统总结交通文化建设的丰硕成果，确立符合先进文化前进方向和交通事业发展要求的交通行业的核心价值体系；要实施"五个一工程"，即形成一批交通文化研究成果，提炼一种交通精神，征集确定一个交通行业徽标，创作一批交通文艺作品，完善一批交通博物馆，将全行业文化建设提高到一个新水平，全面增强交通文化的吸引力和感召力，不断增强交通行业的凝聚力，提升交通行业的影响力，提高交通发展的软实力，为交通事业又好又快发展营造良好的文化环境。

为全面深入推进交通文化建设工作，2006年11月部务会议研究决定成立了交通文化建设研究工作指导委员会，按照行业文化、系统文化、专业文化、组织文化四个层次，分别成立了交通行业文化建设研究总课题组和公路文化、道路运输文化、交通规费征稽文化、港口文化、海事文化、救捞文化、船检文化、航海文化、廉政文化、公路执法文化、长江航运文化、交通公安文化、路文化、桥文化、车文化、站文化、船文化、航标文化、航道文化、交通行政机关文化、交通企业文化和交通事业单位文化等22个子课题组，由行业内有一定研究基础、有积极性、有较好的支撑条件、具体代表性的部门或单位牵头，并邀请文化学、管理学、社会学等方面的专家学者共同参与，按照力求出精品的要求，系统地开展了交通文化研究工作。经过广大研究人员一年多的辛勤劳动和艰苦努力，研究工作进展顺利，取得了一批可喜的研究成果。出版这套多卷本的《21世纪交通文化建设研究与实践》系列丛书，是交通文化建设研究成果的重要组成部分。丛书从多个层面、多个领域系统地总结了交通文化源远流长的发展历史、积淀丰厚的特色文化、形式多样的实践活动、绚丽多彩的建设成果。"系统文化"侧重于交通行业不同系统的特色文化研究，重点提炼和阐述了各系统具有系统特色的价值理念；"专业文化"侧重于不同专业领域的特色文化研究，重点收集、挖掘和整理了交通行业物质文化成果；“组织文化”侧重于交通行业不同组织的特色文化研究，重点梳理、凝炼和展示了各类交通组织的特色价值理念、行为规范和形象标识。整个研究工作坚持以社会主义核心价值体系为指导，将“铺路石”、“航标灯”等交通行业传统精神与包起帆、许振超、陈刚毅等先进典型所展现的时代精神有机结合，在建设交通行业核心价值理念体系方面做了积极探索。

交通文化建设是一项长期性、系统性、复杂性的工作，既要整体部署，又要稳步推进。近年来，尤其是实施《交通文化建设实施纲要》以来，全行业日益重视交通文化建设，注重丰富交通发展的文化内涵，取得了一些有行业特点和时代特征的文化成果，涌现了青岛港、天津港等一批优秀企业文化建设单位和青岛交运集团“情满旅途”、南京长途汽车站“爱心始发站”等一批知名服务品牌，形成了南京交通局“交通文化通论”等一批理论研究成果。《21世纪交通文化建设研究与实践》系列丛书的出版发行，对于全国交通行业深入贯彻落实党的十七大精神，兴起交通文化建设新高潮，进一步提高交通行业凝聚力和战斗力，推动交通事业又好又快发展，切实做好“三个服务”，必将起到重要的推动作用。

交通部部长 李盛霖

二〇〇七年十二月十三日

导论

交通为人员流动和物资流通提供基础条件，为人和物的空间位移提供运输服务，是支撑经济良性发展、促进社会全面进步的基础性产业和服务性行业。交通是一个古老而年轻的行业，自农业社会到工业社会以至信息社会，交通就一直伴随着人类文明的发展而演进，并构成人类文明的重要组成部分。中国是一个具有悠久历史的文明古国，在延绵数千年的文明进程中，曾造就了其他文明古国概莫能及的相对发达的交通体系；新中国成立后，中国交通事业进入一个崭新的发展阶段，经过近60年的建设尤其改革开放近30年的建设，交通发展在数量规模、质量水平和结构层次等方面都发生了翻天覆地的变化，取得了举世瞩目的成就，已跻身世界交通大国之列，正朝着世界交通强国迈进。中国交通发展的历史伟绩和现代成就为中华文明和世界文明做出了重大贡献，与此同时，在这个历经风雨的漫长岁月中，勤劳智慧的中华民族创造了与历史俱进、与时代同步的丰富多样、绚丽多彩的交通文化，为中华文化和世界文化的不断发展增添了更加丰富的内涵和更为亮丽的色彩。

一、交通文化的概念

理解交通文化的概念需先考查文化的概念。关于“文化”一词，长期以来，国内外一直没有形成统一的定义。但是，人们对文化内涵的解释还是存在共识，一般认为：文化是人类在社会历史发展过程中不断创造的各种精神财富、制度体系和物质财富的总和，其核心内容是人类创造各种精神财富、制度体系和物质财富所秉持的或反映出的价值理念。这是人们对社会主文化内涵所作的解释。基于这一认识，人们于是对隶属于社会主文化的各种亚文化的概念也做出了界定，如组织文化、系统文化和行业文化等。

交通文化也是隶属于社会主文化的一种亚文化，交通文化建设的理论渊源是文化人类学。对于交通文化的概念，可以根据社会主文化概念的核心内容和基本要素作出界定：交通文化是交通行业在长期的交通建设、运输和管理实践中逐步形成并不断发展的为广大交通员工所普遍认同并付诸实践的具有鲜明行业特点和时代特征的价值理念，是交通行业各种精神文化、制度文化和物质文化的总和，是交通发展的重要成果，是交通文明的重要结晶。其中，精神文化是交通行业的核心文化，是交通行业纲领性的核心思想，是指导交通发展的核心价值；制度文化是交通行业的浅层文化，是交通行业制定并执行办事规程、道德规范和行为准则所秉承的价值理念；物质文化是交通行业的表层文化，是交通行业生产物质实体、展现外在形象所秉承的价值理念。对于这一概念，可从以下角度进一步理解其内涵：

交通文化的核心内容是价值理念。价值理念属于意识形态或思想认识范畴，体现为交通行业对交通发展所秉持的态度、所采取的方式和所表现的行为，为交通发展所倡导的精神、所制定的规范和所树立的形象，这些态度、方式和行为都自觉或不自觉地反映了交通行业所秉承的价值理念，从而形成了交通文化。

交通文化的本质要求是强调实践。交通文化是交通行业普遍认同并付诸实践的价值理念，其突出强调价值理念的实践性，强调所倡导的价值理念要得到普遍认同和真正落实，要使之内化于心、固化于制、外化于形，从而在交通建设、运输和管理实践中发挥出实际的作用，为交通发展提供精神动力、制度保障和物质基础。

交通文化的层次定位是行业文化。从价值理念的从属主体来看，有国家的、民族的、组织的和个人的价值理念等，交通文化则属于整个交通行业的价值理念。因此，交通文化是对整个交通行业各部门、各单位价值理念的提炼与整合，代表了交通行业从业人员的主流思想，代表了整个行业广泛认同和普遍接受的价值理念。

交通文化的鲜明个性是交通特色。交通文化是交通行业的特色文化。各个行业的特色文化在其形成和发展过程中，虽然受到整个国家、民族的价值理念的影响，但各个行业生产特征、服务要求和管理模式存在很大差异，其价值取向也必然存在较大差异。交通作为经济社会发展的基础性产业和服务性行业，其所秉承的价值理念自然也有别于其他行业，从而有其自身鲜明的个性特色。

二、交通文化的特点

不同行业有其各自的结构形态和嬗变沿革，以及不同的静态表征和动态特征，因而体现出与之相对应的文化体系特点。从这方面考察，交通文化具有多样性、层次性、传承性、时代性等突出特点。

交通文化的多样性。交通行业由多个系统、多种专业、多种组织构成。从职能范围看，交通行业主要有公路建设与管理、道路运输、规费征稽、港口、航运、海事、救捞、船检、公安等系统；从专业性质看，交通行业主要有公路、桥梁、车辆、站场、船舶、航标、航道等专业领域；从组织性质看，交通行业主要有行政机关、执法单位、交通企业和事业单位等组织。不同的系统、专业、组织都有其自身的生产特征、服务要求和管理模式，因而具有不尽相同的价值理念，从而形成了文化的多样性。交通文化的多样性，要求交通文化建设要充分考虑不同文化价值理念的个性与共性，整个行业的文化建设在价值理念的提炼和价值体系的整合上要兼收并蓄、博采众长，从而形成能为整个行业广泛认同并普遍接受的价值理念。

交通文化的层次性。按照交通行业的职能、专业和组织等分类，可将交通文化细分为交通系统文化、交通专业文化和交通组织文化，各组成部分按照某种秩序有机结合，呈现出一定的层次性。其中，行业文化是一个面，系统文化是一条线，组织文化是一个点，专业文化则可看作对系统文化的细分，因为公路、桥梁、车辆、站场、船舶、航标和航道等是隶属于各交通系统的物质实体。整个交通文化体系因此呈现出一种"点-线-面"式的层次特征。各层次文化所秉承的价值理念具有内在的联系，一般来说，上层文化价值理念是对下层文化价值理念的归纳，上层文化更为抽象，下层文化更为具体。交通文化的层次性，要求提炼、整合交通行业的价值理念要自下而上、由点到面，逐层归纳，从而形成具有深厚基础的价值理念。

交通文化的传承性。交通文化形成于交通发展的实践，并随着交通的发展而发展。交通发展过程就是交通文化形成的过程，交通发展的历史沿革就是交通文化的传承沿革。交通发展在不同时期面临着不同的发展任务和发展条件，因而有着不同的价值理念和文化内涵。传承是发展的基础。交通文化的传承性，要求用历史唯物主义和辩证唯物主义的观点和方法去认识交通文化，从源远流长、积淀丰厚的发展历史中发掘、提炼交通文化的价值理念元素，充分吸收传统文化的合理成分，进而将交通行业优良的传统文化发扬光大。

交通文化的时代性。中国乃至世界交通发展都已进入新的阶段，快速推进中的中国交通现代化要求坚持科学的价值理念，发展先进的交通文化，以此促进交通事业又好又快发展。因此，建设交通文化，必须坚持先进文化前进方向，在传承交通传统文化的基础上，充分融入现代意识，不断丰富和发展其科学内涵，确立具有时代特征的价值理念，发展具有现代意识的物质文化、制度文化和精神文化体系。

三、交通文化的功能

交通文化的作用集中体现在"内聚人心、外塑形象"两个方面，具有凝聚、导向、激励、约束、外塑和辐射等基本功能。认识这些基本功能，是认识交通文化的建设目的与建设意义的基础。

交通文化的凝聚功能。交通文化所倡导的价值理念一旦为整体行业认同并接受，就成了千百万从业人员共同的理想与追求，进而以其强大的粘合力，从各个方面将整个行业及其成员聚合起来，形成巨大的向心力和凝聚力，形成强烈的集体意识与团队精神，为实现共同的理想与追求而齐心协力、共同奋斗。

交通文化的导向功能。交通文化所倡导的价值理念是整个行业的共同理想和共同追求的集中反映，代表了千百万交通人的主流思想和主流意识。这种共同的理想和追求，通过教育和灌输，会引导行业的个体与群体在思想、观念上做出调整，使其与整个行业所确立的价值取向保持一致，从而起到一种导向作用。

交通文化的激励功能。交通文化建设的核心要旨是以人为本、以文化人，强调确立共同的理想、营造和谐的氛围。这些都有利于增强各部门、各单位干部职工的使命感和责任感，激发干部职工的积极性和创造性，使广大干部职工乐于参与交通建设，乐于发挥聪明才智，为实现共同理想、实现自身价值而做出努力。

交通文化的约束功能。交通文化一旦形成，就建立了自身系统的价值理念，就为行业整体及其成员明确了价值取向，同时也确立了道德规范和行为准则，从而对行业整体及其成员起到一种约束作用。但是，这种约束具有自觉性，是一种软约束，这种软约束产生于整个行业的文化氛围，使各个成员产生共鸣，继而达到自我控制。

交通文化的外塑功能。交通行业特色文化所倡导并实践的价值理念是交通行业的旗帜，旗帜就是形象，这种形象包括理念形象、行为形象和视觉形象。这些形象是社会公众了解和评价交通行业的标志和表征。因此，交通文化具有外塑形象的重要功能。

交通文化的辐射功能。交通文化的辐射功能主要体现在所倡导并实践的价值理念通过外化而为广大社会公众所了解、所感受，会影响整个社会价值理念的形成与发展，从而使交通文化成为社会主文化的生长点和贡献源，为社会主义文化大发展、大繁荣做出贡献。

四、交通文化的载体

凡文化均有其价值理念的承载体或附着体。人类通过劳动创造文化。人类的劳动作用于自然形成物质文化，作用于社会形成制度文化，作用于人类自身形成精神文化。交通文化的载体主要包括主体载体、组织载体、制度载体和物质载体等。从根本上说，建设交通文化就是建设和优化这些载体。

主体载体。交通行业从业人员是交通行业的主体，自然也是交通文化的主体。交通行业从业人员既是交通行业价值理念的倡导者和实践者，也是交通行业价值理念的承载者和传播者。交通文化说到底是交通人的文化，是交通人的思想意识和价值取向。建设交通文化，要注重人的决定性因素，突出人的主体性地位，一是注重发掘广大从业人员的价值理念元素，确立具有深厚群众基础的价值理念体系；二是注重依靠广大从业人员建设交通文化，践行价值理念；三是注重通过文化建设来提升广大从业人员的综合素养，运用文化的力量来增强从业人员的凝聚力和向心力，激发交通从业人员的积极性和创造性。

组织载体。交通行业的行政机关、事业单位和交通企业等各种组织，既是交通行业的基本单元，也是交通文化建设的基本单元。这些组织作为交通文化的载体，与文化的内在联系主要体现在以下几个方面：一是组织内涵反映组织文化的性质。组织内部共同的目标追求、一致的价值取向、和谐的分工合作都是文化使然，其既是文化作用的结果，也是文化自身的表征。二是组织结构体现组织文化的个性。组织结构决定了组织内部的职责关系，其选择和形成受到组织文化的影响，并反作用于组织文化，从而使得不同的组织结构体现出不同的文化个性。三是组织功能体现组织文化的要求。组织的功能主要体现在整合人力资源、规范人的行为、满足人的需要，从而履行组织使命，实现组织目标，这些功能和作用与组织文化的功能和作用是一致的，正好体现了组织文化建设的目的和要求。建设交通文化，要求将组织建设作为重点内容，着力提升组织管理理念，改进组织管理方式，按照科学管理、规范管理的要求，优化组织的内部结构与协作关系。

制度载体。制度是要求组织成员共同遵守的办事规程、道德规范和行为准则。组织制度和组织文化之间关系十分密切。一方面，组织文化是组织制度制定与执行的重要决定因素，影响着组织制度的形成及其功效的发挥。组织制度是组织文化的产物，组织制度所具有的规范约束和激励作用等本身就体现了组织文化建设的直接目的和内在要求。这样，组织制度就成为了组织文化的重要载体，组织制定并执行各种办事规程、道德规范和行为准则都反映了组织文化所倡导的价值理念。另一方面，组织制度对组织文化的形成和发展也具有重要影响，有什么样的组织制度也必然会使组织成员表现出相应的处事态度和行为方式，从而营造相应的组织氛围、孕育相应的组织文化。建设交通文化，要求将制度建设作为重点内容，按照以人为本、科学管理的要求，以实现员工价值、规范员工行为为价值取向，着力健全组织内部的管理制度，推进制度创新与制度变革。

物质载体。物质载体是反映交通文化特色内容的重要载体和交通文化先进程度的重要标志。交通文化的物质载体主要包括以下几类：一是交通行业的生产资料，包括基础设施、运输装备及其支持保障系统，如公路、桥梁、车站、港口、航道、航标、车辆和船舶，办公场所、生产车间和服务场所等，这是交通生产力的物质基础，其外形特征、结构特点、技术价值、美学价值、历史价值、民族特色、地域特征、人文内涵及其社会经济意义等，是交通文明的重要标志，也是交通文化的重要特色所在。二是交通行业的形象标识，如各系统、部门和组织的徽标、着装和歌曲等，这也是交通文化的可感知性象征物，充分体现了交通文化的个性和风格。三是交通行业各种组织保障员工基本权益、提升员工综合素养的各种实体手段，如保健、卫生和安全等设施，技术培训、职业教育和文化教育等文化设施，这些也都充分体现了交通文化的个性和风格。建设交通文化，要求将物质载体建设作为重点内容，既要着力保证物质实体的经济社会意义，也要着意丰富物质实体的技术价值、美学价值、历史价值、民族特色、地域特征和人文内涵，着力提升交通行业的外在形象。

五、交通行业的价值体系

交通文化建设坚持社会主义先进文化前进方向，用马克思主义中国化最新成果武装和教育广大干部职工，用中国特色社会主义共同理想凝聚力量，用以爱国主义为核心的民族精神和以改革创新为核心的时代精神鼓舞斗志，用社会主义荣辱观引领风尚。经过长期的探索与实践，交通行业逐步形成了具有鲜明行业特色和时代特征的交通精神文化、制度文化和物质文化，形成了实践证明对于引导交通事业快速发展、科学发展、和谐发展具有重要指导作用的价值体系。

（一）行业使命：发展现代交通，做好“三个服务”

发展现代交通，促进民富国强，是国家和人民赋予交通行业的神圣使命。交通是支撑经济良性发展、促进社会全面进步的基础性产业和服务性行业，是促进经济增长、优化产业布局、改善人民生活、保障国家安全、维护社会稳定的基础条件和重要依托。交通发展的主要任务是发展现代交通业、实现交通现代化，根本目的是促进人民富裕、实现国家强盛。在目前及今后相当长时期内，交通行业围绕履行这一使命，必须把握世界交通发展的总体趋势和我国交通发展的阶段特征，着力调整交通结构、转变发展方式、推进自主创新、完善行业管理，加快推进交通由传统产业向现代服务业转型，努力提高做好“三个服务”（服务国民经济和社会发展全局，服务社会主义新农村建设，服务人民群众安全便捷出行）的能力和水平。

（二）共同愿景：建设一个更安全、更通畅、更便捷、更经济、更可靠、更和谐的现代化公路水路交通运输系统，实现人便于行、货畅其流，让人们享受高品质

的运输服务，让经济社会发展更加充满活力，让交通与自然、交通与社会更加和谐。

交通行业致力于建设一个更安全、更通畅、更便捷、更经济、更可靠、更和谐的现代化公路水路交通运输系统，体现了交通行业基于自身使命而对未来交通发展愿望与发展前景的美好憧憬，对未来交通发展目标与发展效果的理想追求，是交通行业重要的价值取向。为实现这一愿景，一代代交通人前赴后继，作出了艰苦卓越的不懈努力，取得了举世瞩目的巨大成就，交通事业各个方面不断地实现了历史性突破和跨越式发展。目前，公路主骨架、水运主通道、港站主枢纽和支持保障系统建设全面推进，高速公路、特大桥梁、长大隧道和专业码头建设快速发展，万车竞发、百舸争流的繁荣景象已经初步形成，货畅其流、人便于行的良好效果已经日益显现，现代化公路水路交通运输系统已经初具规模，更加宏伟的发展目标正在又好又快地大力推进之中，交通发展的美好愿景必将成为现实。

（三）交通精神：艰苦奋斗、勇于创新，不畏风险、默默奉献

交通精神是民族精神和时代精神在交通实践中的生动体现，是对交通行业先进典型精神内核的高度概括，是交通行业广大从业人员共同创造的精神财富，是交通行业履行自身使命、实现共同愿景的强大动力，代表了交通行业广大从业人员的思想意志和精神风貌。交通精神的核心要素是“艰苦奋斗、勇于创新，不畏风险、默默奉献”。

艰苦奋斗是交通行业的优良传统。立足我国建设任务繁重、经济基础薄弱的基本国情，交通行业各条战线广大员工，本着高度的使命感和责任感，始终保持勤俭节约、艰苦朴素、拼搏进取、努力奋斗的优良传统，大力推进我国的现代化交通建设，确保交通发展的质量、效益和效率，创造了无数可圈可点的光辉业绩，涌现了以“一代人要有一代人的作为、一代人要有一代人的贡献、一代人要有一代人的牺牲”的“青岛港精神”，“胸怀祖国、热爱边疆的爱国精神，刻苦钻研、勤奋好学的进取精神，不懈探索、敢于突破的创新精神，恪尽职守、忘我工作的敬业精神，淡泊名利、清正廉洁的自律精神，生命不息、奋斗不止的拼搏精神”这一“刚毅精神”，以及“勇闯新路、改革进取的精神，干字当头、艰苦奋斗的精神，遵纪守法、诚实劳动的精神，领导干部以身作则、吃苦在前、享受在后的精神”这一“华铜海精神”等为代表的彰显艰苦奋斗精神的先进典型。

勇于创新是交通行业的时代追求。锐意进取、勇于创新，是交通行业在长期的改革与发展实践中不断适应新的形势变化和发展要求，有效解决突出矛盾和问题，不断取得重大进展与突破的成功经验。长期以来，交通行业抓住机遇、与时俱进，

注重理念创新、科技创新、体制机制创新和政策创新，为实现交通事业又好又快发展提供不竭动力，涌现了以“报效祖国，服务人民的主人翁精神，立足本职、追求卓越的敬业精神，求真务实、勇攀高峰的科学精神，锲而不舍、勇于拼搏的进取精神，团结协作、淡泊名利的团队精神”这一“起帆精神”，“爱岗敬业、无私奉献的主人翁精神，艰苦奋斗、努力开拓的拼搏精神，与时俱进、争创一流的创新精神，团结协作、互相关爱的团队精神”这一“振超精神”，“恪尽职守、忘我工作的敬业精神，立足岗位、刻苦自励的拼搏精神，敢为人先、勇攀高峰的创新精神，凝心聚力、团结协作的团队精神”这一“孔祥瑞精神”，以及“凝心聚力的和谐意识，拼搏奉献的创业精神，敢为人先的创新精神，追求卓越的创优精神”这一“润阳大桥精神”等为代表的凸显勇于创新精神的先进典型。

不畏风险是交通行业的突出意志。交通建设逢山开路、遇水架桥，车辆行驶于陡峭险峻的群山之间，船舶航行于风急浪高的水面之上，无不存在一定风险，正所谓“行船走马三分险”。长期以来，中国航海者面对风浪惊涛的海洋环境和突如其来的各种困难，总是勇往直前、镇静应对、精诚协作，圆满完成国家和人民交付的各项运输任务，彰显了“乘风破浪、不畏限险、同舟共济”的“航海精神”。尤其，在发生海上安全事故的情形下，我国海上搜救队伍更是凭藉精湛的技能和过人的胆略，不顾个人安危，及时赶赴现场，全力施行搜救，确保人民生命与财产安全，凸显了“把生的希望送给别人、把死的危险留给自己”的“救捞精神”，是交通行业坚强意志力和大无畏精神的突出体现。

默默奉献是交通行业的真情付出。我国公路水路交通建设、运输和管理大多是在气候恶劣、地形复杂、人烟稀少的特殊条件下展开的，广大交通建设、运输和管理人员，无数的铺路工、养路工和航标工，寒来暑往、经年累月，不顾风吹雨打、不计名利得失，在平凡的岗位上、在艰苦的条件下，恪尽职守、真诚奉献，用宝贵的青春和人生，铺就了无数大道、送去了万家温暖、确保了万家平安，留下了无数可歌可泣的感人事迹，涌现了以“为人民服务到白头”的“小扁担精神”，“爱岗敬业、默默奉献”的“铺路石精神”，“燃烧自己、照亮别人、奉献社会”的“航标灯精神”，“尚法弘德，为民负责，执法为民，服务社会”的“海事精神”，以及“尽职在岗、奉献在船”的“孙彪精神”等为代表的凸显默默奉献精神的先进典型。

（四）职业道德：爱岗敬业、诚实守信、服务群众、奉献社会

交通行业开展职业道德建设，坚持用社会主义荣辱观引领风尚，按照《公民道德建设实施纲要》的要求，大力倡导并努力践行以“爱岗敬业、诚实守信、服务群

众、奉献社会”为主要内容的职业道德，为交通事业又好又快发展提供有力的制度保障。

爱岗敬业是职业道德的基础。爱岗敬业要求从业人员干一行、爱一行、精一行。交通行业为全社会提供交通基础设施和客货运输服务，交通工程建设关乎百年发展大计，客货运输服务涉及广大公众利益，从业人员首先要热爱本职工作、履行岗位职责，要结合岗位需要、立足岗位工作，加强业务学习、注重实践锻炼，不断提高个人综合素质，在工作中恪尽职守、精益求精，为保证工程建设和运输服务质量作出自己应有的贡献。

诚实守信是职业道德的精髓。诚实守信要求从业人员做到诚实、诚恳，讲信义、守信用。交通行业倡导并实践诚实守信的职业道德，要着眼于切实解决交通、运输和管理中群众反映强烈、社会危害严重的突出问题，健全诚信机制，开展诚信教育，强化诚信意识，进一步推进“共铸诚信交通”实践活动，做负责任的行业、负责任的部门、负责任的岗位，努力提高整个行业的公信力和信誉度。

服务群众是职业道德的更高要求。交通行业本身是服务性行业，服务是交通的本质属性，做好服务是交通发展的突出主题。交通行业各部门、各单位广大员工要着力增强服务意识，努力提高做好服务的能力和水平。要继续开展文明行业、文明单位、示范窗口建设活动，大力推行热情服务、周到服务、规范服务，为人民群众提供更加安全、便捷、高效的优质服务。

奉献社会是职业道德的最高境界。交通作为经济社会发展的基础性产业和服务性行业，与社会生产和社会生活的各个方面息息相关，广大从业人员要将奉献社会作为职业道德建设的出发点和归宿，立足各自的本职工作，以宽广的胸襟和坦荡的胸怀，以自己的才华和汗水真情地反哺于人民、回馈于社会，在奉献中实现自我、发展自我。

六、交通文化建设的现实意义

大力推进交通文化建设，是交通行业深入贯彻落实科学发展观，促进交通事业全面发展的重要方面。党的十七大报告指出：深入贯彻落实科学发展观，要按照中国特色社会主义事业总体布局，全面推进经济建设、政治建设、文化建设、社会建设，促进现代化建设各个环节、各个方面相协调；推动社会主义文化大发展大繁荣，要坚持社会主义先进文化前进方向，兴起社会主义文化建设新高潮，提高国家文化软实力。大力推进交通文化建设，就是要确立符合先进文化前进方向和交通事业发展要求，具有鲜明行业特点和时代特征的价值体系，并付诸交通发展实践，提升交通文化软实力，为实现交通又好又快发展提供精神动力、制度保障和物质基础。

建设交通文化有利于确立共同理想，树立共同目标，进一步增强发展现代交通的使命感和责任感。理想就是信念，理想就是旗帜。交通文化建设大力倡导并努力践行建设一个更安全、更通畅、更便捷、更经济、更可靠、更和谐的现代化公路水路交通运输系统，致力促进人民富裕、实现国家强盛，这些核心价值一旦为交通行业各部门、各单位干部职工所接受，就成了广大交通员工共同的理想和信念，成了统一干部职工思想认识的旗帜和标杆，进而增强广大交通员工的使命感和责任感，引领广大交通员工为发展现代交通、促进民富国强而自强不息、奋斗不止。

建设交通文化有利于继承优良传统，弘扬时代精神，进一步提高做好“三个服务”的能力和水平。交通精神是交通行业的灵魂。交通文化建设大力倡导并努力践行以“艰苦奋斗、默默奉献、不畏风险、勇于创新”为核心要素的交通精神，是交通行业继承优良传统、体现时代要求，努力做好“三个服务”的精神追求和强大动力。建设交通文化，弘扬交通精神，就是要宣传先进典型，弘扬浩然正气，以此激发广大交通员工的积极性和创造性，使之成为不断提高做好“三个服务”的能力和水平的强大动力。

建设交通文化有利于凝聚行业力量，提升行业形象，进一步增强构建和谐交通的凝聚力和影响力。交通文化建设按照以人为本的核心要旨，在精神文化、制度文化和物质文化等各个层面，大力倡导并努力践行交通发展的事业追求和社会责任，努力实现好、维护好、发展好用户利益、公众利益、员工利益。这些价值取向，既是一种宣示，更是一种承诺，其所体现的人本主义和人文关怀，有利于改善交通行业的内在氛围、提升交通行业的外在形象，改善行业内外的关系，提高交通行业的凝聚力和影响力，从而提升交通发展的软实力，促进交通事业又好又快发展。

（执笔人：王先进　李春　樊东方　邱曼丽　刘利　张榕榕）

前　言

改革开放以来，随着我国经济的蓬勃发展和对外交流的日益频繁，以航运事业为核心的水上生产、贸易和相关活动日益增多。在这一基本社会背景下，与人类水上活动关系十分紧密的航标建设与管理活动，也随之得到了快速的发展。同时，世界范围内科学技术的日新月异，也为我国的航标建设提供了发展的巨大动力。

在为我国航标事业蓬勃发展欣喜之余，我们也十分清醒地认识到，面对经济发展对航标建设与管理活动需求的逐步提高，有必要静下心来，通过认真研究我国航标的发展历史，总结经验，寻找不足，强化自身管理，提高职业素质，以不断提高为社会服务的能力，为促进我国经济在新时期又好又快地发展作出更大的贡献。由交通部组织的“交通文化建设研究”，为我们提供了这样一个极佳的机会。

航标文化的研究工作，是“交通文化建设研究”课题的一个子课题，也是海事文化研究的重要组成部分。2006年，交通文化建设研究课题组在“交通文化建设研究指导大纲”中明确提出，在“交通专业文化建设研究”中，重点是研究不同专业领域的特色文化建设问题，重点是物质文化的研究，包括有关实体的外形特征、结构和技术价值理念、美学价值、历史价值、民族特色、地域特征、社会经济意义、人文内涵等。在航标文化研究过程中，我们始终围绕这样一个基本定位，从航标物质文化的基本知识开始，沿着物质一人文一行为一思想一精神这样一个基本脉络展开了研究工作。

一、航标文化研究的目的与任务

《中华人民共和国航标条例》对航标的定义是：供船舶定位、导航或者用于其他专用目的的助航设施，包括视觉航标、无线电导航设施和音响航标。本书研究的内容包括视觉航标、音响航标、无线电导航及数字化航标等，并以最具特色的灯塔为主要研究对象。从文化方面来说，虽然人类有史以来对文化的定义可谓纷繁复杂，但是，我们还是可以从一般文化的定义出发来概括航标文化的定义。

从物质文化的研究看，航标文化的研究重点是就航标这样一类物质，从其产生、发展、使用和社会功能等方面探讨航标文化的基本概念和范畴等。基于上述对物质文化的界定，我们可以把航标文化定义为：在长期的历史过程中，人类在航标建设和管理活动中所形成和创造出来的物质和精神产品及其形成和创造的过程。或者说得通俗一些，航标文化是航标人在长期的与航标相关的工作和生活中逐步形成的共有的价值观、信念、行为准则及具有航标特色的行为方式、物质表现的总和。

航标是人类创造的、为人类水上活动安全服务的。航标文化也就是在这一创造和使用过程中产生出来的人类活动的结果。从这一视角出发，航标文化研究的目的，一是总结，二是弘扬。所谓总结，就是围绕着航标的产生、发展和服务于社会的过程，总结物质成果上的逐步发展与完善，航标人行为层面的日益规范和进步，航标精神的日益丰富与升华等。所谓弘扬，就是通过对航标文化的总结，归纳航标发展历史过程中好的思想、好的精神、好的行为、好的过程，并从物质文明演进和航标人行为发展相互促进的角度、从总结历史和放眼未来的角度，提炼出对我国航标建设与管理方面能够发挥重大指导作用的精神、思想、方法、途径，为我国航标建设和管理事业的更好发展起到推动作用。因此，航标文化研究的基本任务是：

第一，借鉴物质文化研究的基本理论与方法，从物质文明演进角度，探索航标建设进步的足迹，探索人类在航标建设中将自身的知识和智慧不断融入的过程，探索航标进步过程中科学技术的巨大威力，探索航标物质进步对人类水上活动安全的重要作用等。

第二，从物质与人类互动视角，研究航标建设与管理的历史过程，研究航标组织管理的一般规律，研究航标人行为的逐步进步，研究航标人群的一般文化特征。

第三，从文化发展和以人为本的视角，从航标组织和航标人两个层面，总结航标建设和发展过程中展现出来的职业精神、职业道德、职业信仰和职业价值观。

二、航标文化研究的理论与实践意义

在研究过程中，我们时刻坚守这样一个理念，就是航标文化的研究自身并不是目的，而只是一个过程。航标文化的研究，需要我们在理论上有所突破，同时对航标建设与管理实践有所指导和借鉴。

第一，从航标文化研究的理论意义上看，文化的研究成果可谓汗牛充栋，而中外学者对物质文化的研究也颇具功力。在这样的背景下研究航标文化，需要在借鉴前人对文化和物质文化研究的基本概念和范畴有充分了解的基础上进行，要从浩如烟海的相关文献中，确定航标文化研究的基本定义、内涵、范畴等，其本身就是一项创造性的工作。

在基本理论研究基础上我们认为，“文化”是所有社会科学都关注的核心概念。但正因如此，学界对文化的定义可谓层出不穷，由于研究文化的视角不同，学科背景也都不一样，因此造成了文化研究中对文化的定义难以达到一致。在进行航标文化的研究过程中，我们首先遇到的问题，就是如何结合航标这一特定的物质，来界定我们研究航标文化的范畴。

我们认为，文化的定义虽然繁多，但是，基本上可以分为广义的文化概念和狭义的文化概念。中国大百科全书的说法是，所谓广义的概念：是指人类创造的一切物质产品和精神产品的总和，而狭义的文化专指语言、文学、艺术及一切意识形态在内的精神产品等。面对这两种不同范畴的概念定义，我们如何理解航标文化研究中的“文化”呢？我们的想法是：（1）航标文化研究中的“文化”，既要采用广义文化的概念，又要借鉴狭义文化的概念。因为航标首先是一类物质，在漫长的历史岁月中，航标的发展附着了人类大量的智慧；同时，航标的使用，无论在其业务功能还是在社会功能方面，都产生了大量的精神化的东西。而作为社会劳动分工中的一个相对独特的群体，航标人的行为和思维模式，又构成了人类文化宝库中十分重要的部分。（2）在借鉴两者的同时，又要十分注重研究的范围。比如，从物质角度研究航标文化，就不能简单地研究航标这类物质自身的沿革与发展，这样就不是文化了。同时，如果不研究物质，而进行一般性的精神化研究，又可能出现物质文化研究的虚化现象。

第二，从航标文化研究的实践意义看，航标伴随着航海活动产生和发展，具有悠久的历史，以灯塔为代表的航标，集建筑美学和助航功能于一体，见证了航海事业的发展，同时也记录着航标人无私奉献、拼搏进取的光辉形象以及为航海事业作出的卓越贡献。

研究航标文化，是按照以人为本的核心价值理念，通过研究与发掘航标物质财富和精神文化内涵，全面展现航标久远的历史和内涵丰富的文化积淀，并使其获得有效的传承，以加固文化根基，培育行业精神，增强航标干部职工的精神力量和行业的凝聚力，形成具有鲜明行业特点，体现航标人的核心价值理念、符合时代要求的航标文化。同时，将航标人模范的行为和崇高的职业精神通过研究成果向社会大众传递，为建设社会主义和谐社会作出贡献。

三、航标文化研究的基本内容

按照物质文化研究的基本范畴，航标文化的研究，首先是从航标这一物质展开的。但是，物质又是人类运用自己的知识和智慧在历史的漫长过程中创造出来的，所以，研究航标文化必然不能脱离对航标人的研究，而对于人的研究，一般又可以从人和人群的行为及精神层面展开。所以，实际上，航标文化研究的基本内容可以定位在围绕航标这一物质产生和发展过程中物质的进步、人和人群的行为与思想及精神的进步来开展。以下我们从航标文化研究的出发点、基本层面和基本原则三个方面来说明航标文化研究的基本内容。

第一，航标文化研究的出发点。物质是人类文化进步的产物，物质在生产和使用过程中，无所不在地蕴涵着人类的创造性文化；文化不是物质，但是，如果离开了航标这一物质的具象来谈文化，自然也是行不通的。因此，物质文化反映人与自然的物质转换关系的物质文化，是由“物化的知识力量”构成的。

物质文化中的“物质”是由自然物质转化而来，而这种转化是人类对自然“作用”的结果。人类在对自然物质施加影响的过程中，使用了知识和技能，这种知识、智慧和技能是人类特有的，而且是持续进步的。人类在物质文化进步的过程中创造了物质，同时也使用了物质。这些创造和使用的物质，都蕴涵着人类的文化创造。人类创造的物质进步的过程，也是人类物质文化和精神文化不断进步的过程。

第二，航标文化研究的基本层面。我们借鉴了陈甲标先生在谈论物质文化研究的基本层面时提出的观点：（1）因自然而人化。航标产生于人类对自然的挑战和改造过程，航标的建设和发展也因人类对自然规律的逐步把握而发展。在航标建设实践中，历史上对“碣石”的记载和长江巨石上的“对我来”，都是人类对自然物质实施“人化”的结果，碣石在变成航标之后，虽然还处于一种自然状态，但是因为航海人对它的关注和使用，而被赋予了文化意义；而长江中的巨石，就是因为有了“对我来”，而变成了天然的航标。人类在人化自然的过程中，必然把自己的生活，把自己的信仰、道德、习俗等观念的印记打向自然。（2）因制作而融入。人类改造自然的过程，是一个加速度的过程。在初期，人类改造自然的能力弱小，受制于自然者甚多。虽然人类对自然规律的把握越来越多和人类创造能力的越来越强，人类文化融入物质的过程越来越多和越来越显著。从航标来说，从天然航标到人工航标，从简陋的建设到复杂的设计，从工作需求至上到人性化的设计与建设，从基本物质性建设到VTS、AIS 乃至数字化航标等，无不反映了人类文化进步在航标制作过程中的“文化融入”。（3）因运用而赋予。同样一种行为，会因行为施予者的价值判断、行为特征和心理因素的不同而不同。航标在使用中产生的文化，与航标人在管理和建设过程中对航标施予的情感而产生，由于信仰、道德、习俗等心理积淀不同，航标使用过程中产生的文化，是值得注意的文化要素。（4）因象征而寓托。象征是用具体事物表现某种特殊意义，当一种具体事物表现某种特殊意义形成一种民族心理的时候，在这种物之上也就寓托了人的生活、人的精神。对航标来说，把人的信仰、情操、道德观念寄托在物之上，有大量生动的事例，比如，以航标为题材的文艺作品，以航标为象征物的大量词汇等。

第三，航标文化研究的基本原则。在研究过程中我们发现，作为物质性研究为主的航标文化研究，在具体的研究内容方面呈现出其物质和精神互动、物质和人互动、历史与现实互动、内部与外部互动等特点，这都是我们研究物质文化所要充分关注的问题。因此，在航标文化研究中实现四个结合：

一是航标建设过程与航标使用过程相结合，探讨在航标建设和使用过程中产生的文化要素。比如，航标的建设过程凝聚了人类知识和精神的精华，航标的使用过程产生了航标人的精神、航标的社会助航作用及社会寓意等。

二是航标文化中物与人的相结合。作为物质文化研究，自然要将重点放在航标这一类物质上。但同时，因为航标是人建造的，也是人使用和为人的活动服务的，所以，航标文化的研究也离不开对航标人和人群的研究。

三是物质文化和精神文化的相结合。要研究航标作为物质的文明进步史，同时也要研究围绕航标的建设与使用而产生的极大的精神价值。

四是航标文化与社会传播意义的相结合。由于其独特的作为，航标文化所体现的精神价值，已经不仅仅局限在航标业内，而是延伸到社会领域，成为一种集合性的价值象征。

胡锦涛总书记在十七大报告中明确指出，要推动社会主义文化大发展大繁荣。他认为：“当今时代，文化越来越成为民族凝聚力和创造力的重要源泉，越来越成为综合国力竞争的重要因素，丰富精神文化生活越来越成为我国人民的热切愿望。”因此，要“坚持社会主义先进文化前进方向，兴起社会制度文化建设新高潮，激发全民族文化创造力，提高国家文化软实力，使人民基本文化权益得到更好的保障，使社会主义文化生活丰富多彩，使人民精神风貌更加昂扬向上。”

按照这一指示，航标文化的研究可谓正逢其时。在研究过程中，在大量的实地调研和案头工作的同时，我们时时刻刻为所听到的和看到的航标人的先进行为和崇高精神所感动，这也时刻提醒着我们，航标文化的研究过程，仅仅是航标文化活动的开始。我们衷心地希望，全国航标业界的同仁，能够齐心协力，携手前进，共同掀起航标文化建设的新高潮，提高我们为社会和经济发展服务的能力，促进我国的航标建设和管理事业的健康发展。

题记

愿上帝祝福这两个塔中的燃灯者
愿上帝祝福有海水处、无数塔中的燃灯者
愿海水向他长绿
愿海山向他长青
愿他们知道自己是这一隅岛国上无冠的帝王
只对他们，我愿致无上的颂扬与羡慕！

冰　心

一九二三，太平洋舟中

目　录

第一章　擎起“希洛之火”
——航标简介

光驱散了我心灵里的黑暗，热促成它的发育。一个朋友说：“我们不是单靠吃米活着”，我自然也是如此。

我的心常常在黑暗的海上飘浮，要不是得着灯光的指引，它有一天也会永沉海底。

——巴　金

航标文化

亲爱的朋友，您了解航标吗？

您知道在我国江河湖海有数万座各式各样的航标，它们不分白昼地为航船指引方向吗？

您知道在我们这个繁花似锦的尘世之外，还有一群人为了保障船舶的安全，在边陲、海岛上孤独地值守吗？

您知道发生在这些航标人身上的或扣人心弦、或艰苦卓绝、或慷慨悲歌、或催人奋进的故事吗？

现在，就让我们共同走进航标这个“神圣”的世界，一起踏上航标文化之旅吧！

一、漫话航标

公元前280年秋天的一个夜晚，一艘埃及的皇家喜船，在驶入亚历山大港时触礁沉没了，船上的皇亲国戚及从欧洲娶来的新娘，全部葬身鱼腹！这一悲剧震惊了埃及朝野上下。于是，埃及国王托勒密二世下令，在这个港的入口处修建导航灯塔，以指引船舶安全进出亚历山大港。人们将它称为“亚历山大法罗斯灯塔”，这是世界上有文字记载的最早的灯塔。

刘安在《淮南子·说山训》中说：“古人见窾木浮而知为舟”；刘向说，“古者观落叶，因以为舟”。那么时至今日，我们的先民们究竟在什么时候创制了舟船，在什么时候开始了在河流和海洋中的航行活动呢？为了易于生存，古代人大都是沿河而居的，随着火和石斧的应用，为了适应捕鱼和渡河的需要，便创造出最早的水上的交通工具——独木舟。1973年在浙江河姆渡出土的古木桨，据鉴定是七千年前新石器时代的遗物①。所以舟船的历史可追溯到史前年代。《易》之中也有伏羲氏造舟的记载。我们都知道“大海航行靠舵手”这一通俗的说法，但是我们没有过多考虑的是，舵手又依靠什么在茫茫的大海上搏风击浪、安然行船呢？

古代航标示意图（中国航标展馆馆藏/天津工艺美院创作）

“陆地上的人崇拜水手，佩服他们敢于以一叶小舟与茫茫大海抗衡的无畏；水手们忘不了航船左右的庇护神——航标。”“茫茫洋面，看去平展展、坦荡荡，实际上陷阱无数。水手们没有潜透镜，他们依靠海图与浮标避开了死神一次次的诱惑；航船进港，稍不注意就会搁浅。那时，再鲁莽的水手，也要将船驶入由两排浮标组成的航道中。只有那里通向陆地，通向生；绵亘的海岸线上，布满大大小小的孤岛、半岛。犬牙交错、凹凸不平的大陆架，给夜间航行制造了诸多的不便。航标工人，把灯塔设置在面向大海的每一个制高点上。沉沉暗夜中，水手看到灯塔的光亮，不啻看到了生命，看到了希望。”②

我们知道，航海者在航行中依靠的是海图，海图上标示的重要信息之一，就是航标！在航标产生以前，世界上许许多多的地方发生了数不清的海难事故。在海南的木栏头灯塔，我们听说了一个触目惊心的故事。木栏头这个地名，原本叫做“木烂头”，是因为这个地方海况极其凶险，许多船在此触礁沉没，船木被海水推积到了岸边，变成了一堆烂木头。在雷州半岛徐闻县的滘尾角，我们得知，由于这里在近代以前多发海难，因此，滘尾角也被称为“死人角”、“阎王角”！

在经济和科技十分不发达的古代，人们更多地将船舶的航行安全寄托于神灵的庇佑。比如，著名的妈祖传说就是最具经典意义的。据《香港航标史》记载，古代的香港海边，渔民们建立了很多妈祖庙和龙王庙，这些庙白天香火不断，晚上则举灯照亮归航的路程。在长江上，则流传着另外一个动人的传说：王母娘娘的小女儿名唤瑶姬，心地善良，她看到人间水患无穷，险滩恶浪吞噬了无数船工的生命，便毅然下凡协助大禹治水，并化作神女峰为江上的船只指路。③

地处渤海湾的河北省滦南县海域的曹妃甸，连有三道杠沙，横亘在西起大沽口、东至辽河口的海域，是船只出入天津港的必经之地。曹妃甸地险浪恶，早期航行的船舶常在此遇险失事，航海者称之为“可畏的沙垒甸”。古时船只在此遇难的很多，因此，这一带百姓常说：“英雄好汉，难过曹妃甸。”

曹妃甸这个小岛本无名。据说，唐朝初年，唐王李世民跨海征东得胜还朝时，有一个叫做曹娴的妃子由于体质虚弱，病逝于此。李世民痛失爱妃，遂下旨在岛上建三层大殿，塑曹妃像，赐名曹妃殿。从此，渔民海客四时香火不断，小岛得名曹妃甸。据历史传说，曹妃常常像妈祖一样，搭救海上遇难的船只，岛上又有“古井甘泉”名声远播。凡有船只经过曹妃甸，人们必上岛参拜烧香，汲古井甘泉。

在曹妃甸还发生过著名的“燃指化灯”的故事。

清朝有一僧人法本，慕名来到曹妃甸，在岛上建寺修行。法本常见来往于渤海的船只因不辨方向触沙遇难，就想了个办法，白天派一个望海僧，见行船近岛就击鼓敲锣；夜间，他叫徒弟做一盏大油灯高挂岛上，向来往船只告警。但由于海风太大，不加灯罩，灯火经常被吹灭。后来法本上岸化缘，听说道台衙门有一盏水晶灯，就决心去化这盏灯。道台不肯施舍自己的心爱之物，法本见状，就在衙门前盘膝打坐，三天不吃不喝，闭目念起经来。即便这样也没感动道台。于是，法本化了一些香油和棉花，用棉花蘸香油缠在小手指上点起来。小指烧没了，又点着中指，痛得法本面如黄纸，大汗淋漓，围观百姓都为法本愤愤不平。道台恐怕激怒百姓，又怕上司知道后受罚受责，就忍痛拿出水晶灯说：“罢、罢！还是给了他吧!”

在浙东沿海流传着一个更为动人的传说。大约四百年前，有陈氏兄弟三人为逃避兵乱来到昌国东门外的半边山落户。后来陈氏老三练就一身海上本领，成为当地有名的船老大，并与黄老大女儿黄玲花结婚。黄玲花巧于手艺，尤善扎活灵活现的黄鱼灯。乡邻羡慕黄玲花所扎鱼灯，争相仿效。

第二年春汛，黄玲花分娩刚三天，北风突起，电闪雷鸣，山摇海啸，当地出海渔船无一生还。沙滩边黄玲花指天骂海，撕光衣裤，拔光头发，咬碎牙齿，身体化作一块礁石。当地由此也有了“陈寡妇礁”。每夜，陈寡妇礁闪闪发光，人们只要轻呼“寡妇礁”，就能免祸得福。人们感戴黄玲花以身引航的恩德，纷纷扎起黄鱼灯悬挂，以纪念黄玲花。

……

人类的伟大之处在于，我们是一种有记忆的“动物”。随着世界的进步，我们总能够在经历过惨痛的教训之后，想方设法解决这些对我们造成威胁的问题。我们要在这里向您介绍的，就是人类在走向河流、走向海洋的过程中，在与大自然抗争的过程中，逐渐创造出来的人类物质文明的卓越成果——航标。

①孙光圻：中国古代航海史。北京：海洋出版社，1989年，第35页。

②晓燕：“来自孤岛的报告”，《中国交通报》，1986年2月26日，第四版。

③周家华主编：《聚焦长江航运——长江航运2001—2005年新闻选集》，武汉：长江出版社，2006年，第463页。

④灯高：平均大潮高潮面至灯光中心的高度，以米标示。

二、航标概说

我国幅员广大，海域辽阔，江河湖泊众多，水运事业的发展，给航标事业的发展提供了良好的条件。据统计，截至2006年底，我国共设置各类航标4万余座。

（一）什么是航标

传统航标的定义是这样说的：航标，即助航标志，是为帮助船舶安全、经济和便利航行而设置的视觉、音响和无线电助航设施。

近年来，由于大量的先进技术被引入航标建设和管理中，航标技术的发展、特别是无线电航标的发展及航标信息的广泛应用，人类水上活动的范围和方式日益增多，航标被赋予了新的内涵和新的服务领域。因此，航标也有了新的定义：航标是为各种水上活动提供安全信息的设施或系统。根据航标新的定义，航标的内涵和服务领域有了很大的变化。

首先，新定义将航标的服务对象由船舶扩大到各种水上活动。航标原来就是为在水上运输、渔业和军事用途的船只等服务的。但是现在人类在水上的活动已经不仅仅局限在水上经济性的航行活动了。比如，水上石油开发、水上旅游活动、水上体育活动等，都需要利用

大沽灯塔 塔高38.3米，灯高④35.6米，射程17海里。始建于1971年，1978年投入使用（张俊民摄）

航标来导航。我们从青岛2008奥帆赛组委会得知，正在建设和完善过程中的奥帆赛设施中，航标还是一个很重要的组成部分呢。

其次，新航标的定义，将航标提供的信息从助航信息扩大到安全信息。船舶交通服务（VTS）和船载自动识别系统（AIS）利用无线电技术和数字技术，实现了船岸一体的相连互通，在水上行驶的船舶，随时可以从系统中得到岸上发来的安全信息，以减少船舶碰撞和搁浅的危险及保护海洋环境。

再次，新定义将航标的服务范围从通航水域扩大到各种水上活动的范围。早期的航标就是为船舶航行服务的，但是现在，只要有人类的各种水上活动，就有航标的存在和需求。

吴淞口灯塔 塔高20米，灯高17.4米，射程13海里，建于1999年（顾平摄）

（二）航标的功能与作用

看了上面的介绍，您大体知道了航标是什么。但是，航标到底有哪些基本功能？具有什么作用呢？

1. 航标的功能

国际航标协会（IALA）制定的《助航指南》指出，航标具有四大功能，这就是：定位功能、危险警告功能、确认功能和指示交通的功能。

定位功能：指通过获得的航标信息，来确定船舶的绝对位置和相对位置，这种功能是一般航标都具有的通用功能。比如，看到老铁山灯塔，你就知道这里离旅顺口不远了；看到大沽灯塔，你就知道快到天津港了；看到临高灯塔，你就知道这里是琼州海峡的西口……

危险警告功能：指通过获得的航标信息，可以了解该通航水域可能对船舶安全航行构成威胁的危险物的存在、它的位置和影响范围等。比如，我国最早有记载的发挥危险警告作用的是“立标指浅”。据《大元海运记》一书记载，元至大四年（1311年），为了避免海运漕粮的船舶触浅沉没，海道府采纳常熟州船户苏显等人的建议，在长江口刘家港（今江苏泰仓市浏河镇）西暗沙

嘴的两个经常出险的浅滩，抛泊两艘小船，船上竖立旗缨，并张榜通告船民，指引粮船绕过浅滩。[①]又如，《中国沿海灯塔志》记载，海南临高灯塔的设置，是因为琼州海峡"自海滨以达洋面，暗礁棋布，面积甚广，船舶行驶，须距塔稍远，方免触礁之患，此该灯塔设置之主旨也。"[②]

确认功能：指通过获得的航标信息，可与相关坐标系衔接或确认从另一系统获得的位置，这种功能是一般航标具有的通用功能。

指示交通功能：指船舶航行应遵循某些交通规则，如指示船舶分道通航制、指示深水航道和装载危险货物船舶的航道等，这种功能是一些航标具有的特殊功能。

2. 航标的作用

根据对航标的定义，航标的作用就是帮助船舶安全航行、经济航行和便利航行。

安全航行的作用就是帮助船舶安全地从始发地航行至目的地；经济航行的作用就是帮助船舶航行于最佳经济航线或最短航线；便利航行作用就是帮助船舶方便、简捷的操纵和航行。如江苏省太湖流域的杭—湖—锡航线，湖区航标的设置，就是按最佳经济航线，以一标接一标的方式设立的，使从杭州经湖州穿越太湖去无锡的船舶在保障航行安全

烟台山灯塔 塔高50米，灯高80米，射程20海里，始建于1905年，1986年重建，1988年投入使用（烟台海事局供图）

的同时，能缩短航行时间，降低船舶运营成本。

航标是船舶安全、经济航行的重要助航导航设施，是海上主通道和港口主枢纽的安全支持、保障系统的重要组成部分，也是保障水上运输畅通的重要手段，对我国水上交通运输、海洋开发、渔业捕捞、国防建设和维护国家主权具有重要的意义。

（三）航标的分类

现代航标学是一门综合性学科。它涉及光学、声学、色度学、水道测量学、建筑与结构学、电子技术、自动化技术、计算机技术、航海技术和无线电导航技术等多学科知识。由于航标技术综合性强、涉及知识面广，所以航标的种类繁多，有多种分类方法。

1. 按航标的设置地点分类

沿海航标　设在沿海和河口地段，引导船舶在沿海航行及进出海港、港湾和河口的航标，分为固定航标和水上浮动航标两种。固定航标是设置在岛屿、礁石、海岸等上面的航标，包括：灯塔、灯桩、立标；水上标志包括灯船和浮标。

内河航标　设置在江河、湖泊、水库航道上的助航标志，用以标示内河航道的方向、界限与障碍物等，为船舶航行指示安全的航道。内河航标由航行标志、信号标志和专用标志三大类组成。

船闸航标　设置在船闸河段上的航标，用以标示船闸内外的停船位置，指出进出船闸的引领航道和节制闸前的危险水域，指引船舶安全迅速地通过船闸。

2. 按技术装置分类

发光航标　灯塔、灯船、灯浮、灯桩等统称为灯标，以所显示的特定光色、节奏和周期作为标志识别的特征，并将其用缩写标注在海图上该灯标符号的旁边。我国灯标使用的光色有白、红、绿、黄四种。

不发光航标　立标、浮标等。

音响航标　是指附设有雾警设备的航标，其功能是在雾、雪及其他能见度不良天气时发出特定的声响供航海人员导航用。音响航标包括空中音响航标和水中音响航标。空中音响航标包括：

灯浮标　左侧标，红色柱形，顶标为红色罐形，标示航道左侧界限。该标设置有角反射器，为大连港东口航道1号灯浮标（天津海事局供图）

雾钟、雾锣、雾哨、雾炮和雾号，水中音响航标包括水中钟、水中振荡器和水中声纳。关于音响航标，还有一个动人的传说。相传19世纪末，南方一船民在山东成山头附近海域触礁身亡，其妇痛不欲生，千里迢迢来到成山头，想在这里随夫而去，但当她看到行船在这里闯雾涉险的情境，又改变了主意。她会同其他遇害者的母亲、妻子，用纤纤细手给人缝补洗濯，奔走募捐，用浸满血泪和汗水的钱购置铜钟一个。铜钟高2米，重1000余公斤，雾天鸣钟示警，声震30余里，过往船只由此避开激流险滩。

无线电航标 无线电航标是无线电助航设施的总称，包括：无线电指向标、雷达信标、罗兰A、罗兰C、差分全球卫星定位系统（RBN—DGPS）、船舶交通服务（VTS）、船载自动识别系统（AIS）等。

3. 按照用途和管理归属分类

航标又可以分为公用航标、专用航标、军用航标和渔业航标。公用航标是配布在沿海和沿河水域、商港和以商为主的军商合用港，为所有船舶提供服务的航标；专用航标是配布在业主码头和业主航道，比如，油轮码头、煤码头、工厂进出水口、桥涵、管道线等地方，主要为业主提供服务和由业主拥有的航标；水上运动类的航标也属于这一类；军用航标是配布在军港和以军为主的军商合用港，主要为军队提供服务的航标；渔业航标是配布在渔港和渔场，主要为渔业活动的船舶提供服务。

（四）海图标示与航标表

根据需要将航标部署在相关位置——沿海岛屿岬角或水域。布标后用相应的航标海图图示勘绘到海图对应的位置上，并以中国沿海《航标表》及英版《灯标和雾号表》作为海图上航标资料的补充。每卷《航标表》每年重新出版一次，旧版本即行作废。出版后的改正应根据《航海通告》改正资料进行改正方能使用。

中国沿海《航标表》由中国人民解放军海军航保部出版，按海区分为黄、渤海区，书号为G101；东海海区，书号为G102；南海海区，书号为G103。《航标表》第一部分以编号、名称、位置、灯质、灯高、射程、构造、附记8栏列出各航标之相关情况；第二部分为罗经校正标、测速标表，以名称、位置、构造、附记四项内容编表；第三部分是无线电指向标及差分全球定位系统表。

英版《灯标和雾号表》(Admiralty List of Lights and Fog Signals) 简称《灯标表》，缩写ALL，按不同地理区域共分为11卷，书号自NP74~NP84，代号为A，B，C，D，E，F，G，H，J，K，L。《灯标表》详细记载了全世

界各种灯塔、灯桩、灯浮（主要是灯芯高度大于和等于8m者）及雾号资料。《灯标表》中主表部分的内容共分编号（No.），位置、名称（Location，Name），纬度、经度（Lat，Long），灯质和灯光强度（Characteristics and intensity），灯芯高度（Elevation），射程（Range），结构和塔高（Structure height in metres），备注（Remark）8栏，以载明灯标细节和特征。《灯标表》中还有改正方式（System of correction）与改正登记表（Notation of amendments）和地理能见距离表（Geographical Range Table）与光力射程图（Luminous Range Diagram）。

航标的海图图式各种航标在海图上都有专用的标示方法，水上航标图式如下图所示。

左侧标 红 红 红
右侧标 绿 绿 绿
推荐航道左侧标 红绿红 红绿红 红绿红
推荐航道右侧标 绿红绿 绿红绿 绿红绿
安全水域标 红白 红白 红白
孤立危险物标 黑红黑 黑红黑
航道走向
灯光
北方位标 黑黄 黑黄
东方位标 黑黄黑 黑黄黑
南方位标 黄黑 黄黑
西方位标 黄黑黄 黄黑黄
专用标志 黄 黄
水中立标（右侧标）其余水中立标可加相应的顶标符号
水中灯标（右侧标）其余水中灯桩可加相应的顶标符号

陆地上的航标也有专用的标示，举例如下。

灯塔	✩	菱形导标		灯桩	★	警告牌	

（五）航标辅助设施

航标辅助设施是保证航标正常管理维护所必需的设施。航标辅助设施包括航标船艇、航标巡检车、航标维修保养厂、航标场地、直升飞机平台、登陆点、码头、趸船、水塔、储水池、水井、油（水）泵房、电力设施、业务用房、专用道路、仓库等。

随着航标技术的发展和航标管理的沿革，航标辅助设施也有了较大的发展，以航标船艇发展为例，足可见证航标基础设施的发展和完善。

清同治七年（1868年），清代海关组建了具有10艘船舶规模的船队，用于航标巡检补给、水道测量和缉私任务，至1926年船队规模扩展到20艘船舶，并具有专用的灯塔运输船。抗日战争期间，船队受重创，日本投降后，海关从美国海军得到一批舰船，用于航标的恢复和建设。

1953年，海军接管沿海航标后，相继将原有航标船船壳进行更新，并新造了一批航标船艇，包括原由美国建造的代号为"AN"的防潜布网木壳

广州航标处的航标堆场（天津海事局供图）

清海关的"併徽号"灯塔运输船，1880年购自英国（摘自《中国航标史》）

1963年，防潜布网木壳船“海建”（前）进上海船舶修造厂更新船壳，与新造的“海建”船壳（后）并靠在一起（天津海事局供图）

船“海建”、“海航”改建为新型航标船，新建了985型航标船（排水量1120吨）和994型航标船（排水量1750吨）及999型航标艇（排水量95吨）。

交通部接管海军移交的海上干线公用航标时，为做好接标后的巡检维护工作，对海军999型航标艇进行了改造，同时还在温州建造了一批登陆艇（排水量75吨和110吨）作灯塔补给船，并建造了4艘大型航标船（排水量1750吨）。1989年开始建造中型航标船（排水量800吨）。

1994年，交通部安监局制定了《海区航标船艇配置标准及管理使用办法（试行）》，提出以保证航标效能与充分利用资源为指导，从科学合理着想，配置得当，不宜求大求全，使航标船从性能设计、结构、配置标准和使用管理方面都有了规定，形成了大型、中

原“海建”轮更新船壳后，1964年出厂，由海军移交天津航道局，改名为“津航标1号”，1982年更名为“B-11”。该船系我国自行设计建造的第一艘大型航标工作船，船长71.5米，主机功率1800马力，航速12.5海里/小时，1990年7月退役。该船长艉楼船型和宽敞的前甲板，成为此后建造大型航标船的基本船型（天津海事局供图）

普照楼灯塔 位于蓬莱阁东侧绝壁之上，是航行于登州水道和进出蓬莱水城的重要标志，该塔始建于清同治七年（1868年），由时任登州知府雷树枚修建，为砖木结构，六角形塔楼，灯楼上置一铁盒，盛燃油点灯芯发光之用，为夜间行船导航。1941年，海关修建了老北山灯塔后，被替代，该塔于1958年重修，现为国家重点保护文物（天津海事局供图）

型和小型航标船定型系列。

近年来，航标船艇有了较完善和合理化的配置，截至2006年末，中国海事局已拥有航标船艇73艘，其中大型航标船7艘、中型航标船12艘、小型航标船54艘。

① 《大元海运记》，雪堂丛刊，下册，第16页。

② 班思德著、李廷元译：《中国沿海灯塔志》，“海关总税务司公署统计科”印行，1932年，第56页。

三、航标技术发展

（一）航标起源

航标的起源是从人类从事海上活动的返航开始的。我们可以想见，古代的先民们在水上活动中，可能经常因为离岸太远而迷失返航的路，也可能会因此发生许多险情。为了辨别方向，找到返航的路，他们就慢慢学会将陆地上的自然物标作为标识，指引返航路途。在之后，就是有意识地设立助航标志。这样一来，航标就慢慢产生了。

航标是随着人类水上航行活动的发展而发展的。我国是世界上著名的文明古国之一，有五千年的文明史，也是从事水上交通活动最早的国家之一，可追溯至公元前22世纪。早在四千多年前的夏朝时代，由于水上交通活动的兴起，我国出现了利用天然物标航行的活动。这些天然物标是航标的雏形，是古代的自然航标。随着水上航行活动的逐步发展，天然物标不能满足船舶安全航行的需要，人类就在沿海和内河的显著山头和岛屿上建造宝塔、守望台、土丘、石柱和木桩等指引船舶昼夜航行，夜间设置灯光助航。《长江航道史》记载了或许是迄今为止我国最早的人工利用“摇旗击鼓”方式引航的历史。公元819年，诗人白居易在《入峡谷次巴东》一诗中写道：“两岸红旌数声鼓，使君艛艓上巴东”。这种以击鼓为信号的引航方式，已经沿用到宋代。范成大在《吴船录》一书中写道：“每一舟入峡数里，后舟方敢续发，水势怒急，恐猝遇不可解拆也。帅司遣卒执旗以招后船。”这种用旗鼓引航的方式，可谓当今川江通行信号的鼻祖。[①]我国航标经历了漫长的发展历程，从最初的自然航标和古代航标，经历了近代航标，发展到目前的现代航标，即为各类水上活动提供安全信息的综合助航系统。

从世界范围看，有文字记载的人类最早使用的航标是灯塔。如前面我们说到的法罗斯，建在海拔185米处，塔高约120米，射程可达55公里。是古代世界7大奇迹中唯一造福于人类的建筑物，可惜于公元1302年毁于地震。

公元50年左右，古罗马帝国在Ostia建造了他们自己的第一座灯塔，

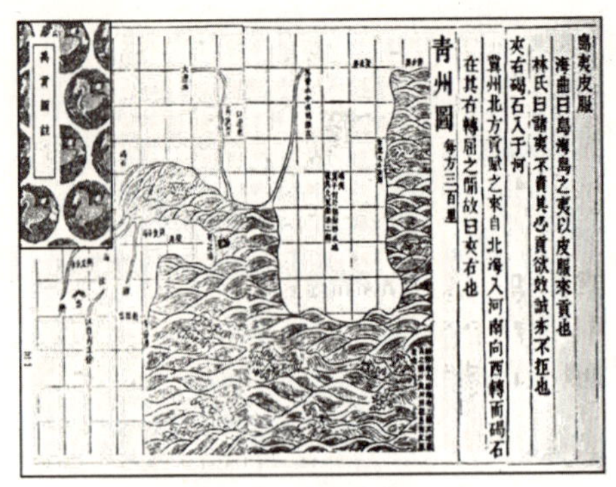

《禹贡图注》中关于“岛夷皮服”和“竭石”的记述（摘自《中国航标史》）

塔分四层，呈圆形。英国第一座灯塔建于1550年，位于Tynemouth；美国第一座灯塔建于1716年，位于Little Brewster岛；加拿大第一座灯塔建于1738年，位于Sambro。我国第一座灯塔建于1760年，是百姓集资在台湾海峡澎湖列岛的渔翁岛西南端建造的，塔高9米，灯光射程1海里。

元至大四年（1311年），我国常熟州船户苏显等人在江苏刘家港的西暗沙嘴二处险要航道上抛设标船两只，苏显本人还因此被朝廷封为指浅提领，也许是我国最早的航标管理者了。公元1731年，英国在Nore Sand设置了他们的第一艘木制灯船。随着水运事业的发展，各国相继使用了浮标和其他航标。

1921年，无线电指向标首次安装在美国的Ambrose灯船和纽约港入口处；台卡和罗兰A无线电导航系统于1945年开始使用；雷达应答器于1950年已开始使用；子午仪卫星导航系统于1960年投入使用。

（二）古代航标

中国航标的历史是伴随着水上活动逐步发展的。在古代，一块礁石、一座山头、一株树木都可作为物标，被用来助航，谓之“自然航标”。《尚书·禹贡》篇有“岛夷皮服，夹右碣石入于河”的记载，写的是公元前21世纪至

宝塔沱的石塔（长江航道局供图）

立标指浅（中国航标展馆馆藏/天津工艺美院创作）

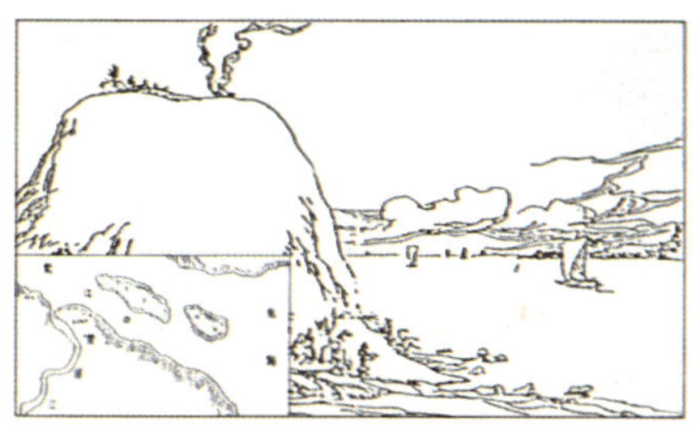

宝山烽堠图（摘自《中国航标史》）

公元前16世纪的夏王朝时代，辽东半岛的少数民族取渤海北部航行进入黄河口到中原都城进贡的一段历史。“夹右碣石入于河”表明入黄河时，右侧有碣石作为航行的标志。秦汉时期木帆船利用星宿定位导航，宋代开始将指南针应用于航海。

在岩石上雕刻出有关标记以指引船舶航行。如位于四川云阳县城东约5华里的宝塔滩（今宝塔沱），因两岸岩石延伸江中，江水流态混乱，行舟极险，古人在下游石崖上“凿石作塔,以为舟标”。

中国古代航标从利用天然物标到设置人工航标，经历了四千多年漫长的历史。随着水上活动的日益增加，人们认识到利用天然物标的局限性，出现了刻石示警、立标指浅、烽火引航、宝塔指路等古代人工航标。

在一些险要的水域，古代的人们为了警示过往船舶，或竖旗缨，或立石柱，或昼设旗帜、夜悬灯笼，指引船舶航行。蜀守李冰在长江流域白沙邮设石人为水则，为长江首见的水位观测标志。瞿塘峡的滟滪堆、忠州县的折桅子滩和西陵峡的崆岭滩的崖石上，刻有“对我来”三个大字，作为行舟避险的标记。《大元海运记》在记载了长江口刘家港竖立旗缨的事情之后，元延祐元年(1314年)，朝廷又在九个地方设置了同样的航标船。元延祐四年（1317年），又在海门（今江苏南通）和龙山庙（今天津海口处）两个地方设立了岸标，“昼则悬幡，夜则挂灯”。②据《青岛海港史》记载，在青岛进出胶州湾处，“有石名郭五、郭六礁，甚险峭，商舟兵船误触之，立碎”。针对这种情况，清乾隆五年（1740年），水师营把总廖际遇“乘小舟，度礁远近，立石柱于郭五、郭六礁前，出水面丈余，舟人望而知备”，使得进出船只有所防备，大大减少了海难事故，这是胶州湾最早出现的人工航标。

明永乐十年（1412年），明成祖朱棣钦准海漕总督海运总兵官陈宣奏请，在苏州府嘉定县之青浦筑土为山，其上“昼则举烟，夜则明火”，“上置横梁，以悬火盆”，称之“宝山烽堠”，引导船舶进出长江口。

佛教传入我国后，一些建在江海河口的寺庙佛塔，在发挥宗教功能的同时，也成为船舶航行的标志。现存唐、宋、明年间的多座古塔，均有文字记载曾作为船舶航行的标志。其中，上海的

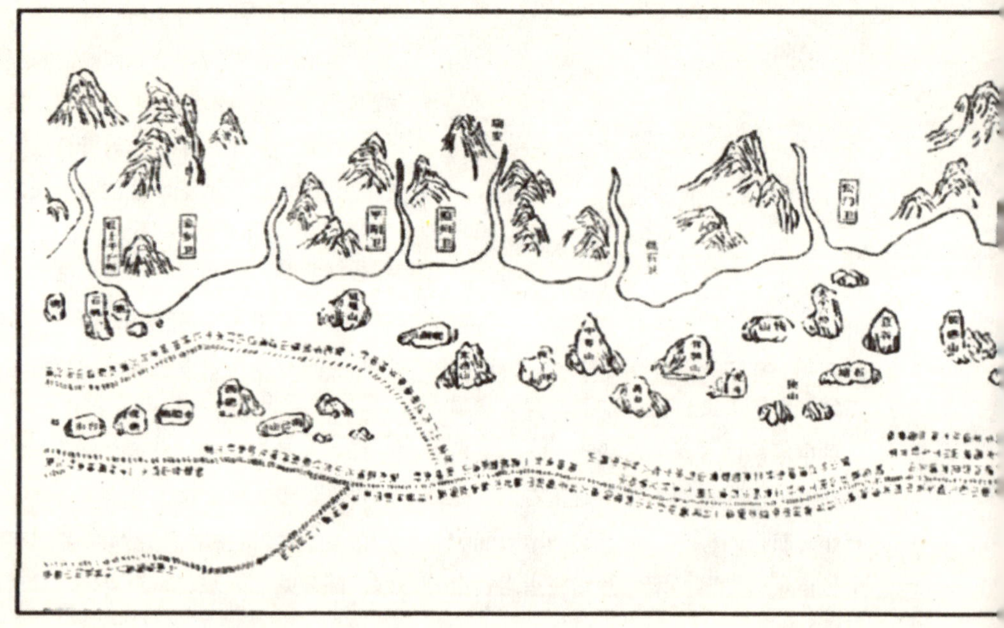

郑和航海图（部分）（中国航标展馆供图）

青浦泖塔和浙江温州的江心屿双塔已被列为世界历史文物灯塔。时属江苏省青浦县(今属上海市)的泖河，曾经有“僧如海筑基泖中……建塔五层，标灯为往来之望……”的记载，这是我国文字记载最早的人造航标。此后历代在沿海、江河建塔不断，不少宝塔成为引导船舶安全航行的显著标志。如杭州的六和塔、温州的净光塔、泉州的万寿塔、广州的赤岗塔等，都曾在我国古代水上航运中起过重要作用。

明永乐至宣德年间（1405～1433年），伟大的航海家郑和奉皇帝钦命统率庞大的远洋船队，先后7次下西洋。其7下西洋绘制的航海图，堪称古代航海者利用天然物标航行的杰作。《郑和航海图》的正式名称为《自宝船厂开船从龙江关出水直抵外国诸番图》，是世界上最早的一部珍贵的航海技术文献和航海地图，《郑和航海图》是按“一”字展开的长卷图式绘制。图从南京开始，遍及今南海及印度洋沿岸诸地，一直画到非洲东岸的慢八撒（今肯尼亚蒙巴萨）。图以航线为主，采用“对景图”的画法，画出山形、岛屿、暗礁、浅滩等地貌，绘制山形形象与具有方位意义的地物,绘出平潮时的浅沙、礁石和港口、海岛等航海用的地物要素与

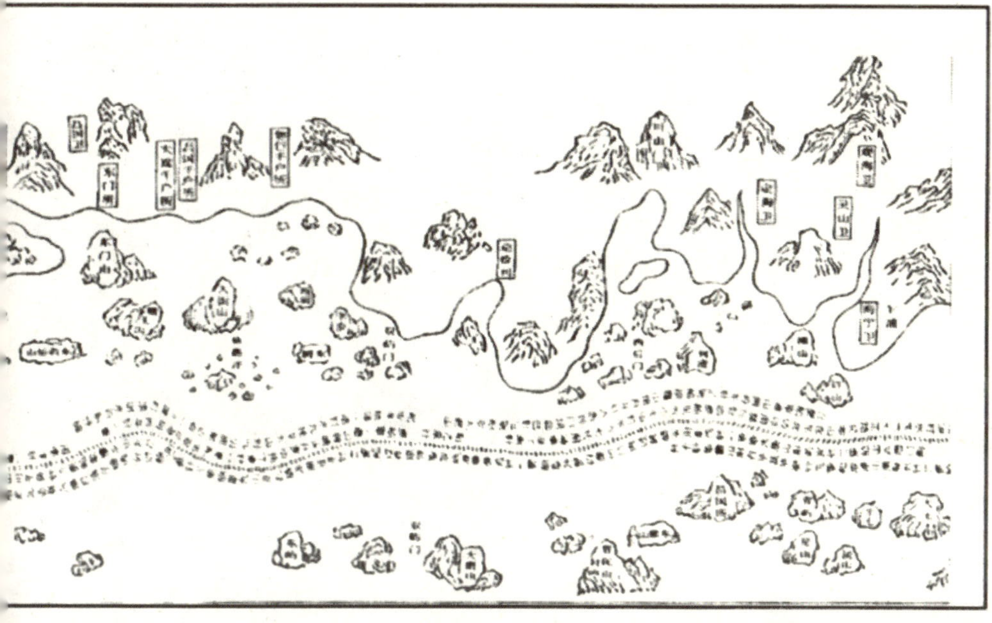

居民地、山地等。可把图与实地一一对景，尽快判断出自己所处的位置。还标明航程、导航的陆标、测水深浅、观测星辰高低、停泊处所等，将船舶航行的天体定向与定位、罗盘指向与针路、路标识别导航、航路指南与推算等航海技术包容于一图。为使船舶顺利进出港口，航海图有如下的描写：占城国“国之东北百里有海口名新州港。岸上有一石塔，诸处望见塔即收港”。“二更船平檀头山，东边有江片礁，西边见大佛头山，平东西崎”等。对航标描述得非常明确。

青屿灯塔 位于厦门港外港口入口处的青屿岛上，始建于光绪元年（1875年）是进入厦门港的重要助航标志（摘自《中海沿海灯塔志》）

（三）近代航标

道光二十年（1840年）以后，清

代海关建立了航标管理机构，并将船钞作为航标经费的来源，开始引进国外设备、技术和管理办法，在中国沿海、港口和重要水道设置灯塔、灯桩和灯浮标，在灯塔上装备明灭相间灯机或旋转灯机，燃用煤油、乙炔气，建设无线电指向标和引进电灯浮标，并依据《各海关设立灯塔、浮桩指示行船章程》统一了我国航标的类型和规格。

对于中国近代灯塔建设的情况，《中国沿海灯塔志》记载得十分详细。比如，说到沿海灯塔建设时，作者写到，1868年清海关税务司海务科成立时，中国沿海已经有了一些灯塔。之后，税务司在全国范围内建设灯塔，因为上海当时已经成为中外贸易和航运的重要港口，所以灯塔建设的第一步是从上海港口周边开始的。此后的第二个重点是南中国海，再后面是厦门、杭州湾、山东的成山头等。自1869年起至1936年将近70年间，旧海关在我国沿海干线先后建设灯塔40余座，在对外通商主要港口(大连、上海、天津、宁波、福州、厦门、汕头、广州、湛江、海口等)设置航标200座，到1949年新中国成立前，共设置各类航标320座。

花鸟山灯塔及指向标天线（摘自《中国沿海灯塔志》）

在内河航标建设方面，因为长江的冬夏水位差距很大，而且河道多变，所以对这一流域的航标建设格外关注。③自镇江关于清同治六年（1867年）在辖区内设置灯标7座后，九江关、江汉关纷纷仿效，相继设置灯桩和灯船。光绪二十七年（1901年），在汉口以上的金口礁，设置了长江中游第一座航标（金口礁引导灯桩）。1915年海关长江上游巡江事务所在重庆成立，同年8月17日，在狐滩南岸设立的一座标杆信号，是近代长江上游的第一座航标。清同治十一年（1872年）在广州三枝香水道大石闸设灯桩3具。至清宣统二年（1910年）珠江三角洲及其附近水道已设灯26盏、浮标29具、标桩17具。

清光绪二十二年（1896年）沙皇俄国在黑龙江上、中游建航标（过河标），针路标（导标）28座，是黑龙江水系最早设置的航标。松花江航标设置始于清光绪二十五年（1899年）

亦为沙俄所设。清光绪三十四年十一月（1908年12月）由中国海关接管。

我国无线电指向标系统(站)的建设，开始于20世纪20年代末。1929年在长江口附近花鸟山灯塔建成第一座无线电指向标(站)，1933年又建成大戢山、佘山两座指向标(站)，与花鸟山站配组使用，有效地保障了长江口附近船舶的航行安全。1941年，成山头灯塔亦建设指向标(站)，供航行船舶单台测向使用。在北方海区，日本侵占东三省、并控制山东青岛港之后，于1925～1941年先后在圆岛、大三山岛、黄白咀和朝连岛、游内山(即团岛)设置指向标(站)，以保证日本侵华舰船的航行安全。但在抗日战争后期和随后的国共内战期间，这些指向标(站)均遭破坏或拆除而停止正常工作。

英国占领香港之后，港区航标由港英当局海事处管理，除横澜洲灯塔原由中国建造，于清光绪二十五年（1899年）与“新界”一起租给港英外，海

富贵角灯塔 塔高14米，灯高31米，射程26海里。位于台湾岛最北端之富贵岬角，始建于1896年，1962年重建（摘自中国海事局组编《中国灯塔》）

事处逐年在鲤鱼门、昂船洲、油麻地、铜锣湾、维多利亚港、青衣岛等处设置了上百座灯桩、灯浮标和大浪头、猛浪角等灯塔。葡萄牙占领澳门期间，在清同治四年（1865年）建东望洋灯塔、1923年建九澳岛灯塔，并陆续设立了为数不多的灯桩、灯浮标。

台湾是中国领土的一部分，早在清乾隆四十三年（1778年），由民间集资在澎湖的渔翁岛西屿建灯塔。此后在沿海建设多座灯塔，清光绪元年（1875年）建渔翁岛新灯塔，清光绪九年（1883年）建鹅銮鼻灯塔……日本占领期间（1895～1945年）建澎佳屿、富贵角、三貂角等灯塔。1946年，台湾行政长官公署交通处航务管理局将其管理的47座灯塔、灯桩等航标移交海关管理。

（四）现代航标

新中国成立后，党和政府非常重视我国航海事业的发展建设。建国初期，海关恢复、调整了长江口南水道航标，保障了上海港航运安全；抢修长江下游航标，恢复了上海至汉口航运；检修了北洋航线航标，恢复了北洋航运；重建战争毁坏的灯塔，保障了天津港和连云港等港口及船舶的航运安全。1950年11月，交通部接管由海关管理的全国航标，全力恢复和重建被战争破坏的航标设施。

1953年，根据当时沿海对敌斗争形势和恢复海上交通的需要，海军遵照中央人民政府的决定，接管交通部移交的沿海航标，集中力量建设浙江、福建、广东等沿海近岸航标，沟通了南北海上航线；在粉碎敌人封锁禁运后，又进行了大规模的沿海航标建设工作。1954～1969年，航标进入大规模建设阶段。据统计，1953年，在沿海水域设置灯桩、导标109座；1954年，在沿海水域设置航标289座；1955年，在沿海水域设置航标213座；1956年，在沿

RBN-DGPS台站分布示意图（天津海事局航测科技中心供图）

海水域设置航标203座；1957年，在沿海水域设置航标162座。同时，我国还建设了一批内河航标和渔业航标，恢复和建设15座无线电指向标站。到1957年，全国新建灯桩等航标976座(含指向标6座)，沿海主要港口的航标配套齐全，基本上满足了国内外船舶的航行需要。在恢复原有指向标(站)的基础上，自行研制、建成一批指向标(站)和一座校差台(七里屿)，到1979年，共调整、改装设备15座。

上海横沙VTS雷达站（顾平摄）

1965～1976年，我国建成由10座导航台组成的“长河一号”导航系统，即罗兰A导航系统，在中国沿海组成一个完整的中程无线电导航网，可覆盖北起鸭绿江口，南至西沙群岛的广大海域。

1980年4月，国务院、中央军委批准了海军司令部、交通部“关于调整海区公用航标管理体制，加强管理”的请示。随后经过双方反复协商，达成了交接协议。1982年6月至1983年3月，海军与交通部完成了海区公用航标的交接工作。实现了我国海区公用航标由交通部统一管理的新局面。

交通部接管航标后，于20世纪80年代初期，针对沿海航标灯光射程不足问题，交通部领导提出“让航标灯亮起来”的指示。为此，自1984年，我国在300多座灯塔和灯桩上推广安装了太阳能供电设备，在58座灯塔、灯桩和近400座灯浮标上安装了新型灯器。同时，为实现沿海水上航标与国际海上浮标制式的统一，根据国际航标协会（IALA）推荐的海上浮标制度（A区域），制定了《中国海区水上助航标志》GB 4696－84，并对889座灯浮标和水中固定标志进行了制式改革。

1986～1995年，我国调整航标布局，完善了“航标链”。截至1995年，沿海航标总数达1783座。

在无线电航标建设方面，1985～1993年，新建无线电指向标站7座，形成了由22座无线电指向标站组成的覆盖中国沿海水域的无线电指向标网。1984～1993年，我国建成由6座导航台和3座监测站组成的罗兰C导航系统，系统覆盖日本海以南、小笠原群岛以西、南中国海曾母暗沙以北的海域。自1982年以来，我国开始在中国沿海及长江沿岸建设船舶交通服务（VTS）。截至2006年12月31日，共建成VTS中心24个、雷达（中继）站76个。1995～2000年，利用现有的无线电指向标设施，我国建成RBN-DGPS，系统由20座台站组成，于2001年正式投入使用。自2003年开始，交通部海事局全面启动船舶自动识别系统（AIS）建设，并组建沿海AIS骨干网。截至2006年12月31日，共建成AIS基站73座，基本覆盖中国沿海及长江江苏段的主要港口和重要水域。

自2000年以来，我国在灯塔、灯桩和灯浮标上广泛使用太阳能供电系统、LED灯器、环保材料，并开始使用非钢质浮标和海水电池。在一些重要水域，建设了航标遥测遥控系统以获得航标动态信息。我国航标技术人员研制出具有自主知识产权的航标灯器智能控制器、DSA—400型数字化旋转灯器和ISA—400型智能旋转灯器。

目前，我国航标发展已进入数字化航标的新阶段，基本建成了布局合理、层次分明、功能完善、性能可靠的综合助航系统，并开始组建航海保障综合服务系统，能为水上活动的各个领域提供全方位的安全信息服务。

①王轼刚主编：《长江航道史》，北京：人民交通出版社，1993年，第83页。

②王轼刚主编：《长江航道史》，北京：人民交通出版社，1993年，第85页。

③班思德著，李廷元译：《中国沿海灯塔志》，“海关总税务司公署统计科”印行，1932年，第9页、第37页。

四、我国航标管理的沿革

（一）我国的航标管理

1. 古代航标管理

我国古代航标的管理，初期是民间自建自管，后发展到官府建管。据民间传说，我国早期沿海渔场周围的小渔港多由渔民自筹资金建立航标，一般在港域内选一高地或山坡的突出点悬挂油灯，供渔民所用，渔讯期点燃。这些民建、民用航标的修建及维护费用，均由本地渔户合理分担，因涉及渔民生息和安全，故从不拖欠。

我国官府建管的最早航标是元代至大四年（1311年）刘家港西暗沙咀灯船。我国民间自建自管的较早航标是台湾澎湖渔翁岛的西屿灯塔（又称渔翁岛灯塔）。该灯塔由清代澎湖郡伯蒋元枢、通判谢维祺二人募款，于清乾隆四十三年（1778年）建在渔翁岛外垵高地上，作为台湾和厦门之间的航标。其后，灯塔由于因历经风雨，加上无人照顾，塔前庙宇倾圮。清道光八年（1828年）重修庙宇，派人司灯，所需费用，向入港船只征收50～100文。

2. 近代航标管理

1840年鸦片战争后，我国的近代航标由海关管理。清咸丰四年（1854年），两江总督怡良授权上海道兼海关监督吴健彰成立了由三名外国人组成的关税管理委员会，这是中国新制海关的起源。①咸丰九年（1859年），清政府任命英国人李泰国（H.N.Lay）为首任总税务司，统领海关，将有关航道、航政管理，包括助航设施和灯塔事宜以及船钞费纳入海关业务管理的范围。清咸丰十一年（1861年），清政府任命英国人赫德接替李泰国为代理海关总税务司，清同治二年（1863年）正式任命他为中国海关总税务司。

船钞又名船料，又称钞关税。明宣德四年（1429年），征收的钞关税是指凡船只受雇装载者，依其载料多少和航行远近纳税，谓之船料，每船百料，纳税一百贯。清代对船舶收税分两种，一种称商税，即对国内贸易船舶收税；另一种称洋税，即对国外船舶收税。开始时是根据船舶外形大小收税，后改为按船舶登记吨位收税，所以船钞又称吨税。近代海关征收的船钞，曾作为财政收入上缴国库。清咸丰八年（1858年），中英《天津条约》附约《通商章程善后条约：海关税则》第十款规定："……浮桩、号船、塔表、望楼等经费，在于船钞项下拨用。"从此，海关征收的吨税就固定作为我国航标经费的来源。

清同治七年四月初三（1868年4月25日），海关总税务司署以总税务司第10号同札通知各关，宣布成立船钞股，其任务为："建设与管理沿海、内河灯塔、灯船、浮标、雾号及其他各项航行标识，撤除航路沉没船只，疏浚港口水道，管理碇泊事宜，以及延用专业人才，分任各职”。船钞股直属海关总税务司领导，由一名海务税务司负责，下设灯塔工程师两名，港口工程师一名。将全国沿海划分为南、中、北三段管理，每段设一名段巡工司，三段巡工司分驻福州、上海和烟台。段巡工司业务上受海务税务司领导，行政上接受辖区海关税务司指示，负责段内所辖沿海及各港航标的设置、巡视，检查港内浮标、标桩、灯标及引水等，检查理船厅的工作。理船厅具体负责和管理辖区内的航标，并履行海关监察长关于税务方面的职责，从而形成了我国最早的航标管理机构，其管理体系是，总税务司—海务税务司—段巡工司—理船（港务长）—灯守。

辛亥革命后，民国建立，继续延用海关管理航标的制度，船钞股改名为海政局，1925年改名海务科。1937年七·七事变后，中国沿海及长江中、下游先后被日本侵略者侵占，沦陷区的航标处于侵华日军控制下，但仍由海关海务科安排日常维护。1941年，太平洋战争爆发，日伪南京当局正式委任日本人海关总理文案岸本广吉为总税务司，船长渡边聪此郎任海务巡工司。在后方，国民政府财政部另行委任美国人李度（L.K.Little）为海关总税务司，并任命徐祖善为海务巡工司，长江江务工作直接由海务巡工司主管。日本投降后，海关于1946年接收了台湾地区的航标。1947年，海关将沿海航标调整为上海、青岛、厦门、广州4个海区管理。

3. 现代航标管理

新中国成立后，1950年7月26日，政务院财经委员会发出“关于统一航务港务管理的指示”，决定将海关管理的航标移交交通部管理。1950年11月16日，海关总署将管理的航标移交交通部航务总局，其中港口航标移交各港务局管理，长江航标移交长江航务管理局管理。

交通部航务总局为接管航标成立了海务处，在沿海组建青岛、上海、厦门、广州四个区海务办事处；长江上、中、下游航标分别由长江航务管理局重庆分局江务科、长江航务管理局江务处和长江航务管理局南京分局江务科管理。自此，沿海航标和内河航标分开建立分级管理体制。

1953年，交通部所管航标及管理航标的海务机构移交海军司令部管理。自1953年7月5日起，内河航标分属交通部内河航运管理局和海运总局管理，撤销交通部海务处和各海务办事处，沿海及港口航标由海军接管。海军海道测量局扩编为海道测量部。1958年，海道测量部更名为航海保证部，北海、东海和南海舰队司令部设航海保证处分管航标，下设航海保证区和航海保证段。

1958年起，按照国务院批准的"统一规划、统一制度、分工负责、自建自管"的原则，沿海航标分别由海军、交通、水产三部管理。

改革开放后，为了适应航运事业发展的需要，1980年4月24日，国务院、中央军委批准将海军管理的海上干线公用航标，除"长河二号"导航系统外，全部划归交通部管理。自1981年起，天津航道局、上海航道局、广州航道局分别接管了交通部部分直属港口的航标，以实现对商港、沿海短程航线和海上干线公用航标的统一管理。为加强海区航标的管理，交通部将沿海航标划分为北方、东海、南海三个海区，分别由天津航道局、上海航道局、广州航道局管理，并建立局、航标区、航标站三级管理机构，基本形成了较完善的航标管理体制。航道局内设航标测量处，具体负责航测工作。

1985年，国务院决定按照政企分开的原则，建立中央和地方分工负责的水上安全监督管理体制。1986年，交通部先后将隶属于交通部沿海港务局的港务监督、海上无线电通信机构和航道局的航标测量处划出，组建了14个海上安全监督局。

从1983年起，交通部就海关征收和管理的船舶吨税应作为航标经费开展了研究，并上报了有关材料。1986年6月2日，国务院以国函73号文批复，同意将海关征收的吨税划归交通部管理，直接用于海上干线公用航标的维护和建设。航标经费的解决，为沿海航标的发展提供了有利的保障。

1988年以后，交通部将部分航标区（处、站）成建制地划归所在地海上安全监督局，按区处合一原则管理，但航标业务仍然分别由天津、上海、广州3个海上安全监督局统一管理，形成了部分航标区（处、站）出现了双重领导的格局。

1998年11月，以中华人民共和国港务监督局（交通部安全监督局）和中华人民共和国船舶检验局（交通部船舶检验局）为基础，成立了中华人民共和国海事局（交通部海事局）。

1999年，经国务院批准，我国水上安全监督管理体制实施重大改革，实行一水一监、一港一监、统一政令、统一布局、统一领导、分工管理的管理体制，在中央管理水域成立了20个直属海事局。在中央管理水域以外的其他水域，成立了28个地方海事局。

2001年，海区航标管理体制实施改革，将17个航标区（处、站）调整为16个航标处，分别划归天津、上海、广东以及海南海事局统一管理。随后成立了北海航标处，归广东海事局管理；成立了黄骅航标处，归天津海事局管理。

（二）我国现行航标管理体制

我国航标实行交通部、海军和渔业部门三家共管的管理体制。交通部负责海上公用航标、商港和以商为主军商合用港的航标以及内河航标，海军负责军港和以军为主军商合用港的航标，渔港和渔场等渔业专用航标由渔业部门负责。在交通部内部，海事局是全国海区航标主管机关，水运司和各级地方人民政府交通行政主管部门按各自分工负责内河航标。

1. 交通部直属海区航标

中华人民共和国海事局是全国海区航标主管机关，负责全国海区航标管理工作。天津海事局、上海海事局、广东海事局及海南海事局是海区航标管理机关，分别负责北方、东海、南海海区以及海南省的航标管理工作，北方海区指辽宁、河北、山东省及天津市沿海水域，东海海区指江苏、浙江、福建省及上海市沿海水域，南海海区指广东省、广西壮族自治区沿海水域，海南海区指海南岛沿海、西沙和南沙水域。交通部在沿海设立的大连、营口、秦皇岛、天津、黄骅、烟台、青岛、连云港、上海、镇海、温州、福州、厦门、汕头、广州、湛江、北海、海口等18个航标处，是辖区航标管理机关，具体负责辖区航标管理工作。在各个航标处下设立航标站，航标站是航标处的派出单位，按规定的范围，负责航标的维护保养工作。

2. 内河航标

包括江、河、湖泊和水库通航水域所配布的航标，是我国航标的一大组成部分。其中，长江、黑龙江和珠江水系设置的航标在内河航标中占有较大的比重。长江水系，干流全长6300公里，通航里程3638公里。航标由长江航道局管理。长江水系中，有通航河流3600多条，通航里程达7万多公里。航

标分别由湖南省航道管理局、湖北省航务管理局、江西省航务管理局、江苏省交通厅航道局管理和上海市航务管理处管理。黑龙江水系，在中国境内的通航里程为6146公里，设标里程为5119公里，航标由黑龙江航道局管理。珠江水系主要由西江、北江、东江和珠江三角洲河网组成，共有通航河流1381条，通航里程18377公里，主要分布在广西、广东两省（区）。航标分别由广西交通厅航务管理局和广东省航道局管理。

①中华人民共和国海事局组编：《中国航标史》（内部资料），2000年，第20页。

第二章“我们去寻找一盏灯”
——航标文化的产生与发展

走了那么远
我们去寻找一盏灯

你说
它就在大海旁边
像金桔那么美丽
所有喜欢它的孩子
都将在早晨长大

走了那么远
我们去寻找一盏灯

——顾　城

航标文化的产生与发展是人类开发自然、拓展生存领域的必然结果，是人类航海活动的必然产物，也是人类智慧和实践的结晶。

水是人类生存的必要条件，根据考古人类学的研究，在旧石器时代晚期，农业经济出现之前，人类主要聚集在有水的地方，以采集和渔猎为生。我国东北地区的海拉尔遗存和昂昂溪文化等考古遗址中出土的鱼镖、鱼叉等便是当时人们以渔猎经济为主的佐证。[①]此外，考古学的发现已经证明，西欧大多数人类遗址都位于河、湖、沼泽边沿地区，渔猎工具也特别发达。[②]我国有漫长的海岸线和为数众多的岛屿，它们绵延在渤海、黄海、东海、南海的辽阔水域并与世界第一大洋——太平洋紧紧相连，这为我们的祖先进行海上活动、发展海上交通提供了极为有利的条件。因此，早在远古时代，我们的先民就已经开始从事捕捞等水上活动了，而由于水上活动的危险性，引导舟船安全航行的“航标”也必然应运而生。

一、文化与航标文化

航标是人类开发和征服自然的结果，是人类文明进步的重要标志。人类的航行活动产生了航标这种“物”，而这种物从其产生之日起，就成为人类水上活动的重要组成部分，并从思想和行为上对参与这一活动的人群起到引导、规范、警示、告诫等作用，蕴含了丰富的文化寓意和内容。因此，航标是物质文化的重要组成部分，是人类运用自己的思维和智慧改造环境的产物，是人类精神化、智慧化的物质成果，体现了人类在水上活动中的文化内涵。

探讨航标与物质文化之间的关系，对于进一步理解航标这种“物”及其所负载的文化寓意具有重要意义。鉴于此，在了解航标及航标文化的产生与发展之前，我们有必要先看看什么是文化和物质文化。

（一）文化与物质文化

在日常生活中，人们很少去思考文化是什么，而常常挂在嘴边的“文化”通常指的是经正规学校教育而获得的知识，往往是与文本知识或艺术修养或高雅风范等品质联系在一起的。但实际上，我们常说的“文化”只是广义文化概念的一个层面或一个部分。

在中国，从语源上讲，“文化”一词来源于《易经》中的“观乎人文，以化成天下”，后来汉代的刘向又将“人文化成”的意义深化为“教化”，即“发挥人的文化素养，扬升道德精神，发扬艺术创造，并进而以这些人文的成就，来教导民众，转化世俗。”王筑生先生认为，“文化”一词所有后来的意义都是由“教化”引申或转化而来的。[③]在西

古代航标示意图——对我来（中国航标展馆馆藏/天津工艺美院创作）

方世界，“文化”一词源自拉丁文的“colere”，意思是指耕作、培养、教育、发展出来的事物，指人类在与自然的斗争中，通过努力与运用智慧得到的创造物，是与自然存在的事物相对而言的。如野生的禾苗不是文化，而经过人工栽培出来的麦、稻等就是文化；天然石块不是文化，但经过原始人打制成的石刀、石斧等就是文化；土里的树根不是文化，但经过人加工的根雕就是文化。

同样，从航标的产生来看，天然的“碣石”不是文化，但早期航海人将其视作“天然航标”后，“碣石”附着了人类的航海智慧，“碣石”便具有了文化的意义；吴淞口北岸的那棵百年银杏原本不是文化，但它成为指引舟船航行的天然航标之后，它便成为“记载了我国古代船民巧妙利用天然目标行船的历史”的文化见证物。也就是说，历史上对“碣石”的记载和长江巨石上的“对我来”，都是人类对自然物质实施“人化”的结果，碣石在变成航标之后，虽然还处于一种自然状态，但是因为航海人对它的关注和使用，而被赋予了文化意义；而长江中的巨石，就是因为有了“对我来”，而变成了天然航标，成为行船的导航标志。这块巨石也因“对我来”而改变了其原有的属性，包含了文化的因素。

人类在“人化”自然的过程中，必然把自己的生活，把自己的信仰、

崖壁设标（长江航道局供图）

道德、智慧、习俗等观念的印记打向自然界和自然物。总而言之，只有当自然存在物经过人的加工、改造和创造，被人们赋予一定的意义时，才能称其为文化。用美国著名人类学家威斯勒（Wissler）的话来说就是："文化乃是人类行为的结果"。④

从学术意义上看，"文化"可以说是20世纪社会科学中最重要也是最具影响力的一个概念。"文化"这个概念是英国人类学家爱德华·泰勒在1871年率先提出的。他在《原始文化》中将文化定义为"文化或文明，从人种志学的观点看，是一个复杂的整体，它包括知识、信仰、艺术、伦理道德、法律、风俗习惯以及作为一个社会成员的人通过后天学习获得的任何其他能力和习性。"⑤他从进化论的角度将文化解释为社会发展过程中人类创造物的总称，包括物质技术、社会规范和观念精神。从此以后，文化便引起了哲学家、人类学家、历史学家、社会学家、政治学家和文学家的高度重视，但由于研究的视角不同，学科背景不一样，他们从各自的学术立场出发对文化作出自己的解释，以致出现了许多不同的文化定义，造成文化研究中文化概念泛滥、难以达成共识的局面。

就文化人类学研究领域而言，早在20世纪50年代末期，美国著名人类学家克鲁伯（Kroeber）和克拉克洪（Kluckholn）合著的《文化：概念与定义的批判性回顾》（1952）一书就收集了160余种有关文化的概念和定义，⑥可见文化概念与定义之多。文化的定义虽然繁多，但是，基本上可以分为广义的文化概念和狭义的概念。《中国大百科全书》中对文化的定义是，所谓广义的概念，是指人类创造的一切物质产品和精神产品的总和；而狭义的文化专指语言、文学、艺术及一切意识形态在内的精神产品等。当然，还有一种狭义的概念，认为文化是一个群体的精神、思维模式与行为模式的总和。⑦《辞海》中对文化的定义是：广义指人类在社会实践过程中所获得的物质、精神的生产能力和创造的物质、精神财富的总和。狭义指精神生产能力和精神产品。该定义"从历史的发展指出了文化概念的演变，说明了文化不是固定不变的抽象物，而是发展变化着的社会现象。"⑧

文化一直是人类学的核心概念。按照文化人类学的解释，人类所创造的文化大致可分为三个层次：物质文化、社群文化(或制度文化、伦理文化)和精神文化(或表达文化)。物质文化因人类克服自然并借以获得生存而产生，故也称为技术文化，是人与自然关系的反映。它包括人类在生产、生活以及精神活动中所采用的一切物质手段和全部物质成果，从衣食住行所需以至于现代科技均涵盖在内，所以它的内容丰富而多样。在文化研究中，李亦园先生常引用英国哲学家罗素的一句名言来阐释文化，即"人类自古以来有三个敌人：自然，他人跟自我"，并引申出"人类为要克服自然这个敌人，所以创造出物质文化；人类为了跟他人相处，发明了社群文化或伦理文化；人类为了安慰、平定和弥补自己的感情和感觉，发明了精神文化或西方人所说的'表达文化'"。[9]

物质文化的内容主要包括一个群体适应自然环境的生计方式，可表现在该群体的生产和生活的各个方面，它所涵盖的东西是可以观察到的。实际上，人类创造出来的一切物质产品，包括生产工具、生活用具，以及为满足人的物质、精神生活需要而创造或加工改造过的产品，都属于物质文化。也就是说，所有由人们创造并使用的东西都是物质文化，[10]其中尤以生产工具最为重要。

事实上，物质文化研究主要是关于物质客体文化表述的研究，所以它不仅研究物质客体本身，还要研究物质背后的人的行为，更要研究人的认知问题。在考古学的研究中，物质文化通常指相对于自然物而言的各种人工制品的总和。因此，物质文化的研究有很强的"人"和"行为"的特征；同时，物质文化具体表现为一定的形态，存在于某一具体的时空之中，反映人类的生存智慧。纵观人类社会的全部历史，人类所创造的物质文化呈现出一种连续的、累积的和进步的特性，因此，物质文化的研究有很强的"史"的特征。[11]

物质文化研究不仅注重人工制品本身的研究，更注重人工制品的制作者，即实物背后所包含的"人"的活动，因为研究物质文化的目的是为了了解人及其社会文化。研究的着重点在于人们如何用"物品"来再现"文化"，因为任何物质制品都是经人的劳动而由自然物转化出来的，将物品作为文化的符号和象征物进行研究，对于认识物品及其文化内涵具有意义。

（二）航标与航标文化

由于航标与社会民众的接近性不强，许多人对于航标的概念是模糊不清的，即便是那些偶尔在内河或海上看到航标的人，也不一定能确定它们到底是些什么东西。根据《中华人民共和国航标条例》的界定，航标是"指供船舶定位、导航或者用于其他专用目的的助航设施，包括视觉航标、无线电导航设施和音响航标"。其中视觉航标是航标的重要组成部分，主要包括"灯塔、大型自动化浮标、灯船、灯桩和立标、灯浮标和浮标、导标等"。音响航标主要指雾号，随着科技的发展，雾号的导航作用已大大减弱，目前主要是"安装在近海建筑物、桥梁、防波堤上用于起危险警告作用"的设施。在当代航运业，无

昔日川江航标（长江航道局供图）

线电航标的作用越来越大。就其覆盖范围而言，无线电航标主要包括“点位系统、区域覆盖的陆基系统和全球覆盖的卫星系统”等。⑫

从物质文化的研究看，航标文化的研究重点是就航标这样一类物质，从其产生、发展、使用和社会功能等方面探讨航标文化的基本概念和范畴等。基于上述对物质文化的界定，我们可以把航标文化定义为：在长期的历史过程中，人类在航标建设和管理活动中所形成和创造出来的物质和精神产品及其形成和创造的过程。或者说得通俗一些，“航标文化是航标职工在长期的与航标相关的工作和生活中逐步形成的共有的价值观、信念、行为准则及具有航标特色的行为方式、物质表现的总和”。⑬

人类社会与文化的发展与周围自然环境密切相关，同时也与人类的生产活动紧密相关。我们从这个视角来考察航标文化就可以发现，实际上，航标的产生源于人类的航行活动，而航行活动的过程则涉及了现代海事的诸多内容，因此可以这样说，人类的航行活动产生了航海文化，航海文化产生了海事文化，而航标文化则又是海事文化的一个极其重要的组成部分。

人类置身于航行领域中，就不可避免要受到其特定的航行与海洋、海事文化的影响，同时参加到这些活动中，创造出新的航标文化氛围和航标文化成果。因此，从社会总体来看，航标文化是海事文化的一种亚文化，与人类其他亚文化一样，航标文化从内容上看，也可分为3个层面。

镇海角灯塔 塔高23米，灯高110米，射程24海里，位于龙海市烟墩山突入海中的岬角上，1989年建，为航行于台湾海峡的船舶提供助航服务（摘自中国海事局组编《中国灯塔》）

一是物质层面的航标文化 它是参与航行领域活动的人在航行活动过程中形成和创造出来的独特亚文化。如灯塔及设施、信号台及其设施、灯船、岸标、浮标等各种有形的助航、导航设施。但是，这些助航、导航设施不仅仅是简单的物质设施。它们是人类文明进步的结果，它们是为一定的目的存在的，而它们的存在又被人赋予了一种意义。因此，它们在一定程度上已经脱离了物自身纯粹的物理特性，而体现了社会人的精神文化标志，它们的背后凝聚着航标人丰富的实践经验，以及他们的思想、智慧和观念，这是航标人世世代代积累下来的无价之宝。因此，我们可以把上述物质设施看作是航标文化的载体，他们体现着航标人的知识和智慧，传递着航标人的思想和观念。

二是行为和制度层面的航标文化 它主要包括航标管理的规范和规则，各种章程、制度、条例及航标人的行为模式与行为习惯等。文化与制度之间是一种蕴含与互动的关系，文化中蕴含着制度，制度中也体现了文化，没有文化的制度与没有制度的文化都是不可想像的。文化形成制度，即文化观念是制度形成的依据，制度要反映文化的要求；制度强化文化，即制度对文化观念特别是对新文化的巩固与发展有重要的作用。在航标领域，这一层面也体现得十分显著。比如，无论是航标业界的总体管理体制、政策的制定和演变，还是航标人组织的具体管理行为，在很大程度上都受到既往航标文化和理念的制约；与此同时，航标业界的任何宏观或微观的管理体制和机制的变革，都会在很大程度上对航标人的行为文化和精神文化的传承和创新产生重要的规范和导向作用。尤其是在航标人行为层面研究上更是如此，所以，我们不仅仅将航标人的优秀行为文化看作个体奋斗和努力的结果，更应该将这些现象视为恰当管理、引导和规范的结果。

三是精神层面的航标文化 它集中表现为航标人这个特殊群体的价值观念、生命理念、思想意识、情感、态度以及在此基础上形成的"航标精神"或"灯塔精神"等，这是航标文化的核心和灵魂。航标精神或灯塔精神作为一种隐性的力量，是构成航标精神文化不可忽视的重要内容。这种精神会"超越时间"的限制，而成为影响新一代航标人的隐性力量。精神文化是一种心灵活动。精神文化虽然表现为精神化的生命意识，但它却渗透于人们行为的各个方面。精神文化作为一种传统，标志着文化的积累性、传递性和连续性，传统是一种"生活方向"，它具有规范性。[14]航标传统一旦形成，就会以强大的影响力规范航标人的精神气质，并最终影响每一个航标人的行为。

航标文化的三个层面构成了一个有

机的统一体。航标文化的精神层面是核心和灵魂，反映了航标文化的属性，规定了航标文化的特性，它支配着制度层面和物质层面的航标文化。因此，对航标文化精神层面的发掘是研究航标文化的主要目的。从物质文化到精神文化的发掘是由浅入深的过程。航标文化的精神层面是在航标人平凡的日常工作和生活中逐渐形成并提炼出来的，又反过来指导和支配航标人的工作。而航标制度文化又是航标精神文化的基础和载体，并对航标精神文化起反作用。某一航标管理行为的规范，会影响航标人选择新的价值观念，成为新的航标精神文化的基础。从文化人类学的角度审视，我们不妨把航标文化看作是一种综合体。因为，不仅是由于航标的出现才构成了航标文化，而且还有围绕着对航标的使用而出现的一系列的文化特质、社会群体、价值观念乃至信仰实践。由于所有这些因航标而产生的文化事项都依赖于航标这种“物”的功能，而且必须与其发生联系，这些功能或作用互相交织在一起，它们看起来就是一种综合体。

（三）航标文化的内涵与外延

任何一个能够真实地反映现实的概念都有内涵和外延两个方面，内涵和外延是概念的两个基本的逻辑特征。所谓概念的内涵，是指反映在概念中对象的特有属性和本质属性，就是人们通常所说的概念的含义，说明概念反映的事物是什么。[15]按照这样的理解我们可以认为，从其特有属性来说，航标文化的内涵是特属于航标这一物质和由这一物质刺激延伸出来的诸多行为过程的；而从本质属性来看，航标文化的本质是由航标物质、航标人及其行为和航标精神层面的内容组成的。当然，我们将特有和本质的两个属性分开是为了具体说明航标文化的这一特点，实际上两者是不可分的。

因此，航标文化的内涵是对这种客观存在的反映，是意识的范畴，是航标文化在其发展过程中逐渐形成的，不仅包括航标的客观属性，而且还包含航标人的共同价值观、行为习惯、行为规范和规章制度等。我们知道，随着航标的逐步发展，航标符号的意义发生了显著的“增殖”效应。航标已不仅仅只作为一个简单的导航工具，更成为一种融“关怀、服务、坚韧、奉献、执着”等文化意义为一体的精神象征，成为海事文化中一种独具特色的概念化符号，为促进航运活动的发展和交通文化的建设作出了卓越贡献。

从航标文化的内涵来看，我们又可以将航标文化理解为广义的航标文化和狭义的航标文化。比如，上述我们对航标文化的基本定义就是广义的航标文化。而狭义的航标文化，可以从三个方

精益求精（上海海事局供图）

面来理解。

第一，航标文化可以特指航标的物质文化层面，就是航标这一物质在人类文明进步中的持续发展。这一层面的研究将从物质文明的进步解释人类科技的进步和航标人的知识与智慧的进步。

第二，航标文化可以指航标组织文化。这一层面的意思是从航标组织管理的角度来全面反映航标人群体性的思维与行为模式。从实践看，许多航标业务管理单位开展的“航标文化建设”，就是从这一层面来理解和导入的。

第三，航标文化也可以特指航标的精神层面，即航标精神。航标精神是在长期航标事业的发展过程中形成的共同理念、道德规范和行为准则等，它维系着航标人为航运事业的发展和为社会服务而奋发工作，是航标事业生存和发展的精神支柱。航标精神具有如下功能。

一是导向功能 航标精神反映了航标人的共同价值观、共同追求和共同利益。所以，航标精神对于航标人具有促进作用。通过其导向功能，可以引导航标人始终不渝地为实现船舶航行安全的目标而努力。

二是规范功能 航标精神虽然是无形的，但对于航标人却有约束性。这是由于在一定范围之内，合乎特定准则的要求被接受和认可，而不被接受的规则被否定之故。无形中对人的心理平衡产生影响，促使个体尽量使自己的行为合乎一定范围内的特定行为要求，从而获得一种满足感。通过这种方法，把在特定文化氛围下的个体联结在一起，使航标人在统一的价值观指导下，保证个体行为与集体利益的一致性。而个体由于对航标价值观的认可，会对航标工作产生一种自豪感，对从事的航标事业感到骄傲。

三是激励功能 航标精神在航标人中得到认可和贯彻，会对航标人的行为产生约束力，使其尊重航标精神，按航标精神来指导自己的行为。

黑格尔曾经指出："精神产品的独特性，依其表现的方式，可以直接转变为物的外在性。"[16]航标所蕴涵的文化因素在它的历史承传过程中，在人们内心里沉淀下来，同时，也在物体上沉淀下来。也就是说，航标文化所蕴含的符号形式，已经不仅仅限于航标自身，而是延展到人类及其行为中，比如，航标人、航标建设活动、航标在航运活动中的文化象征意义、航标的社会文化意义等。

概念的外延是概念所反映对象的总和，也就是概念所确指的对象的范围，或者说是概念的适用对象。如此理解，航标文化外延可以从诸如中国航标文化、外国航标文化，一国的航标文化、世界的航标文化，沿海航标文化、内河航标文化，早期航标文化、近代航标文化、现代航标文化等这样一些方面来展开。

①郭立新主编：《考古人类学》。南宁：广西民族出版社，1998年，第229页。

②周大鸣、乔晓勤：《现代人类学》。重庆：重庆出版社，1990年，第97页。

③王筑生、杨慧："人类学的文化概念与人类学理论的发展"，见王筑生主编：《人类学与西南民族》。昆明：云南大学出版社，1998年，第120页。

④克拉克·威斯勒著：《人与文化》，钱岗南、傅志强译。北京：商务印书馆，2004年，第233页。

⑤"Culture…is that complex whole which includes knowledge, believe, arts, morals, law, custom, an any other capabilities and habits acquired by man as a member of society."参见Tylor, Edward, PrimitiveCulture, 1958 (1871), pp, 1. New York: Harper Torchbooks.

⑥转引自王筑生、杨慧："人类学的文化概念与人类学理论的发展"，见王筑生主编：《人类学与西南民族》。昆明：云南大学出版社，1998年，第121页。

⑦转引自张显元："'物质文化'概念辩析"，《人文杂志》，2006 年第3期，第7页。

⑧张显元："'物质文化'概念辩析"，《人文杂志》，2006年第3期，第8页。

⑨李亦园：《田野图像——我的人类学研究生涯》。济南：山东画报出版社，1999年，第70-71页。

⑩Hebding, Daniel & Leonard Glick. IntroductionN to Sociolog y. New York: McGraw-Hil 1. Inc, 1992, p. 45.

⑪潘守永："物质文化研究：基本概念与研究方法"，《中国历史博物馆馆刊》，2000年第2期，第127页。

⑫王英志："航标的发展趋势"，《大连航运学院学报》，1994年第4期，第83页。

⑬王晓雷："关于航标文化建设的几点看法"，《北方航标》，2003年第8期，第45页。

⑭乔治·麦克林：《传统与超越》。北京：华夏出版社，2000 年，第19-20页。

⑮吴坚：《实用逻辑学》。北京：首都经济贸易大学出版社，2005年，第20页。

⑯黑格尔著：《法哲学原理》，范扬、张企泰译。北京：商务印书馆，1995年，第76页。

二、航标文化的产生与发展

从人类演进的角度看，航标的产生与发展是人类文明进步的必然结果，是人类探索自然、追求福祉的必然产物。如上所述，人类早期主要聚集在江、河、湖泊沿岸地区，以采集和渔猎为生。据浙江萧山跨湖桥遗址出土的独木舟、河姆渡文化遗址的雕花木浆考证，至少在新石器时代（约10000～4000年前）我们的祖先就已经广泛使用独木舟和筏了，并以其非凡的勇气和智慧走向海洋，探索更多的生存资源，为我国的航海业奠定了基础。[①]人类祖先在渔猎过程中不断地观察自然，了解自然。从最初利用水上漂浮物到筏、排筏和独木舟以及木船、铁船的发明，人类的航运活动从无到有经历了漫长的发展过程。航标是随着水运事业的发展而逐渐形成和发展的，从最初利用太阳、月亮和某些星辰的出没规律来辨别方向，到利用航行水域岸上的塔楼、房屋、山岩、土丘、大树等“自然航标”作为航行目标的参照物再到人工航标的设置，航标同样经历了漫长的岁月。

（一）航行活动的安全需求与原始信仰

大海神秘莫测，在科技条件不具备或者尚未达到完全预知海上情况的状况下，海难往往难以避免。而在人类尚站在现代科技的门槛之外的时代，海难就会更加频繁和不可预知。但是人类并没有被动消极地面对这充满着危险的大海，他们利用自己的聪明才智和献身精神与各种海上危险作着永不停息的斗争。其中以“海神”妈祖为代表的许多美丽动人的神话传说和原始的信仰，既是科学蒙昧时人类祈求平安思想的反映，也是人们在同自然和命运搏斗中所产生的愿望和美好理想的象征。

据史籍记载，妈祖实有其人，原名林默，百姓称为林默娘，出生于仕宦之家。相传，一天晚上，妈祖的母亲王氏梦见观世音慈详地对她说：“你家行善积德，今赐你一丸，服下当得慈济之赐。”不久她便怀孕。北宋建隆元年（960年）三月二十三日傍晚，王氏忽见一道红光从西北射入室中，光辉夺目，香气飘荡，久久不散。王氏感到腹中一阵震痛，妈祖降生。妈祖出生后弥月不曾啼哭，所以取名“默”。妈祖生性聪颖，她8岁“从塾师训读，悉解文义”；10岁多“喜净几焚香，诵经礼佛”；13岁从师学道，得“玄微秘法”；16岁“窥井得符，逐灵通变化”。此后，她虽身在室中，却能驾云飞渡大海，拯救海难，被当地人称为“神姑”、“龙女”。

宋雍熙四年（987年），妈祖28岁。在重阳节的前一天，湄洲上空浓云四合，一道白气冲上天空，仿佛听见天空有丝竹管弦奏起的仙乐声，直彻云天，彩虹辉映，只见妈祖乘长风驾祥云，翱翔于苍天皎日间，俯视人世，若隐若现。忽然彩云布合，不可复见。她升天后经常“穿朱衣，云游海上”，救急扶危，在惊涛骇浪中拯救过许多渔舟商船。[②]每当天象变化时，她便会驾舟出海，为过往船只引航，指引它们驶向港湾，躲避风浪。宋宣和五年（1123年），宋徽宗封妈祖为“南海女神”。[③]

千百年来，沿海人民把妈祖奉为“海洋保护神”，商贾、渔民、海员为祈求航海平安，到妈祖庙进香朝拜，更因历代统治者的倡导，相沿成习，已成为一种文化和信仰。妈祖文化和信仰的产生和远播是北宋以来中国海上活动频繁及朝廷加以宣传利用的必然结果。北宋时期，中国航海业已日益发达，福建沿海已开始成为航船转运货物的要地，通航区域之广，几乎覆盖了亚洲所有沿海国家乃至北非和东非的部分地区。虽然当时的航海技术已较发达，但由于海上航行常常遇到狂风巨浪的袭击，人们对于如何保证海上航行安全仍然感到无能为力，在许多情况下，人们只能求助于海神的庇护。

所有的心理学理论均认为，无论宗

澳门发行的妈祖纪念邮票（施友仁供图）

教与巫术的起源或目的是什么，也无论宗教与巫术信仰或仪式怎样，宗教与巫术都具有满足人类共同的心理需求的作用。文化人类学的研究表明，宗教与巫术是人们在无助的情况下，企求解决一些依靠他们自身力量无法解决的事情。通过某种仪式祈求超自然力量庇护的心理，人皆有之。不仅古代先民有，当代人也有。根据著名人类学马林诺夫斯基的研究，每当人们遇到危险和疑虑时便求助于神灵。他发现Trobriand岛民在从事诸如到深海航行之类没有把握的活动时，往往会举行仪式，祈求神灵的护佑。

航海人的这种祈求神灵护佑的普遍心理，加之宋、元、明、清历朝皇上数次加封，妈祖逐渐成为官、民崇奉的海上女神和航海人的精神寄托。妈祖信仰是人们对于美好理想和愿望的寄托，不仅表现出我国沿海人民对于自然不畏艰险、勇往直前、积极征服的愿望、智慧和力量，而且也表现了他们不断扩展生存空间、追求生命价值的开拓精神。就宗教信仰的功能与作用而言，妈祖信仰为航海者提供了战胜惊涛骇浪的精神力量，增强了他们的信心和勇气，激励他们与海洋危难斗争，不断去开辟新的航线。因此，从某种意义上讲，妈祖信仰促进了航海事业的发展。

在世界航运史上，郑和七下西洋的伟大壮举，尽人皆知。郑和一行在七下西洋期间，在娄东刘家港和长乐太平港两处修建规模宏大的妈祖宫，立碑祭祀，祈求海神妈祖保佑，把妈祖神像供奉于船上，朝夕祭拜的事实却鲜为人知。根据郑和做《天妃之灵位应记》碑文记载：“而我云帆之高涨，昼夜星驰，涉彼狂澜，若履通衢者，诚荷朝廷威福之致，尤赖天妃之神保佑之德”。④对天妃“保佑”的信念，至少在心理上增强了郑和一行战胜种种艰难险阻的信心和力量，在一定程度上保证了航行的顺利完成。

在科技十分不发达的远古时代，人们在不能运用自身的能力解决生存问题时，往往会将希望寄托在神灵身上。但是，无数的史实证明，将希望寄托在神灵的同时，人类并没有放弃自身的努力。在这一努力的过程中，这些神灵在人们心理上产生的作用，往往成为人类创新行为的动机。从这一视角说，妈祖信仰与航标文化恰有异曲同工之妙。

（二）航标是人类物质文明传承的结果

航标的产生是人类征服自然、争取生存的必然结果，是人类物质文明传承的产物。在这一过程中，航标文化的物质层面得以逐步丰富，航标文化的行为与社会层面得以持续完善，航标文化的精神层面得以随着人类精神的进步而持续提升，这三个方面的相互衍生、相互促进，使航标文化的“层累”得以慢慢形成，时至今日，呈现给我们的是一幅生动且丰满的航标文化的画卷！

先民们在久远的古代已经懂得利用天然标志辨识方向，已是不争的事实。那么先民们究竟是怎样确保舟船安全航行的呢？其方法自然非常古老而原始，但“必须有可靠的路标定位来导航。我们的祖先要把熟悉的地形地位保持在自己的视线内及记忆之中，以保证不迷航。”[⑤]从航标发展的角度看，在人工航标问世之前，古代先辈已在长期的航行实践中摸索出一套宝贵的安全航行经验，他们充分利用航行水域两岸的地物、地貌，作为航行目标的参照物，抓点，调向，避礁石，绕险滩，探寻航道。有一句流传至今的行船谚语，即“外洋观山，内洋观岸”[⑥]精辟地概括了这种利用天然物标引航、平险的行船经验。

古代航标示意图——烽火引航（中国航标展馆馆藏/天津工艺美院创作）

中国古代航标的发展演进，经历了一个从天然标志到人工标志的演进过程，显示着人类运用智慧促进物质文明进步的过程，这一点在业内已经达成共识。早期的航标大都是自然景物，如高山、巨石、大树、岛屿等，船只航行时利用它们来确定位置和方向。前面提到过的长江三峡神女峰的传说典型地反映了这一状况。瑶姬下凡到人间，帮助大禹凿通了三峡，驱除了兴风作浪的滩神，洪水于是东流入海，过往船只也得以顺利通过三峡天险。后来，这位女神不愿回到天宫，于是长年站立于山头，化作神女峰，为过往船只导航。这个美丽动人的传说，糅合了人类早期对神祗和英雄的崇拜，以及尘世活动的经验，因而能广为流传。这其中的尘世活动经验，就是早期船舶利用自然景物导航的经验。[⑦]

航标从“自然航标”到“人工航标”的发展，经历了漫长的岁月。随着人类社会的进步和航行活动的发展，在自然景物不足以提供导航帮助的情况下，人们逐渐发展人工航标。在航运过程中先民们不断认识自然，吸取船只触礁、搁浅、翻沉等海上活动中的经验教训，在水域中刻石示警、立标指浅、烽火引航以及利用宝塔作为航行标志的等。这些人们设置的航标，就是“人工航标”。[8]人工航标的产生是人类通过文化的手段来适应自然，并主动积极地改造自然、促进人类物质文明进步的生动体现。

三国时期，地处长江中下游的吴国拥有强大的水军。为了便于对水军的管理和操练，吴国采用了人工标志来为军船导航指泊。船队采用鼓令作为启航标志，击鼓三次，分别代表军船的准备、进入战斗岗位和进发。船队的停泊营地附近高竖旗帜，开航和停泊都按照旗帜指引依次进行。夜航则燃起火炬作为标志。这种旗帜、灯火、鼓号，就是较早的人工航标和信号。[9]唐贞观年间（627～649年），广州建伊斯兰怀圣寺，寺内建光塔，高165尺，矗立在当时珠江岸边，夜间悬灯，客观上起到了“灯塔”的作用，指引船只驶入广州港，开创了我国以灯塔为航标的历史。唐咸通十年（869年），浙江温州江心屿东峰建象牙塔；北宋开宝二年（969年）在江心屿西峰建狮牙塔。东西两塔为船只进出温州港的“航标”。明代嘉靖进士黄埔访有诗云：“双塔峙琳宫，诸天一水中，回看云岛合，直与海门通”。[10]北宋太平兴国八年（938年），宋朝地方政府在三峡的险要之处——夔门，设立了水上交通管理机构，派士兵在航道险要处执旗导航。如前文说到的南宋大诗人范成大在《吴船录》（卷下）中的记述就反映了这一情况。起初修建怀圣寺、象牙塔、狮牙塔的目的并不是为了引航，但由于它们所处的位置以及特殊的造型等，在客观上起到了灯塔引航的作用。

到了元朝时期，人工航标有了初步的发展。元朝官府在江阴、浏家港一带设置的“指浅船”，就是早期的航标船。[11]元延佑元年（1314年），官府又根据船民袁源等建议，在长江下游江阴水道巫门子等九个“潮涨则一概俱没，潮落微露沙脊”的暗沙浅滩处设立标船，指引粮船出浅。元延佑四年（1317年），官府为解决粮船由渤海转入直沽海口时“无所桌望，不能入河，多有沙漏淤泥去处，损坏船只”的难题，决定设立标望，“于龙山庙前高筑土堆，四旁砌石，以布为帆，每年四月十五日，有司差夫添力竖起，日间于上悬挂布幡，夜间挂点灯火”，以便“运粮海船得以瞻望”。[12]我们的祖先在暗礁、浅滩附近或海岸口门，因地制宜，设置了指示航道或航路的形式多样的航标，这些古代的人工航标首先体现在指引舟楫安全航行的实用价值之中，更重要的是那些本来毫无生机的石头、树木、船只、旗缨、塔、灯光，正因为和人类的航行安全紧密地联系在了一起，因此就留下了人类不屈服于自然、努力探索未知世界、渴望扩大自身视野、挑战自身极限的精神印记，在岁月流转之中，它们也就成为人类航行生活中的不可或缺的一部分。

中国近代航标出现在鸦片战争之后。西方资本主义国家侵入中国沿海、内河，为打开掠夺通道，强迫腐败的清政府签订了一系列不平等条约，在中国沿海、长江和对外开放的港口、航道开始设置现代意义上的航标，拉开了中国近代航标建设的帷幕。[13]清朝时，长江航线继续利用石山、石崖作为导航标志。乾隆五十六年（1791年），三峡沿江各州县对沿途险滩进行了一次普查，并在沿江两岸插立标记，作为航标。这是川江航道上一次大规模的设置航标活动，尽管所设标志还比较简单，但却是地方政府的规划性行为。与此同时，航标灯也逐渐运用于川江中下游的航道。这一时期的航标灯数量不多，而且还比较简陋。

自五口通商以来，上海港对外贸易发展迅速，逐步取代广州而成为全国对外贸易中心，从19世纪50年代起，出口贸易已占全国的1/2以上，船只进出的艘数、吨位增长速度惊人。道光二十七年（1847年），驻上海的苏松太道等筹拨款项，先后在长江口北岸及南岸浅滩处各设立专门为轮船服务的灯桩一具，这是中国近代中国政府第一次设立的新式航标。[14]清咸丰五年（1855年），苏松太道接受外籍税务监督的建议，租赁一艘名为“柯普顿爵士”号的灯船，将船设置在长江口铜沙西南水深1丈7尺的地方，以指示铜沙沙嘴。船为单桅，桅着黑色，桅上悬一黑色铁丝圆笼，笼内置灯一盏。船身为红色，左右有英文“TUNGSHA”字样，称为“铜沙灯船”。其设立后，设备多次更

建于1926年的铜沙灯船（摘自《中海沿海灯塔志》）

新，船体由木质换为钢质，灯光逐渐增强，还配有气压雾笛一具。清咸丰六年十月（1856年11月），在长江口南岸原设立标桩的地方新建一座砖塔，高70英尺，外涂红白两色方格，作为塔标，指示船舶白天航行。[15]

清同治三年（1864年），时任海关总税务司的赫德请求总理衙门"将各口所收船钞拨给十分之一，作为改善航标的基金，……"并获准于同治三年十二月初四（1864年1月1日）起执行。随后，利用这项基金在宁波、烟台、天津等处设立灯塔3座、灯船一艘及灯浮、灯标数处。同治七年四月初三（1868年4月25日），清政府批准，由海关总税务司赫德筹划，在海关内组建了主管航标的机构——船钞股，其任务为"建设与管理沿海内河灯塔、灯船、浮标、雾号及其他各项航行标识，撤除航路沉没船只，疏浚港口水道，管理碇泊事务，以及延用专门人才，分任各职"。[16]

中国沿海灯塔建设自长江口开始，向南北展开。根据在海关海务部门任职多年的余铭镛先生1928年在《海关华员联合会月刊》上发表的《海务部门管辖沿海灯塔、灯船的区域划分》统计，至1927年底，海关管辖的沿海灯塔共59座；[17]到1948年底，海关管理的灯塔、灯桩、立标、灯船、灯浮、浮标、信号台以及无线电指向标等各类航标，已多达1645座，其中沿海421座。[18]

中国历史上大规模灯塔建设，始于第二次鸦片战争之后。自清道光二十七年（1847年）在上海设立第一座近代航标以来，西方航标技术设施逐步输入，并有相应的改进。早期所设的灯桩已有标桩、灯桩、灯塔、灯船、灯浮等。这些标志的颜色、形状、灯关，皆参照当时英美航标制式，以利各国船只识别。仅同治七年（1868年）至光绪三十四年（1908年）的40年间，中国沿海灯塔陡增为160座，浮标130具，标桩168具。正如《中国沿海灯塔志》所说："发展之速，洵堪警人。"清同治十一年（1872年），海务部门总营造司编纂，由海关造册处印行了《通商各关沿海沿江建置灯塔灯船灯杆警船浮桩总册》，册中开列了当时各管所设航标的地点、形状、颜色、灯光，并在范例中对航标制式作了统一的简要说明。清光绪八年（1882年），海关以第151号告示正式通知各关，要求将各地方所设，按照统一规定改饰一律色样。对表示各种航标、浅滩、礁石、沉船等标志的图样和颜色作出了统一的规定。清光绪九年（1883年），通商各关沿海沿江所设警船浮标改设一律色样。海关所设航标的制式沿海沿江是一致的，并无沿海与沿江之分。[19]光绪二十九年（1903年）海关税务司署曾制定《各海关设立灯塔、浮桩指示行船章程》，对航标类型、规格与作用作出统一规定。

解放后，大规模的航标建设工作全面持续展开。国民经济第一个五年计划（1953～1957年）期间，中国沿海公用航标成倍增加。据统计，1953～1957年，五年间设标合计976座，沿海主要港口的航标配套齐全，基本上满足了国内外船舶的航行需要。对开辟航行通道、扩大舰船活动海域、发展国民经济，提供了航行安全保障。1952年12月起，中国开始对内河、首先是长江的航标制度进行改进。改进引起了三大变化：一是航标密度大幅度增加，构成不间断的航标链，提高了船舶营运周转率；二是航标管理机构趋于合理；三是促进了内河航标电气化。1965年，经国务院批准，由海军、交通部和四机部提出的采用“脉冲双曲线”和“脉冲相位双曲线”的中、远程无线电导航方案（“长河一号”、“长河二号”）。“长河一号”（罗兰A）系统由10个导航台组成台链，1968年，建成成头山、射阳河、枸杞岛3个导航台。1974年，建成庄河、上古林、石塘、天达山4个导航台。同年，南海建成龙滚、石碑山、三灶3个导航台。至此，建成的中程无线电导航系统

白节山灯塔 位于舟山市嵊泗县白节山上，始建于1883年，1946年重建，图为初建的白节山灯塔（摘自《中国沿海灯塔志》）

靖子头灯塔 建于1953年，位于黄海北部威海市靖子头。1975年重建，为砖砌圆柱形结构，1980年改造。现塔高8米，灯高92米，射程25海里，主要为从烟台港至成山头航行的船舶助航（天津海事局供图）

基本覆盖了中国沿海海域。1976年10月，“长河一号”导航台正式对国内开放使用，并开始筹建“长河二号”（罗兰C）远程无线电导航系统。

随着改革开放，中国航标进入全面现代化建设时期。在这一时期，首先进行了航标管理体制改革，逐步加强与完善了航标布局，引进了国外先进航标设备，建立了航标通信网，发展了海区无线电导航，建设了南中国海航标。同时还加强了航标法制化进程，交通部先后颁布了一批航标管理行政法规和航标作业标准，《中华人民共和国海上交通安全法》也于1984年1月1日起施行，《中华人民共和国航标条例》于1995年12月3日起实施，航标法制化建设进入了新的发展阶段。

一部中国航标的建设和发展史，就是中华民族生生不息、奋发图强，利用自然和改造自然的物质文明进步史。

航标物质文明的进步，使一座座灯塔、一个个浮标已经不仅是一个简单的导航工具，更是一种精神象征。从最早的一束火光、一柱狼烟、一面旗缨，到后来的煤油灯塔、浮标、雾号，再到现在的无线电航标、数字化航标，人类物质文明的不断进步和发展在航标身上一棒又一棒地传承下来，成为物质文化进步的见证。但是，如果只有那些静静无语的航标仍然不会是人类文化的传承，航标技术的发展是航标人心血和汗水的结晶，也是那些一代又一代默默无闻的航标规划建设者、管理者和常年驻守航标站点上的航标人在实践中的探索与创造，也是航标人勇于吃苦、善于协作、甘于奉献、开拓创新精神的写照。正是这些长年累月与孤独和寂寞相伴的航标人，用一盏盏航标灯照亮了无数人的行程，指出了无数人前进的方向。在这一点上，航标的意义已经超出了航行安全的范畴，已成为一种精神的象征符号。

今天，航标技术已经迈入了数字化航标时代。2006年国际航标协会（IALA）第十六届大会在中国举行，大会的主题就是“数字世界的航标”。“数字化航标”是以信息为基础，分析、模拟与航行安全有关的各类相关数据，并以数字化的方式提供给船舶，以满足船舶安全、高效航行的一种全新的助航形式。在这种情况下，航标文化的内涵正在发生着静悄悄但却深刻的变化，航标已不再仅仅是一个助航工具，更多的时候它成为一种精神象征，一种独具特色的概念化符号，蕴涵着希望、光明、亲情和伟大的母爱。正如一首诗歌所表达的那样：“望着那远方的灯塔，闪着银光；一阵欣喜，驱散了沉寂，我的心在动；银光里，我看到了，妈妈的眼睛，是那样慈祥”。

一位船长在谈到航标时，是这样说的：“现在一般大型船舶上都装备了电子海图，天气不好时，尤其是在大雾天的时候，根本看不到目视航标，仍可以安全航行，目视航标的实际导航作用减弱了很多。虽然我们知道现代科技的安全性和可靠性，但是每当这个时候我们心里仍然不太踏实，总希望看到前方迷雾中那一座座闪烁着光芒的灯塔，它们就像能给予自己力量和信心的一只只神灯”。海南航标处的一个老船员符大超说，“每次出海回来，远远地看到木栏头灯塔，不管之前是什么心情，一下子就踏实下来——终于到家了。”正如海南日报记者姚莉莉和特约记者钟敬忠所描述的那样，“21年的航海经历，让符大超见识了不少惊涛骇浪，但每次只要一看到木栏头灯塔，所有的风浪都归于平静，心底里荡漾着家的温情。”[20]

（三）航标是人类知识与智慧的体现

人类物质文明的进步，是人类在长期的实践活动中面对自然不断困惑、不断突破的结果。在这一过程中，人类将自身在长期实践中总结出来和不断传承的知识和智慧用于改造自然的实践活动，在物质文明持续进步的同时，也使自身的知识不断丰富和完善，使自身的行为变得越来越高效和便利，这就是人类进步中物质、行为和精神相互促进、相互凝聚的结果。

从历史过程看，航标的发展史就是

人类知识、智慧的进步史。随着科技的发展，航标这一原来比较原始的单纯的“物”，越来越多地体现出人类技术进步与创新的色彩，其功能越来越强大，作用越来越显著与精确，使用越来越简便，对人工的依赖也越来越低。就航标所使用的能源而言，最早使用柴草，1616年英国首先在Dangeness灯塔使用煤炭，16世纪开始使用动、植物油，19世纪中叶开始使用石油，1818年的里亚斯德的Salvatore灯塔首次使用煤气作为照明燃料，1904年加拿大和瑞典几乎同时使用乙炔气作为能源，1853年开始使用电能。目前，许多灯塔开始使用再生能源太阳能作为航标发光能源。

随着航标能源的不断改进，航标灯器也有了巨大的变化。如上所述，早期灯塔采用露天燃柴草和煤获取火光，使用青铜镜作为反射镜；18世纪末，英国灯塔建筑师约翰·斯明顿和瑞典工程师安德兹·波尔姆建造了一座封闭式燃煤灯塔；1532年，在波罗的海的格楞伯格灯塔首次使用金属反射镜；1770年左右，利物浦的一家造船厂厂长威廉姆·霍金斯制造了用镀银小玻璃平面构成的抛物面反射镜；1781年，在瑞典西海岸的卡尔斯顿灯搭上安装了瑞典人乔纳斯·诺伯格设计的世界上第一座旋转航标灯；1811年，英国罗伯特·史蒂芬逊发明了一种间歇式机械闪光器；1823年，法国灯塔局的奥古斯丁·菲涅尔发明了菲涅尔透镜，通过把单一光源放置在装有玻璃透镜的蜂窝状的灯器内，产生高能量的强光，使灯塔发生了巨变；1875年，英国约翰·霍普金森博士发明了灯光联闪方式；1865年，瑞典的卡尔·奥特制成了可获得不同闪光特性的机械闪光器；1912年，瑞典的葛斯塔夫·达棱发明了能自动工作1年的乙炔气灯。1921年，无线电指向标首次在美国的阿姆布鲁兹灯船和纽约港入口处使用，1945年开始使用台卡和罗兰A无线电导航系统；1950年开始使用雷达应答器；1960年子午仪卫星导航系统用于导航。现在，航标以及航标能源都有了重大的发展，并已迈入航标电子化、自动化的历史阶段。

改革开放以来，我国航标管理部门大力倡导提高航标科技水平，各种政策引导和规范为航标的技术进步起到了显著作用。在沿海已经形成包括灯塔、灯标、浮标等传统的视觉航标、无线电航标、船舶交通服务（VTS）等在内的多重覆盖中国沿海水域的助航系统。已经编制完成的《中国沿海航标总体布局规划》提出，加强研发数字航标、电子海图和地理信息系统，全面构筑沿海综合航海保障系统。在宏观政策指导下，各航标基层管理部门将科技发展列为工作的重中之重。

以上海海事局为例，近些年来，上

海航标处积极推行“科技兴处”战略，加大新技术、新工艺的推广运用，将DGPS、AIS、遥测遥控等多项新技术运用于航标上，努力提高航标的可靠性，倾力打造数字航标。2005年建立了覆盖长三角水域的AIS网络；完成了小戢山、黄泽洋灯船和东海西口大标AIS应答器试用工作，先后在洋山水域、长江口水域的主要航道的航标上安装了190多套遥测遥控终端。2006年底，开始构建集AIS、GPRS、VTS、遥测遥控、电子海图信息于一体的综合信息平台——海事动态监管系统，通过对遥测位置、电压等参数的分析，可发现航标的不正常状态，使航标人足不出户就能监测到航标的各项指标，大大节省了人力、物力，提高了工作效率，加强了海上航标信息的维护和监控。[21]

海口航标处围绕“科技兴航标，实干求发展”的工作思路，加大新技术、新产品的开发、引进和推广使用力度，先后进行了灯浮标太阳能改造、LED光源在航标上运用试验推广、部分灯浮标能源选型试验与推广等，形成了海上以灯浮标为主、陆上以灯塔为主、空中以卫

上海海事局海事动态监管系统（天津海事局供图）

星导航为主的立体交叉助航体系，大大提高了航标可靠性，降低了航标人的劳动强度。[22]

从航标能源及航标灯器的演进过程中，我们都可以感受到航标这种“物”所体现出来的文化寓意，比如航标能源从早先的柴草、煤炭等有形物质发展到现今无形的电能、太阳能等，均体现出人类智慧或我们所说的“文化”在人类利用自然、开发自然过程中所发挥的重大作用。文化是社会发展过程中人类的创造物，其中包括物质技术的进步。文化使人类能根据其自身的有利条件来改变环境，以及改变自己的行为方式来适应改变了的环境条件，在产生文化以前，人类只能通过生物进化来适应环境的变化。因此，从某种意义上说，文化促进了人类文明的进步。虽然与自然航标相比，燃柴草引航已表明人类向文明迈进了一大步，但其效能毕竟非常有限，而且需要消耗大量的人力、物力。油灯及乙炔灯的使用虽然在功效上有了巨大进步，但油灯引航需要守灯人彻夜守护；乙炔灯引航劳动强度大，尤其是在海上作业，辛苦且具有一定的危险性。因此，真正意义上的航标革新是电能、太阳能以及遥测遥控技术的运用。

（四）航标的发展过程是人类不断求得自身解放的过程

纵观人类航标历史的发展，我们可以清晰地看到，从燃柴草发光到应用可再生能源、应用太阳能发光，不仅节省了大量的有限资源，更重要的是这一革新过程中所体现出的人文关怀，在增加航标效能的同时，还把航标人尤其是一线的守灯人从繁重的体力劳动中解放出来。在这方面，航标科技人员和管理人员作出了突出的贡献。

首先，灯塔的设计体现着对航标工的人文关怀。秦皇岛的南山头灯塔的设计建设，是灯塔人性化建设的一个典型例子。早先设计的灯塔内的楼梯垂直度较高，而且较为狭窄，灯塔工每天爬上爬下很不方便，而且也有一定的危险性。经过仔细考察，工程师设计出一种较为宽敞和平缓的楼梯，使灯塔管理人员上下既安全又省力。建于1995年的海南的木兰头灯塔，塔高72米，为便于值守人员登塔，在塔内安装了电梯，体现出航标科技人员在航标革新过程中对航标工所特有的情怀。

其次，从航标管理上看，也有许多方面体现出航标管理者对基层航标职工的关怀。镇海航标处在对花鸟山灯塔的配套设施改造中，将原先位于半山腰的机房迁到职工宿舍附近。这样一来，灯塔工每天对机器的操作和养护就方便多了。将职工宿舍和机房建在灯塔附近，是比较人性化的设计，会在很大程度上避免航标职工在台风季节登山进行开机关机操作的危险性。

许多昔日守灯人都曾向我们讲述过他们在台风季节开机或开灯时的冒险经历。据镇海航标处的李生来老人回忆，半洋礁岛上的风浪特别大，尤其是冬天，7～8级风浪可以说是家常便饭。台风一来，大浪几乎把整个岛屿都覆盖起来。人只能躲在灯塔里。李生来老人说“有一次，突然刮起台风来，我们一点准备都没有，还待在宿舍里。当时已是点灯时分，我们只能用绳索把自己拴在门框上，慢慢地爬到灯塔里去点灯。”另外，灯塔也往往是守灯人躲避风暴的处所，像半洋礁之类的孤岛上，灯塔是最坚固的避风港。在台风季节，许多灯塔人都是冒着生命危险来保证灯塔发光的。在当时，守灯人想到的不是自己的安危，而是海面上可能急需引航的船舶！这是一种对他人负责、对社会负责、对国家负责的崇高品质，正如守灯老人李生来在描述自己的工作时说，“这守灯工作看起来简单，但是责任非常重大，有那么多国内外的船只进进出出，万一灯熄灭了，船触礁了，出了问题不是哪一个人能担当得起的，这是一个关系到国家声誉的大问题。”

干好本职工作，对航船的安全负责，对他人的生命负责，这是整个航标人的共同心声。随着时代的进步、国力的增强和航标科技的进步，航标建设和管理中对航标工的人文关怀，充分体现了航标文化的本质。比如，航标无人化或少人化管理本身就是航标人性化管理的一种体现，能够把航标人尤其是守灯人从繁重而又危险、枯燥而又孤寂的工作和生活中解脱出来，这也是未来航标发展的大趋势。

①张静芬：《中国古代的造船与航海》。北京：商务印书馆，1997年，第5页。

②参见罗健：“妈祖与妈祖文化”，《学习时报》，2005年5月2日。

③上海市闵行区台办：“妈祖文化——‘去’不掉的民族信仰”，《两岸关系》，2004年11 月，第23页。

④参见吴珊珊：“论妈祖文化精神”，《东南学术》，1999年第6期，第57页。

⑤张静芬：《中国古代的造船与航海》。北京：商务印书馆，1997年，第5页。

⑥《中华长江文化大系》。北京：中国言实出版社，2004年。

⑦徐万民、李恭忠主编：《中国引航史》。北京：人民交通出版社，2001年，第9页。

⑧中华人民共和国海事局组编：《中国航标史》（内部资料），2000年，第10页。

⑨徐万民、李恭忠主编：《中国引航史》。北京：人民交通出版社，2001年，第9页。

⑩中华人民共和国海事局组编：《中国航标史》（内部资料），2000年，第14-15页。

⑪徐万民、李恭忠主编：《中国引航史》。北京：人民交通出版社，2001年，第10页。

⑫中华人民共和国海事局组编：《中国航标史》（内部资料），2000年，第17页。

⑬中华人民共和国海事局组编：《中国航标史》（内部资料），2000 年，第20页。

⑭王轼刚主编：《长江航道史》。北京：人民交通出版社，1993年，第130-131页。

⑮王轼刚主编：《长江航道史》。北京：人民交通出版社，1993年，第131-132页。

⑯中华人民共和国海事局组编：《中国航标史》（内部资料），2000 年，第22-23页。

⑰中华人民共和国海事局组编：《中国航标史》（内部资料），2000年，第26页。

⑱中华人民共和国海事局组编：《中国航标史》（内部资料），2000 年，第37页。

⑲中华人民共和国海事局组编：《中国航标史》（内部资料），2000年，第23-24页。

⑳姚莉莉、钟敬忠："保护好'船舶的眼睛'"，《海南日报》，2003年9月23日，第2版。

㉑资料来源：上海航标处2005—2006 年度创建上海市文明单位工作总结。

㉒本资料由海南海事局海口航标处何志成先生提供。

长江中下游塔形岸标

第三章　独领风雨　播撒光明
——航标文化的结构、要素与性质

天暮了
在这渺渺的河中
我们的小舟究竟归向何处
远远的红灯啊
请挨近一些儿吧

——巴　金

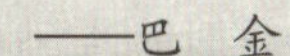

根据文化人类学对文化的理解，文化是人们在生活中实践和传承的思维、行为和组织的方式及其产品，[①]航标文化是为保障船舶的航行安全，人们在对航标的设置、管理和维护中实践和传承的思维、行为和组织的方式及其产品。下面我们对航标文化结构、要素和性质的阐述就是依据这样一个对文化和航标文化的界定而展开的。

一、航标文化的结构与要素

简单说，文化可分为物质的、社会的（或制度的）、精神的（或意识形态的）3个层次。物质层次的文化指的是人类活动有意或无意的残留物，包括远古和现代的建筑物和人造物品。这些物品提供了可供选择的洞察力，用以透视人们感知和适应其生活的方法。[②]社会层面的文化指的是人们的行为和组织方式及对人们的行为进行约束的规范或制度。精神层面的文化指的是人们用来解释经验、生成行为的抽象的价值、信念以及世界观。值得注意的是，这3个层次只是我们认识文化的分类工具，它们之间并不是相互分离的，而是彼此紧密联系、整合为一体的。

就航标文化的构成而言，同对文化的划分一样，我们也把它分为物质文化、社会文化和精神文化3大部分。为了便于认知和研究的可操作性，我们试着抽象出航标文化的构成要素，如下表所示。

航标文化	物质	环境	海区，内河，湖泊
		航标	产生与发展，生产与技术，种类与功能，建筑风格，管理
		航标辅助设施	陆基辅助设施，航标船艇
	行为与组织	航标人的人口学特征	来源，性别，年龄，教育水平，健康状况
		工作	工种，工作环境，工作长度、强度、频度，收入，认同感
		生活	衣，食，住，行，社会互动
		组织	家庭，单位，社会分层，国家，国际
		管理	管理模式（制度）
	精神	核心价值观	工作伦理，生活伦理
		艺术	神话，传说，故事，小说，电影，音乐，邮票，展馆展品等

（一）物质层面

1. 环境与航标文化

在人类学术发展史中，有相当长的一段时间，环境决定论曾极度盛行。该理论认为，人们行为上的差别主要是由不同的自然环境或与此有关的因素所形成。例如，柏拉图和亚里士多德将气候与政体相联系，认为希腊的温暖气候孕育了民主政体，这种理想的气候条件使人们能够彼此自律；而专制政体则诞生于热带，因为生活在热带的人们性情暴戾，缺乏对自由的热爱和精神追求；寒冷的地区不存在任何政体形式，因为人们拙于思想与工艺，所以他们比其他地区的人更长期地处于自由闲散状态，因而缺乏政治组织和统治别人的能力。但现在大家已经公认，环境决定论并不能解释人类的差别，只要我们对同一环境中的人们的不同生活方式作一比较，便会明了：除地理因素外，还有很多因素也应当予以关注。

虽然环境在人类文化方面不是起决定作用，但它确实对社会生活起着强大的制约作用。[③]首先，环境给予人类生活一种极大的限制，例如，没有人类群体在珠穆朗玛峰上繁衍发展；其次，任何一种环境在一定程度上总要迫使生活在其中的人们接受一种物质生活方式，如过去生活在大小兴安岭的鄂伦春人一定要穿着厚厚的皮衣、住“撮罗子”，以抵御风雪严寒；再次，环境虽然一方面广泛地限制人们的成就，另一方面却为满足人们的需要提供物质，如开发大森林前，森林为鄂伦春人提供了丰富的猎物，这些猎物除了食物之用外，皮毛还可以用来做衣服；最后，环境对人们的文化生活起着微妙的作用，如祈雨的仪式与农业生活环境有着直接的联系。

现在，多数人类学家已认为，环境与人类文化之间是一种互动关系，文化不只是消极地受环境的制约，而是在积极地改变着环境。人们与环境互动的不同方式形成了理解环境的不同方式；反过来，理解环境的不同方式也形成人与环境的互动方式。[④]探讨了环境与文化的一般关系后，下面让我们看一看环境与航标文化。

环境在航标文化的构成要素中占有不可或缺的地位。因为航标通常设置在沿海、内河、港口及航道中，这些地方不是在水中就是在离水不远的陆地上。虽然如此，不同的标位环境却有很大的差异，且差异是多层次、多样化的，表现为海区与内河的差异，不同海区之间的差异，不同内河之间的差异，以及同一海区、同一河流不同地段和时段的差异。标位环境的不同，对航标的维护要求、方法和困难程度也不一样。

拿海区与内河来说，[⑤]海区标设置后，它的标位相对稳定；而内河标的标位是不稳定的，因为内河上游的日水位、年水位变化很大，要根据水位调整岸标的位置；浮标也是，内河河床变化相当剧烈，一天之内变化可达几米，所以浮标为标识安全也要随时调整。位于山区河流悬崖峭壁上的航标，设置维护相当困难。20世纪50～60年代，航标工人通常要把灯放在嘴里衔着，四肢向上攀爬。

而北方海区与东海海区及南海海区最大的差异是北方冬季寒冷，部分海域

长江航标工在峭壁上设置航标（长江航道局供图）

结冰；而南海海区和东海海区则时常有台风。长江、黑龙江和珠江是我国三大主要通航水系，它们的相似点是流域范围广，通航干线长，都有山区航道；长江与珠江位于南方，全年通航，而黑龙江环境的特殊性在于它位于北方，气候寒冷，每年十月末至次年五月上旬为封冻期，年通航期170～200天；另一特殊性是它自恩和哈达至哈巴罗夫斯克为中俄界河，长1890公里，全部通航，设有一类航标，由中俄两国共管，中国负责主航道中心线中国一侧的航标设置和维护管理工作。

同为一个海区，不同的地段其海域状况很不一样。位于北方海区的营口港、天津港和秦皇岛港冬季有冰冻，烟台港、青岛港和大连港则没有冰冻，虽然没有冰冻，但也有其他特殊性。

同为长江航道，中游与库区也有很大的差异，中游航道是天然的，纵向比较弯曲，横向则狭窄，水流湍急，河床为沙质，因此标识调整频繁，在航标的维护上难度大；而库区航道则比较顺直、宽阔，水流深且平顺，河床为石质，标位比较稳定，因此要比中游的航标维护工作量小得多。另外，不同的时段航道情况有差异，对航标作业的影响也不一样。以长江中游航道为例，在洪水水位时，航标维护难度大，枯水水位时难度则小。

2. 作为物质文化的航标

物质文化的研究是我们分析文化的一种重要工具。航标及其辅助设施是航标文化物质层面要研究的对象，在对它们进行研究之前，我们必须寻求一种理论，并在此基础上解读物质文化。这里的难点在于“物质文化”的多样性，从书面文字、宗教行为的仪式和法器、围绕着生产的工具到房屋的建造。结果，理论指导经常采用相当不同的路径，一种方法是试图建构一个关于技术行为的综合理论，另一种方法是试图将物质文化视为文本。已经被应用到第一种物质意义中的三个主要理论领域源于信息技术、马克思主义和结构主义。理论一的目标是为了说明物质符号能给社会群体提供适应有利条件的方式，这样复杂符号系统的发展就有助于更有效率地处理更多的信息；理论二认为符号的意识形态是在权力和统治的关系中加以识别的；结构主义分析的目标一直是根据潜在编码来考察设计或者空间关系，它的倾向是强调多重意义在活动的社会背景中的角逐。⑥

以上三种理论实际上是从不同的视角审察同一事物，将这三种理论视角结合起来可以更全面地分析某些人造物的文化含义。下面我们以老铁山灯塔为例，试用以上三种理论对之进行文化分析。在分析之前首先要简单地了解一下老铁山灯塔。⑦

老铁山灯塔坐落在辽东半岛最南端的老铁山国家自然保护区内，地理位置北纬38° 43′ 37.4″，东经121° 08′ 02.6″，为通过老铁山水道和进出渤海海峡的船舶提供助航服务。

老铁山灯塔塔高14米，灯高100米，射程25海里，该塔为圆形平台式钢制结构。灯塔上的四面“双牛眼透镜”是用天然水晶人工磨合而成，堪称世界一绝。

老铁山灯塔是清朝海务科设置，由法国人设计制造，英国人组装。1892年，灯塔投入使用后，由清政府海关管理；1894年，中日甲午战争以后，灯塔由日本人管理了几个月，又于1895

老铁山灯塔（天津海事局供图）

年11月交还清政府海关；1898年，沙俄侵占旅大后，灯塔由俄国人管理；1904～1905年，日俄战争在旅顺爆发，日本战胜沙俄，灯塔再次落入日本人之手。1945年，苏联军队进驻旅大后，灯塔由苏军代管；1955年4月，苏军撤离旅顺时，灯塔由我国海军接管；1983年1月，海军将灯塔移交交通部天津航道局大连航标区；1989年1月，老铁山灯塔移交大连海监局大连航标区；2001年5月，交通部再次将老铁山灯塔划归天津海事局大连航标处。

目前，老铁山灯塔被列为辽宁省文物保护单位、大连市重点保护文物。1997年，老铁山灯塔被国际航标协会评为世界历史灯塔，2002年该灯塔被国家邮政局列为《历史文物灯塔》特种邮票发行。

从信息技术的理论来分析，老铁山灯塔为过往船只起着目视导航作用。从1893年建成以来，技术装备发生了一系列的变化：1959年，灯塔接入市电供电，1960年安装美式TBW型环射指向标；1966年，指向标换装国产63型500瓦归航机；1985年指向标站换装指向标控制机，以替代原机械式信号码盘；1991年，更新灯塔的旋转齿轮装置，1993年，更换灯笼防风玻璃。⑧

从马克思主义理论的视角来看，老铁山灯塔虽然是由清朝海关设置，但却由外国建造和组装，这反映了在技术权威方面清朝落后于英法，而管理权的频繁更迭，则反映了中国与其他国家对旅顺的统治关系及其中国近现代的政治与社会环境的变迁。

从结构主义的视角来分析，在当前的社会背景下，首先，老铁山灯塔作为大连航标处旅顺航标管理站的助航标志依然发挥着目视导航作用；其次，灯塔虽然经过百年的沧桑，但依然保留了建塔时的原貌，岁月的流逝赋予了它重要的历史文化意义，使其成为省文物保护单位、世界著名历史文物灯塔；第三，灯塔的历史文化价值再加上置于国家自然保护区内，周边旅游资源的开发及其自身环境的建设使其成为大连八景之一，旅游价值提升，成为大连的标志性建筑。这样，老铁山灯塔集多重意义于一身，至于哪种功能更强一些，相信不同的群体会有不同的回答：航标人和航海人会强调它的导航意义，大众旅游者会强调它的旅游观光价值，文化和历史学者则会更强调它的历史文化价值。

物质文化研究最近的工作已经开始将注意力转向物质文化和语言之间类比的局限性，人们可以认为物质文化的许多事例根本不是为了“表示什么意思”而产生的，从而探究类比的局限性。换言之，最初它们被生产出来时并没有符号功能。⑨

即便不是全部，也有相当一部分物质符号并非通过表征的规则而运作；

相反，它们通过存在于个体经验中的系列实践的唤起而运作，它们通过联想和实践而渐渐获得抽象的意义，在体验了共同实践的社会成员中物质符号能获得共同唤起和共同意义。以老铁山塔站为例，职工们每当走在这个花园式塔站的每条小路上，看着路边的一棵棵树木和花草，他们便会回想起当年如何团结在一起，艰苦奋斗，用自己的双手改变塔站荒凉杂乱面貌的情景，这些经历被根植于他们的记忆之中，同时也为一些同行所知，并因而获得了某种意义——铁山精神，这种精神可以概括为十六字，即爱岗敬业、团结拼搏、艰苦奋斗、无私奉献。

因此，这里至少有两种不同的物质文化超越其最初的实用考虑而获得抽象意义。第一种是通过表达的规则，第二种是通过实践和唤起。[⑩]

在理论回顾之后，我们再来考察一下航标以及辅助设施。航标是人们为了满足船舶航行安全需求在适应海域、江河湖泊航行环境的基础上发展出的创造物，辅助设施包括陆基辅助设施和航标船艇两部分。按照以上相关理论，研究航标及其辅助设施应该注意到两个层面，第一是要从最初的实际应用层面来考察，第二是从衍生的抽象意义层面——通过表达的方式或者是通过实践和唤起的方式所获得的意义。

围绕着航标的实际应用，需要考虑的是航标的产生与发展，生产与技术以及种类与功能。航标产生于人们日常的航行需求，经历了从碣石这种“自然航标”到宝塔、望楼这样的原始“人工航标”，再到各式各样的视觉航标、音响航标，无线电航标以及数字航标的发展过程，这样的发展过程是建立在航标工业发展、生产技术进步的基础上的，无论是从航标的形态还是从能源的使用、灯器的变化都体现了技术的发展，同时也使得航标的种类越来越多，功能越来越完善，使用的方便性和快捷性也大为提高。

在建筑方面，中国航标的建筑风格体现了某种差异性和普遍性，这与历史上的建筑者及环境有关。以灯塔为例，德国建的灯塔有棱有角，日本建的灯塔以圆形为主，中国的灯塔则具有地域的特色。20世纪80年代灯塔改建之后，灯塔以圆柱形为主，这出于圆形抗风力的考虑。再以孤岛和偏远塔站上的生活住房为例，这些生活用房的屋檐几乎都是接水式的，房檐有接水槽，由于补给不便，此类塔站吃水比较困难，因此便通过屋檐收集雨水。另外，蓄水池也是塔站必不可少的设施之一。

在管理体制方面，中国航标管理体制经历了几次大的变革。建国前，除个别地区外，航标由海关管理，海关将沿海划分为四个航标管理区。建国后，1950年，海关将管理的航标及设施移交交通部。根据当时军事斗争形势的需要，1953年交通部将所管海上航标移交海军。之后，航标管理体制有过几次局部的调整，形成海军司令部、交通部和水产部三部分管沿海航标的格局。1983年，由海军管理的海上干线公用航标，除少数位于海防前哨和军事设施地区之外，全部移交交通部。由此，中国海区航标的管理格局为：海军主要负责军港和以军用为主的军商合用港的航标；交通部主要负责海上公用航标、商港和以商为主的军商合用港的航标；渔港、渔场等渔业专用航标则由渔业部门负责。

3. 航标辅助设施

除了航标之外，航标辅助设施也需要关注。中国的航标辅助设施包括陆基辅助设施和航标船艇两大部分。陆基辅助设施指的是航标保养场或修理工场，管理机关的生产、生活用房，码头及仓库等。建国前，各海区和长江均设有航标器材堆放场，还设有航标修理工场，配有车床、气、电焊机等维修设备。海军管理航标时，各海区营房、仓库、码头、道路、机房、油库、维修车间、充电充气所、停车场等各样设施逐步配套。[11]交通部接管海军管理的航标后，陆基辅助设施建设集中在遍布沿海的航标区（站）等基地建设，以及与区（站）配套的航标码头、航标保养场、车辆、职工住房及导航监测站和航标展馆的建设。[12]这些设施为航标的管理、维护和保养创造了必要的条件，随着设施的改善和完备，航标人的工作和生活条件也大为提高。

航标船艇也是航标辅助设施中不可或缺的，与陆基辅助设施一样，航标船艇的条件也有了很大改善。以内河的航标船艇为例，期间经历了一个从用木筏去点灯、测水深到机艇管理航标的过程。据《中国航标史》记载，在海关管理长江航标初期，镇江、九江和汉口三处海关，为港务长各配备了一艘半西式的木质帆船，供定期巡视补给航标之用。清光绪二十九年（1903年），长

现代化的保养车间（广东海事局供图）

江下游才有了第一艘机动航标工作船“江星”巡轮。到建国前，长江全线有航标巡轮11艘，最大的为760马力，此外有航标机艇18艘，帆艇17艘，川江只有三艘木船，靠划桨和拉纤进行航标巡视工作。由于抗日战争期间的损毁，建国初长江只有两艘较大的工作船，其他航标段使用的十多艘航标工作船，全是营运的小拖轮、渔轮或小登陆艇。20世纪50年代航标改革后，航标站增加了60马力以下的木壳机艇100多艘，但有的航标站仍用帆艇或木划艇进行航标维护工作。从1963年起，逐步开始使用80马力和120马力航标机艇，到1978年末，原有的40马力以下的木壳机艇才全部被淘汰，60马力机艇在所有航标机艇中的比例下降到37.8%，在此期间，长江航道部门还新建了17艘航标工作船，供航道区和航道段使用，淘汰了原有的杂牌工作船。到1994年，长江航道局所辖长江干线140个航道站，全都配备了120马力或240马力钢质航标艇。在17个航道处中，有16处配备了240马力的钢质工作船。这些为长江航标工作而设计建造的航标工作船艇，配有记录式回声测深仪和机动绞盘设施，有较宽敞的工作甲板和船员舱室，改善了工作条件，也改善了航标工人的生活条件。[13]

川江50年代的航标艇（长江航道局供图）

围绕着航标的意义获得，我们可以通过表达的规则，通过实践和唤起的途径来对航标及其辅助设施进行意义挖掘。

通过表达的规则，我们可以考察中国航标的管理和航标法制化建设，历史上，海关、海军和交通部为适应管理和维护航标工作的需要都曾颁布过管理航标的规章、条例和法规。如1937年海关印发的《长江中、下游巡江事务局江务工作规定》，海军航海保证部1963年在军内颁布试行的《航标工作规章制度》，1997年交通部安全监督局为推进航标法制建设出版了《航标法规标准汇编》等。通过表达的规则，我们可以考察中国航标展馆，按照主题划分，展馆分五个展区，分别是综合展区、目视航标展区、音响航标展区、航标船艇展区和无线电航标展区。在综合展区介绍了航标的产生、航标的发展、航标的管理、航标法规建设、国际交流和领导关怀六大部分。从展区的主题划分、展示内容以及展位的空间安排，我们可以看出布展人员的意图，他们想要展示给大众的是什么，表达一种什么样的观点。通过表达的规则，我们还可以识别不同种类的航标所表达的交通意义和象征意义等。

在上述关于航标的物质文化研究层面之外，我们还可以从航标作为物质使用之外的实践角度来理解它的文化意义。

比如，作为航标来说，除了助航功能，它们有的还具有经济功能、军事功能、社会功能以及文化功能。从经济功能上看，追溯航标的起源，它首先与人类水运经济的发展密切相关。另外，从航标工业的发展情况，我们可以看到某一个国家航标建设的历史过程等。航标的军事功能自不待言，因为有些航标的设置就是为了军事用途的。而一些灯塔还具有其他的社会功能，比如，老铁山灯塔每天升降国旗；大王家岛灯塔则是爱国主义教育基地，“灯塔是历史的见证”，大王家岛灯塔上面刻有“始建于昭和27年（1938年）”的字样。有的灯塔则具有标志性功能，成为城市的标志性建筑，大连港东口门的两个灯桩，是大连的名片，一看到它们，表示大连港到了；大鹿岛灯塔的山名以灯塔命名“灯塔山”。再如，烟台的烟台山灯塔、青岛的小青岛灯塔就是城市的显著标志之一。

（二）社会层面

社会文化层面的研究是对各种文化的载体——人的社会行为和社会结构的研究。行为的研究包括行为规范及在此影响下的行为方式，社会结构的研究包括各种社会组织和制度。

1. 航标人人口学特征

对航标文化来说，社会层面的研究首先需要交代的是航标人这个群体的人口学特征，他们的性别、年龄、身体状况、工作、人员构成以及教育与专业技术水平。通过对这些特征的研究可以加深对该群体的认识，例如，调查中通过对一线航标人的身体状况大都存在程度不一的问题的了解，我们可以进一步地询问产生问题的原因，从而对他们的工作环境和工作的艰苦性有了既深刻又具体的认识。另外，通过这些特征的了解还可以深入地了解它们与社会文化的关系。例如，航标人的人员构成中军转人员占了很大的比例，这与航标曾经由海军管理的特殊历史经历有关，而海军管理航标则又反映了20世纪50年代中国沿海复杂的形势这一社会现实。

2. 航标人行为

对航标人行为的研究，包括日常的生活、工作的模式和规则。模式指的是程式化的一组行为，例如某个灯塔工在夏天值班时要做的事情是：早上四点半起床，然后到灯塔关灯，关灯后顺便擦拭灯器上的灰尘，然后打扫塔站院落的卫生，打扫完后做早饭吃饭……这些事情每天都是重复在做，张三值班时是这样做的，李四值班时也是这样做，由此形成了一定的模式。规则指的是指导人们如何行为的指令，例如柴油发电机组的操作和保养都有一定的规则，油机工要根据规则规定的每个步骤进行操作；机房值班有一定的值班规则，对值班人员提出某些要求和规定，如要求值班人员按规定填写值班日志，值班时应集中精力，坚守工作岗位，不准做与值班无关的事情等。

航标人生活层面的研究包括他们的衣、食、住、行和社会互动，所有这些方面组成了他们的生活，体现了他们的独特性。首先是衣服，自有文明以来，衣服除了满足基本的保暖或其他防护之外，还有了更多的意义，如不同的款形、图案、材质和颜色可以表示社会地位的差异、性别的差异等。现在，有些行业要求自己的员工在上班期间要着自己的制服以标识自己的职业身份，还有的行业或单位把衣服当作是一种福利。航标人有自己的工作服，如天津航标处的航标工每两年夏季发一套工作服，每四年冬季发一套棉工作服，航标工海上作业时则要穿救生衣以提供水上安全保障。作为海事部门的员工，航标人还有全国统一的海事制服，以体现“全国海事一家人”的行业认同。吃的方面，航标人的吃绝对谈不上什么高雅文化，但是却体现了他们生活的独特性。比如，冬天土豆、大白菜是他们桌

航标工的工作服和海事制服（广东海事局供图）

上的常见菜；航标工海上作业时，吃饭没有规律，也不能保证冷热均匀，由此造成了他们的职业病——胃病；再如，他们值班时清一色的男性，轮流做饭，形成了所有的男性都会做饭的特色。住的方面，住房所在的位置、类型、面积大小、室内设施等体现了他们特有的状况。作为衡量生活条件的一个重要指标，航标人在住的方面也值得我们关注。例如，虽然随着社会经济的发展，他们的居住面积和设施有所提高，但潮湿依然是难以改变的现状。

航标人工作层面的研究则包括他们的工作环境、工作种类、工作强度、长度和频度、工作待遇、对工作的态度和认识等。工作环境包括自然环境和社会环境，总体而言，基层航标人工作的环境比较艰苦，海面上、孤岛上以及海岸山岬上只有两三个人值守，航标船艇的水上作业，航标维护保养劳动强度较高等等。不同的工作种类，其工作环境有所差异，工作的强度、长度和频度也不同。以灯塔工与航标工为例，他们在工作环境上具有明显差异，除了大沽灯塔的工人，前者通常是在陆地上工作，而后者则一部分在码头一部分在江海上工作，具有一定的危险性；就工作强度而言，灯塔工不及航标工的工作强度大，但工作长度一般比航标工要长，灯塔工的班期除了在大陆上是一个星期，在孤岛和海上、或者交通极其不便的地方则长达半个月至一个月。灯塔工的工作班期虽长，但其工作频度却小于航标工，因为他们工作一个班期休息两个班期。另外，即使是同一工种，环境的差异也会很大，从而也会影响以上诸项。在工作待遇方面，海关时期，虽然航标人遭受同工不同酬的待遇，但相比于其他行业，他们的待遇还算是比较高的；新中国成立之后，航标归海军管理，航标人属军人待遇。交通部接管后到1995年

航标夹持船投入使用，彻底改变了航标工传统的跳标（上图）作业方式（海南航标处／青岛航标处供图）

是一个过渡时期，期间相关管理部门为提高航标员工的待遇做了大量的工作。之后，随着吨税改革航标经费的增加和航运经济的发展，航标人的待遇上升，航标人的职业认同大有改观。

在增强基层航标工的安全性和降低劳动强度方面，海事和各航标管理机构做了大量的工作，在各海区和部分基层航标管理单位逐步建设了现代化的航标保养车间，设计建造了航标夹持船，缩短了航标补给周期等，使基层航标人的工作环境和强度有了很大的改善。

3. 对与航标人相关的社会组织和制度的研究

最后是对与航标人相关的社会组织和制度的研究。社会组织的研究包括范围较大，比如婚姻与家庭、社会组织、区域组织、国家组织和国际组织等。制度的研究则包括许多内容，小到某单位的值班制度、奖惩制度，中到某区域的习惯法、婚姻制度、生育制度，大到国家政治制度、经济制度和法律制度等。这些内容，实际上都是航标文化研究的重要角度和层面。

从跨文化比较的角度来看，婚恋与家庭长期以来一直是至关重要的核心社会制度。今天，家庭却成了争议和讨论的对象。妇女不再待在家里带孩子，而是走出家庭去工作赚钱，夫妻在家里的地位有所变化，甚至颠倒了过来，婚外恋的现象增多，离婚率也上升，出现了越来越多的单亲家庭。航标人的婚恋与家庭怎么样？他们的婚姻缔结方式怎样？婚姻圈的范围有多大？他们的家庭关系怎样？对家庭有一种怎么样的态度？值得注意的是我们还要关注时间的纬度和其他因素的影响，例如20世纪50～60年代，长江上的航标员很多都是沿江两岸的水手，他们便在当地娶妻生子，那时妇女没有什么工作，待在家里照顾家和孩子，航标员的待遇相对较高，因此他们找对象比较容易，家庭也

浮标养护作业（海南航标处供图）

比较稳定，航标员在家里毫无疑问的是一家之主。

除了家庭之外，航标人的组织在我国体现了一种自上而下层级递减的结构。自交通部接管航标以后，海区航标人便形成了交通部海事局—直属海事局—航标处—航标管理站（船队、养护中心）的组织结构，交通部海事局下设4个具有航标测量管理职能的直属海事局，每个海事局管理几个航标处，航标处下设航标管理站、养护中心和船队，有的航标处设有航标修理所。内河航标则是交通部—航道局—区局—航道管理站的组织结构。在国际上，1957年国际航标协会成立，主持和开展有关活动。

（三）精神层面

从文化研究角度看，对于人类群体精神层面的文化研究，主要包括两个层面的内容：一是围绕这一群体的组织活动而产生的核心价值观及其组成部分。核心价值观是某一文化群体大部分的成员共同具有的主要价值，对人们的日常行为具有指导意义，如古代中国的儒家伦理观、美国的个人主义等。二是用于反映这一群体各个方面、并以社会公众容易接受的方式传播的艺术作品。按照这一基本思路，我们从核心价值观念和艺术表现两个方面来看一看研究航标文化的精神层面。

1. 航标人核心价值观

对于航标人的核心价值观，我们需要从航标的基本功能来理解。也就是说，自航标诞生的那一天起，它所承担的使命就是一个词：服务。这一基本的使命，凸显了航标文化和航标价值观的从核心，也是我们研究航标文化的主要线索。自古至今，无论时事如何变迁，航标的这一基本使命都没有改变，反而时时得到强化。所以，在研究航标人的核心价值观方面，抓住了服务于船舶航行安全，服务于经济发展和社会进步、服务于人类福祉提高这些方面，也就抓住了航标文化的主题。

航标人的核心价值观在总体上是这样的。那么，这一价值观在具体的航标发展的过程中是怎样落实的呢？我们可以从3个方面来理解。

第一，从航标宏观和高层管理部门来讲，落实这一价值观就是要在确定航标建设与管理和社会经济发展互动、服务于经济发展的前提下，在价值观指导下制定航标建设与管理的基本战略和政策，确定航标建设与管理的总体布局安排，制定航标建设与发展的制度、技术支持等，解决“为什么建”、“在哪里建”和“怎样建”的问题。

第二，从具体的航标管理部门来说，落实这一价值观就是要在提高航标的使命效能上下功夫。这种“功夫”的核心自然包括两个方面，一是采用怎样的技术与管理手段，二是采取怎样的组织管理制度、方法与模式，这一点是最重要的。我们知道，一个组织制度的好坏，对于组织中的每一个个体的工作行为都将产生重大的导向作用。因此，基层航标管理部门在基本管理制度、薪酬制度、工作流程设计、管理沟通、管理者工作方法等方面所采用的价值观，将直接影响一线人员的工作积极性。这一方面也可以称为航标组织的管理价值观。

第三，从航标人个体角度看，落实这一价值观就是要在组织的统一管理下，坚守良好的职业价值观和工作价值观，打造职业信仰，努力提高自身的职业素质，坚守职业道德，发展职业能力，取得良好的职业绩效。

当然，在航标人职业价值观方面，也都存在着随时代的发展而逐步变化和进步的过程。比如，作为航标人来说，他们做的事很平凡，没有什么惊天动地的事迹，但长年累月的坚守，没有毅力和对事业的固守是很困难的，需要一种理念支撑。这种理念是什么呢？就是履行自己的职责和对事业不断的追求。而要完成这一使命，在不同的历史时期，航标人需要坚守的基本价值观是逐步提升的。

建国以来一直到改革开放以前的航标人，大都具有乐于奉献和甘于寂寞的精神。因为众所周知，那是一个讲奉献的年代。宜昌航道局的一位老航标人刘总工程师1959年参加工作，他向我们讲了老航标人的境况。

从前的老航标人，朴实、苦干、蛮干，认准死理就非得干成，那时的工作条件、劳动工具都很落后。老航标人中，有念过书的知识分子，想的是“服从祖国分配，到最艰苦的地方去锻炼自己”；当地工人呢，“热爱土地、热爱故乡、热爱工作”；毕业分配来的，也会想“离开这个工作岗位就没有地方去了”。那时候几乎所有的航标人都认为，“国家培养了我，党培养了我，让我工作就一定要做好。没做好工作就离开岗位，是莫大的耻辱。”

改革开放之后，以经济建设为中心的观念深入人心，市场经济的发展给人的观念也带来了很多冲击，航标人的思想观念也有所变化。比如一个年轻航标工就认为，现代的航标人不再简单地将奉献精神挂在口头，而是倡导科技、创新和学习了。因为随着航标技术的不断进步和管理的改革，具有现代管理意识和能力、精通航标管理技术、具有持续学习能力和创新精神，才能够做好航标的管理工作，才能够真正做到为社会发展服务，才能够真正做一个合格的航标人。因此，光谈奉献啊、艰苦奋斗啊已经不够了。当然，不管是早期还是现在的航标人，他们具有的共性便是尽职尽责、具有强烈的职业意识。这一点，是永远也不会改变的。

2. 航标文化的艺术成果

考察航标文化的艺术表现成果，也是航标文化精神层面研究要关注的问题。在航标发展的漫长岁月，在航标人内部和社会层面，产生了大量反映航标精神的艺术成果，包括神话、传说、故事、小说、电影、音乐、邮票等。这些成果，或来自民间，或来自专业创作；或自发产生，或自觉创造；或从航标文化的侧面，或从航标文化的整体，从各个方面体现了航标精神的实质，值得我们很好地总结。举例来说，关于灯塔，就有许多美丽的神话和传说，下面是闽南民间流传的一个关于石狮姑嫂塔的悲情传说。⑭

姑嫂塔在石狮宝盖山，又称“万寿塔”。它建于南宋绍兴年间，已经有800多年的历史。姑嫂塔背靠泉州湾，面临台湾海峡，有关锁水口、镇守东南的气势，所以又叫做“关锁塔”。南宋时期，泉州港是世界上最大的贸易港口之一，对外贸易十分繁荣，与七十多个国家和地区有生意往来。当时姑嫂塔成为了海上行船的航标。

姑嫂塔内刻有两座石佛，是姑嫂两人的形象。明朝何乔远的《闽书》也记载了这个传说，说明姑嫂塔的故事早在明朝就已经流传。传说在很早以前，石狮宝盖山下有一户农家，父母过世后，兄妹俩相依为命。后来阿兄娶了妻子。妻子非常贤惠，对小姑也非常好。一家三人虽然生活清苦，却也过得平平淡淡，不缺少欢乐。

有一年苦旱，天不下雨，五谷无收。自古闽南地区田少

姑嫂塔（郑育雄摄）

人多，遇到灾害，人民无法谋生，就纷纷到南洋。阿兄只好和妻子、妹妹商量，跟着同乡到南洋去。阿兄去了南洋，几年没有回家乡，也没有寄来一封信。他到底是死是活，是好是歹，真叫姑嫂两人牵肠挂肚，日夜思念。姑嫂两人经常登上宝盖山顶，对着大海看啊看，可是每次却只能看到一片灰蒙蒙的大海，哪有阿兄的归帆？

为了能看到更远的大海，她们一次又一次地扛来石头，堆叠起来，年久月深，成为一个高高的站台，她们站在石台上，踮起脚尖，不停地看啊盼啊，可是一月过了又一月，一年过了又一年，阿兄还是没有回来。有一天，姑嫂俩看到孩子们在放风筝，心想可以写封信，把它绑在风筝上，让风筝随风飘到南洋去。可是放风筝，得有风筝绳索。姑嫂俩就剪下自己长长的头发搓成风筝的绳子。

这系上家信的风筝，飘到南洋上空落了下来。系在风筝上的家信被番客们捡到，辗转传到阿兄的手里了。原来阿兄到了南洋后也没有找到什么好出路。他落破在外，没有脸面给家里写信。他读完姑嫂俩这血泪写成的家信，放声大哭，急急忙忙收拾行装，赶回故乡。

这日，天气晴朗，姑嫂俩人又登上宝盖上顶的站台，对海眺望。一会儿，大海出现了归帆，亲人相聚就在眼前了。可是，就在这一刹那间，狂风大作，海浪滔天，船翻沉海底。姑嫂眼睁睁看着即将相会的亲人葬身大海，悲痛欲绝，相抱跳崖自尽。后来，乡亲们为了纪念这对姑嫂，就在姑嫂俩叠石堆台的地方，建了一座石塔，叫姑嫂塔。

关于航标人，也有许多关于他们的感人故事，也不乏以航标和航标人为背景的小说和电影。以航标兵的工作和生活为主题、拍摄于1961年的《航标兵之歌》就是其中的一部代表作，这部电影的主题歌《航标兵之歌》在当时还成为军人中流传很久的“流行歌曲”。

航标兵之歌

张加毅词　高如星曲

歌声迎来了金色的太阳，双桨划破了千层波浪，

我们在海上架桥铺路，让航行的战友们一路顺畅。

年轻的航标兵用生命的火花，点燃了永不熄灭的灯光。

前面的道路崎岖又漫长，谁能把英

雄的步伐阻挡，

我们战斗在天涯海角，踏遍四海劈风斩浪。

年轻的航标兵用生命的火花，点燃了永不熄灭的灯光。

战友们愉快地奔向远方，航标兵为舵手引路导航，

我们虽然互不相识，友谊像明珠闪烁光芒。

年轻的航标兵用生命的火花，点燃了永不熄灭的灯光。

万盏明灯撒遍海洋，条条道路多么宽广，

我们的红心像灿烂的星斗，永远照亮祖国的海疆。

年轻的航标兵用生命的火花，点燃了永不熄灭的灯光。

此外，邮票和展馆也是航标文化的一种艺术表现形式，如2006年5月22日，国家邮政局发行了一套特种邮票——“现代灯塔”，而建于秦皇岛的中国航标展馆则从历史的纬度分主题展示了中国航标的方方面面。正如上文所说，艺术不仅具有美学价值，更与政治、经济等相关联，挖掘这些深层的关联意义是精神文化研究的一项重要工作。

中国航标展馆（天津海事局供图）

①庄孔韶主编，《人类学通论》，太原：山西教育出版社，2004年，第34页。

②诺曼·K·邓津，伊冯娜·S·林肯主编：《定性研究》第3卷，风笑天等译，重庆：重庆大学出版社，2007年，第747页。

③雷蒙德·弗思著：《人文类型》，费孝通译，北京：华夏出版社，2002年，第32—33页。

④凯·米尔顿，“多种生态学：人类学，文化与环境”，中国社会科学杂志社编，《人类学的趋势》，北京：社会科学文献出版，2000年，第317页。

⑤此部分内容受长江航道局副总工程师李矩海先生的启发，在此表示感谢。

⑥伊恩·霍德，“文献和物质文化的诠释”，见诺曼·K·邓津，伊冯娜·S·林肯主编，风笑天等译，《定性研究》第3卷，重庆：重庆大学出版社，2007年，第745-758页。

⑦“老铁山灯塔简介”，资料由大连航标处提供。

⑧中华人民共和国海事局组编：《中国航标史》（内部资料），2000年，第79页。

⑨伊恩·霍德，“文献和物质文化的诠释”，见诺曼·K·邓津，伊冯娜·S·林肯主编，风笑天等译，《定性研究》第3卷，重庆：重庆大学出版社，2007年，第748页。

⑩伊恩·霍德，“文献和物质文化的诠释”，见诺曼·K·邓津，伊冯娜·S·林肯主编，风笑天等译，《定性研究》第3卷，重庆：重庆大学出版社，2007年，第750页。

⑪中华人民共和国海事局组编：《中国航标史》（内部资料），2000年，第250页。

⑫中华人民共和国海事局组编：《中国航标史》（内部资料），2000年，第251页。

⑬中华人民共和国海事局，《中国航标史》，（内部资料），2000年，第263—266页。

⑭该传说摘自“中国航标展馆解说词”。

二、航标文化的性质

通过对航标文化研究的深入我们发现，与许多文化一样，航标文化具有现代所有人类文化共有的一些基本特征。对这些特征的归纳与阐述，有助于我们更好地从多个层面来理解航标文化。

（一）航标文化的共享性和习得性

文化是同一文化群体的成员所共享的，它不是一种完全属于个人的属性，而是作为群体成员的个人所具有的属性。共享的信念、价值、记忆和期望，将一个相同文化中成长的人群联结在一起。[①]关于这一点，在航标领域是十分突出的。而正是这种群体共享性，使个人的行为能为社会其他成员所理解，而且赋予他们生活以意义。航标人分享共同的文化，他们能够预见其他人在特定环境里最倾向于如何行为，以及如何做出相应的反应。在这一方面，濡化过程提供给我们许多共同的经验，使人们结合在一起（航标文化会借以从一代传递到下一代，以及个人借以成为其社会成员的过程被称为“濡化”）。

在实践中，从事航标行业的人要经过一个从非航标人到航标人、从新手到老手的学习和成长过程。例如，航标船上的新手一般要经过由老师傅传带的学徒阶段；一个航标工的培养要经过三到四年的时间，新手通常一边跟着干，一边学，老手则在适当的时候给予必要的提醒和指点。20世纪80年代以前，航标人可以带家属或者由子女顶替，因此父子都从事航标工作的情况比较多，有的甚至是几代相传，小孩子在这样的家庭中长大，耳濡目染，不仅从小了解航标，而且还对航标产生了浓厚的感情。现在，科技伴随着航标和航标人，学习犹为重要，航标人正在努力形成学习的良好氛围。学习有时是自发的，有时是约定成规的，如单位定期对员工进行培训等。

（二）航标文化的实践性与功能性

文化产生于为人们满足某种需求的实践，伴随着人们在现实中的需求和满足需求的过程，所以，文化具有一定的功能。文化如果不能成功地处理基本的问题，就不可能持续存在下去。它必须通过其成员的繁衍，为生物的延续提供保证；它必须使新成员濡化，这样他们才能成为有用的人；它必须维持其成员之间的秩序，以及他们与外人之间的秩序；它必须激发成员持续生存下去并参加持续生存所必需的各种活动。[②]

航标文化具有很强的实践性与功能性。以航标物质文化重要载体的航标为例，航标首先产生于社会实践，为人们的生产生活服务。据《中国航标史》记载，中国沿海渔场周围的小渔港，由渔民自筹资金建立的灯标，一般在港域内选一高地或山坡的突出点悬挂油灯，供当地渔民所用，在渔汛时期点燃，灯光微弱。这些民办、民有、民用的渔标，在北海三山岛、海后庙、虎头崖等小港均有。中国沿海自唐、宋以来，在舟帆云集商贸不绝的商港，相继在海湾港埠显著之处建立宝塔、寺庙，大都以积德行善为名由地方绅士募捐和高僧化缘而建，多由僧人管之。[③]在内河方面，随着经济发展，为运输安全需要，船民或官府在滩险、礁石和湖区设立航标的事，仍屡见文史记载。[④]

（三）航标文化的符号性

文化是具有符号特性的，或者也可以说，文化是一种符号。人类学家怀特认为，当我们的祖先获得使用符号的能力时，就是文化萌芽时。[⑤]人类学家格尔兹使用的文化概念本质上属于符号学的文化概念，他认为，人是悬挂在由他们自己编织的意义之网上的动物，他把文化看作是这些网，因而认为文化的分析不是一种探索规律的实验科学，而是一种探索意义的阐释性科学。[⑥]

符号就是某种口语的或非口语的事物，在一个特定的语言或文化中，比如，航标领域，用以代表某些其他事情。在这个符号本身和被它所代表的事物间，并没有明显的、自然的、或必然的关系。符号有三种基本形式，即图标、象征和表征。

航标文化极具符号性。比如，浮标这种图标，它的颜色和形状具有交通上的指示意义，例如红色的左侧标标示航道的左侧界限，顺航道走向行驶的船舶，应将本标置于左舷通过；绿色的右侧标标示航道的右侧界限，顺航道走向行驶的船舶，应将本标置于右舷通过，由此界定了“左红右绿”的航行规则，如此等等。

灯塔作为一种目视航标，在茫茫大

右侧标 绿色柱形，顶标为绿色锥形，标示航道右侧界限（上海海事局供图）

海中看到了它表示离陆地和港湾不远了；除此之外，灯塔具有极普遍的象征意义，无论在中国还是西方的文艺作品和现实人的感知中，灯塔都具有方向、安全和光明的寓意。目前，文化和信息交流日益频繁，航标人可以走出国门或通过其他途径了解航标业的国际发展状况，通过与其他国家的比较，如果中国航标业领先国际水平，那么这便会成为国家和航标事业在国际地位的表征和航标人对自我职业的认同。

航标员工在维修柴油发电机（海南航标处供图）

（四）航标文化的整合性

文化是整合的、有模式可循的体系。如果这个体系的某个部分，比如经济发生变迁，其他部分也会产生改变。文化不仅藉由其主要的经济活动与相关社会模式被整合起来，也藉由价值、观念、象征与判断的组合进行整合。文化训练他们的成员，共享某些人格特质。一套特定的中心价值或核心价值（主要的、基本的、中心的价值）整合了每一个文化，并且有助于把这个文化和其他文化区分开来。

航标文化是整合的，正如本章前面所讲，它的物质层面、社会层面和精神层面的文化之间并不是相互分离，而是彼此紧密联系，整合为一体的。正是在一定的特殊地理环境下应航行的安全需要才设立航标，而且根据国际统一的规则，不同的环境地段需要设置不同种类、形状和颜色的航标，以便航行人员识别。航标的设立需要人来管理和维护，由此产生了社会层面的文化。文化中的成员受他们所在的文化的模塑，但同时又是能动的实践者。航标人在日常的工作实践中学习经验，在已有的基础上发明创造或者借用新科技，促进了航标业的发展。同样，在日常的工作实践中，他们形成了自己的基本价值，如20世纪50年代的忠于职守、无私奉献，这些基本的价值观反过来又来指导他们的行为。

另外，航标文化在整个大的社会环境中也不是孤立的文化现象，它与生计方式、技术、经济发展、政治和社会各方面的因素相关联。捕鱼的生计方式产生了渔业航标；技术的发展使航标由天然航标到人工航标，从航标的电器化到无线电航标、数字化航标，航标科技的发展实在是一部中国科技发展史；经济的发展，通商往来频繁，航线增多，航标也随之增多，给航标的管理和维护加大了工作量；政治、军事事件更是对航标文化产生举足轻重的影响，明、清抗倭的“海禁”，鸦片战争、抗日战争、解放战争、新中国成立、文化大革命、改革开放等事件无不对中国的航标业产生了极大影响。具体举例来说，明代宣德、嘉靖年间，朝廷以倭患为由实施“海禁”，焚烧出海船舶，阻断海外交通。明、清两代多次“海禁”，合计长达150多年。“海禁”制约了航海事业，也制约了航标的发展。⑦而航标管理体制的沿革，体现的是一部中国近现代的政治史。

（五）航标文化的普遍性与特殊性

人类学家研究不同时空里的人类群体，他们发现每一种文化既具有普遍性，又具有特殊性。某一些生物、心理、社会与文化的特质见诸于每一种文化，是为人类文化的普遍性；还有一些特性只有某些文化传统所独有，是为特殊性。

航标文化具有所有上述的普遍性。比如，基于生物性别的体质差异，从事航标工作的职工大部分是男性。他们对事物的认知与其他人一样都经历了一个相同的程序：物体发光、声响等刺激→有选择性地感知部分刺激→有选择性地对之作出反应。他们都属于航标系统的职工，工作的同时都有或者正努力建造自己的家庭。

文化特殊性，就是一种并未被普遍传播的文化特征或特质；相反地，它被局限在一个单独的地点、文化或社会。⑧航标文化的特殊性，表现在它被局限在特定的行业内（如海事、航道），并未被社会上的其他成员所认识和采借。例如，在基层工作的航标人上班采取值一个班期休一个班期甚至二个班期的制度，根据工种和地理环境，他们的一个班期有的为一个星期，有的为半个月，还有的为一个月。在进行航标文化研究前，我们以及社会上绝大部分人都不清楚这一轮休制度，而我们通常采取的是国家法定的工作日和休息日的工作制度，一些行业如教育部门的学校在此基础上还有自己特殊的安排，如寒暑假制度，但这都是大家所熟知的。再如，现代的航标人中有相当比例的职工来自转业军人，这与历史上航标曾由海军管理的特殊经历有关。现代社会上，除了军事部门以外，似乎还没有哪个行业有那么多军人出身的职工。

（六）航标文化的适应性与变迁性

文化首先是人类适应外部环境和内部世界的结果。比如，在不同的自然环境中，人们会创造出不同式样的住处、服饰和劳动工具等。同时，在不同的社会组织形态中，新加入的人或者是后代们，首先需要做的就是适应这一基本模式。

航标文化的适应性很大程度上体现在工具上。比如，随着科技的进步，航标从自然航标发展到人工航标。航标的种类也不断增多，从目视航标、音响航标，到无线电航标和数字化航标，能源上也经历了从柴草、动植物油、煤油到乙炔、电能、太阳能的转变。

另一方面，在适应的同时，所有的文化都历时而变迁，其持续适应的过程也是变迁的过程。比如，随着科技的发展，太阳能取代了灯器的其他能源，为灯塔的无人值守提供了条件，但这些新科技的使用往往又产生新的问题。灯塔无人值守或精减人员后，那些守塔人可能会面临工作和生活的窘境。再如，航标组织作为社会总体的一部分，必然受到社会总体环境的影响，无论是在思想上、行为上还是组织管理模式等方面，航标人的变迁就充分说明了这一点。

（七）航标文化的全球性

全球化涵盖了一系列的过程，包括传播与文化交流，促进了世界的变迁，在这个世界上，各个国家与人们逐渐相互联结、互相依赖。促使这个联结发生的是经济与政治力量，以及现代的运输与通信体系。其中也包括航标的全球化。

海区水上助航标志制度具有国际性，它直接影响海上船舶的航行安全。过去百余年间，世界各地海区水上助航标志比较混乱，给航海人员带来很大不便，甚至造成航行事故。因此在国际范围内统一航标有着十分重要的意义。国际上有关航标组织对海上统一浮标系统的研究，溯源自1936年日内瓦会议曾接近于达成统一浮标系统的国际协议起，在1957年国际航标协会（LAIA）成立后继续研究，1965年该协会成立国际技术委员会专门考虑这个问题，1971年后形成A、B两个系统。国际航标协会于1965年通过，1976年由联合国政府间海事组织（IMCO）批准，整整经历了40年。A系统自1977年4月首先由英国航标当局实施以来，陆续在欧洲、非洲、大洋洲和亚洲一些国家中付诸实施。B系统已在1980年初完成，并被美洲及日本、韩国、菲律宾等国家和地区使用。1980年11月，在东京召开的第十届国际航标会议上，在A、B系统的基础上，经过商讨，同意并采用了新的综合制度的规则，确定了浮标制度区域的界限划分。⑨

沿海航标自诞生那一刻起，就具备了国际化特征，每座航标从设置开始，即要编号并通过中英版《航海通告》发布相关信息，并列入中文版《航标表》和英文版的《灯标和雾号表》，融入世界航标的大家庭，成为中外船舶重要的航行资料。船舶在接到《航海通告》后，应将航标变化的数据及时勘绘在相应海图上，并对航标标示进行改正，使之随时保持最新可用状态，以保障船舶航行安全。

沿岸水域的各种航标以及海上石油勘探装置等经常发生变迁或变更，这些变化一般多属临时性质，一般用无线电航海警告的形式发布，因此，无论哪个国家的船舶，在航行中要定时收听该地区的航海警告，与船舶航行相关的内容应根据船长指示及时用铅笔在海图上改注，以确保船舶航行安全。

航标文化全球化，还表现在航标科技的全球推广。如中国近代建设的灯塔（从1865始）大都是引进西方的航标

青岛奥运灯塔（姜鹏 摄）

设备、技术和管理方法；20世纪90年代，中国新建和改建的一些灯塔大都安装了当时流行的英式PRB－21型封闭式集束旋转灯器。

航标文化的全球化另一方面还体现在国际航标组织的建立和主持的活动，以及国际通用标准的实施。1957年，国际航标协会（IALA）成立；1984年1月1日，中国作为A类会员恢复在国际航标协会的活动；1988年3月，中国航海学会航标专业委员会成立，参加国际航标协会和有关航标研讨活动，开展航标专业委员会的学术交流，成为提高航标工作者技术业务素质的重要渠道之一。[10]2006年5月22～27日，由中国海事局承办的国际航标协会第十六届大会在上海召开，这是中国首次举办国际航标协会大会，会议围绕着“数字世界的航标”这一主题，交流了航标管理和技术发展的成熟经验和最新成果，还举办了“国际航标器材展览”和美国、日本航标船展示等活动。

①[美]科塔克(Conrad Phillip Kottak)著：《文化人类学——文化多样性的探索》徐雨村译，台北：麦格罗希尔出版，2005年，第81页”。

②[美]威廉·A·哈维兰著：《文化人类学》，瞿铁鹏等译，上海：上海社会科学院出版社，2002年，第53页。

③中华人民共和国海事局组编：《中国航标史》（内部资料），2000年，第16页。

④中华人民共和国海事局组编：《中国航标史》（内部资料），2000年，第3～4页。

⑤[美]怀特著：《文化科学——人和文明的研究》，曹锦清等译，杭州：浙江人民出版社，1988年。

⑥克利福德·格尔兹著：《文化的解释》，纳日碧力戈等译，上海：上海人民出版社，1999 年，第5页。

⑦中华人民共和国海事局组编：《中国航标史》（内部资料），2000年，第4页。

⑧科塔克(Conrad Phillip Kottak)著：《文化人类学——文化多样性的探索》，徐雨村译，台北：麦格罗希尔出版，2005 年，第91页。

⑨郭禹：《航海学》。大连：大连海事大学出版社，2005年，第257页。

⑩中华人民共和国海事局组编：《中国航标史》（内部资料），2000年，第8页。

第四章　普渡慈航
——灯塔的建筑文化特征

再没有比你更孤单的
远离两岸
站在流水中间
前后左右
没有一个伙伴

再没有比你更辛苦的
大风大雨
潮涨潮落
照旧蹲在原处
寸步也不移动

——冀　汸

航标文化

行驶在江河湖海之上的人们，最关心的是船舶位置和水深状况，而那些屹立在水边、湖畔、海岸、岛礁的灯塔和灯桩，则可以在他们的心中燃起安全的希望。世界各地的航标，其基本功能与作用是相同的。但是，由于历史、文化的巨大差异，在建筑的外观和形态上，没有任何两座灯塔是完全相同的。这些各具特色的灯塔，以其不同的形态折射出设计者对航标文化的不同理解和建筑理念。

航标建筑与人类的航海活动紧密相连，航标因为人类的活动而被赋予了生命，具有纯粹的意识思想性和内在的感染力量，并完全以人的意志为转移。[1]伴随着船舶及航海术的发展、近代科学技术的进步，尤其是人类文化之力强大后，人们寻求更迅达、更安全的航行途径，是这种思想意识的必然成果。这种思想意识，也是导航事业发展的主导意识。在漫长航海发展历史中，人类逐渐认识了江河湖海等水域的客观环境和变化规律，并主动地寻觅改造航行环境的途径，通过建设和设置各种类型的航标，指引船舶躲避危险和灾难，以保障人类在水上活动的安全和快捷。

在航标建筑中，灯塔是最具有代表性的航标建筑，大都具有独特的魅力和观赏性，本章就是以灯塔建筑为主要研究对象的。

下三星岛灯塔 塔高27米，灯高80米，射程22海里。位于舟山市岱山县三星山中之下三星岛上，始建于1912年，1993年改建，是进出洋山深水港的重要助航设施（梅星明摄）

一、灯塔建筑文化概述

早在古希腊时期，建筑学家维特鲁威就提出了“实用、坚固、美观”的建筑原则，其影响深远。[②]灯塔建筑也是如此。建筑灯塔的目的是为了船舶的安全，其位置的选择是在临近重要航道、航路的主要转向点、水下有障碍物点以及一些特殊的水域，在保证船舶安全、满足实用性的同时，灯塔建设考虑的是坚固耐用和外形的美观，在颜色上则强调易于识别。我们对灯塔建筑文化的研究，就是从灯塔建筑的历史、文化、地域特色和建筑风格、建筑美学等视角，去领略融铸在灯塔上的博大精深的人类文明与智慧。

大三山岛灯塔 塔高13米，灯高81米，射程23海里，始建于1903年，位于黄海北部大三山岛上，主要是为进出大连港的船舶提供助航服务（天津海事局供图）

从建筑美学的角度分析，作为一种目视的助航标志，灯塔不仅仅是一种建筑物，它包含着设计者的价值理念和审美取向等人文因素，体现着表意、形态、美学、地域和多元化等文化特征。

（一）表意特征

灯塔作为一种功能性建筑，其本身是一种指示（表意）符号，它的形体具有便于识别的基本特征。这些建筑以显著的外形和灯光等符号，如同人类的语言，向航海者传递信息，形成物与人的交流。表意符号的传播，通过约定的符号和外形，发挥助航作用，以体现航标的服务功能和对人的关爱，成为航海者识别航路、战胜自然灾害的安全保障。

洛伽山灯塔 塔高6.7米，灯高40米，射程15海里，位于舟山市普陀县的洛伽山上，与外洋鞍岛灯塔成链，与船礁灯桩对应，引导船舶进出普陀山港，是伊佛兰水道和莲花洋水道的重要助航标志（顾平摄）

不同年代、不同地域、不同设计者建造的灯塔都具有这一基本特征。由于设计者的文化背景、建造灯塔的地域特征和建筑材料、色彩选用等多种因素的区别，形成了各具特色的灯塔。

（二）形态特征

灯塔建筑大都是根据当地的地形地物和周围环境的变化等因素设计建造。“形”通常指物体外在的形状，“态”则是物体蕴涵的“神态”。因此，形态就是物体“外形”与“神态”的结合。灯塔一般建造在地势较高、视野开阔之处，其塔身一般具有挺拔、高耸的外形和醒目的色彩，如白色、黑色、黑白相间、红色等。出于设计者针对不同水域对灯的高度和射程的要求，以及灯塔坐落位置的不同，塔身的高度亦有区别。位于山顶或悬崖顶部等地势较高处的灯塔，由于地势较高，视野开阔，塔身的高度往往较低，如洛伽山灯塔，建于山顶，塔高仅6.7米，而灯高则达到40米；大鹏山灯塔，塔高8米，灯高则为87米。建于港口、海滩等地势较低处的灯塔，由于对灯高与射程的要求及地势所限，有的由于周边植被和建筑物影响，塔身与灯器的高度也就相应增加，如广东惠来的石碑山灯塔，塔高59米，灯高68米；海南的木栏头灯塔，塔身高72米，灯高88.42米。海南的秀英灯塔，原灯高22.25米，由于附近建筑物较高，影响了射程，于1985年移至一座五层楼房的楼顶，灯高升至40.8米，形成楼顶灯塔的独特景观。

石碑山灯塔 塔高59米，灯高68米，射程24海里，位于粤东沿海惠来县靖海角，始建于1880年，1948年重建，是粤东沿海干线的重要转向目标（摘自中国海事局组编《中国灯塔》）

（三）美学特征

美并非与生俱来，更不会无中生有，先哲从没有规定某种形式是美的或不是美的，美更大程度是人的一种心理追求，是人的一种心理感受。美的概念是相对的，它是随着社会、经济、文化的发展而更新的。而建筑作为边缘交汇的产物，其美感的产生和来源更大程度侧重于形式美。对于建筑而言，美的产生（感受）有一个多次转译的过程：来源于建筑师的构思，追求形式的心理感受，经过不断的具体化、物化，形成实在的建筑；观看者将看到的实体形式不断抽象化、心理感受（美学上），产生美感。[③]

野柳灯杆 塔高11米，灯高99米，射程16海里，位于台湾省基隆北海岸野柳半岛东北角上，始建于1967年，位于富贵角与基隆两座灯塔照射半径之间，为增强基隆港附近导航设备效能，便利船舶夜航而设，该塔设计结合了当地著名地貌(呈圆锥状的烛台石)，获各方好评（摘自中国海事局组编《中国灯塔》）

灯塔是为航海者的安全而建设的，因此，最大限度地满足人的物质和精神需要是灯塔建筑的根本之所在。这些物质性的建筑物是由形态元素（点、线、面、体）、材料、色彩构成的具有实用功能的实体，其形态信息的接收和由此产生的形态情感，是最原始、最质朴、最直接的审美行为。因此，灯塔具有实用和审美功能相统一的特点。美是人在现实生活中的感性存在，从柏拉图开始，就强调美是一种感性活动，但与其他的感性活动不同，它要达到一种更高的精神境界。[④]在满足助航要求的同时，古今中外的设计师从灯塔的外形、比例的对称、颜色的选用、环境因素对使用与欣赏者的影响等诸多方面赋予灯塔以壮美的外观，并传递着令人赏心悦目的美的信息。

（四）地域特征

人类学家斯图尔德认为，文化之间的差异是人类与地理环境相互影响的特殊适应过程引起的。在他看来，以生计为中心的文化的多样性，其实就是人类适应多样化的自然环境的结果。[⑤]生态人类学家Orlove也认为，从生态人类学的角度看，地域因素与社会文化因素相互影响，是互为存在的条件。[⑥]各地的灯塔无论是从其建筑材料还是建筑形态或建筑风格上都体现出生态人类学家所说的“地域因素与社会文化因素相互影响”的印记。

面临大海的灯塔，地理特色具有潮湿、盐分高、风大、浪高等特点。因此，建筑材料要具备防潮、防盐、防风、防震、防雷等特点，灯塔建筑大都非常坚固、耐久。由于南北气候的差异，北方的灯塔及其附属设施要经受得住严寒的考验，而海南地区高温、高湿和高盐的地域特点则要求灯塔耐腐蚀。此外，灯塔的构造受制于建筑材料、地形的差异、施工状况和技术差别等，塔身的构造与形状亦各不相同，而附属设施则更具有不同的特征。为了利于维护灯塔的正常运作，与塔配套建设的附属设施包括灯塔工作人员的生活用房、登岛码头、灯塔道路、围墙等。⑦

花鸟山灯塔 灯笼内的装饰带有浓郁的欧式风格（上海海事局供图）

德州半岛的百年洋房（广东海事局供图）

（五）多元文化特征

文化人类学家对不同文化的研究表明，任何一种文化现象都具有多元性的特性。灯塔作为一种物质文化，自然亦不例外。我国以灯塔为代表的航标建筑由于不同的设计者和建于不同的年代，呈现多元化的特点。中国古代的灯塔以宝塔航标为主。18世纪，随着西方文化

海南临高灯塔的西式房屋（海南航标处供图）

德州岛灯塔 塔高23米，灯高75米，射程18海里，位于粤东沿海汕头港进口处，始建于1880年，1996年重建（摘自中国海事局组编《中国灯塔》）

的进入，各种欧式建筑风格的灯塔遍布沿海各地。德国人、英国人、法国人、葡萄牙人还有日本人设计的灯塔及其附属建筑，使中国灯塔带有多种文化的印记。建国后，我国沿海航标在海军和交通部门管理下，新建、重建和改造了一批灯塔，到1995年，在中国沿海形成了现代化的“灯塔链”。有些百年以上的灯塔在历代守灯人的精心养护下，还在与新一代灯塔同样发挥着助航作用。不同年代、不同风格、不同形态的灯塔体现出多元化的特征。这些灯塔如史书，记载着航标发展的历程。一些由外国人设计的灯塔，在外观上还保持着20世纪的原貌，老铁山灯塔的铸铁塔身和透镜，历经百年却无风雨凋零的痕迹；由玄武岩建筑而成的硇州灯塔，坚固的麻石会向你述说历史的厚重；海南临高灯塔，颗颗铆钉展示着岁月的沧桑……这些带有西方文化印记的灯塔与我国自行设计建造的灯塔一样，仍在发挥着导航和助航作用。

随着航海事业的发展和港口的建设，一些老式灯塔已满足不了为船舶导航和助航的需要，在建造新的灯塔同时，一些老塔得到了很好的保护。在汕头港外的德州岛（鹿屿）上，洁白高耸的新灯塔附近，一座由铸铁拼装的古老灯塔，红色的油漆闪闪发亮，围栏完好无缺，灯笼光可鉴人，从1880年就守候在此，默默地见证着时代与文化的变迁。

①陈凯丰著：《建筑文化学》，上海：同济大学出版社，1996年，第150页。

②钱正坤著：《世界艺术史话》，北京：国际文化出版公司，2001年。

③王焱、李培约：“形式的转译--建筑表意探讨”，《沈阳建筑工程学院学报》，1999年第2期。

④王杰、彭兆荣、覃德清：“审美人类学三人谈”，《广西民族学院学报》，2002年第6期，第16页。

⑤Steward, J., 1955. Theory of Culture Change. Urbana. Illinois: University of Illinois Press。

⑥. Orlove, Benjamin S. 1980. “Ecological Anthropology.” Annual Review Anthropology. p.(9): 251。

⑦“中华人民共和国海事局组编：《中国航标史》（内部资料），2000年，第88页。

二、中国古代灯塔的建筑文化特征

人类对助航标志的认识由来已久，而古代人类在世界范围内建设的各式各样的灯塔，一方面显示了人类对灯塔助航作用的认识，同时也集中体现了那一个时期的建筑文化。具有中国古代建筑特征的宝塔，大都建在崇厚的台基之上，高大而挺拔，“居高临下，作雄视山河之势”。利用峙立在江河、海湾岸边的宝塔作为航标，是我国古塔的又一功用。如杭州的六和塔位于钱塘江入海的转折江岸，白天船行，远远即可知道这里是一个江海转折之处。晚上航行，更是需要有这样的标志信号。“海船航夜泊着，以灯塔为指南。”浙江海盐资圣塔被称为“层层用四方灯点照，东海行舟者皆望此以为标的焉”。净峙塔则有“燃灯至晓不灭，江海道途之人，望之以为号”的记载。①

（一）古塔探源

我国早期的古代建筑中，有各式各样的民居、楼阁、宫殿、桥梁，唯独没有塔。塔不是我国建筑的固有类型，而是由外国传入的一种建筑形式。传入我国之后，与我国原有的建筑形式相结合，形成了一种具有中国民族传统特色的新的建筑类型。②塔原本产生于印度，是佛教的一种建筑物。古印度的塔有两种：一种是埋葬佛舍利、佛骨等的“萃堵波”，属于坟冢的性质；另一种是所谓的“支提”或“制底”，内无舍利，称作庙，即所谓塔庙。随着佛教的传入，塔也随之传入我国，并与我国固有的建筑形式和民族文化相结合，有很大的变化和发展。古印度的“支提”发展成为我国的石窟寺，而埋葬和供奉舍利的“萃堵波”则发展为各式各样的古塔。从古塔的发展历史和现存的实物来看，不管塔中是否埋有舍利，统统都被称为舍利塔。由此可见，中国的古塔是由古印度的“萃堵波”发展演变而来的。

从我国的文字发展历史来看，在早期的汉字中并没有“塔”字。以后，人们根据梵文“佛”字的音韵“布达”，造出了一个“荅”字，并加上一个“土”字旁，以表示坟冢的意思。这样，“塔”这个字既确切地表达了它固有的埋葬佛舍利的功能，又从音韵上表示了它是古印度的原有建筑，准确、恰当而又绝妙。③

两千年来，随着我国古塔建筑的发展，塔的功能也在发生着变化。罗哲文先生在《中国名塔》一书中提出，中国古塔有五种基本功能，即埋藏、保存、供奉舍利，观察敌情，登高赏景，导航引渡和美化风景等。④

由于古塔大都是高耸挺立的建筑物，所以人们又把它作为导航引渡、指

琶洲塔及塔基角的托塔力士（天津海事局供图）

示津梁的标志。在古代中国，有许多古塔成为港湾码头的重要标志。比如，上海青浦福田寺建塔的目的就是“建塔标灯，以为往来之望”。安徽安庆的迎江寺塔，屹立在长江转折处，白天远远就可看到。夜晚燃点起来，照亮了滚滚长江，有“点燃八百灯龛火，指引千帆夜竞航”的诗句。⑤曾被称为珠江口“明代三桅”之一的琶洲塔，与赤岗塔、莲花塔雄居于珠江口岸，外来船舶以此为航标，是清代羊城八景之一，有“琶洲砥柱”之美誉。琶洲塔平面呈八角形，外观九级，内17层，塔基角处有西人形象的跪状托塔力士，以双手或单手托塔，神态生动。塔旁立《琶洲鼎建鳌塔记》石碑，数百字的碑文中，主要叙述了当地人建塔的基本情况，其中没有任何涉及佛教教义或僧人的痕迹。虽然我们无法据此判断此塔的建设主要是为了助航，但其助航的作用实在是极为显著的。

（二）古塔的建筑风格

由于建设时代、建设目的、不同宗教信仰以及建设者的巨大区别，具有助航作用的中国古塔呈现出多姿多彩的建筑文化风格。

1. 伊斯兰特色的光塔

唐贞观年间，阿拉伯伊斯兰教士艾比·宛葛素携《可兰经》，经波斯、印度东行至广州传教，在广州的外国人聚集区“番坊”建立了怀圣寺。寺内，有一座平地拔起圆筒状的高塔，塔高36.3米，塔体圆柱形，青砖砌筑，蚬壳灰抹面，笔直光滑，无层无栏杆，由下向上逐渐缩小，整座建筑恰如一支兀立苍穹的巨大蜡烛，富有伊斯兰教建筑特色。

光塔为双层砖壁筒式结构，内壁之中用土填实，成为塔心柱。塔底南北各有一小门，具有阿拉伯风格的双壁间砌蹬道两条，双楼道相对盘旋而上，从底至顶各为154级砖阶。每上数阶，即设一窗口以采光线。砖砌楼梯盘旋直通塔顶平台，平台中央立一圆柱形小塔。塔顶原置一金鸡，随风旋转，以测风向，入夜点火其上，以导归帆，明洪武二十五年七月被飓风吹落，塔顶改装葫芦；今为葫芦形宝顶。南宋方信孺的《南海百咏》中有“半天缥缈认飞，一柱轮几十围。绝顶五更铃共语，金鸡风转片帆归。”的记载。

坐落在广州市区的光塔（天津海事局供图）

2. 唐风宋韵的江心屿双塔

江心屿双塔位于温州市区北面瓯江的孤岛江心屿之上，东塔称象岩塔、西塔为狮岩塔。从外形上看，双塔平面都是六角形、三开间，每边各层设一壶门，主门、壶门及座向一致，两塔整体形象古朴庄重，落落大方。从结构上看，双塔均为砖身木构，塔身为单层砖壁，塔心无柱，内部为上下贯通的空筒，向上逐渐缩小，属典型的空筒式砖塔构造；双塔内外边角均设有倚柱，东塔方形，西塔八角形。虽历经修葺，从建筑风格上看，双塔表现出了唐人追求简练而明确的线条、稳定而端庄的轮廓和唐人豪放的个性与气度。

东塔始建于唐咸通十年（869年），一说建于北宋开宝二年（969年），曾毁于兵火，南宋绍兴十年（1141年）重建。元至正，明万历，清乾隆多次重修。过去外围层层有平座、栏杆和出檐，内有扶梯直上塔顶。清光绪二年（1876年）“中英烟台条约”签订，温州辟为商埠。1894年始在东塔山下建造英国驻温领事馆，次年落成。英借口警卫工作需要，强迫温州地方当局拆除东塔内外的飞檐走廊，留下这座中空无顶的塔身。塔顶自然生长一株榕树，无土培植，根垂塔中，全年常绿，实为奇观。如今东塔仍巍峨雄伟，像一座饱经风霜、历尽沧桑的历史丰碑矗立在东峰之巅。

西塔始建于北宋开宝二年（969年），一说建于唐咸通十年（869年），明、清曾多次修缮。塔高32米，底径7米，6边形，7层，中空，系楼阁式青砖仿木构建筑。远远望去，碧水蓝天，全身披绿的西峰山托着砖红色宝塔，塔刹直入云端，蔚为壮观。因塔身倾斜，曾于1982年进行大修葺。如今西塔仍保持宋代风格。

据《温州府志》记载，江心屿双塔在白天是来往瓯江的船舶进出温州港区的重要目标，是古代人工建造的引航物标，随之成为古代的航标。在书中又记载了夜晚两塔均燃点灯，灯火辉煌，通宵不熄，从北宋开保二年（969年）开始，一直到清光绪十六年（1890年）

温州瓯江上的江心屿双塔（顾平摄）

间，双塔每层佛龛里均燃点佛灯，而且灯光灿烂，这样又为航行在瓯江上的船只提供了夜航目标。

3. 唐代风格的泖塔

泖塔位于上海青浦县泖河岸边。根据《青浦县志》记载，一千多年前，上海仅有泖河入海；唐广德二年（764年），官府在此设立青龙镇；唐乾符年间（874～879年），僧人如海在泖河的中央建造了泖塔，每晚在塔顶悬灯，船只以泖塔作为标志，航行于宽阔的泖河上。因泥沙淤积，河道变迁，泖塔作为航行标志的作用结束于宋代末。

该塔为5层四面的方形砖木塔，结构简洁，造法工整，具有典型的唐代建筑风格。1962年成为上海市文物保护单位。1997年10月，被国际航标协会评为世界历史灯塔。

泖塔（顾平摄）

4. 镇守钱塘的六和塔

六和塔又称六合塔，屹立在杭州市区南钱塘江边月轮山上，是中国砖木结构建筑的佼佼者。建于北宋开宝三年（公元970年），是当时的吴越国王钱弘俶为镇钱塘江潮而修建的，取佛教“六和敬”之义，命名为六和塔，“六合”就是“天地四方”的意思。六和塔在最初建造时只有九层，“夜晚塔上灯明，成了江上船只的导航灯塔”，[⑥]宣和三年（1121年）毁于兵火。现存砖木混砌结构的塔身系南宋绍兴二十三年（1153年）重建，塔刹系元代元统二年（1334年）遗物，外部木檐系清光绪二十六年（1900年）重建。今塔高59.89米，耸立在平面为八角形的塔基上，占地900平方米，共13层，每层中心都有小室，砖构塔身的柱子和斗拱等均仿木构建筑形式。四周廊子铺有踏磴，可通顶层。每层廊子两侧都有壶门，内通小室，外通檐廊。塔内所有须弥座上，有砖雕神人、飞天、花卉、鸟兽等图案，是我国建筑史上珍贵的实物资料。

5. 南宋年间的姑嫂塔

姑嫂塔，又称“关锁塔”或“万寿塔”，它建于南宋绍兴年间的公元1131～1162年，迄今已经有800多年的历史了。这个位置正处在泉州南面海

六和塔（摘自中国海事局组编《中国灯塔》）

滨的险要地带，自古就是商船抵达海岸的标志。《泉州府志》上称它“关锁水口镇塔也，高出云表，登之可望商舶来往”，可见，姑嫂塔真正的作用，是作为航标的。

姑嫂塔全部是用石块仿木构建成的，是一座八角形平面的五层楼阁式塔。第一层西面开了一个拱形门，第二层以上各层有两个门洞，转角倚柱体梅花形，顶置护斗，塔身层层向上缩小，每层迭涩出檐。每一层的塔身外都有围栏环卫四周；塔的里面有石阶直通塔顶。第二层的门额上刻“万寿宝塔”四个字。第五层的外壁有一个方形龛，龛里有石刻二女像，传说这二女是姑嫂。明代苏紫溪有诗说：“琼树当空出，飞帆带月遥。二妃环佩响，秋色正萧萧。”这首诗就是写姑嫂塔的。

6. 元代特征的六胜塔

又叫万寿塔，俗称“石湖塔”。位于福建石狮市石湖村钗山上，已废存。此塔为北宋政和年间僧人募资建造，元代重修，是海船进出泉州湾的重要航标。我们今天看到的塔，则是元至元二年（1336年）年锦江人凌恢甫重建的。六胜塔全部用花岗岩砌成，为八角形平面的五层仿木构楼阁式塔，具有鲜明的元代建筑风格。底围约46米，高约31米，由外壁、回廊及塔心三部分组成；每层设四门、四龛，且位置逐层互换；石龛风有石佛，龛外两旁有浮雕“金刚”、“力士”等造像，也有塔檐、平座等。从卷形入内，则是

六胜塔（中国航标展馆供图）

回廊和塔心；塔心呈八角形，但中空似井，可以直下。此塔与众不同的特点，就是每层塔的横梁上都刻着建造者的姓名和时间。底层南面拱门的门额上悬着一块"华带碑"，刻着"万寿塔"，上款"檀越锦江凌恢甫立"（注：蚶江别称锦江），下款"至元丙子腊月建"（公元1336年）。以上逐层所刻的建筑时间是：第二层"岁次子丑十一月"（公元1337年），第三层"岁次戊寅十月"（公元1338年），第四层"岁次已卯正月"（公元1339年），第五层"岁次已卯三月"。据此而知，此塔前后历经四年才建成。

①《罗哲文古建筑文集》，北京：文物出版社，1998年，第115页。

②罗哲文、刘文渊、刘春英著：《中国名塔》。北京：百花文艺出版社，2006年，第1页。

③罗哲文、刘文渊、刘春英著：《中国名塔》。北京：百花文艺出版社，2006年，第2页。

④罗哲文、刘文渊、刘春英著：《中国名塔》。北京：百花文艺出版社，2006年，第20页。

⑤罗哲文、刘文渊、刘春英著：《中国名塔》。北京：百花文艺出版社，2006年，第23页。

⑥楼庆西著：《中国古建筑二十讲》，北京：生活·读书·新知三联书店，2005年，第129页。

三、中国近代灯塔的建筑文化特征

如果说中国古代灯塔是佛教文化与中国古代建筑文化结合的产物，那么，中国近代的灯塔，则随着国门洞开，充分体现了以西方国家为主的世界多个国家的建筑风格。

（一）近代灯塔建筑起源

19世纪中叶，清代海关由外国人操办的航标管理机构开始引进国外设备、技术和管理办法，在中国沿海、港口和重要水道设置灯塔、灯桩和灯浮标。1887年，葡萄牙迫使清政府同意"永驻管理澳门"，1898年德国侵占青岛，同年旅顺和大连被俄国强行租借，1904年日俄战争后，旅顺、大连被日本侵占，1899年，法国强行租借广州湾。

1868年，清政府海关成立船钞股，从长江口开始，建设中国沿海灯塔。1869年起至1936年将近70年间，旧海关在我国沿海干线先后建设灯塔40余座，在对外通商主要港口（大连、上海、天津、宁波、福州、厦门、汕头、广州、湛江、海口等）设置航标200座。从史料看，旧海关的历任工程师均为英国人担任，所用的灯器系通过海关驻英国伦敦的秘书处公开招标采购，由外籍工程师设计并监督建造。因此，我国沿海诸多灯塔均具有欧式建筑风格。

（二）近代灯塔建筑结构

由于灯塔建筑受地理条件和建材的限制以及施工状况的影响，中国近代灯塔在结构上存在一定的差异性，主要体现在塔身、灯器以及灯塔附属建筑物的形式和建材等方面。如清海关建造的灯塔有铸铁塔身，也有铸铁底墙砖砌塔身或花岗岩塔身的灯塔，根据周边环境的不同涂刷成不同的颜色。

1. 塔身

铸铁塔身 老铁山灯塔、小龟山灯塔、北渔山灯塔、秀英灯塔均为铸铁圆柱形结构。这些灯塔塔身不高，如老铁山灯塔塔高14米、小龟山灯塔塔高11米。我国台湾省的鹅銮鼻灯塔较高，为18米。塔身上方均有围栏，以便于擦拭灯笼和维护保养。

熟铁圆柱塔身 四周以支柱交叉成格状支撑，上建平台以放置灯器。建于1880年的粤东惠来县的石碑山灯塔、海南临高灯塔、雷州半岛的涠尾角灯塔等均为此结构。始建于1893年的临高灯塔，在历代看守人员的精心养护下，毫无岁月侵蚀的痕迹。

熟铁圆柱灯塔具备可拆装的特点，

北渔山灯塔 塔高16米，灯高104米，射程25海里。坐落在浙江省渔山列岛，始建于1895年，1985年重建。是南洋航线和浙江沿海船舶航行的重要标志之一（张鸣摄）

临高灯塔 塔高21米，灯高21米，射程18海里，位于海南岛临高县临高角，始建于1893年，1997年被国际航标协会评为世界历史灯塔（海南航标处供图）

曾矗立在崇明岛的六滧灯塔和东旺沙灯塔均为这种结构，高度分别为40英尺和50英尺，外撑斜格铁架。嗣后，两座铁塔拆卸移至西洋山和七星山，分别于1908年1月16日和6月14日投入使用。

砖石与钢筋混凝土结构 渤海湾的猴矶岛灯塔的塔身由细琢花岗岩建成，成山头灯塔、洛伽山灯塔、鱼腥脑岛灯塔、台湾的乌丘灯塔等为石砌圆塔，青屿灯塔是砖砌八角柱形，蚊尾洲灯塔为白色圆形石砌灯塔，这些灯塔非常坚固，一直沿用至今。

钢筋混凝土结构具有良好的整体性，对于地震、风浪等作用的建筑物有重要意义，并可根据设计要求，浇筑成各种尺寸和形状。在日本占领旅顺大连时期建的灯塔，均采用这种结构，如圆岛灯塔、迂岩灯塔、黄白咀灯塔等。

2. 灯笼

灯笼与塔身是灯塔的重要组成部分。灯笼的大小依据塔身及灯器而定，通常为圆柱形，其顶部为穹顶式或圆锥式，为防盐和潮湿，一般为铜制并装有排气孔、扶手、避雷针和方向标等。主体为360度透明玻璃，由数块弧形或平板形玻璃组成，为防止透镜在日光照射下发生裂痕，白天用帷幔阻挡阳光。圆柱形下部分通常为铸铁底墙，有一扇门，有带防虫罩或防虫网的通气孔，外

猴矶岛灯塔的灯笼 猴矶岛灯塔塔高14米，灯高104米，射程15海里，位于渤海长山水道猴矶岛上，始建于1882年，1953年重建，主要为航行于长山水道和猴矶水道的船舶提供助航服务（天津海事局供图）

花鸟山灯塔及附属设施，包括工作与生活用房、登岛码头、登塔道路、围墙等（镇海航标处供图）

部有围栏，以便于维修保养。

3. 附属设施

主要包括守灯人的工作与生活用房、登岛码头、登塔道路、围墙和蓄水池等。早期的灯塔多用煤油发光，入夜点燃，清晨熄灭，透镜的旋转灯机靠人力绞车提升重锤，利用重锤的自重下坠作用作为转动的动力，这些工作需要人力来完成。因此，每座灯塔必须建一定数量的工作和生活用房，供守灯人员居住。一般灯塔建筑多在200～400平方米之间。

海关当年建设的灯塔附属设施具有如下特点：一是房屋、码头等设施坚固耐用，除战火损毁外，多数有人值守的房屋均保留了下来。二是设施比较齐全，凡较偏远、人烟稀少的灯塔，其码头、道路、围墙、房屋、仓库、厨房、厕所等设施齐备，甚至还建有猪圈和家禽笼舍等。

（三）近代特色灯塔

1. 东望洋灯塔

东望洋灯塔是中国第一座近代灯

塔，始建于1864年（清同治三年），是由土生葡萄牙人加路士·维森特·罗扎所设计的，其所在地位置的坐标值，也是澳门在世界地图上的地理位置。灯塔于1865年9月24日正式开始运作。1874年，灯塔因风暴受损，经过重修后于1910年6月29日重新起用并转为电气化运作。

东望洋灯塔和一座小教堂——圣母雪地殿建立在位于澳门半岛最高峰的东望洋山之颠的东望洋炮台，成为澳门历史城区最具代表性的建筑之一。灯塔是一座圆柱形的建筑，由底至顶的高度为13.5米，底部直径7米，往上缩小为5米。塔内分为三层，有一道曲折的铁梯回旋而上，可以登上塔顶。由于地势高，灯塔亦被用作悬挂台风讯号和灯号，向公众发放风暴消息。

2. 花鸟山灯塔

花鸟山灯塔位于浙江省舟山市嵊泗县的花鸟山岛上，该岛峰峦起伏，岸线曲折，面积3平方公里。灯塔位于花鸟山北部山肩上。塔高17米，灯高89米，射程24海里，是我国东南沿海、东南亚地区及经由东海进入长江口的重要标志，既是我国东南沿海大中型船舶航线上的重要助航标志，也是南来北往船舶航行的重要标志。

东望洋灯塔（摘自中国海事局组编《中国灯塔》）

花鸟灯塔（摘自中国海事局组编《中国灯塔》）

该灯塔建于1870年，1910年重建，与大戢山灯塔、佘山灯塔同称为长江口外三大灯塔，是当时的重要助航标志，班司德在《中国沿海灯塔志》有如此叙述："该（长江）口内外标志林立，除进口水道中所设之灯船浮桩外，尚有伟大之灯塔三座，护卫口外，均系海关最先所设而为极关重要者焉，即南曰大戢山、东曰花鸟山、北曰佘山三灯塔是也"。①

该灯塔主灯牛眼透镜直径达1.84米，塔身为黑白两色，该灯塔是集视觉航标、音响航标、无线电航标、船舶自动识别系统（AIS）基站于一体的大型灯塔，为一座综合型助航设施，史称远东第一灯塔。灯笼里是四面圆形的牛眼透镜，每面透镜用八圈三棱形水晶玻璃拼装，在镜机上装有自动转机，每60秒转一圈。

花鸟山灯塔虽历经百余年历史，却被保护得很好，内部装饰维持了原有的欧式风格，镂花的白色支架、花朵形的透气孔、闪亮的铜制扶手都是建塔时就安装上的。1997年8月，花鸟山灯塔被列为浙江省文物保护单位，10月被国际航标协会（IALA）列为世界历史文物灯塔。

3. 临高灯塔

临高灯塔位于海南省临高县西北角，是船舶通过琼州海峡西口的重要助航标志，也是与琼州海峡对面雷州半岛相距最近之处。

临高灯塔是法国人于1893年建造的，塔高22米，灯高22.6米，射程18海里。该塔设计钢质结构，为红白相间横带圆筒形铁质塔身，外有6根斜柱支撑，连接成网格形，周围支撑的钢杆有

花鸟山灯塔透镜（摘自中国海事局组编《中国灯塔》）

350条。塔底至灯器平台一共有82级螺旋阶梯，原灯器在战争年代损坏，现使用TRB-220型灯器。1998年4月8日安装了SeaBeacon2（Mark—Ⅱ）型雷达应答器。灯塔旁边还保留着当年与灯塔同时修建的两栋房屋，经过修缮，还保持着欧式的建筑风格。

一百多年来，在无数次风雨袭击、盐雾侵蚀中，一代代航标人精心养护，灯塔内外保持了良好的状态，助航效能发挥正常。在航标人的辛勤劳作和优美环境的衬托下，灯塔焕发了青春，成为海南临高县的标志性建筑。

4. 硇州岛灯塔

在广东省湛江市东南方40海里处，有一座由火山岩堆积形成的海岛——硇州岛，总面积约56平方公里，火山浆形成的玄武岩，布满大大小小的孔，遍布岛岸。岛的东南部面对南海，西南部与海南省隔琼州海峡相望，西傍雷州半岛，西北扼深水良港湛江港。硇州灯塔是船舶进出湛江港的重要助航标志。

硇州灯塔建在岛屿东南方海拔81.6米的马鞍山上，取当地的玄武岩建筑而成，1899年，广州湾法国公使署主持设计硇州灯塔，硇州岛名工匠招光义承包建筑。塔高19米，底座为5米见方的石墩。塔身呈圆锥形，上部直径4米，顶部是圆鼓形的灯座。整座灯塔全部由麻石（玄武岩）砌成，麻石即火山石，

硇州岛灯塔 台阶、圆柱和塔身是一块石头打成的（许凡摄）。

麻石塔体

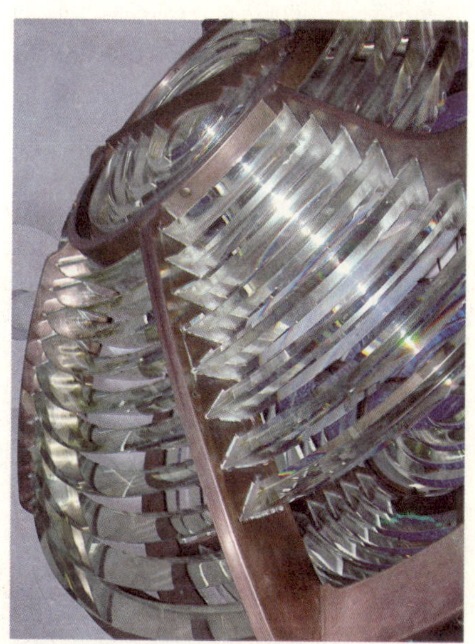

水晶磨镜（许凡摄）

火山从海底爆发时，熔浆里有很多小气泡，冷却后就形成了有很多麻麻点点的石头，当地老百姓就把这种石头叫做麻石，其表面麻麻点点，但特别坚硬。

灯塔内，一个圆石柱从地基直矗顶端，每级石阶与中间的圆柱和塔身的墙壁是一块石头凿成的。台阶一头是圆柱形的，用来建圆柱；一头是弧形的，用来建塔身。第一个台阶也是圆柱的柱础，然后一层层垒上来，石凿构件叠砌成环柱，台阶砌到哪里，圆柱和塔身也就垒到哪里。塔内自壁内围绕中心柱盘旋而上，共有台阶68级，68块经过精细加工的石头按一定的角度错开，逐块堆砌螺旋而上，像一把未完全打开的纸扇。台阶外端则与塔身外墙巧妙连接，可谓巧夺天工。

这种建筑有三个特点。一是结实，支撑的圆柱与石阶和塔身构成一个三维的四面体，具有很强的稳定性，抗震性特强。二是节约材料，没有加固和支撑构件，使塔内空间最大化。三是全部用麻石一块块叠起来，石块与石块之间非常吻合，浑然一体，不用泥浆砌。

塔身下方为正方形方墩，上部为圆锥体，顶部是鼓圆凸出于塔身的灯笼室，灯笼室外围建有瞭望台，它的中央底部设一封闭式能转动的托盘，承托着座架上的水晶磨镜和灯器。

①班思德著：《中国沿海灯塔志》，李廷元译，海关总税务司署统计科印行，1932年，第205页。

四、当代灯塔的建筑文化特征

1949年建国后，航标在管理体制的变革中曲折发展。建国初期，海关和交通部致力于恢复沿海灯塔正常发光。1953年后，海军在管理航标期间，投入大量人力、物力，建设了上千座灯桩、导标，并对部分灯塔进行了技术改造。1983年，海军管理的沿海干线公用航标移交交通部管理。1984年起，交通部在沿海重要的海口或转向点，新建、重建或改造了一批灯塔，先后引进了具有世界先进水平的灯器，改善了灯塔职工的劳动条件，实现了无人看守或少人看守。灯塔的亮度明显增强，射程显著提高。一批外形美观，便于识别的灯塔矗立在沿海和沿江水域，至1995年，在中国沿海基本形成了现代化的灯塔链。

（一）建筑风格

随着国力的不断增强和科技水平的不断提高，我国当代灯塔在建筑风格上也体现出时代的特征，灯塔的形体更加多元化，建材更加耐用，更便于识别，同时也非常注重灯塔与周边环境间的和谐与统一，主要表现在以下3个方面。

1. 形态多样，坚固耐久

我国新建的灯塔多数采用钢筋混凝土结构，如海南岛的22座灯塔中除秀英和临高两座历史灯塔外，全部为钢筋混凝土结构，而且形态各异，如三角棱形、圆柱形、六角柱形、棱形、四方形、八角塔形、六角形等多种形态，同一基本形态的灯塔也各具特色，体现了设计者求变与创新的思路。如同为四方形钢筋混凝土结构的灯塔，白鞍岛灯塔在塔的顶端四面设有4块白色倒锥形翅板。长江中下游的塔形岸标也采用钢筋混凝土结构，如南浏航标在建设中就采用了这种结构。在湖泊航标建筑中，对

桂山岛灯塔 塔高15米，灯高57米，射程18海里，位于珠江口桂山岛，始建于1953年，1997年重建，混凝土浇筑，对改善珠江口的助航条件起到十分重要的作用（摘自中国海事局组编《中国灯塔》）

长江南浏左右通航标 混凝土浇筑，方型塔基高度为3.6米，塔顶航标灯高度为26.5米，标顶安装雷达应答器，太阳能充电电池（长江航道局供图）

于固定的航道，采用水下灌注混凝土设立水中灯桩的方法，既稳定航道，也便于维护管理，江苏省交通厅航道局在洪泽湖等处采用了这种方法。

2. 富有个性，便于识别

便于识别是发挥灯塔功能的重要方面，新建的灯塔通过高大、富于个性的塔身和颜色，为航海者提供了更加优质的服务。厦门港至漳州诏安湾之间的将军头灯塔，外形为六角柱形，设计者大胆地采用了塔身每面涂一种颜色的方案，六面中相邻面分别为整面的红色与白色，远远望去，色彩非常清楚易辨。连云港外的羊窝头灯塔，白色方形的塔身，与通常采用的细高塔体遽然不同，直径2米的灯笼置于具有拱形装饰的白色方塔之上，极富个性。

塔身的高大也为航海者辨认带来了方便。海南东方市的感恩角灯塔高42米，澄迈的玉包角灯塔高度为54米，白沙门灯塔的塔身高达72米，烟台山灯塔高50米，上海的横沙灯塔高度也达到了57米。

3. 美化环境，形成景观

在沿海与江河湖畔，很多灯塔、灯桩等助航设施成为亮丽的地方景观和旅游资源。在日照海滨的灯塔广场，面向大海的缓坡绿地中，洁白高耸的灯塔，与广场的华灯相映成辉。大海、礁石、

日照灯塔 塔高36米，灯高40米，射程18海里。位于山东省日照市黄海之滨，始建于1933年，1985年重建，主要为进出日照港的船舶提供助航服务（摘自中国海事局组编《中国灯塔》）

小青岛灯塔 塔高12米，灯高28米，射程12海里。位于胶州湾口的青岛湾内小青岛上，始建于1890年，1915年启用。是船舶进出胶州湾、青岛湾的重要助航标志（天津海事局供图）

雕塑、草坪、绿树、石路，形成了开阔的城市文化公园，灯塔成为当地标志性的建筑。

小青岛位于胶州湾口的青岛湾内，在葱翠的林木中，耸立着洁白如雪的灯塔，与栈桥一起，被称为青岛市的主要标志，曾誉为青岛十景之“琴屿飘灯”。

在舟山的七里峙岛上，新建的灯塔高耸醒目，洁白的塔身脚踏葱翠的绿地，在蓝天的映衬下，迎送着来往的航船。历经沧桑的老塔被迁移到小七里峙岛上，成为当地的旅游景观，新旧灯塔以不同的英姿，召唤着过往的游客。

（二）当代特色灯塔

1. 水中建造的大沽灯塔

建于1978年的大沽灯塔是我国自行设计、建造的第一座大型水中灯塔。塔身为圆柱形混凝土结构，外涂红白相间横纹，塔身上部饰有红旗造型，顶端是一圈镂空装饰，托顶着玲珑剔透的灯笼，具有民族特色和时代特征。塔高38.3米，灯高35.6米，射程17海里，上部直径10米，下部直径12.7米，是我国目前唯一的一座海中灯塔。大沽灯塔的建成和使用，对引导船舶安全进入天津

大沽灯塔（天津海事局供图）

港发挥着重要作用。灯塔上已经安装了太阳能供电装置，并配备了遥控遥测系统，具备了无人值守条件。由于其特殊的地理位置、鲜明的建筑造型，加上重要的助航功能，使大沽灯塔赢得了“夜海明珠”的美誉。

2. 国内最高的木栏头灯塔

木栏头灯塔位于海南文昌市铺前镇木栏角，是船舶通过琼州海峡中水道、南水道的重要助航标志。1954年5月，设立木栏头导标。1995年7月18日，撤除导标，设立木栏头灯塔。塔身为白色圆柱形钢筋混凝土结构，高度72.12

木栏头灯塔（海南航标处供图）

米，灯高88.42米，射程25海里，是中国沿海最高的灯塔。

3. 我国最南端的浪花礁灯塔

在我国西沙群岛海域，海况复杂，暗礁多，船舶搁浅事故时有发生。1979年7月海军南海舰队在该群岛中被称为“鬼门关”的北礁和浪花礁东端分别修建了临时性的钢管架灯桩。1980年，在两礁盘的西南端重建钢筋混凝土灯塔各一座，塔身高22米，灯光射程15海里。由于两礁附近暗礁林立、盘礁隐蔽，航行条件甚为险恶，在此触礁沉没的中外商船达10余艘。灯塔建成后，为国内外船舶指路助航起到了很好的作用，基本杜绝了海损事故的发生。

浪花礁灯塔　塔高22米，灯高23米，射程15海里，位于西沙群岛南面的浪花礁上，始建于1979年，1980年重建，为来往于西沙海域的船舶提供助航服务（摘自中国海事局组编《中国灯塔》）

4. 仿古景观——茱萸灯塔

茱萸灯塔位于京杭运河扬州段壁虎河口，茱萸弯头。壁虎河口段是京杭运河徐州至扬州段的重要航段之一，而且至淮河入江水道的主要通道。该处河道众多，水域环境复杂，为有效改善壁虎河口航段的通航条件，2004年12月对河段和茱萸灯塔分别进行整治和改造。改造后的茱萸灯塔，塔高23.5米，为六角七层仿唐建筑，顶置航标灯，射程5千米。夜为灯助航作用的同时还兼具人文教育、观光旅游等功能。其高度、设备配置、科技含量居我国内河航标之首。

茱萸灯塔（摘自中国海事局组编《中国灯塔》）

塔昼为景。成为运河航道的靓丽景观。

5. 中国内河第一标——六圩口灯塔

在苏北运河长江出口处，新建的六圩口灯塔于2008年2月投入使用，塔高66.9米，灯高46.1米，采用直径6米的远射程弧形LED航标灯。该塔塔高与京杭运河江苏段669公里数字相吻合，主体由两片钢筋混凝土的剪力墙与钢结构组成，配置观光电梯、自备发电系统，配套设施有航标历史陈列室等。在发挥

六圩口灯塔（江苏省航道局供图）

五、灯塔的建筑美学特征

灯塔是为航海者的安全而建设的，最大限度地满足人的物质和精神需要是灯塔建筑的根本之所在。在满足助航要求的同时，古今中外的设计师从灯塔的外形、比例的对称、颜色的选用、环境因素对使用与欣赏者的影响等诸多方面赋予灯塔以壮美的外观，并传递着令人愉悦的美的信息。

灯塔和灯桩是帮助船舶安全、经济和便利航行而设置的视觉航标，也是人类在征服自然的活动中形成的技术成果。作为一种功能性的建筑，具有物质产品的特征，物质产品的审美规律集中地表现为功能美、技术美和艺术美的统一。中国早在20世纪50年代就把“适用、经济，在可能条件下注意美观”作为建筑审美的原则。[①]因此，探讨航标的美学特征亦可遵循上述规律和原则。

（一）形态之美

物质产品是有形的，由形态元素、材料、色彩构成的最具使用功能的实体，其形态信息的接收和由此产生的形态情感，是最原始、最直接的审美行为。灯塔是以视觉要素为主设计的建筑物。对航标建筑的审美，首先要依附于实用性上，同时，灯塔建筑也是环境

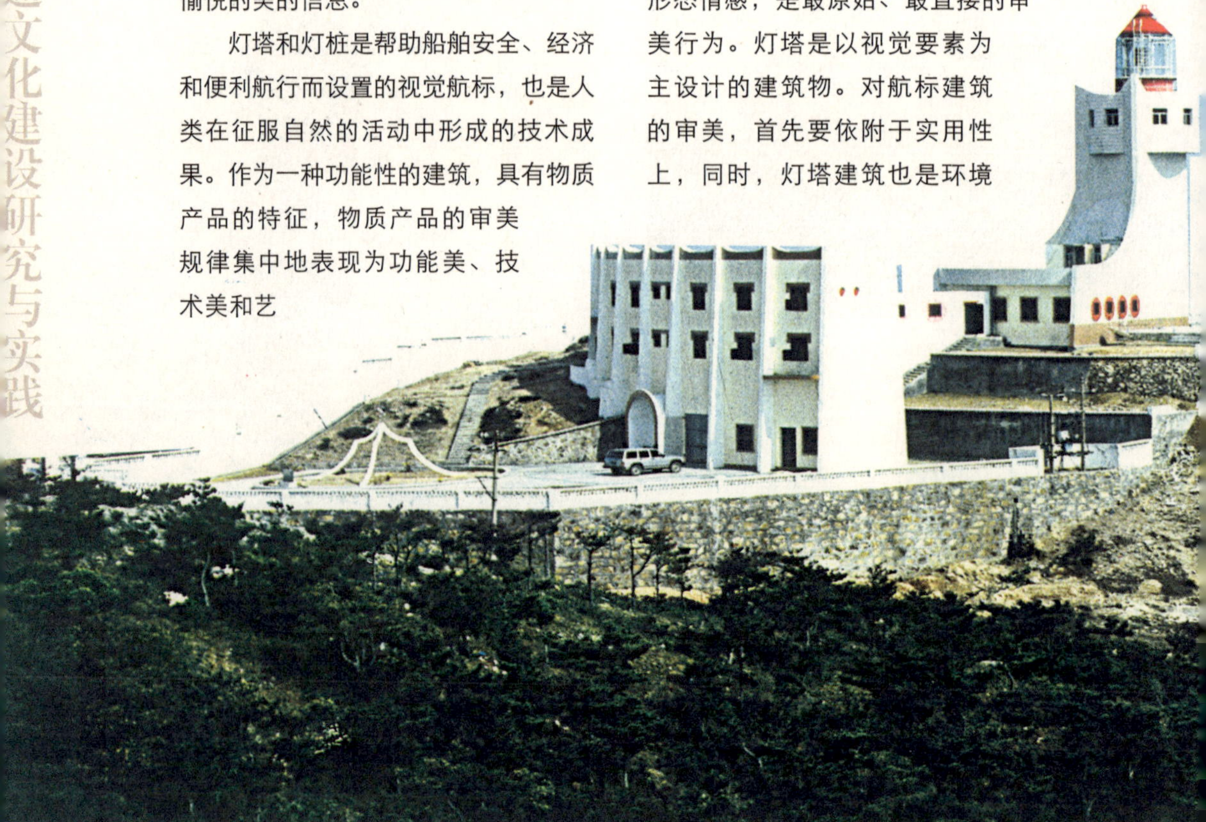

艺术，与周边建筑和自然景色之间有着必然的关系。

形状是构成建筑形态的基本要素，由点、线、面有序地组合而成，并赋予一定的意义。灯塔建筑受其功能的制约，基本形态是相对固定的。因此，在实践中，只能结合实际，以特殊的方式作比较抽象和象征的表现。建筑形态的点、线、面不是几何学上的概念，基本上是二维和三维的，点、线、面只是相对尺度不同而已。

线和面的元素在航标建筑中用得很普遍，如灯塔外形装饰的直线、水平线、曲线、弧线以及平面、凹面、规则与不规则的曲面。航标建筑形态的主体都是由面组成，每座航标都是由点、线、面元素组合而成，形成形态各异的航标。

形态美是审美主体视觉感应与形象思维相结合得出的审美判断，灯塔的形态与其附属建筑、地形、地貌、环境的和谐是必备条件。如位于漳浦县古雷半岛的古雷头灯塔，灯高114.3米，塔身高23.4米，射程为24海里。灯塔建筑群分前后两座，塔身的曲线与其后楼顶的曲线相呼应，虽不连接，却给人以整体感。正面俯瞰恰似孔雀开屏，侧面平视犹如海豚戏水。建筑群结合地形地貌，依山傍势，突破了传统的灯塔设计模式，整体结构给人以立体美感和丰富的想象空间。

（二）景观之美

灯塔景观是指灯塔及其附属建筑与周边环境构成的景物。“景”是指灯塔周围的自然景色与灯塔建筑的人文造景形成景物；“观”则指看和认识，以不同的视点评析航标建筑的自身形态、与周围环境的关系，以及由此带给人们的

古雷头灯塔 塔高23.4米，灯高114.3米，射程为24海里，建于1992年，为来往于台湾海峡南端和进出漳州港的船舶提供助航服务（顾平摄）

形态感情。景观不仅仅是景色的概念，同时也包含了由景产生的观感，是视觉印象与心理活动的综合过程。

灯塔景观的审美是通过视觉审美实现的，审美主体所处的位置变化，会有不同的审美效果。灯塔是为实现导航功能而建筑的，服务的对象是船舶，首先满足的是要便于从海上识别。由于灯塔所处的地形，不同角度和距离，会有较大的差异。如灯塔的灯光，从海上看是旋转或明灭相间的白色灯光，而对陆地或礁石区则会被遮蔽或成为红色。依山面海的灯塔，从陆地看可能是只见灯笼，在海上则会看到清晰壮美的景色。

从海上远眺，由于距离较远，灯塔与周边景物会全部收入视野，随着船舶与灯塔距离的逐步拉近，审美主体最先可能是在成片景物中寻找最醒目的灯塔，并越发清晰地看到灯塔的形态、附属建筑及其与环境的和谐美。在距离的变化中，观景者会逐步感受到航标建筑的宏伟、壮观和震撼力。

清澜口灯塔 塔高20米，灯高26米，射程15海里，位于海南省文昌市东郊，是船舶进出清澜港的重要助航标志（海南航标处供图）

罗斗沙灯塔 塔高42米，灯高43米，射程18海里，位于外罗水道东侧，是琼州海峡中水道和北水道及外罗水道的重要标志，为船舶避开浅水区提供助航服务（摘自中国海事局组编《中国灯塔》）

当亲临其境时，灯塔及其局部的结构会成为景观的主体，可以欣赏建筑的造型、材质、工艺美。仰视，以天空为背景，会感到灯塔的壮美；当你在灯塔上，俯视大海，尤其是看到航行的船舶时，会感受到守塔人的执着与崇高。

（三）色彩之美

色彩是最活跃、最醒目、最敏感的视觉要素，它直观、鲜明并富有情感，当一个物体迅速掠过眼睛时，最先被感应的应是色彩。色彩对视觉效果的影响极其强烈，在环境观赏中，往往给人非常鲜明而直观的视觉印象。②

航标作为视觉标志，其色彩是便于搜寻和识别的重要因素，航标的背景色一般为天空、植被的颜色，或是裸露岩石的颜色。所以，灯塔的色彩一般都是选择与背景色相差较大的颜色。

国际航标协会（IALA）推荐的航标视觉信号表面颜色，限制在白色、黑色、红色、绿色、黄色和蓝色；桔色、

长江左岸标（长江航道局供图）

运河航标（江苏省航道局供图）

长江右岸标（长江航道局供图）

荧光红色、荧光蓝色、荧光绿色和荧光桔色可用于要求高显著性的专用目的。1988年，我国参照国际航标协会《关于航标视觉信号表面颜色的建议》制定了《中国海区视觉航标表面色规定》。中国海区视觉航标表面采用的颜色有红、绿、黄、黑、白五种。

不同的色彩通过视神经传到大脑，血液循环和肌肉机能都会发生变化，高彩度、波长较长的色彩会引起人的兴奋，机体会有向外扩张性反应。给人有强烈刺激的红色对血液循环加快影响最大，橙黄绿依次减弱。在白色的背景下以红色增强识别效果，可给人以良好的视觉兴奋感。两种色彩的对比会给人以强烈的印象。

我国沿海灯塔多为白色，而其周边的附属建筑也普遍采用白色。与白色相对应的外装饰中，采用最多的是红色，如北渔山灯塔、青屿灯塔、猴屿灯塔、将军头灯塔、白节灯塔、北麓岛灯塔、千里岩灯塔、大孤山灯塔、大沽灯塔、镆铘岛灯塔等均以红白两色装饰，以色彩对比增强视觉效果。诸多灯塔的灯笼为红色。我国长江的右岸标和京航运河的航标普遍采用红白相间的颜色，增强了航标的视觉效果。由于红色和绿色的补色对比效果，三峡右岸的一些航标就是在绿色植被中竖立，格外醒目。

我国沿海部分灯塔饰为黑色，以及黑白对比，是采用的无彩色系，显得平静素雅。如花鸟山灯塔、半洋礁灯塔、佘山灯塔、猴矶灯塔等黑色的塔体与周围白色的附属建筑形成了强烈的颜色对比，长江左岸的航标亦为黑白对比涂色。在大雾天气，黑色的塔身在朦胧之中也更便于识别。

对于不同的色彩，人们的心理感受和审美态度是不同的，每种色调都会使人产生某种联想，引起人们心理情绪的变化和审美偏爱，并赋予其特定的文化含义。[3]对航标色彩的审美也会进一步加强对航标内涵的感悟。

①张博颖、徐恒醇著：《中国技术美学之诞生》。北京：中国建筑出版社，2003年。

②毛白滔著：《建筑作品解读》。南昌：江西美术出版社，2006年，第36页。

③覃彩銮："壮泰民族艺术审美观比较研究"，《广西民族研究》， 2002年第4期，第48页。

第五章 人类智慧的缩影

——航标的科技文化特征

到灯塔去
是一个目标
是一次朝圣
到灯塔去

到灯塔去
点燃内心的光明

——白 马

伴随着人类的航运活动，航标从出现迄今已有较长的发展历史。在这个过程中，随着科学技术的进步，人类运用自己的聪明才智不断改进航标，使航标更加有助于船舶航行和人类开展的各种水上活动。从航标的发展历程中体现出的科技进步，可以看到人类文明的发展，也可以看到人类运用科学进步提升生存方式、生活质量的主观能动性发挥；同时，还可领略人类处理自身与大自然关系的发展过程。

纵观人类科学进步的历程，在航标的技术发展上都能找到它的足迹。人类科技成果一旦成熟，很快就会在航标的建设和管理上找到它的踪迹。从金属制造业、电和电灯的发明、矿物油的出现，到光学技术、无线电技术、电子计算机技术的发展，无不体现着人类科技推动航标技术发展的成果，表现出丰富多彩的科技文化特征。

一、领略航标科技文化的魅力

科技文化这个词，需要我们从多个层面来理解。从广义文化的概念来看，科技无疑是人类文化的重要组成部分。而对科技文化又怎样理解呢？我们可以从宏观和微观两个层面来理解。从宏观角度看，科技文化实际上也可以理解为人类科技文明的进步；而从微观角度来理解，科技文化也可以分为三个层面，即物质或器物层面、行为层面和精神层面。

所谓物质层面，是指人类在科技发明创造、使用中创造的知识和器物；所谓行为层面，是指人类创造科学和技术过程的行为、人类将科技使用于物质建设和建造过程中的行为、蕴涵科技的器物对使用者产生的行为导向与变化等；所谓精神层面，即指人类在创造和使用科技过程中所蕴涵的知识、思想、审美和价值观等。

在现实生活中我们理解科技文化，可以从科技所包括的科技知识、科技发明过程和行为、科技思想、科技教育、科技管理体制、科技法规和科技伦理等诸多方面来理解。按照这样的一个思路，我们对航标科技文化的解释就显得比较简单了。

首先，从航标科技文化的纵向和宏观层面看，我们主要观察航标建设和管理过程中，科技因素的融入过程及科技对航标助航作用日益提高的过程。说明白一点儿，就是关注航标建设和管理过程中所发明和采用的科学技术含量。比如，著名的法罗斯灯塔所使用的铜镜，就是人类技术进步的结果。在数字化航标蓬勃发展的今天，我们可能不会在意这些相对“原始”的东西，但是要知道，镜子的发明对于古代人来说是多么了不起的事情！人类航标科技文化的发展，就是沿着这样一条路，艰难而执著地走到今天的。

其次，从航标科技文化的横向和微观层面看，我们也可以按照对科技文化的划分，从物质或器物层面、行为层面和精神层面等3个方面来理解航标科技文化。

物质层面的航标科技文化，体现在由航标业内部和外部科技进步所不断地创造出来的一系列的航标物质成就中，这些成就体现在航标的建设、使用与管理中，与航标事业的进步联系最直接、最密切。比如，从广义上说，人类历史经历的蒸汽机时代、电力时代、原子能时代、电子计算机时代等，都对航标科技文化的物质层面产生了重大影响；而从狭义上看，航标业务部门的科研设备、工具等，是保证航标科技进步的重要器物。

行为层面的航标科技文化，主要体现在航标科技规划与制度、科技因素的持续导入对航标人工作行为的影响等方面。在长期的航标科技发展过程中，航标管理部门形成了一整套关于航标科技发展的规划、规则、制度及规范等，这些制度性的组织行为，规范和引导着航标事业向着科技、高效、便利、人性化等方向发展，在提高航标助航效能的同时，逐步地解放着人。

精神层面的航标科技文化，主要体现在由于航标科技的发展所产生的航标人精神世界的价值变革中。比如，航标业界的每一次科技进步和突破，都会引起人们关于相应的价值观和思想领域的变革。比如，科学精神和理性精神的培育、尊重科学知识和尊重科技人才、努力掌握科学的工作方法和先进知识、学习积极性提高、更加关注创新性的工作方法等等。

从上面的介绍我们可以看出，航标科技文化是一个包含较大范畴的概念，既有航标科技的物质层面，也与航标人的思想与行为、航标精神、航标组织管理等紧密相关。因为大部分内容我们将在其他部分重点介绍，所以在本章中，我们将以航标的科技进步为主要线索，重点向您展示航标灯器、航标能源、数字化航标等航标科技文化中物质层面的内容。

二、航标家族

人类社会漫长的演进过程，也是不断探索周围世界、促进科学技术发展的进程。在航海技术和航标发展中，可以清晰地看到不同时期科技发展给航标发展带来的进步。航标从自然航标过渡到简陋的人工航标阶段，又发展到以视觉航标和音响航标为主的传统航标时期，现在已经进入数字化航标的新时代，极大地促进了航运活动的发展。这一过程，使航标的导航、助航功能更强大，为航海者提供更优质的服务和安全保障，不断促进航海事业的发展。

从远古走来，如今的航标已经是品种丰富，姿态万千，如光彩炫目的视觉航标、悠扬辽远的音响航标、神通广大的无线电航标等，共同组成了热闹非凡的现代航标大家族。

（一）沿海航标

1. 视觉航标

视觉航标，又称目视航标，是供直接目视观测的固定或者浮动的助航标志，它具有易辨认的形状与颜色的特点，可安装灯器及其他附加设备，用其标身的形状、颜色和顶标供航海人员白昼观察；而用灯质，即用灯光颜色、灯光节奏作为夜间识别的特征。通过直接观测视觉航标，船舶驾引人员能迅速辨明水域，确定船位，确保航行安全。视觉航标具有设备简单、维护方便、投资小、使用直观等优点，也是港口和沿海设置最多的航标，常见的有灯塔、灯桩、立标、灯浮标、浮标、灯船和导标等。视觉航标广泛设置于海区和内河，是一种最重要、最基本的助航标志。

视觉航标是有目的建造的设施，它向船舶上经过培训的观察者传递信息以便助航，传递的过程称为发射海上信号。具有助航作用的也包括显著的地形、天然的标志或建筑物，如岬角、山头、岩石、树木、教堂塔楼、寺院或庙宇的尖塔、纪念塔、烟囱等。

（1）灯塔

灯塔是大型的固定助航标志，主体结构一般为塔形，顶部装有高强度的发光设备，灯光射程一般不小于15海里，塔身表面有显著颜色，而其周边

大竹山灯塔 塔高10米，灯高205米，射程15海里，位于渤海长山水道大竹山岛上，主要为航行于长山水道的船舶提供助航服务（摘自中国海事局组编《中国灯塔》）

鹅礁灯桩 坐落在宁波甬江口外（上海海事局供图）

鼻头礁灯桩 坐落在舟山群岛（上海海事局供图）

房屋建筑及围墙等表面色均为白色，以利于船舶白天识别。灯塔供船舶测定船位、确定航行方向及标示航道障碍物和危险区之用。

灯塔常设置于重要航道附近，位于视野开阔的沿岸、岬角、岛礁、港湾、险要碍航物或其旁边，例如我国大连的圆岛灯塔、天津的大沽灯塔、烟台的大竹山灯塔、镇海的半洋山灯塔、东亭山灯塔等。在一些地理位置非常重要的灯塔，常需要人值守，而值守灯塔的生活是非常艰苦的。

正因为灯塔生活的艰辛和寂寞，人们希望发明新的技术把灯塔工从这种艰苦、寂寞的生活方式中解放出来。这些新技术就是航标灯器、能源和动力系统的持续进步，加上航标遥控遥测技术，使灯塔开始向无人值守的自动化灯塔方向发展。如今，我国沿海的灯塔有些已经实现了无人值守。

（2）灯桩和立标

与灯塔相比，灯桩和立标建设相对简单，建设费用低。灯桩和立标可用于标示初见陆地的位置或作为导标的一部分；标示航道或航道附近的碍航物或危险物；标示航道或可航水道的侧面界限；标示某区域，或标示水道的转向点或汇合点。灯桩是被设置于航道附近岛礁、岬角、港口、防波堤等处的发光固定航标，灯光射程一般小于15海里，一般为无人看守，但也有些标位重要的灯桩有人值守。

立标则是没有灯器的标桩，设置在陆地上或水中指定位置，可根据规定和不同的要求或背景，选择不同的形状和颜色，或加装顶标、雷达反射器等。

灯桩一般由灯器、桩身、桩基、能源和附属结构及附属设备组成。桩身可由木材、钢材、砖石材料和钢筋混凝土材料制成，形状多样，有简单的杆形、三脚架形、柱形，也有复杂的塔形网状结构。

（3）浮标和灯浮标

典型的浮动航标是浮标和灯浮标。

浮标是具有一定的形状、尺寸、颜色的飘浮物体，锚碇在指定位置上用作助航标志，可安装灯器、音响设备、雷达反射器或其他设备，发光的浮标称为灯浮标。浮标的标身形状有柱形、杆形、罐形、锥形和球形。为了保障船舶航行安全，便于识别，按照浮标的位置、作用（如航道侧标、方位标志、孤立危险物标志和安全水域标志等），浮标按国际上统一的要求漆上颜色并附加标志性的上部轮廓。最常用的浮标是有灯光设备的浮标，一般采用太阳能为能源，有些灯浮标的灯架上还安装雷达反射器。

1984年我国采纳国际航标协会推荐的海上浮标系统(A区域)的布设原则，并结合我国具体情况重新制定了《中国海区水上助航标志》（GB4696—1999）国家标准并正式发布，该标准适用于中国海区及其海港、通海河口的所有浮标、活节式灯桩和水中固定标志，包括侧面标志、方位标志、孤立危险物标志、安全水域标志和专用标志。

侧面标志

侧面标志是依航道走向配布的，用以标示航道两侧界限，或标示推荐航道，也可以标示特定航道。侧面标包括航道左侧标、右侧标和推荐航道左侧标、右侧标。

航道左侧标、右侧标：航道左侧标和右侧标分别设在航道的左侧和右侧，标示航道左侧和右侧界线。顺航道走向行驶的船舶应将航道左侧标和右侧标置于该船的左舷和右舷通过，如下图表所示。

特征	航道左侧标	航道右侧标
颜色	红色	绿色
形状	罐形，或装有顶标的柱形或杆形	锥形，或装有顶标的柱形或杆形
顶标	单个红色罐形	单个绿色锥形，锥顶向上
灯质	红光，单闪，周期4秒	绿光，单闪，周期4秒
	红光，联闪2次，周期6秒	绿光，联闪2次，周期6秒
	红光，联闪3次，周期10秒	绿光，联闪3次，周期10秒
	红光，连续快闪	绿光，连续快闪

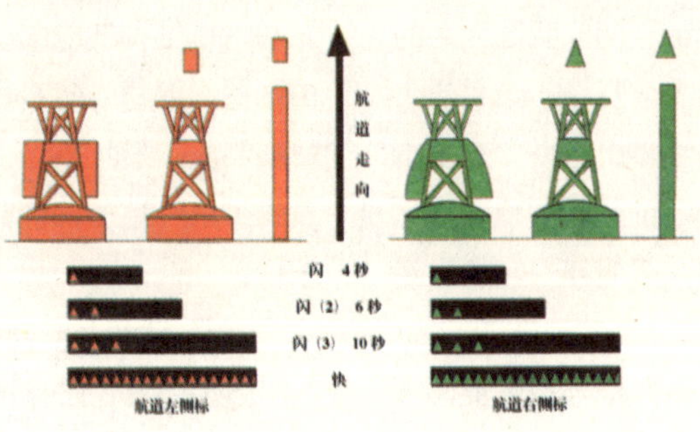

左侧标

右侧标

推荐航道左侧标、右侧标：推荐航道左侧标和右侧标设立在航道分岔处，也可设置在特定航道，船舶沿航道航行时，推荐航道左侧标标示推荐航道或特定航道在其右侧；推荐航道右侧标标示推荐航道或特定航道在其左侧，如下图表所示。

特征	推荐航道左侧标	推荐航道右侧标
颜色	红色，中间一条绿色宽横带	绿色，中间一条红色宽横带
形状	罐形；或装有顶标的柱形或杆形	锥形；装有顶标的柱形或杆形
顶标	单个红色罐形	单个绿色锥形，锥顶向上
灯质	红光，混合联闪2次加1次，周期6秒	绿光，混合联闪2次加1次，周期6秒
	红光，混合联闪2次加1次，周期9秒	绿光，混合联闪2次加1次，周期9秒
	红光，混合联闪2次加1次，周期12秒	绿光，混合联闪2次加1次，周期12秒

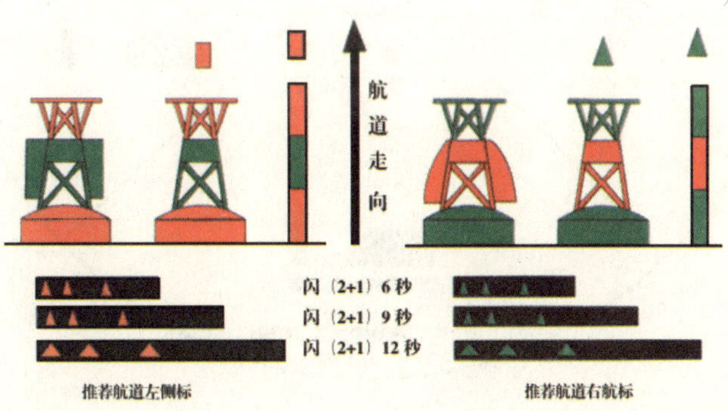

方位标志

方位标志设在以危险物或危险区为中心的北、东、南、西四个象限内，即真方位西北~东北，东北~东南，东南~西南，西南~西北，并对应所在象限命名为北方位标、东方位标、南方位标、西方位标，分别标示在该标的同名一侧为可航行水域。方位标也可设在航道的转弯、分支汇合处或浅滩的终端。

南方位标

北方位标设在危险物或危险区的北方，船舶应在本标的北方通过；东方位标设在危险物或危险区的东方，船舶应在本标的东方通过；南方位标设在危险物或危险区的南方，船舶应在本标的南方通过；西方位标设在危险物或危险区的西方，船舶应在本标的西方通过，方位标志如下图表所示。

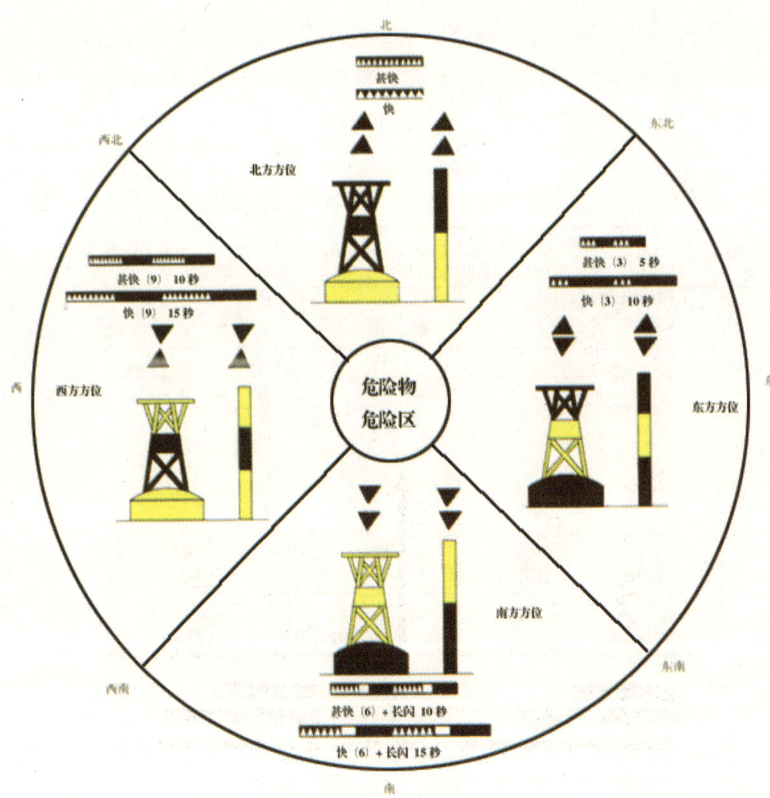

特征	北方位标	东方位标	南方位标	西方位标
颜色	上黑下黄	黑色，中间一条黄色宽横带	上黄下黑	黄色，中间一条黑色宽横带
形状	装有顶标的柱形或杆形			
顶标	上下垂直设置的两个锥体			
	锥顶均向上	锥底相对	锥顶均向下	锥顶相对
灯质	白光，连续甚快闪	白光，联甚快闪3次，周期5秒	白光，联甚快闪6次加一长闪，周期10秒	白光，联甚快闪9次，周期10秒
	白光，连续快闪	白光，联快闪3次，周期10秒	白光，联快闪6次加一长闪，周期15秒	白光，联快闪9次，周期15秒

B区域使用的侧面标志颜色、顶标颜色、灯光的光色与A区域相反，其余均与A区域相同。其特征与规律是：A区域左红右绿，左罐右锥。A区域左侧标志与顶标颜色和光色均为红色，右侧标均为绿色；B区域侧面标志只将标示颜色的规律改为左绿右红即可。①

孤立危险物标志

孤立危险物标设置或系泊在孤立危险物之上，或尽量靠近危险物的地方，标示孤立危险物所在。船舶应参照航海资料，避开本标航行，如下图表所示。

特　征	孤立危险物标
颜　色	黑色，中间有一条或数条红色宽横带
形　状	装有顶标的柱形或杆形
顶　标	上下垂直的两个黑色球形
灯　质	白光，联闪2次，周期5秒

孤立危险物标志

安全水域标志

安全水域标设在航道中央或航道的中线上，标示其周围均为可航行水域；也可代替方位标或侧面标指示接近陆地。

安全水域标如下图表所示。

特　征	安 全 水 域 标
颜　色	红白相间竖条
形　状	球形，或装有顶标的柱形或杆形
顶　标	单个红色球形
灯　质	白光，等明暗，周期 4秒
	白光，长闪，周期 10秒
	白光，莫尔斯信号“A”，周期 6秒

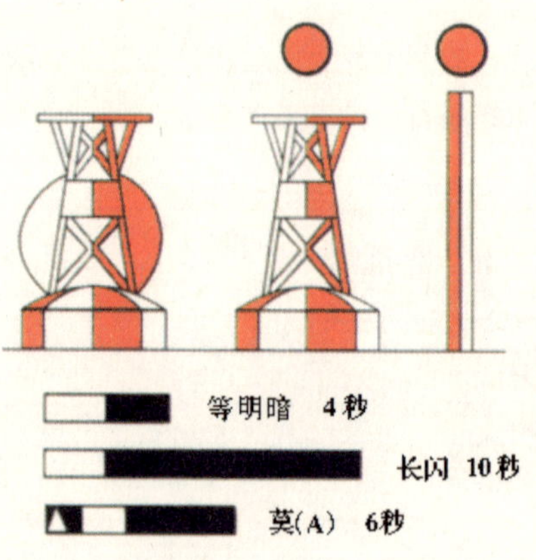

安全水域标志

专用标志

专用标是用于标示特定水域或水域特征的标志，见下图表。

特　征	专　用　标
颜 色	黄色
形 状	不与浮标和水中固定标志相抵触的任何形状
顶 标	黄色，单个“×”形
灯 质	符合相关的规定。

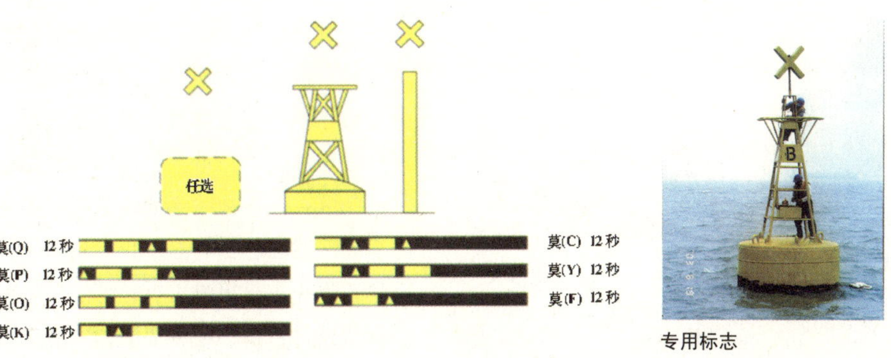

专用标志

灯浮标和浮标是用系碇设备系留于设计标位上的，容易受风、浪、水流的影响，自身位置不固定，具有一定的回旋半径；容易受波浪和水流的影响改变位置，可靠性较差，只能用于船舶助航，虽造价较低，但维护保养比较困难。

随着航行需求的不断发展和不同水域情况的变化，在原有浮标和灯浮标的基础上，人们又发明了许多新型灯浮标和冰浮标、活节式灯桩等。在雾天或视线不良时，在北方水域冬季结冰时，常规的灯浮标和灯器容易损坏，这时冰浮标就派上用场了。而在水流湍急的水域，常规的灯浮标容易受水流影响而剧烈摇摆，而活节式灯桩可减少灯浮标因急流而造成的摆动。

聚脲弹性冰浮标（天津海事局供图）

（4）大型浮动标志

灯船、船形灯浮标和兰比（LNB）称为大型浮标，除了装有航标灯器外，也可安装雷达应答器、音响信号。灯船主要用于标示港口口门、重要转向点等特定水域，供船舶测定船位和确定航向。灯船由船体和灯架以及锚系设备、灯器、无线电航标、雾钟和能源系统构成。由于科学技术的进步，设备的更新，原先有人值守的灯船，已经都实现了无人值守。

在某些必须设置航标的特定水域，设置的一种大型自动化助航浮标，又称兰比。这种浮标，一般无人值守，建

黄泽洋灯船（上海海事局供图）

兰比 曾用于大连港外，现被灯船取代（天津海事局供图）

造简单，费用低，能承受恶劣的海洋环境。

浮动航标虽然设置地点灵活、建造费用低，但也有容易移位、维修困难等缺点。于是，航标人在思索，能不能把固定航标和浮动航标的优点结合起来呢？

(5) 活节式灯桩

活节式灯桩就是一种充分利用固定航标和浮动航标两者的优点、克服两者缺点的新型浮标。它由标身、浮室、活络接头和锚碇装置组成，装有灯器，有的还装有雷达反射器，以浮室的浮力保持标身在水中接近垂直状态，在风浪、水流或浮冰的冲击下，仅偏离垂直位置一小角度，倘若被较大冰块压入水下，则当冰块过后，仍可自动直立起来，并且灯器发光不受影响，有较好的抗碰撞性和抗沉性，适于在狭窄航道、复杂航道及北方有浮冰的海域、港口使用。

活节式灯桩 黄色柱形，中间黑色宽横带，顶标为两个黑色锥形，南方位标，配置8吨铸铁沉石。用于秦皇岛港，标示煤三港池界限。为进出煤三港区的船舶助航（天津海事局供图）

(6) 导标

导标位于航道中心线的延长线上。由两座或者两座以上分立的建筑物组成，建筑物上装有标志或者灯器。当从

前导标（上）和后导标（下）

航道中心线或直航段最深航路的轴线观察时，它们形成一直线。在后面的建筑物必须比前面建筑物有较高的高程，以便能同时看到两座标志或者灯光。导标为船舶提供寻找船艏向的参考物，同时提供船舶横向航迹偏移量和偏移方向的视觉指示。

导标可用于：标示航道直航段的中心线；为深吃水船舶标示水道的最深区域；标示没有可用的固定和浮动航标或者无法满足安全航行所需准确度的航道；为港口或者江河入口确定安全进出的方位，特别是存在横流时；在桥区，分隔双向交通。

陆地上设立的航标如灯塔、灯桩、立标等，在海图上都标有准确的位置，航海人员可以根据已知物标的位置和对该物标的观测结果求得本船在观测时刻的位置。利用单一灯塔定位，最常用的方法是方位距离法，即同时测得船舶相对灯塔的距离和方位，然后在海图上画出该物标的方位位置线和距离位置线，其交点为观测时刻的船位。

以上航标都是视觉航标，需要用眼睛观察使用。但是，一般水域都有水气重、天气多变的特点，经常大雾弥漫。茫茫白雾中，难以看到远处的航标时，我们的航行方向在哪儿呢？别着急，除了眼睛，我们还可以利用耳朵。

2. 音响航标

音响航标是指依靠产生的音响传递信息以引起航行人员注意的助航标志。在能见度不良的天气，音响航标发出具有一定识别特征的音响信号，使船舶知道其概略方位，起到警告危险作用。音

中国航标展馆实物展区的音响航标。前左起：雾钟、雾炮、电雾号（白色）；后左：大型灯塔灯笼，中：雾情探测器（黄色）、雾号等（中国航标展馆供图）

响航标包括雾锣、雾钟、雾号、雾炮等多种形式。

雾号是最常用的音响航标，又分为气雾号和电雾号。气雾号利用蒸汽或压缩空气驱动发声器产生声音，设备庞大，需专人管理。电雾号以电能作为动力驱动发声器产生声音，设备规模小，造价低。为了使电雾号自动开启和关闭，通常还配有自动雾情探测器。

19世纪中叶，沿海灯塔普遍配置了铸铁雾炮，这些雾炮大多能放3磅黑色炸药的炸药包。在雾天，灯塔站要增设一人值班，听取来自船舶的雾信号。雾炮是为了回答来自过往船舶的雾号、雾钟或其他声响时才予以发射，以表明船舶在灯标附近。相隔一段时间后，如继续听到这些声响，则重复发放这些雾信号。各灯塔的雾信号是不同的，如东碇岛的雾信号是放炮两次，间隔3分钟；如仍能听到船舶的雾信号，则10分钟后再重复放炮。而在北碇岛，虽放炮两次，但其间隔只有0.5分钟，15分钟后再重复。

3. 无线电航标

航海中利用无线电波测定船位和引导船舶沿预定航线航行的技术，又称无线电航海。无线电导航是根据无线电波的传播特性测量地面，包括外层空间的导航台发射的无线电波参数，如频率、振幅、传播时间或相位，求得船舶相对于导航台的几何参数，如角度、距离、距离差或者距离和，从而建立船位线，实现船舶定位和导航。

(1) 无线电指向标

由发射机和天线组成。无线电指向标系统为无线电测向系统，船载接收机通过接收无线电指向标发射的无线电信号，获得船舶与无线电指向标的方位线和对北的真方位；为了获得海上船舶的位置，需同时接收两座无线电指向标发射的无线电信号，获得相交的2条方位线，相交点即船舶位置。我国第一座无线电指向标(站)于1929年在长江口附近花鸟山灯塔建成，到1993年形成了由22座无线电指向标站组成的覆盖中国沿海水域的无线电指向标网。20世纪90年代初，交通部安全监督局开始研究利用沿海无线电指向标建立无线电指向标／差分全球定位系统（RBN/DGPS），开始利用原有设施播发差分信号。

(2) 罗兰A导航系统

随着舰船活动范围的扩大，无线电指向标导航系统难以满足军需民用，国

无线电指向标发射机（中国航标展馆供图）

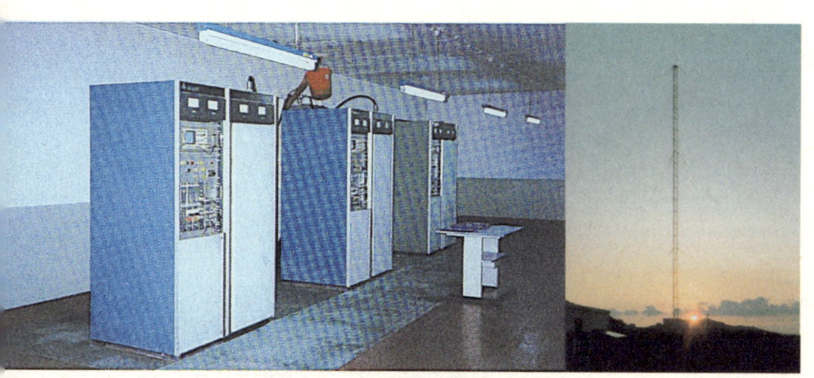

罗兰A发射机房及天线(中国航标展馆供图)

防科工委于1960年春提出了“中程导航”和“远程导航”研究课题。经中央军委批准，“罗兰A”系统于1965年5月开始筹建，取名“长河一号”导航系统。1975年10月1日，全国10个导航台对国内船舶正式开放，1998年10月1日停止使用。

罗兰A导航台由定时器、开关设备、发射机和天线组成。罗兰A导航系统是中频脉冲双曲线无线电导航系统，船载接收机接收1个导航台对发射的无线电信号，获得船舶与两座导航台之间的距离差，距离差为恒定的位置线是双曲线，为确定海上船舶的位置需同时接收2个导航台对发射的无线电信号，获得相交的2组双曲线，为此罗兰A系统的台链至少由3座导航台组成。

(3) 船舶交通服务(VTS)

船舶交通服务（Vessel Traffic Service,VTS）可以针对每一艘船舶，以便帮助船上的航行操作；也可针对整个交通，以便组织交通，防止产生危险局面和允许优化使用航道。一般由雷达子系统、VHF通信子系统、信息传输子系统、雷达数据处理子系统、交通显示及操作控制子系统、船舶数据管理子系统、记录和重放子系统组成，有些VTS安装了AIS子系统。VTS功能包括数据收集、数据评估、信息服务、助航服务、交通组织服务和支持联合行动等6项功能。根据相关规则，VTS为船舶提供的服务包括：应船舶请求，可向其提供他船动态、助航标志、水文气象、航行警（通）告和其他有关信息服务；可为船舶在航行困难或

连云港VTS值班室(连云港海事局供图)

成山头VTS中心外景（左后：灯塔；中：VTS、两座铁塔为RBN/DGPS 天线）（山东海事局供图）

气象恶劣环境下，或船舶一旦出现了故障或损坏时，提供助航服务；为避免紧迫局面的发生，VTS中心可向船舶提出建议、劝告或发出警告；必要的时候或应船舶或其所有人、经营人、代理人的请求，可为其传递打捞或清除污染等信息和协调救助行动。截至2006年，我国已经有26个VTS，64个雷达（中继）站，信号覆盖了所有重要港口和交通繁忙水域。

（4）差分全球卫星定位系统（RBN/DGPS）

全球定位系统(Global Positioning System，简称GPS)，属于双频测距的全球卫星定位系统，它可在全球、全天候情况下，为陆海空用户提供连续、实时、高精度的三维位置、三维速度和时间信息。它主要提供两种定位服务，即精确定位服务(PPS)和标准定位服务(SPS)。

由于全球定位系统的精确定位服务不公开提供，而标准定位服务又人为地降低了定位精度，致使需要高精度定位的民用用户使用差分技术，提高标准定位服务的定位精度，从而形成了差分全球定位系统，简称DGPS。DGPS简单的工作原理是：把已知的测定点作为差分基准点，在差分基准站安装基准GPS接收机，并用GPS接收机连

DGPS 设备（中国航标展馆供图）

续地接收GPS信号，经过处理，与基准站的已知位置进行比对，求解出实时差分修正值，以广播或数据链传输方式，将差分修正值传送至附近GPS用户，以修正其GPS定位解，提高其局部范围内用户的定位精度。现在，船舶上常用的无线电指向标——差分全球定位系统(RBN/DGPS)是一种新型、高精度、全天候的海上导航定位系统，它利用航海无线电指向标来播发差分修正信息，向用户提供高精度服务的助航系统，广泛应用于海洋测绘、航道测量和疏浚、船舶进出港狭窄水道导航定位、海上交通安全管理、航标定位、海上救助打捞、海洋渔业及其他海上作业，在我国沿海已实现了多重覆盖。

(5) 船载自动识别系统（AIS）

船载自动识别系统是工作在VHF海上频段新兴的船舶和岸基广播系统。其特性和能力将使它成为增强航行安全和提高航运交通管理效率的杰出的新型工具。该系统能连续向其他船舶和基站发射数据，将识别码、船位、航向、航速、船舶基本参数和货物信息等传递给其他船舶或岸上的接收机。AIS的优点非常显著：信息准确度高，近乎实时信息提供，能瞬时显示目标航向的变更。另外，AIS还能在电子海图和信息系统上实时跟踪所有配置AIS的船舶，了解航道中的弯段后面或列岛中岛屿

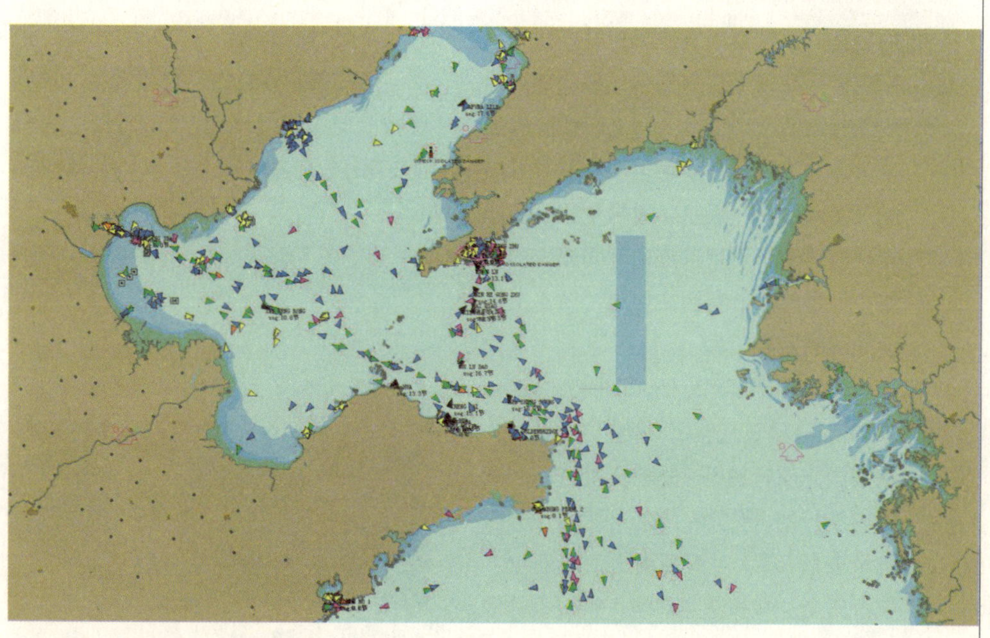

AIS船舶实时动态界面（黄渤海海域）（天津海事局供图）

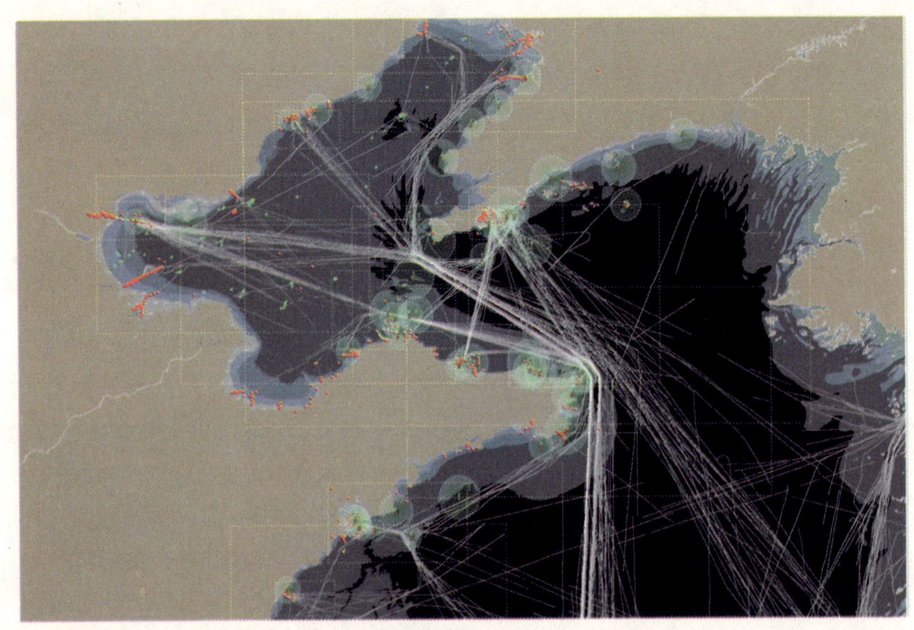

AIS船舶航行轨迹分析界面（黄渤海海域）（天津海事局供图）

的后面，以搜索到其他船舶的存在和识别它们；在河流或列岛中，预测与其他船舶相遇的准确位置，知道船舶驶向哪个港口和港湾，知道附近地区航行的船舶尺度和吃水，近乎实时地觉察到船舶航线的改变，识别河流中离开岸堤的渡船……是能使所有用户更加了解水上交通状况的重要工具。

国际海事组织（IMO）已决定自2002年7月1日起至2008年7月1日止，从事国际航行的300总吨及以上和从事国内航行的500总吨及以上船舶，分段陆续安装AIS，对提高海上人身安全，航行安全及保护海洋环境，有极大的促进作用。

（6）雷达信标

船舶雷达在众多回波情况下，准确寻找目标往往十分困难，而雷达信标能在船舶雷达屏幕上显示一条代码轨

与视觉航标安装在一起的雷达应答器（中国航标展馆供图）

迹，非常容易识别，因此得到了广泛的应用。雷达信标被安装在视觉航标处成为灯标的辅助航标，至2006年我国沿海有211座雷达信标。鉴频雷达应答器在我国应用较广，是雷达信标的一种，其工作原理是：雷达应答器被航行于附近水域的、工作在某频率的船载雷达所触发，雷达应答器鉴别出该船舶的雷达频率，并在该频率上发射莫尔斯编码信号，显示在船载雷达显示器上，表明雷达应答器的身份和船舶与雷达应答器的方位、距离，以便识别、测向和测距。

与视觉航标和音响航标相比，无线电导航系统是利用无线电波传播特定测量目标的相关参数，无疑是导航技术的飞跃和革命。首先，受气候条件影响较小，是在复杂气象条件及能见度不良情况下的一种很有效的导航方法，可以在近、中、远距离上较顺利地完成导航任务，为船舶全天候导航；其次，使航海信息的收集、处理、传送更加精确和及时，使航海活动更加安全、高效。无线电导航系统通常有更大的覆盖区，且如果足够数量的船舶载有相应的接收机时，它有较好的成本效益，适应运输船舶标准化、大型化、高速化的发展趋势，极大地促进了航运活动的发展。

（二）内河航标

我国江河有非常广阔的水域，通航里程达127000公里。航标的分布面很广，设置航标的里程有34829公里，由于有些河床和河流水位变幅很大，岸标和浮标也要随时调整，才能保证过往船舶航行安全。一些狭窄的水道船舶只能单向航行，由此就需要通行信号标等标志。内河航标与海上的航标有很多不同之处。

内河航标是反映航道尺度，确定航道方向，标志航道界限，引导船舶安全航行的标志。是船舶在内河安全航行的重要助航设施。其主要功能是标示内河航道的方向、界限与碍航物，揭示有关航道信息，为船舶指出安全、经济的航道。

1. 左岸、右岸原则

内河航标决定并标识河流左岸、右岸的原则：按水流的方向确定河流的

三峡通行信号标（长江航道局供图）

上下游，面向河流下游，左手一侧为左岸，右手一侧为右岸。对水流流向不明显或和河段流向不同的河流，按下列顺序确定上、下游：（1）通往海口的一端为下游；（2）通往主要干流的一端为下游；（3）河流偏南或偏东的一端为下游；（4）以航线两端主要港埠间的主要水流方向确定上、下游。

内河航标对左、右岸航标颜色的确定：左岸为白色（黑色），右岸为红色；光色是：左岸为绿光（白色），右岸为红光。不必区分左、右岸的内河航标按背景的明暗确定，其颜色是：背景明亮处为红色（黑色）；背景深暗处为白色。

2. 内河航标的功能

内河航标按功能分为3类，即：航行标志、信号标志、专用标志。

航行标志：是指标示航道方向、界限与碍航物的标志，包括过河标、沿岸标、导标、过渡导标、首尾导标、侧面标、左右通航标、示位标、泛滥标和桥涵标等10种。

信号标志：是为航行船舶揭示有关航行信息的标志，包括通行信号标、鸣笛标、界限标、水深信号标、横流标及节制闸标等6种。

专用标志：是标示沿、跨航道的各种建筑物，或为标示特定水域所设置的标志，其主要功能不是为了助航的统称为专用标志。专用标志包括管线标及专用标两种。

长江下游航标，设置昼夜航行标志，船舶可直接利用各种标志、信号航行。武汉至江阴的航标配布，是在主航道的沿岸设置各种岸标，指出沿岸或跨河航道所在，同时并用浮标标明狭窄弯曲地段的航道轮廓或障碍物；在缓流经济航道亦多用浮标标示。江阴以下因江面辽阔，并受风浪海潮的影响，均以大型浮标、柱形浮标标示航道。

除了引导航行的标志外，还有各种

杆式锥型左岸标（长江航道局供图）

新航路、新航标（三峡罐型右岸标）（陈保平摄）

长江的竹标（长江航道局供图） 10米单船浮标（左侧标）（长江航道局供图）

根据需要而设置的信号标，如在浅窄水道或捷水道处，当其水深接近于标准尺度时，即设置水深信号杆标示当地航道水深；在单线通行的航道则设置通行信号标以指挥上下交通。

20世纪60年代前，长江航标采用的材料除下游少量灯浮标为钢质，部分岸标为钢筋混凝土标杆外，其余均采用竹木材料，60年代末开始使用6.7米单船浮，3米和4米双船浮3种浮具，逐步更换了竹木材料的浮具。在此基础上，为解决水深流急处的标位问题，逐年建造了10米的钢质标志船，到70年代末，长江干线浮标全部更新为钢质浮具。②

3. 界河航标

我国与俄罗斯交界的黑龙江上游和中游1890公里，乌苏里江495公里。黑龙江中方设置岸标1200余座，浮标100余座。乌苏里江中方设置岸标270余座，浮标3座。

1993年3月，中俄国境河流航行联合委员会第35次会议上讨论通过了黑龙江、乌苏里江和额尔古纳河航标管理规则。双方协议从1993年航期开始，在中俄界河实施航标分管，即：主航道中心线中方一侧的航标由中方设置管理；主航道中心线俄方一侧的航标由俄方设置管理。根据中俄双方制定的规则，各自负责设置、维护和管理主航道本国一侧的航标。每年两国举行航行例会，协商中俄界河航道航标维护管理等问题。所设置航标的变动需经中俄

黑龙江航标（黑龙江航道局供图）

双方协商达成协议，方可进行。

黑龙江中方岸标为铁质标杆，搪瓷标板，标杆长7～9米，标板规格为1.2米×1.2米。乌苏里江中方岸标为铁质标杆，搪瓷标板，标杆长5～7米，标板规格为1.0米×1.0米，设置铁质浮标。俄方设置木质岸标，铁质浮标。中方航标灯采用发光二极管作为光源，锌空气电池为电源。俄方航标灯为白炽灯，采用空气电池供电。

黑龙江和乌苏里江为季节性河流。黑龙江每年5月初为开江流冰期，流冰过后开始恢复航道航标。每年11月中旬停止航道航标维护，进入封冻期。

①郭禹：《航海学》，大连海事大学出版社，2005年，第260页。

②鲁木华："长江航标的改革与进步"，《长江志季刊》，1997年第2期，第15页。

三、航标灯具

航标灯具有很多种类，灯塔用的灯具一般包括：灯笼、透镜和旋转灯机、闪光仪、灯器等；中小型灯具包括透镜、灯器（换泡机等）。由于科技的进步和高度的集成，最新型的灯浮标灯器已经发展为一体化灯器。

（一）透镜

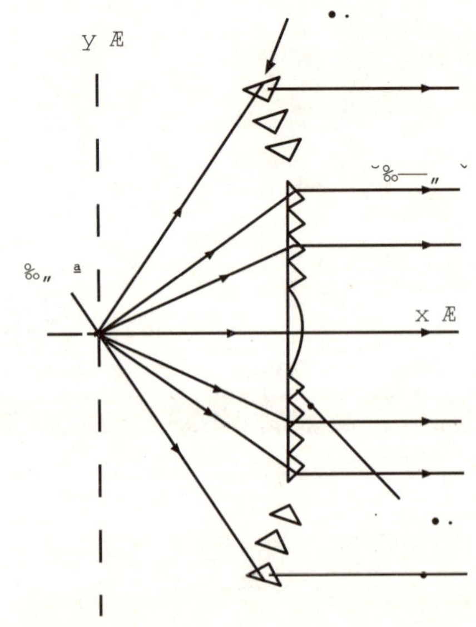

菲涅尔透镜折射原理图

除了发明各种光源来提高航标灯光的亮度和射程外，人们还借助透镜。透镜能使散射的光线聚成光束，增加灯光射程，是现代航标灯不可缺少的组成部分。在不使用透镜的正常情况下，灯光是向四面八方发散的，即使航标里的灯泡烛光很大，能源充足，从几十海里以外的海面看上去，也只能看到一个亮点，其亮度微乎其微。如果把航标灯放在透镜的焦点上，光线通过透镜的折射作用后，就会发出一道道强烈的并行光束，船舶驾引人员在20海里以外都能十分清晰地发现它。

透镜的发明来源于人类对光学的认识。很早就为人们所关注。约公元前400年，中国先秦时代的《墨经》就比较系统地记载了光的直线传播的规律，主要是反射现象。17世纪时，望远镜、显微镜的发明，推动了光学的发展，光的反射定律和折射定律相继被发现。1849年，法国人斐索首次在地面上测量了光速，他又和另一位法国科学家傅科测定了水中的光速。随着新光源的探索，光学的研究深入到光的发生、光和物质相互作用的微观机构中。1770年左右，利物浦的一家造船厂厂长William Hawkins制造了用镀银小玻璃平面构成的抛物面反射镜。

人们很早就想到在航标上应用透镜。早期灯塔虽然采用露天燃烧木柴或煤炭获取火光，但已经开始使用青铜镜作为反射镜。例如，法罗斯灯塔夜间点燃木柴，用巨大青铜镜反射，射程可达55千米。1532年，在波罗的海的Gollenberg灯塔首次使用金属反射镜。1823年，法国灯塔局的奥古斯汀·菲涅尔发明了菲涅尔透镜并第一次用于Cordouan灯塔。

菲涅尔透镜的原理就是在透镜的一侧有等距的齿纹，通过这些齿纹，可以达到对指定光谱范围的反射或者折射作用。传统的、打磨的反射或折射光学滤镜造价昂贵，而菲涅尔透镜可以极大地降低成本。直至现在，菲涅尔透镜仍是应用于航标灯上的主要透镜之一。

除了菲涅尔透镜，现在广泛应用的透镜还有由玻璃或塑料制成的牛眼（盘形）透镜和鼓形透镜。牛眼（盘形）透镜多用于大型灯器，之所以被称作牛眼透镜，是因为它的中心是一个圆形球体平面凸镜，像牛的眼睛。在圆形球体平面凸镜的四周，是围绕着它一圈一圈扩开去的折射棱镜圈，就像是将石子投入河中产生的一圈一圈的涟漪。大型的牛眼透镜外围再镶有双折射棱镜圈。这样，通过折射后的光源就被扩展成一个面，把道道光束射向海面。在我国，花鸟山灯塔的牛眼透镜最著名，是我国现有牛眼透镜中最大的：灯笼里是四面圆

海南秀英灯塔的牛眼透镜（海南航标处供图）

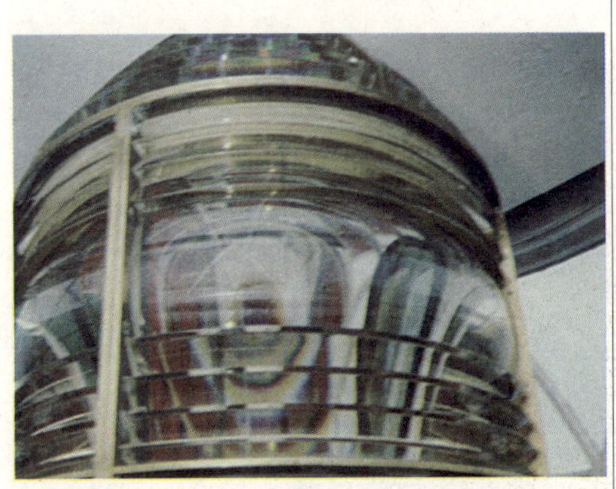

团岛的鼓形透镜（天津海事局供图）

配置鼓形透镜的煤油航标灯（中国航标展馆馆藏）

形头等镜机牛眼透镜，每面透镜用8圈三棱形水晶玻璃拼装，在头等镜机上还装有自动转机，四面透镜每60秒转一圈，光源采用2000瓦金属卤化物灯，灯高89米，射程达24海里，在同一地点每15秒可见一道灯光。

秀英灯塔旋转灯机齿轮（天津海事局供图）

而鼓形透镜是由许多个棱镜圈相叠而成，多用于中、小形灯器，因为它的外形很像鼓，所以被称作鼓形透镜。它的外表都做成梯形，灯泡放在透镜的焦点中心，通过折射，就形成了近乎平行的光束，发出的是360度环射光。在我国，青岛的团岛灯塔以鼓形透镜而著名，它是由几十片水晶玻璃组成的750毫米的鼓形透镜。现在，依然被航标工保养得像新的一样，日复一日地为进出胶州湾的船舶导航。

为了满足不同航标灯器的需要，透镜按直径可分为：75毫米、90毫米、150毫米、200毫米、300毫米、375毫米、500毫米等不同规格。

航标灯需要用不同的颜色来传达不同的信息。除了气体放电光源能直接发出某些颜色灯光外，航标灯一般采用颜色滤光器以获得不同的颜色。我国采用白、红、绿、黄4种光色，与国际航标协会推荐的一致。

（二）旋转灯机

为使灯器能360度旋转，人们发明了旋转装置。1781年，在瑞典西海岸的卡尔斯顿灯塔上安装了瑞典JonasNordberg设计的世界上第一座旋转航标灯。早期的旋转机是靠人力绞车提升重锤，利用锤的自重下坠作为转

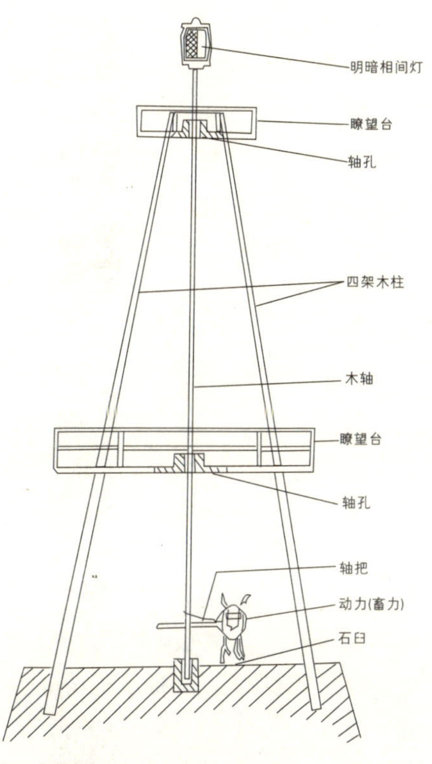

最原始的旋转灯机——清道光以后，山海关南海口的转盘探海灯示意图

动的动力。

海南岛的秀英灯塔机，至今还保存着完好的近代灯机旋转装置，航标灯的旋转是靠一个类似机械闹钟原理的装置来提供，其动力是一个重锤，靠重力下坠的作用，带动灯器旋转。夜晚，值班工人在灯塔里定时摇动这个装置上的手柄，把这个重锤吊到顶部，以保证航标灯器的旋转。在近代，清海关建造的灯塔中，普遍使用旋转水银浮槽灯机，“使镜机旋转得以敏捷”。如今，旋转机实行了自动化，科技的力量取代了人力。

（三）灯器

1. 光源

效率高、亮度强、射程远的航标灯是船舶安全航行的需要，也成为人们追求的目标。在20世纪初，航标灯燃用煤油，而后引进了乙炔闪光灯，通过减压器和闪光器，可以在无人看管的情况下可靠地闪光。随着科技进步，人们不断试验、发明了利用各种光源的航标灯器，例如，白炽灯器、金属卤素灯器、金属卤化物灯器、霓虹灯器和荧光灯、氙灯器、LED航标灯、蓝色光源航标灯……

曾用于长江的煤油航标灯（长江航道局供图）

（1）白炽灯

也就是传统的电灯，是由美国发明家托马斯·爱迪生发明的。今天，我们制造白炽灯的方法实际上仍在沿用爱迪生发明的技术。白炽灯中的发光体是用金属钨拉制的灯丝，这种材料最可贵的特点是其熔点很高，即在高温下仍能保持固态。一只点亮的白炽灯的灯丝温度高达3000℃。正是由于炽热的灯丝产生了光辐射，才使电灯发出了明亮的光芒。但是，白炽灯也有缺点，在所有用电的照明灯具中，白炽灯的效率是最低的，它所消耗的电能只有12%～18%的部分可转化为光能，而其余部分都以热能的形式散失了。至于照明时间，这种电灯的使用寿命通常不超过1000小时。所以，人们在不断寻找效率更高、寿命更长的新型灯，于是，金属卤素灯器、金属卤化物灯器出现了。

（2）卤素灯

所谓卤素，就是碘、氯、溴、氟4个化学元素的统称。卤素灯的外形一般都是一个细小的石英玻璃管，和白炽灯相比，其特殊性就在于钨丝可以“自我再生”。在这种灯的灯丝和玻璃外壳中充有一些卤族元素，当灯丝发热时，钨原子被蒸发，向玻璃管壁方向移动。在它们接近玻璃管时，钨蒸气被“冷却”到大约800℃并和卤素原子结合在一起，形成卤化钨（碘化钨、溴化钨）。卤化钨向玻璃管中央移动，又落到被腐蚀的灯丝上。因为卤化钨很不稳定，遇热后就会分解成卤素蒸气和钨，这样钨又在灯丝上沉积下来，弥补了被蒸发的部分。如此循环往复，灯丝的使用寿命就会延长很多。因此，卤素灯的灯丝就可以做的相对较小，灯体也很小巧。所以，金属卤素灯器光效高、体积小、功耗少。

（3）金属卤化物灯

20世纪60年代，研究者们发现，在汞蒸气放电中加入某些金属卤化物可以提高灯的显色指数和发光效率。理论上讲，元素周期表中所有的卤化物都可充当发光物，但经过认真筛选大约只有50种金属碘(溴)化物被用作添加剂。现在，金属卤化物灯以其高光效、高显色性、寿命长以及在国民经济中应用广泛等优点为世界各国所青睐，是绿色节能的优良灯种，也被广泛地应用到航标中，开发生产和推广使用金属卤化物航标灯有利于节约能源。

（4）霓虹灯

为了助航、导航，需要航标灯发出各种不同的信号，那么，利用各种颜色是最直观、简便的方法。霓虹灯则是这方面的能手。霓虹灯很常见，在城市的夜晚里，发出五颜六色、灿烂夺目灯光的就是霓虹灯。霓虹灯的原理就是在密闭的玻璃灯管两端装有两个金属电极，电极一般用铜材料制作，电极引线接入电源电路，配上一只高压变压器，将

10～15千伏的电压加在电极上。由于管内的气体是由无数分子构成的，在正常状态下，分子与原子呈中性。在高电压作用下，少量自由电子向阳极运动，气体分子的急剧游离激发电子加速运动，使管内气体导电，发出彩色的光。灯管充入氖气，霓虹灯发红光；充入汞气发出白光或绿光。用于航标的霓虹灯有红、绿、白3种。

（5）荧光灯

就是在灯管壁上涂有荧光物质，使紫外线变换成可视光线，以提高发光效率。它的优点是寿命长、低亮度、发光面积大、耗电少，有红、绿两种发光颜色。

（6）氙气灯泡

是利用氙气中放电的灯泡，发出非常高的亮度，具有可以在短时间内循环关灯、亮灯的特性。并且，由于发光的光谱分布近似太阳光，所以，灯光在夜间看起来非常白。

2. 闪光器

为了使灯泡按规定发出各种闪光，人们潜心研制闪光器。1811年，英国Robert Stevenson发明了一种间歇式机械闪光器；1875年，英国约翰·霍普金森博士发明了灯光联闪方式；1865年，瑞典Carl Gustafvon Otter制成了可获得不同闪光特性的机械闪光器，这些发明极大地促进了航标的发展。

航标灯的灯光节奏有定光、明暗光、闪光和互光等。现在，各种闪光方式被应用到航标中去，和各种颜色相结合，指示航道的方位、特点，成为通行全世界的、无声的航海语言。

自动换泡机（长江航道局供图）

3. 自动换泡机

当航标灯的灯泡损坏时，需要及时更换灯泡；否则，会影响航标效能进而影响航标的导航作用。以前更换灯泡都是人工操作，在操作中往往需要一定的时间。于是人们发明了自动换泡机来自动更换新灯泡。换泡机自动更换灯泡的个数不等，有能换2个的，也有能换4个或6个的。尔后人们又发明了双丝灯泡，一丝损坏时，另一丝自动接通，从

灯壳（中国航标展馆馆藏）

而可以替代换泡机。

4. 灯壳

灯壳由金属或塑料制成，其内安置灯泡、闪光器等，并与透镜及防护玻璃（小型灯无防护玻璃）组成整体，能防止雨水及风浪溅水的侵入。

（四）航标灯器的改进

在长江口与杭州湾的交汇处，有座巍然屹立的白色灯塔，这就是大戢山灯塔，它为北上、南下的船舶通过长江口提供定位和确定航线，是国内外航海界著名的早期灯塔，有着悠久的历史。

大戢山灯塔始建于清同治（1869年），当时只是在岛巅西端土丘上竖立灯架置灯而已，初为三等白色定光灯，燃料为植物油，烛力1850支，四周可望及。

1900年，在旗杆旧址附近，岛巅东端建筑圆柱形钢塔，塔身高14.8米，装有旋转镜机，每5秒急闪白光一次，并改燃煤油，烛力增至34000支，灯光射程约17海里。

1930年，改设水银浮槽承轴旋转机及新式推动机，转速为15/4秒旋转一次，并配以白炽纱罩灯头闪光，烛力又增至27万支，灯高86.2米，射程23海里。

1931年，建无线电指向标，与1929年建成的花鸟山无线电指向标以及计划

清海关建造的大戢山灯塔（摘自《中国沿海灯塔志》）

1994年重建的大戢山灯塔（上海海事局供图）

建设中的佘山无线电指向标成组工作，开创了我国无线电航标的新纪元。

在第二次世界大战后期，盟军为切断日军海上补给线，对我国沿海主要的大型灯塔进行轰炸和破坏，大戢山灯塔亦未幸免，该灯塔被炸毁后，以钢架置灯替代维持发光。

1957年，增设气压式雾笛一处，重建无线电指向标，采用前苏联制造的KPM－50型中波发射机，单根垂直天线，发射功率50瓦。

1958年，由海军重建灯塔，位置选在原塔偏西100米处，为白色圆柱形砖塔，塔身高12.9米，灯高84米，主灯采用500毫米鼓形透镜，110伏500瓦白炽灯泡，用12伏重型闪光仪、换泡机，能源为蓄电池，柴油发电机组为其充电。灯质闪（2）白10秒，灯光射程20海里。备用灯为6伏200毫米鼓形透镜，6伏闪光仪，6.5伏10瓦灯泡，灯质同主灯，灯光射程8海里。

20世纪60年代初，安装使用了风力发电机，使用了一年多，效果良好，但后来因为制造厂商未能继续生产，该项风机产品被迫停止使用。

1991年，更新无线电指向标设备，采用英国生产的712型固态指向标发射机，发射频率为301千赫兹，信号为DJ，射程为100海里，工作种类为A2A昼夜工作。

1994年，重建大戢山灯塔。重建的灯塔为八角柱形钢筋混凝土塔身，白色瓷砖贴面，塔高24.3米，灯高92.9米，目标显著。主灯采用西班牙制造的BGA－950型旋转灯，光源为12伏100瓦高光强卤钨灯，灯质为闪（2）白10秒，烛光15万坎德拉，有效光强为98132坎德拉，射程20海里。备用灯为英国产PRB-46型灯器，12伏36瓦灯泡，灯质同主灯，射程8海里。能源为蓄电池，以柴油发电机为其充电。因雾号使用年久，故障多，考虑该处雾号作用不大，从此将其废除。安装2135型柴油发电机组380伏/千瓦1台，2100型柴油发电机组2台，设置、改进固定式二级泵输油、输水管道和油、水库的设施。

1996年，建立差分GPS基准台，采用美国trimble公司生产的差分GPS系统，该系统既能播放无线电指向标信号，又能播放差分信号，经一段时期的测试和试用，性能良好，在基准站200公里内水域，伪距差分定位精度均优于±1米，将原来的712型固态指向标发射机淘汰，1997年建成无线电指向标/差分全球定位系统（RBN/DGPS）。

大戢山灯塔的发展史就是世界航标发展过程的一个缩影。从大戢山灯塔的变迁，我们可以看到科技发展的步伐。雾号、无线电指向标、无线电指向标/差分全球定位系统等各类航标设备相继在大戢山灯塔得到应用，植物油、煤油、电力、风力发电等不同的航标能源在不同时代发挥着各自的作用，使大戢山灯塔照耀航程的灯光更加明亮。同时，从灯器的变化过程来看，大戢山灯塔经历了植物油灯→煤油灯→电灯的历程，而这正反映了航标灯器走过的历程。

1. 煤油灯

在煤油时代，航标灯器是煤油灯。一般来说，家庭用的煤油灯制作简单，技术要求也不高，能照明就行了。但对用于航标的煤油灯的要求就高多了，不但要求能照明，而且要尽可能照得更远。一般来说，煤油航标灯由油筒、灯头、灯芯、透镜构成，油筒一般由白铁皮或紫铜制成；油灯的灯头有可以分为单芯、双芯、三芯或四芯；灯芯是棉线的，用来引导煤油；透镜多数由玻璃制成，用来集合向四周发散的光，使灯光更为明亮。

为了尽可能提高亮度，使照射里程

煤油灯器 左一为曾在湛江港使用的煤油导标灯（中国航标展馆馆藏）

20世纪50年代初，长江航标工正在搽拭煤油标灯（长江航道局供图）

更远，人们运用各种科技手段对煤油航标灯进行了改进。特别是灯头的发展最为典型，20世纪初出现的煤油蒸气棉胶质纱罩白炽灯使光强增加3～10倍；20世纪20年代出现的用柔韧金属编制的强氏“自燃式”纱罩，通过牛眼透镜或兼有折反射镜圈组成的棱镜透镜聚光，能使光强达到几万以至几十万支烛光。

煤油航标灯结构虽然并不复杂，但要点好、管好煤油航标灯却不是件易事。比如，川江的航标员们每天从标位收回灯后，要对它进行擦拭、加油、平芯、试燃、燃烧观察、调试亮度等工作，然后在天黑前将灯挂回到标位处。这是个技术活，也是个辛苦活。吴文藻在《川江航标电气化始末》中写到：

“……经过一段时间，我们可以干航标员的撑篙竿、抓爪钩、移标设标、挂灯收灯、拴船、测水，唯独没有学会点灯。为什么没学会呢？因为时间短了掌握不好油、气、气候的规律，灯的亮度就受影响甚至熄灭，所以工人师傅不放心让我们点灯，航标员也要固定人员做这件事，定名为点灯航标员。当时龙门浩站是老航标员杨忠义点灯，他的灯都有记号，哪个灯放近处，哪个灯放远处，哪个灯放风浪大的标位……他都心中有数。每天上午收回灯就做清洁、加油、检查灯芯，下午3点他就一个人关在木壳机艇前舱里发灯，这个舱是四个航标员睡觉的舱，还不足4平方米，在这里面一齐发燃20多盏灯，烟熏火燎，烤得汗流浃背也不能开窗子通风换气，而且还要用拇指在燃起火焰的灯蕊上抹，抹了又观察，观察有问题又抹，直到他认为没问题了为止。他的拇指上烧起了硬壳老茧。每天发灯就是在这样条件下搞两三个小时，直到天黑前把灯全部挂上标位才能结束。”

2. 乙炔灯

在乙炔作为能源的时候，航标灯使用的是乙炔灯。1912年，瑞典Gustaf Dalen发明了能自动工作一年的乙炔气灯。

乙炔作为航标能源，使用过程要比煤油复杂得多。首先，需要电石发出电石气，也就是乙炔；其次，需要过滤乙

乙炔灯器（中国航标展馆馆藏）

炔，一般用的是黄粉清净剂。20世纪50～60年代，沿海和长江下游的航标主要用乙炔灯。由于美国等国家对新中国的遏制、禁运，自美国进口生产乙炔气的电石眼看就要中断，而自法国进口过滤乙炔气的黄粉清净剂也只剩半桶，面对生产急需而又缺乏原材料的严峻局面，上海天原化工厂实验室技术员萨本茂刻苦钻研，反复试验，研制成功了适用国产电石的黄粉，纯度特高，乙炔灯连续点燃3个月，喷火嘴没有结炭或污垢。用这种黄粉清净国产电石生产的乙炔气的质量比进口的还高，且能多次使用。黄粉清净剂的研制成功，彻底解决了乙炔航标灯的燃料问题。

3. 电气航标灯

当航标能源实现电气化后，航标灯器也相应地变换为电气航标灯。为了使电气航标灯更亮、照射距离更远、更耐用，人们对其不断改进，发明了各种型号的航标灯器，从前面提到的大戢山灯塔的灯器上可见一斑。现在典型的大型

用于灯浮标的一体化LED 航标灯（上海航标处供图）

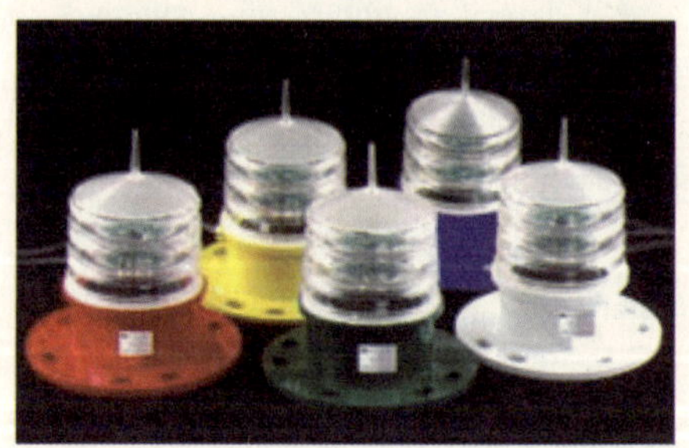
含同步闪光的LED 航标灯（汕头航标处供图）

航标灯器有PRB、FGA等系列灯器和各种类型的LED灯等。

PRB系列灯器使用密封光束灯，PRB-46型灯器，是一种中近程灯器，射程一般在20海里左右，适用于小型灯塔或灯桩；PRB-46MKⅡ型灯器，是与PRB-46型灯器在结构上和工作原理上完全不同的旋转灯器，是一种新型的、重量轻的灯器，适用于能源受到限制的边远位置，射程在22海里以上；PRB-21型灯塔灯器，是一种先进的大型灯塔灯器，适用于有人看守灯塔；PRB-24型灯塔灯器，是一种强光源灯器，由太阳能发电或风力发电给蓄电池组充电来供电，适用于无人看守灯塔，无人维护期可超过一年。

LED航标灯则是迄今为止最先进的航标灯。LED又称发光二极管，是把电能直接变换成光的半导体元件，操作电压低，发光的应答速度快，具有小型、使用寿命长、可靠性高的特点。LED航标灯使用的蓄电池采用太阳能充电。由感光器控制，白天航标灯自动熄灭进行充电，而夜间则自动开启。

一般来说，现代的航标灯由灯壳、光源、透镜、颜色滤光器、灯泡、闪光器、自动换泡机、日光开关组成，有的灯器还有遮光板和反射镜。

四、航标能源

在夜晚的海边或江边，遥望灯塔，我们会看到从中射出阵阵光束，划破夜的漆黑和宁静；俯看海面或江面，还会看到星星点点的、或散落或成链状排列的灯光，点缀着神秘莫测的夜晚的水面。这些在漆黑的夜中兀自闪烁的灯光，给夜航的人们指明了航向，带来了温暖和希望。

走近灯塔或细细观察浮标，你就会发现，默默发出这些灿烂夺目灯光的幕后“英雄”是能源。通过对航标能源发展脉络的梳理，我们可以发现，航标能源经历了柴草燃火→动、植物油→煤油→乙炔气→传统电源→可再生能源6个发展阶段。

（一）柴草燃火

严格意义上说，我们不能将柴草作为航标能源的一部分。但是，在航标产生和发展的过程中，人类举火示警的行为，的确又是航标发展史上重要的、而且不可忽视的阶段。

经过人类漫长的探索，自然航标终于过渡到人工航标。中国古老的人工航标都以燃烧柴草为能源，主要是通过燃烧柴草发出光或烟，使远处的船只能够看得见，达到指示方向的目的。例如，明代永乐十年（1412年）成祖朱棣钦准漕运总兵官陈瑄奏请，在苏州府

柴草燃火（1934年瑞士邮资明信片插图）（施友仁供图）

嘉定县之青浦筑土为山，其上“昼则举烟，夜则明火”，是谓“宝山烽堠”，引导船只进出长江口。又如清代同治二年（1863年）山东半岛成山角建花岗石灯台一座，宽约12英尺，高约20英尺，为一烽火标，燃木料于铁盆之内，盆则置于高台顶上。而在欧洲，早期建造的灯塔也多半以木材或木炭为光源燃料。

通过在塔或台上燃烧柴草来为船只导航，与最原始的自然航标相比，已经有了巨大的进步，人们已经由单纯地依赖自然开始转向改造自然，来为自身的生存和发展提供便利。但是，靠燃烧柴草发出的火光或烟作为导航信号，光的亮度毕竟难以持久保持，持续时间也不能保证，并且由于柴草的易燃性，消耗大量的人力和物力。

（二）燃用动、植物油

随着动、植物油在人类历史上的出现，从16世纪开始，航标的燃料逐渐转变为动、植物油。当然，由于各国的动、植物资源种类不同，使用的动、植物油也不同。例如，在英国，航标灯以羊油蜡烛发光；在美国，建造的第一座灯塔是以鲸油为主要燃料的；在中国，清代曾建造石塔充当灯塔的功能，内设置铁锅当作油灯，里面放花生油，再用长棉纱当灯芯，夜晚点燃，作为船只辨认方位的标识。

航标灯以动、植物油为燃料虽然比柴草更进了一大步，但灯光的亮度还是比较有限，并且由于古代人类的物质财富不发达，采用动、植物油作燃料消耗了大量的动、植物，争夺了人类的粮食资源。从航海角度来看，19世纪后期，世界工业革命促进了航海发展，出现了蒸汽机轮船，航行速度、载重吨位增加，船舶远离海岸航行，原来的动、植物油航标的灯光射程已不能满足航船要求，急需新的能源出现。

（三）煤油

人类对石油能源的开采和加工，

使航标能源由动、植物油发展到一个新的阶段——煤油阶段。在19世纪中叶以前，人们只是使用自然露头的石油，虽然有一些石油开发活动，也已经掌握了一些石油炼制技术，但总体来说石油的开采还不是商业性的，生产规模非常小。

1859年，是世界石油工业发展中的历史性时刻。这一年，Edwin Drake油井钻探成功，标志着现代石油工业的诞生。19世纪60年代，美国宾夕法尼亚出现了第一家大型炼油厂和第一条石油管道。当时，石油主要被加工成煤油用作点灯照明，所以1900年以前的石油工业被称为“灯油时代”。从那时开始直到电灯发明之前，人类的照明能源主要是煤油。20世纪70年代以前出生的人，多数都有使用煤油灯的经历，那在昏暗的夜晚中摇曳的煤油灯光，是许多人成长中抹不去的记忆。

曾在长江使用的煤油灯具（宜昌航道局收藏）

既然煤油成为照明能源，人们自然想到将其应用到航标灯上去。在19世纪90年代末，煤油取代了动、植物油，成为航标灯的主要能源。煤油使航标灯光射程大大超出动、植物油的亮度，在光照强度方面有了飞跃性的进步，满足了当时航海的需求，有力地促进了当时世界航运活动的发展。

但是，以煤油作为航标灯能源还是有许多缺点。一是灯焰射程短，不能为船舶提供清晰的助航目标，船舶夜航没有安全保证。二是需要定时添加煤油，长江上的航标员每天都要驾起小船早收灯、晚点灯，披星戴月，风浪再大也要冒险出航，水面作业危险，劳动强度极大。如果灯标处在险要的位置，点灯、加油就更加危险。曾庆龙在“川江‘日航夜泊’历史的结束”中说：“有的工人用嘴衔着十来斤重的煤油航标灯，凭借石缝中的小树根手攀足蹬去点燃标灯；有的身背油壶，在刺骨的江水中，冒着卷入漩涡的危险，去点浮标灯。”三是煤油灯难以抵御风雨浸袭，容易被风吹灭、被雨打熄。煤油灯挂到标位上后，航标员还要在夜晚起来多次去查灯，防止煤油灯被风吹灭。如遇刮风下雨，灯光熄灭，常常是冒着危险去恢复。

（四）乙炔

随着人类在科技方面的不断探索，

航标能源又发展到了乙炔。乙炔俗称电石气，是从碳化钙（俗称电石）中释放出来的气体。人类发现乙炔纯粹是偶然所得，这也是科技发展史上的趣事。1836年，爱尔兰港口城市科克皇家学院化学教授戴维·爱德蒙德在加热木炭和碳酸钾以制取金属钾过程中，将残渣投进水中，但是没想到产生了一种气体，并且发生了爆炸。这种从没见过的现象引起了他的好奇，于是他对之进行了细致地分析，最终确定这是一种新的气体，并确定了这一气体的化学组成，称之为“一种新的氢的二碳化物”，即后来世人所称的乙炔。

1892年，一位生活在美国北卡罗来纳州斯普莱的加拿大公民、炼铝厂主威尔森将生石灰和煤焦油混合物放置在电炉中作用，期望利用煤焦油中的炭还原生石灰中的氧化钙，以取得金属钙，结果得到的是一种暗黑色脆的物质。他将这种废料倾倒进水中，产生了大量气体。他点燃这种气体，发出明亮的火焰，同时产生许多黑烟。威尔森重复几次试验，都得到同样结果。经过分析鉴定，最终确定暗黑色脆的物质是碳化钙，产生的气体是乙炔。1897年法国化学家克洛德发现乙炔很容易被丙酮吸收溶解，盛装在钢瓶中可以安全使用。

很快，人们便将乙炔应用到航标中。1904年加拿大和瑞典几乎同时首先使用乙炔作为航标能源，然后乙炔逐渐在全世界航标中广泛应用。20世纪20～60年代，乙炔气是中国小型灯塔、灯桩、灯浮标的主要能源。

与煤油相比，乙炔的发光强度有很大提高，极大地增强了航标的导航、助航作用。但乙炔又是易燃危险品，在使用过程中存在很大危险。乙炔闪光灯内有引火管，为了保证燃烧，发光时必须有足够的氧气，灯壳顶部装有通气管吸氧排烟，遇有大风天气时，引火会有可能被风吹灭，乙炔就无法引燃，造成灯光熄灭。此时，乙炔却仍在不断地喷出，最后在灯壳内积聚，有可能自行爆炸。

另外，给航标灯供应能源，一般将乙炔储存在乙炔钢瓶中。但是，“钢瓶体积大且笨重，搬运困难，尤其在风浪中补给时，要把充满乙炔的钢瓶搬上灯桩、浮标，再换下空的钢瓶，操作十分困难，稍有不慎极易发生工伤事故。补给灯塔时要抬上陡峭的山上，运输过程也有一定的危险性。”一位老航标员深有体会地说。

正是由于乙炔潜在的危险性和使用的不方便，使得电灯照明一出现，乙炔在照明方面就退出了历史舞台。

（五）电能

经过人类的不断探索，航标能源从煤油、乙炔时代向电气化时代迈进，使航标实现电气化的电能包括电池和电力。电池和电力各自具有不同的优、缺点，被应用于不同类型航标上，发挥着各自的作用。

1. 电池

电池的出现是航标朝电气化方向发展的关键环节。现在，电池广泛用于浮标和灯桩，在航标能源中占有重要地位。

电池的发明也是人类不断探索的结果。18世纪末，意大利生物学家伽伐伲在解剖青蛙时，偶尔发现若将两种不同金属的手术刀接触，青蛙腿就会抽搐。大名鼎鼎的伏特认为这是金属与蛙腿组织液（电解质溶液）之间产生的电流刺激造成的。1799年，伏特据此设计出第一个电池——伏特电池：锌为负极，银为正极，用盐水作电解质溶液。1836年，丹尼尔发明了世界上第一个实用电池，曾用于铁路信号灯的电源。1863年，勒克朗谢发明锰电池；1859年，法国人普兰特发现了直流电通过浸在稀硫酸中的两块铅板时，在这两块铅板上能够重复地产生电动势，以此制成了蓄电池；1904年，爱迪生用氢氧化钠(烧碱)溶液代替硫酸，用镍、铁代替铅，制成结构坚固、经久耐用的镍铁碱电池。随着时代的进步，人类又发明了储备燃料电池等多种类型电池。

从电池的发明史上可以看出，电池分两个方面发展，即原电池和蓄电池。在原电池中，将化学能转化为电能的过程是不可逆的，像手电、计算机等所存储的电池，只用一次，用完扔掉；原电池在20世纪80年代以前，就开始在浮标和自动化灯桩上大量使用，应用最广泛的是锌空气电池和锂—亚硫酰氯化物电池。而蓄电池所存储的电能，在化学反应过程中是可逆的，即电能释放后，可以进行充电，以恢复其原始状态，用于航标的蓄电池主要有铅酸电池、镉镍电池两种类型。

各种类型电池的发明，使航标进入了电气化时代，这在航标发展史上是个革命性的变化，具有重大意义，不但减轻了更换煤油或乙炔的劳动强度，并且为航标实现无人值守提供了条件。

但是，传统航标电池还存在一些缺点，如一次性电池使用寿命短，用完后处理难，丢弃后又污染环境。即使是能充电的蓄电池，也需按要求及时充电，由于航标所处条件恶劣，所以仍然较为烦琐。这促使人们不断寻找既方便又环保的新能源。

2. 一次性电力

在人类生产和生活中，电池的供电能力毕竟有限，持续时间短，且持续时间长的蓄电池需要反复充电，非常烦琐。而电力技术和电力工业的出现能弥补电池的不足，能长期、持续地为人类提供电能。

电力技术的发明、电力工业的建立至今已有100余年的历史。1809年，英国人H·戴维发明了第一盏电气灯；1831年，法拉第发现电磁感应原理，奠定了发电机的理论基础。科学的发现，引起了技术的发明。1866年，维·西门子发明了励磁电机；1876年，贝尔发明了电话；1879年，爱迪生发明了碳丝白炽灯。这三大发明照亮了人类实现电气化的道路，继蒸汽机技术革命后，引起了电力技术革命。1882年，爱迪生建成世界上第一座较正规的发电厂，装有6台直流发电机，最大送电距离1.6千米，供6200盏白炽灯照明用，完成了初步的电力工业技术体系。1907年，出现钨丝白炽灯，从此电气灯具成为主要的照明灯具。

随着电子技术、电子计算机技术和自动化技术的发展，电力工业自动化迅速发展。以大机组、大电厂、高电压、大电网、高度自动化为特点的现代化电力工业在不同的国家已经形成或正在形成。

电力自发明后，很快被应用到灯塔等航标上。现在，电力已成为航标的主要动力源，国内外航标使用的主要电力方式有：交流岸电、柴油发电机组供电和自然能源发电。交流岸电又称市电，是电压为220伏、频率为50赫兹的交流电。当灯塔和灯桩在岸边或距岸较近、架设输电线路较为方便和经济时，均采用交流岸电作为主电源，并以柴油发电机组作为应急和备用电源。在电网供电不便和远离陆地的航标设施，则用柴油发电机组作为主电源。

航标能源进入电气化后，航标灯的亮度大为提高，发光状态更为稳定。同时，减少了人工添加燃料费时、费力的工作，减轻了劳动强度，改善了劳动条件。由于交流电能够远距离供应、电池能较长时间提供能源，所以，为航标管理实现无人值守提供了条件。

在我国，20世纪50年代初开始在灯塔上试用电力能源。在花鸟山、白节山灯塔用柴油机发电充蓄电池。至60年代，中国重点灯塔和新建的灯塔都用电力能源，到70年代，除个别灯塔外，都实现了电气化。

（六）可用于航标的可再生电能源

随着人类对传统电池和一次性电力局限性的认识，以及环境保护和可持续发展意识的萌芽，人类开始开发应用以太阳能、风能、海洋能为代表的可再生电能源。特别是由于航标所处条件恶劣，能源补充困难，使得在航标上应用可再生电能源更为必要。

1. 太阳能发电

太阳，是地球万物赖以生存的必要条件之一。无论是夏天的炎炎赤日，还是冬天的和煦暖阳，每天都将万丈光芒洒向大地。人类利用太阳能的历史非常悠久，在我国，春秋时期之前，就已经利用光学原理发明了阳燧。《淮南

航标用太阳能电池（广东海事局供图）

子·天文训》中记载：“阳燧见日而燃而为火。”《古今注》中注解道：“阳燧以铜为之，形如镜，照物则影倒，向日则火生，以艾炷之，则得火也。”1957年，我国出土了一面春秋早期的阳燧，是用青铜铸造的，直径7.5厘米，背面雕有花纹，正面是凹球面，磨制得十分光滑而精致，它可以将太阳射来的光线反射聚成一个焦点，对着干燥的艾绒，不一会儿，艾绒就燃烧了。

在古希腊也有一个利用太阳能的著名故事。公元前217年前后，罗马人大举进攻希腊，当庞大的舰队逼近著名的物理学家阿基米德的家乡西拉库斯时，人们惊慌失措，几欲先走。但是，阿基米德却十分镇静，说他自有对付敌人的妙法。乡亲们疑惑极了，难道这个年轻的物理学家发明了什么新式武器？阿基米德叫乡亲们列队站在海岸旁，每人手持一面凹面的火镜，用它把太阳光反射聚焦到罗马人的舰船上。不一会儿，船帮和布帆冒烟了，转眼间，整个舰队燃起熊熊大火，罗马人不战自乱，被消灭在大火和海浪之中，乡亲们纷纷向阿基米德祝贺，欢庆依靠太阳的神力战胜了敌人。[1]

现在，人们更是充分利用太阳能，最常用的就是利用太阳能发电，利用太阳能电池作为能量转换装置，把太阳能转换为电能。太阳能发电设备简单、寿命长、无噪声、无污染、少维护、适用面广泛。[2]可用作航标的太阳能电池的材料很多，通过人们的不断试验，最后发现硅的转换效率较高，所以，我们现在大多数太阳能电池都是用硅制成的。在我国，从20世纪70年代开始研制硅太阳能电池，并逐渐推广。[3]目前，太阳能电池的使用已经在各类航标上得到了普及，无论在长江还是沿海各港口，都会看到太阳能电池作能源的航标。

2. 风力发电

除了太阳能发电，风力发电也是一

风力发电机（汕头航标处供图）

种常见的可再生能源发电形式。风是一种自然现象，不随人的意志而变化。同时，风具有无比的威力。人类很早就发现了风的利用价值，从公元前200年前开始，发明帆行船，利用风能航行；利用风能车水、磨面等。历史发展到20世纪70年代，由于能源危机，风力发电作为一种自然能源受到国内外的普遍重视。利用风力发电最著名的国家可能要数荷兰，许多人对荷兰的风车印象深刻，那些悠然旋转的风车安静地矗立在大地上，质朴、安祥，不但具有很高的实用价值，为生活、生产提供电力供应，而且营造出一种温馨、浪漫的氛围。

风能的优点在于取之不尽、用之不竭，对环境无污染，且开发利用风能的技术难度也不大。特别是在水力资源缺乏、燃料和交通不便的沿海岛屿，通常有着丰富的风能资源。所以，航标作为特殊的应用对象，在利用风力发电方面具有很大的必要性和良好的发展前景。[④]

3. 波力发电

多数人可能对波力发电感到陌生，因为波力发电不像太阳能发电、风力发电那样在日常生活中应用广泛。但是，在提供航标能源方面，波力发电却不能忽视。

大海的波涛汹涌，大河的奔流不息，给人们带来壮阔的美感。汹涌、奔流中蕴涵的是波浪的无穷能量。作为一种自然能源，波浪能总量巨大，存在于永无休止运动着的海洋、江河、湖泊中。一平方公里的波浪运动，每秒竟有20万千瓦的能量。于是，人类探索运用波浪来发电，获取能源。

航标灯本身就建在水中或水边，“近水楼台先得月”，利用波力发电有着最便利的条件，并且波力发电不消耗任何燃料、不会造成环境污染，还可延长航标的维护周期。[⑤]波力发电装置也比较简单，应用到浮标上，一般是在浮标上装上一台气流涡轮发电机组，当波浪浮动、波高达到要求时，涡轮发电机就旋转起来，开始发电，供浮标用电。而应用到灯塔上，波力发电一般使用固定式的波力发电装置。在我国，从20世纪70年代末期开始研制波力发电装置，[⑥]并已得到应用。

波力发电装置（汕头航标处供图）

4. 海水（盐差）电池

看到“海水电池”这个词，你可

能觉得比较新鲜：海水还能用来造电池？不错，科学家的探索精神真是令人佩服。海水电池首先在挪威开发用于浮标，是一次性电池，它使用镁正极和比较惰性的铜作负极。海水既作为电解质，也为负极提供溶解氧。单体电池作为浮标尾管的一部分安装，浮标的运动对海水的搅动起到了有益的效果，从而提供流经电池的富氧海水并带走反应物。选择铜作为负极材料是因为铜固有的抗污特性，使用镁作为正极是考虑环境的可接收性，因为镁实质上是海水中存在的成分。所以，与传统电池相比，海水电池充分利用了海水丰富的便利条件，节约原料，非常环保。在我国，海水电池在灯浮标上的应用工作也取得可喜的进展，现已在珠江口、湛江港航标上试用。

2003年，为了更好地推广应用海水电池，解决原有海水电池体积大、适装要求高等不利于推广应用的不足，海军提出了盐水电池小型化的使用需求，在需求的牵引下，经过深圳优博电工实业有限公司的努力，于2005年完成小型化设计、生产和试用，新型海水/空气电池在使用介质、电压稳定性、储能和小型化等方面取得了突破性进展；2005年12月份，海军在深圳组织召开了盐水电池产品鉴定会，认为其技术填补了国内空白，达到国际先进水平。目前，盐水电池已经在地方海事部门、武警边防委、抢险救灾等多个领域得到了实际应用。

海水电池（汕头航标处供图）

如今，我国80%以上的航标采用太阳能、风能、海洋能等环保可再生能源。这些环保再生能源的使用，为航标提供了取之不尽的绿色环保能源，为进一步提高航标的灯光亮度、防止环境污染打下了良好的基础。[7]

从人类历史发展的角度看，环保可再生能源取代传统能源，具有重要的价值和意义，体现了人类环保意识的提高、可持续发展理念的形成，以及人类对人与自然的关系认识的深化。工业社会的发展，曾严重依赖于不可再生资源的大规模消耗，造成污染物的大量排放，导致自然资源的急剧消耗和生态环境的日益恶化，人与自然的关系变得很不和谐。正如恩格斯指出的，“我们不要过分陶醉于我们对自然界的胜利。对于每一次这样的胜利，自然界都报复了我们。”协调人与自然的关系，已成为当今世界高度关注的议题之一。人们普遍认识到，人类目前所面临的人与自然不和谐问题比历史上任何时期都要复杂和严峻，但是人类绝不可能退回到被动适应自然的道路上去，只有在环保和可持续发展的理念下，寻找新的发展途径，才能实现新形势下的人与自然的和谐，实现资源的合理可持续利用和生态环境的有效保护。

①童孟侯：《神秘的航标灯》，北京：海洋出版社，1983年。

②王英志：《航标学》，大连：大连海事大学出版社，1997年，第322页。

③中华人民共和国海事局组编：《中国航标史》（内部资料），2000年。

④王英志：《航标学》，大连：大连海事大学出版社，1997年，第332页。

⑤王英志：《航标学》，大连：大连海事大学出版社，1997年，第336页。

⑥中华人民共和国海事局组编：《中国航标史》（内部资料），2000年。

⑦“走近南海航标：日趋现代化 综合保障体系形成”，《南方日报》，2003年9月1日。

五、数字化航标给航海保障带来的新飞跃

从学科上看，航标是综合性很强的专业领域，涉及光学、声学、建筑学、水文学、气象学、材料学等学科的基本理论和航海、电子、无线电、能源、自动控制、通信、信息等工程技术，现代航标已经发展到以自动化和智能化为主体，以计算机技术为支撑，以网络技术为代表的新阶段。

电子计算机的出现是计算机技术的革命，1946年世界上第一台电子数字计算机在美国宾夕法尼亚大学诞生以来。计算机在发展过程中，体积越来越小，功能越来越强，为信息的存储和处理奠定了基础。而现代通信技术主要包括数字通信、卫星通信、微波通信、光纤通信等方式的迅速发展，大大加快了信息传递的速度，使地球上任何地点之间的信息传递速度缩短到几分钟之内甚至更短，并且能够传输数字、声音、图形、图像等多种信息媒体，通信能力大大加强。

正是由于两种技术的发展和相互结合，数字化航标应运而生。数字化航标就是将传统助航元素用数字化、信息化、虚拟化、可视化方式，在现代计算机可视环境中进行动态管理，使“摸不着看不见”和“看得见摸得着”的信息用数字方式经由计算机系统加工、处理

后，以可视化方式显示出来，供我们管理和服务使用。比如，将航标的种类、位置、作用距离、灯质及标示目标的范围以数字信息的形式传送出去，以便航海人员及有关人员获得。①数字化航标能更全面地提供避免船舶碰撞的信息，更有效地减少生命和财产损失，解决了船—岸信息传输等重大难题，实现船—岸信息联网、船舶信息共享，推动交通运输信息化工程。

2004年《全国沿海航标建设总体布局规划》提出，全面提高航标的助航效能，实施数字航标工程，初步实现航标管理现代化。2005年，中国海事局组织开展航标效能调研，采用AIS船舶轨迹分析、风险管理理论等技术，全面开展航标效能调查和评估工作，完成了沿海航标总体部局规划，并制定了沿海航标整体效能改造计划。现代航标已经发展为数字化航标的新阶段，并能为水上活动的各个领域提供全方位的安全信息服务。

（一）航标遥测遥控

多年来，我国各航标管理部门积极推进航标遥测遥控系统建设，各海区和长江遥控遥测系统建设和逐步投入使用，改善了航标作业条件，提高了航标的可靠性，取得了显著的经济效益和社会效益。中国海事局于2005年颁布了《海区航标遥测遥控系统技术规范》。

在上海航标处的办公楼内，通过“海事动态监管系统”的电子海图，可以直观地看到长江口水域每座航标的技术状态和实时工作参数，看到航标工作船艇的位置，并可即时指派任何船舶检查就近的航标。这个单位于2006年底开始构建集AIS、GPRS、VTS、遥测遥控、电子海图信息于一体的综合信息平台——海事动态监管系统，它支持多通道，监控目标多，可与现有业务系统紧密结合，有效加强了海上航标信息的维护和监控。其基本功能包括船舶的基本监控、船舶的流量统计、船舶的历史轨迹回放、航标报警等。在海上事故调查中，通过GPS，AIS信息的综合，使肇事船舶无所遁形；在航标索赔工作中，利用遥测遥控信息可以较准确地确定船舶碰撞航标的时间，通过AIS、VTS信息迅速查找肇事船舶，为索赔工作开展

宜昌航道局航标遥测遥控系统（天津海事局供图）

赢得了时间和判断依据，有效加强了航标保护，为国家挽回损失。同时通过对遥测位置、电压等参数的分析，可尽早发现航标的不正常状态，加强了对航标质量的预控工作，做到了“足不出户，尽知航标事”。作为航标信息系统一体化的有益尝试，海事动态监管软件已经在部分基层海事处推广，有益于更完备地提供海事信息，从而有益于更完善地提供航海保障。

经过半个世纪的建设，长江航标开始进入第四次升级换代，向大型化、明亮化和智能化方向迈进，为改善长江通航条件，提高长江通过能力，促进沿江经济发展提供了有力支撑。50年来，经过几代长江航道人的努力，长江航标历经了1953年、1958年和1987年三次大规模升级换代，目前已进入第四次。航标灯从煤油灯、电气灯、电子灯，发展成为今天的太阳能一体化航标灯，昔日开船巡查的长江航标维护管理方式正在被集中遥测监控方式替代，实现了质的飞跃，长江航道逐步向数字化迈进。

在宜昌航道局的遥测遥控室内，通过电子屏幕，三峡库区庙河至鳊鱼溪82.5公里航道上的航标状态，全在掌控之中，使三峡库区湖北段成为万里长江第一段实现航标自动监控的现代化航道。这一遥测监控系统主要利用了GPS全球定位系统、GSM数字移动通信系统、GIS地理信息系统和计算机网络等现代技术，设立有一、二两级监控中心。这一系统的应用改变了对航标的传统维护方式，航标管理人员坐在监控室里，通过遥测监控系统，就能实时监控在百里之外所设航标的偏移情况、电流电压的动态信息、太阳能电池的充电情况，实时跟踪航标维护船艇和水面浮标的移动轨迹，并对重点航标实行远程视频监控。航标管理人员告别了每天一次的人工巡查，实施24小时远程实时自动监控，每天自动上报6次数据，做到了预先控制、主动维护，航标维护质量显著提高，维护正常率达到100%，为营运船舶提供了更加安全可靠的航道条件。

53岁的宋秀德是长江航道局巴东航道管理处的航道工人，谈起数字航道建设，他的感受最直观：“以前我们驾着船在江上每天来回几次地巡查，顶烈日冒风雪不说，有时候为检查岸标状态还经常攀悬崖、斗毒虫，费时费力还有危险；现在只需要坐在监控室里轻点鼠标，百里之外航标的位置、动态电流电压、太阳能电池的充电情况都一目了然。一旦发生事故，还能对航标维修船、水面浮标的动向进行实时跟踪，省时省力又可靠及时。”

（二）虚拟航标

近年来，随着AIS岸基系统的建成及船用AIS的普及，虚拟航标得到了广

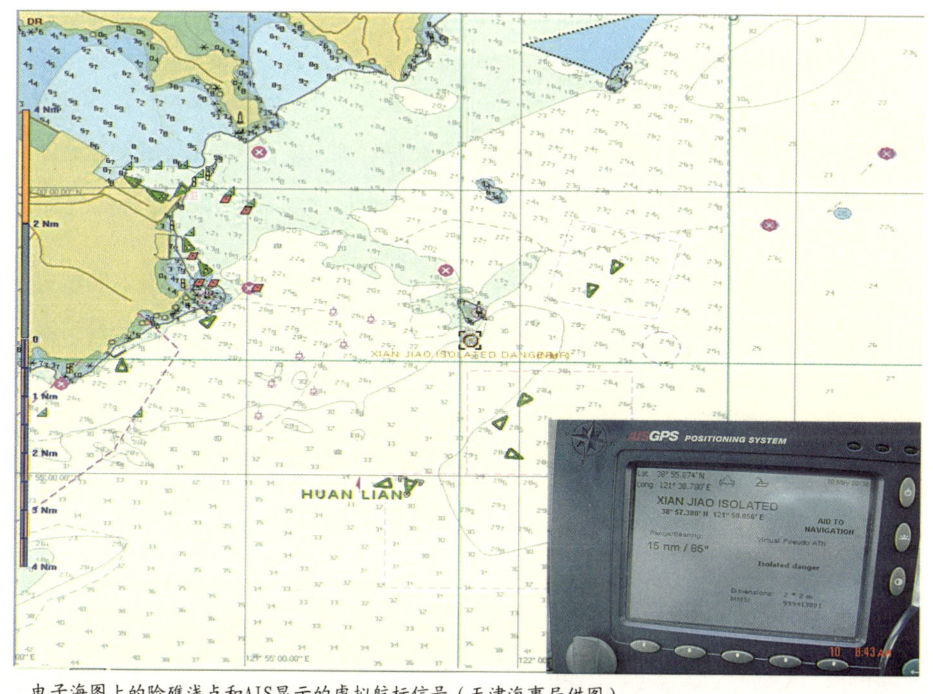

电子海图上的险礁浅点和AIS显示的虚拟航标信号（天津海事局供图）。

泛的运用。2005年4月3日，葡萄牙籍10万吨级油轮“ARTEAGA”号在大连海域险礁灯塔附近搁浅，在正常情况不适合设置航标的险礁灯塔附近水域的浅点处，设置一座虚拟航标，为孤立危险物标。这是我国利用AIS网络系统首次播发虚拟航标信息。通过天津海事局大连老铁山、黄白嘴AIS基站每分钟向AIS用户播发助航信息，增强了助航服务信息化手段。上海海事局工作人员发现，在洋山港，离国际航线不远的地方有两处不为人知的暗礁，由于深处外海，实物航标难以固定，因此海事部门在该处设置了虚拟航标。

2007年4月1日，青岛港实施了船舶定线制，出于警示船舶特别谨慎驾驶的需要，海事部门在交通流特别复杂的团岛口附近设置了以0.6海里为半径的圆弧形水域作为警戒区。为了理顺青岛港港区和通航分道之间出入的船舶，需在第一警戒区内设置航标。但由于该处水域船舶流量大，交通流复杂，如设实物航标将成为碍航物，经研究认为可在此处以虚拟航标替代实物航标。自定线制实施以来，根据VTS及AIS监控，过往船舶均能以虚拟航标为转向点按规定航法航行，取得了非常好的效果。

虚拟航标是基于AIS网络而产生和

发展的新型航标应用技术。它是AIS与电子海图显示和信息系统（ECDIS）有机结合的产物。原理就是AIS将管理区域内的航标信息实时动态地传送给用户（主要指船舶），并在ECDIS上显示出来。这种在电子海图上标示出来而没有实物的航标称为虚拟航标，由虚拟航标构成的系统称为虚拟航标系统。虚拟航标有如下优点：一是航标设置或更改的速度非常快，在需要快速设标的情况下，这个优点会更加突出。如当发生海难沉船，就可以立即利用AIS网络系统设置一座沉船标。二是航标的设置或更改成本非常低。航标设置或更改都可通过软件实现，几乎没有直接费用。三是虚拟航标的设置不受天气条件的限制。由于AIS采用数字通信技术，与VHF相比较，具有点对点、排他性、抗干扰、信息量大和更新实时等特点，这些特点使得虚拟航标的设置更具有稳定性。此外，虚拟航标不会像实物航标一样出现标位漂移等问题，且导航精确度更高。

（三）大型灯器国产化

航标灯器国产化、数字化、智能化也迈出了坚实的步伐。我国航标技术人员自行研制的ISA－400型航标旋转灯器获得成功。它是我国第一个拥有自主知识产权的大中型航标旋转灯器，可以通过手机短信获得灯器运行状态的报告，用手机调整运行状态等智能化操作。投入批量生产后的第一台已经在青岛2008年国际奥运会水上赛场灯塔上成功安装运行。由于ISA－400型航标旋转灯器外形美观大方、性能稳定、技术先进，同时又是我国首例自主研制开发、完全国产化的大中型航标旋转灯器，因此，在国际众多竞争者中，一举夺魁。该灯塔也是2008年国际奥运

ISA-400 型航标旋转灯器（天津海事局供图）

多功能信息船 东海岛灯船布设于湛江港主航道与其支航道斗龙航道的交叉点，船体长15米，宽6.5米，型深2.8米，灯高10米，灯质为闪2白，10秒，使用太阳能波力发电复合能源，能满足灯船在雾季或阴雨天连续15天不能正常充电时的正常使用。灯船设有ML300灯器、雷达应答器、雷达反射器、水文气象实时监测设备、LED 显示屏、AIS（船载自动识别系统）应答器和遥测遥控设备（广东海事局供图）

会水上运动项目必需的唯一一座海上灯塔，因此具有十分特殊的意义。

近年来，国际海事组织（IMO）提出了电子航海（Electronic-Navigation）的概念，标志着世界范围内的电子航海时代的到来。与电子航海概念相对应，第16次国际航标协会（IALA）大会的主题是《数字世界里的航标》，提出了增强型航标系统的概念（Enhanced-Aids to Navigation），以适应21世纪数字和信息时代，船舶航行安全和防止船舶污染海洋的需求。

随着船舶向大型化和高速化方向发展，使得航海人员在港口航道水域航行时对导助航信息的依赖程度加大，对航标提供的信息服务提出了新的、更高的需求。我国航标管理部门已在着手研究制定新世纪的航标发展战略和技术政策。立足于为国民经济发展服务，履行国家法律赋予的职责，履行国际公约规定的相应义务，以满足航海者需求为宗旨，以建设海上高速通道为目标，提出建设中国沿海综合航海保障系统的构想。这个系统是以数字通信技术和计算机信息技术为依托，改进和集成现有的传统目视航标、无线电航标、电子海图和地理信息系统，以及管理信息系统等，提供船舶动态、水文气象、航标状态等可靠、安全、高效的综合助航信息服务，达到满足不同层次的船舶和航标用户需求。②

①韩伟、马建设："数字航标是传统航标的发展和必然"，《2003年航测论文选集》，中华人民共和国海事局，2004.3。

②金胜利：《中国沿海航标发展的回顾与展望》，航测官方网站。

第六章 无言的“镌刻”
——航标的地域文化特征

这就是灯塔，它总是为你提供驶向彼岸的力量的源泉，它总是那么的孤独，俯仰于天地间，悲天地之大悲、喜天地之大喜。那种只身担大义，独自领风雨的浪漫情怀，令无数知己者独怆然而涕下。

“铁马秋风塞北，杏花春雨江南。”看到这句诗，您马上就会想到这是形容地域文化特色的。

是的，在任何范畴和任何视角的文化研究中，地域差异是一个永远也脱不开的话题。中国有句俗语，叫做“一方水土养一方人”，就是对地域文化简单而明了的解释。文化是历史发展的沉淀，是在特定的自然环境中凝聚形成的，也可以这样说，文化产生于土地和特定土地上人们的生存方式。

在任何类型的文化中，我们都可以看到历史的痕迹，也可以看到特定自然环境的痕迹。因此，文化具有强烈的区域性。比如，东方文化与西方文化不一样，在东方，中国文化又和日本文化不一样，等等。即便在一个国家内部，各地区、各城市的文化也有很大的差异。人们一看到牌楼、红灯、舞龙，就知道进入中华文化圈了，一听到拖长嗓子的长调民歌，就联想起辽阔的内蒙古大草原。[①]举一个生动的例子，我国南方的文化习俗中商业意识相对比较浓厚，且自古以来就有此传统，并形成与北方的地域文化差异对比。著名文学家、军事家辛弃疾是山东历城人(今山东济南)，青少年时代成长在北方，后率军南渡并生活于南方。在辛弃疾看来，南北两方就有着一条清晰的地域界线，由“两方水土”而形成的观念影响了他的终身，可见地域文化对人的精神、性格和物质文化潜移默化的影响之巨。《宋史·辛弃疾传》这样记载：

人生在勤，当以力田为先。北方之人，养生之具不求于人，是以无甚富甚贫之家。南方多末作以病农，而兼并之患兴，贫富斯不侔矣。故以“稼”名轩。[②]

这段话所讲的意思是，北方社会多是自给自足的小农经济，农业生产与市场较少发生联系；南方社会则是商品经济相对比较发达，因重视经商而对农事产生了不良影响，导致土地兼并等问题。原来长期生活在南方的北方人辛弃疾，不仅没有因到了南方而入乡随俗，反而更坚定了自己重农轻商的观念，并且以其“稼轩”之号来表明他的文化立场。[③]南北方在地域文化上的差别之鲜明，由此可见一斑。

地域文化又称区域文化，它是在特定的地理环境和人文环境中、在相当长的历史时期内逐步孕育而形成的，具有较强的稳定性和传承性。[④]在航标领域里，无论从世界范围看，还是从我国范围看，地域文化对于航标文化的形成和发展，也起到了重要的作用。同时，多姿多彩的地域文化特征，也使得航标文化呈现出博大而丰富的内涵。

一、航标"镌刻"着区域文化的印记

从各个地域的社会文化特点看，航标的建设活动，必然带有本地区、本民族和本国家的经济发展和文化印记，是特定"文化圈"文化影响和辐射的结果。一块石头、一缕烽火、一根灯柱、一尊哪怕是残损的雕塑，都以其饱经风霜的面容向我们述说着它们所处的地域曾经发生的故事，承载着各地域文化交织所演绎的记忆。

地域文化的形成与发展，都经历了一个过程，它的文化是由地域性限定的文化；而所谓的地域，也是由文化特色所笼罩下的地域。文化的模糊性往往使"地域"很难有一个准确的界定，尤其在边缘和交汇地带更是如此。这些交汇地带在早期，由于地形的制约和人口稀少的原因，还可以文化苍白区限定各个区域的固定范围，但当文化的交流和发展达到一定程度时，这些地带便不可避免地蒙上文化色彩。这样的文化往往是中和性的文化，它夹处于两种或两种以上的地域文化之间，在历史的岁月中，它的属性、它的地界摇摆不定，表现出"亦此亦彼"的特征。在相当长的历史时期，我国境内的区域文化并不是全部紧紧相依，连成一片的，它始终存在着"核心－边缘"的二重结构，也只是靠着这些"亦此亦彼"的边缘地带，才成为笼罩在神州大地上的总体文化缔结，才成为相互联系、相互交往的文化之网。同时，这些中和地区又往往成为文化冲突、文化汇融的场所，这些文化活动犹如坚韧的筋络，把各区域文化连结成一个有血有肉的中华之驱。而地域文化的碰撞又造成本身的扩展或紧缩，"亦此亦彼"的地带越来越狭小。文化地界的游移，最终形成了地域文化的全面性连缀。⑤

关于航标与地域文化的关系，我们可以从两个方面来考察，一是地区经济活动与航标建设的关系，即地区经济活动的活跃程度与航标建设紧密相关；二是每一个地区的航标，都或多或少地带有特定地域文化的烙印。

（一）航行活动、区域经济发展与航标建设活动

从历史视角看，航标随着人类航行活动的发展而产生。航标建设活动的多少，代表着这一地区航行活动的频繁程度；而航行活动的频繁与否，又显示了这一地域经济发展的程度。因此，从世界范围内航标建设的历史中，我们能够清楚地看到相关地域的开化程度。例如，埃及的亚历山大灯塔修建的原因之一即是因为当时的埃及尼罗河三角洲是地中海沿岸最大的"粮仓"之一，而亚历山大港则成为了"粮仓"的大门。为了适应日益兴旺的航运通商的需要，大

约在公元前305年，也就是在亚历山大大帝的部将托勒密统治埃及期间，灯塔开始修筑。

从我国情况看，最能够体现航标建设与区域经济发展关系的例证，莫过于闽南地区了。

闽南地区因其土狭而瘠，自远古时代就有先民的航海出洋经商或打渔的记载。在闽南沿海地区，当地航海业自古就相对发达，为数众多的居民出洋进行海上生产活动，经济则以海上经济为主。海上航行活动频繁、崇尚商业，当地社会文化的发展类型也注入了海洋文化的成分。

较早见于记载的福建海外移民是《后汉书·东夷列传》：“会稽东冶县人有入海行遭风，流移至边州者。”东冶是今天的福州、漕州，有人认为是菲律宾群岛的古称，也有人认为是古琉球群岛。而在南宋时期，福建成为全国人稠地狭最严重的地区之一，人口开始过剩并“外溢”。在这种人口压力下，随着航路的勘测、航标的设置、航海技术的提高和海上贸易的繁荣，福建大型海船频繁往返于海上丝绸之路，泉州成为东方大港，沿海一带已有一些商人到南洋经商和定居，还有不少失去土地的农民，不得已随商船渡海以寻求生路。正如南宋谢履《泉南歌》曰：“泉州人稠山谷瘠，虽欲就耕无地辟。州南有海浩无穷，每岁造舟通异域。”⑥而到了明初的郑和7次下西洋以后至宣布海禁以前，中国与南洋诸国的海上交往更进一步，福建商人、水手、农民、小手工业者，沿着这条路线到东南亚各地经商和谋生，一些人在当地定居，成为东南亚福建籍华侨的先驱。如《明史·外国四》记载：“吕宋居南海中，去漳州甚近……先是，闽人以其地近且饶富，商贩者至数万人，往往久居不返，至长子孙。”⑦闽台海外移民远渡重洋，来到千里迢迢、吉凶难测的异国他乡，更需要崇奉神灵，以祈驱灾迎福。在这样的社会文化下，移民留在家乡的亲人则普遍冀望出洋的亲人早日归来。

在多有亲人出洋的社会背景下，闽南人民依据山川河岳的自然环境以及说书人的代志，创造了许许多多神奇瑰丽的传说故事。在地头田角、街头巷尾、月下灯前，这些迷人的故事成了闽南儿女文化生活与精神寄托的重要载体。而关于航标的传说，就是其中之一。航标和灯塔被人们寄予了保证人们生产活动安全的功能，久而久之，这种实用的功能又对当地人思想品德有潜移默化的影响。

在泉州，就有一座具有较为重要的历史文化价值、展现了当地海上活动频繁、海洋经济发达、且体现当地侨乡文化的航标建筑——姑嫂塔，它建于南宋绍兴年间，迄今已经有800多年的历史了。姑嫂塔背靠泉州湾，面临台湾海峡，有关锁水口、镇守东南的气势，所以又叫做“关锁塔”或“万寿塔”。有关姑嫂塔的传说，前文已经提及，这里不再赘述。

史载，南宋时期，泉州港是世界上最大的贸易港口之一，对外贸易十分繁荣，与70多个国家和地区有生意往来。当时姑嫂塔成为了海上行船归航的标志。灯塔的位置正处在泉州南面海滨的险要地带，自古就是商船抵达海岸的标志。《泉州府志·山川》：“绝顶有石塔，塔名关锁塔。关锁水口，镇塔也。高出云表，登之可望商舶来往。何乔远著《闽书》亦云：“昔有姑嫂为商人妇，商贩海，久不至。姑嫂塔而望之，若望夫石然”。这美丽的人间传说，脍炙人口，历久不衰，至今人们皆称之曰“姑嫂塔”，“关锁塔”几乎为人们所忘，实际上，“姑嫂塔”实乃“关锁塔”之谐音。可见，姑嫂塔真正的作用，是作为航标的。明代著名学者顾炎武在《读史方舆记要》中说：“绝顶有石塔，宏壮突兀，出于云表，商船以为抵岸之标。”

我们想说明的是，虽然姑嫂塔的故事只是一个传说，但它却是泉州地区海上活动频繁、地区经济发展的历史见证，是人间最深沉感情的记载。

古代闽南地区多以沿海修筑佛塔以为航标，既有为指引船只进出泉州港助航的实际功用，又标示体现了闽台文化区在宋代以后文化昌盛、财力雄厚的人文景观和商业文化的崛起。可用以说明闽南地区航运发展与航标建设关系的，还有六胜塔和罗星塔。

六胜塔位于福建石狮市石湖的金钗山上，又名“日湖塔”，又名“六胜塔”，俗称“石湖塔”，与宝盖山的“姑嫂塔”、紫帽山的“凌霄塔”，成鼎足对峙之势，是泉南著名的古塔，今已废存。同时，六胜塔还是古代船只出入泉州湾的重要航标，而今日之六胜塔，已是闻名的游览胜地。六胜塔是八角五层塔心柱仿木楼台阁式花岗岩石结构，为北宋政和年间僧人募资建造。史载，北宋政和年间（公元1111～1117年），高僧祖慧、宋什等通过募捐建六胜塔于山坳，南宋景炎二年（公元1227年），该塔被元军毁坏。元代，当地海上贸易继续发展，蚶江再度繁荣，民居稠密，番船所经，风樯林立。元顺帝至元二年（公元1336年），蚶江富商巨贾凌恢甫鸠资重建，六胜塔是海船进出泉州湾的重要航标，塔下的蚶江、石湖在古代为泉州重要外港，屹立海滨，是当时海外交通繁荣的历史见证。

位于福州的罗星塔原为北宋年间所建设，明万历年间被地震毁坏，天启年间（1621～1627年）重修。现在的塔就是明朝修复的。罗星塔全部为石建，耸立于港口，塔上还保存有大量的灯除闽南地区外，岭南文化圈的中心——广州的一些古塔在中国古代也体现了经济发展、航运发达和航标建设的关系，其中最著名的就是前面我们提到的光塔了。光塔位于广州越秀区光塔路怀圣寺院西南隅，与寺并立，和圣友寺、凤凰寺、仙鹤寺并称为伊斯兰教传入中国后最早创建的四大著名清真寺。寺称“怀圣”，即怀念伊斯兰教先知穆罕默德圣人之意。光塔原名呼礼塔，由唐初来华的阿拉伯著名传教士阿布·宛

罗星塔（郑德财摄）

笼，说明它是一座用于导航的灯塔。罗哲文先生在《中国名胜——寺塔桥亭》中说：“由于古塔大多具有高标挺立的特点，所以人们又用它作为导航引渡指示津梁的标。福建福州马尾的罗星塔，在世界地图上早已列为重要的航海标志之一。”⑧

三峰寺塔位于福建长乐市南山，始建于北宋绍圣三年（1096年），成于政和七年（1117年）明永乐十一年，郑和下西洋时曾同寺僧加以修葺。每次郑和下西洋时，船队便集结在长乐太平港，修造船舶，筹划补给，祭神求安，在长乐留下大量传说。该塔塔高27.4米，外观为八角七级楼阁式石建筑，塔内石梯可登临塔顶，是当时船舶进出太平港的导航标志。

三峰寺塔（摘自中国海事局组编《中国灯塔》）

葛素主持，为当时侨居广州的阿拉伯穆斯林商人捐资所建。其时，广州聚集了许多外国商人，尤以穆斯林商人聚居的“蕃坊”为盛。光塔矗立珠江边，夜间悬灯，指引船只出入广州港。光塔寺对研究中国海外交通史、建筑史、伊斯兰教史以及中国同伊斯兰国家人民的经济文化交流，都有重要意义。中华人民共和国成立后，人民政府曾拨款进行过两次较大修缮，已焕然一新，并被列为全国重点文物保护单位，现为中国穆斯林和伊斯兰教国家来华友人进行宗教活动的场所，广州市伊斯兰教协会设在寺内。

（二）航标文化折射地域文化特点

由于文化起源的多样性，很自然地导致了中国地域文化的构成具有非常突出的多样性，而且由于各个地域又不断有移民进入，这样，人口构成的族群差别，族群的多样性，就越来越突出，这种族裔的多样性就越来越加强了地域文化的多样性。而在其中，闽台文化、吴越文化、岭南文化、齐鲁文化对处于沿海地区的古代航标（包括灯塔）的地域文化特征的形成具有一定影响。

沿海地区自远古时代就开始使用陆标导航。远古航海活动的定位方法就是依靠可靠的陆标定位来导航，我们的祖先要把熟悉的地形地貌保持在自己的视线内及记忆之中，以保证不迷航。

我国的岭南文化区位于南岭以南的粤桂琼港澳，背山面海，古时北部有关隘阻隔，远离中原，但在历史上与中原文化仍算一脉相承，又处在中外文化的交汇处，与其他文化区相比，本文化区既有传统文化古朴典雅的特征，又善于吸纳外来文化，有外来文化开放自由的色彩。[9]东望洋灯塔（旧称松山灯塔）即是一例，它位于中国澳门东望洋山山顶上，是东望洋炮台的一部分，是东望洋山的三大名胜古迹之一。在1992年，被评为澳门八景之一。2005年，又作为澳门历史城区的部分被列入世界文化遗产名录。

此外，光塔之于区域文化交流、广州珠江口琶洲塔身上托塔力士的西式服饰、长江与古运河交汇处文峰塔上的许多灯龛、具有浓郁运河文化与佛教文化的古灯塔建筑等，都折射出航标的地域文化印记。

另一个有特色的地区是舟山地区。古时舟山灯塔的建设，既反映出人们为规避出海捕捞生产危险而萌生的祈安心理，同时航标、灯塔的建立也强化了舟山人征服自然、祈求丰收的意愿。随着渔业生产规模的扩大，出海捕鱼的风险也大大增加，正如俗语所说，出海捕鱼“一只脚踏在棺材里，一只脚踏在棺材外”，生死未知。而海洋捕捞的技术性要求高，获得高产十分困难，这些因素就自然地促使长居海岛的人们把希望托付于为人们引航的佛塔，祈求它们保佑平安并满船而归。加之舟山群岛多为小岛，人们居住分散，只能借舟为车进行交往，即使舟山本岛也因山陵交错，无坦途可轻松往来。尤其是佛教圣地普陀山，远离舟山本岛，给古时舟山人朝香拜佛带来不便，加之潮汐和大风影响等原因，人们很难随意前往，最多只能偶尔前往普陀山赶香会，多数时间就只能在原地建立佛塔烧香念经，保佑平安，祈求菩萨驱危赐福了。

例如，舟山地区的花鸟山地名就是来自捕鱼人祈求捕鱼平安的传说。据传，嵊山洋上盛产鱼、虾、蟹，但在嵊山洋上有一条巨蛇，不但吞食鱼、虾、蟹，还经常掀翻渔船伤害渔民，害得渔民不敢来嵊山洋上捕鱼。一天，巨蛇又出来伤害渔民，它张开血盆大口，正准备吞食一条渔船，正好有一只天鸟飞过，见到巨蛇要伤害渔民，它张开翅膀飞冲下来，变成一座大山，把那条巨蛇牢牢地压在了山下。从此，嵊山洋上又恢复了往日的热闹，沿海一带的渔民又纷纷前来这里撒网捕鱼。因为那条巨蛇非常大，天鸟是张开翅膀压下去的，所以现有从上面看下去整个花鸟山形似飞鸟。时间一长天鸟的羽毛都变成了各式各样的花草树木，使得山上花草丛生，又引来了无数的鸟儿在上面栖息生养，整座山上鸟语花香，移居这里的捕鱼人就把这座山称为花鸟山。随着来嵊山洋捕鱼的渔民越来越多，再加上从明末清初开始中国通商口岸的不断开放，嵊山洋成为南来北往船舶的重要通道，经由当时旧中国海关筹划，1870年清海关在此建造了灯塔。据文史记载，花鸟乡的乡名也取自花鸟山。[⑩]

①胡兆量，阿尔斯朗，琼达等编著：《中国文化地理概述》，北京大学出版社2001年版，第5页。

②《宋史》卷401，《辛弃疾传》。

③程民生著：《宋代地域文化》，开封：河南大学出版社1997年版，第19页。

④贺宝林："人类学视野下的地域文化"，《东方艺术》2003年，第1期。

⑤李德勤：《中国区域文化简论》，《宁波大学学报》1995年第1期。

⑥方宝璋、方宝川：《中国文化通志之地域文化典——闽台文化志》，上海：上海人民出版社，1998年，第32页。

⑦转引自方宝璋、方宝川：《中国文化通志之地域文化典——闽台文化志》，上海：上海人民出版社，1998年，第32页。

⑧罗哲文：《中国名胜——寺塔桥亭》，机械工业出版社，2006年，前言第5页。

⑨李慕寒，沈守兵："试论中国地域文化的地理特征"，《人文地理》1996年，第1期。

⑩镇海航标处李敏搜集整理资料"花鸟山灯塔与花鸟山"。

二、航标建设是跨区域间文化交流的产物

从地区和国家之间的文化交流视角看，随着贸易活动乃至侵略活动的扩展，航标在很大程度上带有跨文化交流的痕迹。从"大地域"的概念上看，航标是为了方便跨越河界海疆、跨越国界民族间的交流活动的产物，又带有跨地域交流的文化意味。

从世界历史的视野看，由于地区发展水平的差异和强国的对外侵略活动，古代乃至近代的航标，很多都带有标识地域主权的愿望，或者在航标的建设中传播本国文化的功能。例如，罗马由地域性王国通过对外扩张形成统一的大帝国，将包括欧洲南部在内的以地中海为中心的区域联结成为统一的"世界性"国家，欧洲文明也由地方性的分散发展转入了欧洲古代一体化发展的高峰。为了保证军事活动的安全，罗马帝国的海军在地中海的险要之地皆设航标或建灯塔，以为宣扬帝国主权、威慑敌国、教化外邦之用，而且还可能给予当时在航标周围海域生活的人们以文化上的暗示，即本地区已处在罗马帝国的文化和信仰的辐射范围之内，古希腊、色雷斯、迦太基等地区的沿海岛屿设立的灯塔就对促进这些地区的罗马化起到一定作用。

（一）亚历山大灯塔的奇迹

提起世界历史长河中的灯塔，我们自然还会想起断续运转16个世纪的埃及亚历山大港的法罗斯灯塔（又称亚历山大灯塔）。下面就让我们以这个灯塔为例，来说明航标建设中蕴涵的跨文化交流这一命题。

法罗斯灯塔秀而挺拔，顶端长明火盆，终年燃烧柴火，在漆黑的夜里，那冲天的火柱给夜航的人们带来无限的光明和温暖；人们称颂这座灯塔以自己的光明照亮了古代地中海交通、地域经济发展和文化交流的灿烂历程。当站在法罗斯灯塔遗址感叹亚历山大港口的风雨沧桑时，人们心中所感念的不但有对地中海地区跨地域文化交流的赞叹，还有对由灯塔带来的亚历山大城巨大影响力的认同，这种文化上的认同和肯定，不仅是这个被誉为"地中海的新娘"的城市的幸运，还是航海人的骄傲。曾经屹立在东地中海礁石上的这座灯塔，无疑是世界灯塔和埃及文化的明珠。

亚历山大灯塔具有厚重的埃及文化、希腊文化底蕴，它修建于公元前三世纪的古埃及托勒密王朝时期，在公元前334～321年，正处在希腊文化向地中海其他地区扩散的希腊化时期。公元前332年，马其顿国王亚历山大（公元前336～323年在位）在征服希腊诸城邦后又率军占领埃及，之后他便长途跋涉，前

往锡瓦绿洲,拜祭那里的阿蒙神庙,以馈赠和殷勤买得了阿蒙神庙祭司的欢心。于是,他被全埃及的祭司宣布为太阳神阿蒙之子,如愿以偿地戴上了埃及法老合法继承人的王冠。在前往锡瓦绿洲之时,亚历山大曾途经尼罗河三角洲西北端靠近地中海岸的拉库台小渔村,看中了它的地理位置,他下令在此营建新都,以他的名字来命名,称为"亚历山大里亚"(里亚是希腊语"城市"的音译)。

后来,亚历山大城变成繁华的大都市、科学研究的中心和地中海地区的最大港口,为了给来往的船只导航,才有了亚历山大城附近的法罗斯岛上的灯塔的修建。法罗斯灯塔是由希腊著名建筑师索斯特拉图设计的。灯塔的整个建筑是用大理石和青铜雕刻装饰起来的,塔身共分三层,每层逐渐向上收缩,第一层是呈方形的底座,高71米,底座上面四角分别竖有海神波赛东之子吹海螺号角的青铜铸像,用以表示风向位

法罗斯灯塔（中国航标展馆供图）

置；第二层为八角形，高34米；第三层为圆柱形，高9米，8根花岗岩石柱支撑着一个高大的圆盖顶，这是夜间导航的灯室，其中有一个巨大的火炬昼夜不停地冒着火焰；塔顶之上，铸着一尊手持鱼叉、威武雄壮的海神波赛东青铜立像。法罗斯灯塔三层共高114米，加上顶部的青铜立像和塔基，其高度可达135米。法罗斯灯塔建造得十分牢固，内部从底层到塔顶筑有盘旋坡道，塔外另设有运送燃料的升降装置，塔内约有300个房间，分别供天文学家观察天象和管理人员居住。据说，塔顶装有一个巨大的磨光金属镜，白天能聚集阳光，将光线反射出去；夜间在101灯室点木燃火，它的火焰由金属镜反射出去，在离灯塔50公里以外的海面上都能看到它的雄姿。耀眼的灯光，在黑沉沉的夜晚，为远航的船只导航。灯塔有两大特点，一是大理石塔身熔铅粘合石缝，结构牢固；二是塔顶置一只大火盆，夜间点燃木柴，再用巨大青铜镜反射，使火光可投射至50多公里处。灯塔使用了1600年左右，15世纪毁于地震，它被列为世界古代七大奇迹之一。在七大奇迹中，唯有这座灯塔是造福于民的建筑物，其他六个不是帝王的陵墓或花园，就是神像。①

亚历山大灯塔本身的出现就是地中海地区跨文化交流的产物，竣工后又为文化的交流发挥了重要作用。在中古时期，亚历山大灯塔不仅便利了地中海地区的物质文化交流，而且促进了这一地区的精神文化交流。当时地中海沿岸国家的学者如阿基米德、欧几里德等人，就是靠亚历山大灯塔的导航乘船来到亚历山大城图书馆进行科学研究的。亚历山大灯塔的建筑式样称作望楼或塔楼（灯塔的形状和结构的根据来源为近代绘制的灯塔复原图），它作为灯塔文化的一部分对古代乃至近代的灯塔建筑起到了示范作用，罗马帝国时期在地中海沿岸修建的灯塔几乎都是仿效亚历山大灯塔的式样修建的，到了近代，西欧国家的航海事业随着新航路的开辟而愈加发达后，欧洲国家兴建的灯塔仍然是望楼式的。罗马帝国的臣民亦曾用赤陶制造亚历山大灯塔的模型，而罗马帝国的一些钱币上也铸有亚历山大灯塔的图像，以上这些外在的文化表现都表明灯塔在罗马帝国时期的地位已经上升到了成为一种国家文化象征的程度。

亚历山大灯塔在跨文化交流中曾经扮演了重要角色，值得一提的是，我国南宋地理学家赵汝适，在其所著的《诸蕃志》中就记叙了这座灯塔，它在一定程度上已成为当时中国关注海外的知识分子心目中的"外夷"国家的文明发展和文化形象的代表。

"下凿地为两层，一窖粮食，一储器械；塔高二百丈，可通四马齐驱而上，至三分之二，塔心开大井，结渠透大江以防他国兵侵则举国据塔以拒敌，上下可容二万人，内居守而外出战。其顶上有镜极大，他国或有兵船侵犯，镜先照见，即预备守御之计。”②

康熙十三年（1674年），旅居中国、并渐为当时正值弱冠之年的康熙帝所倚重的比利时传教士南怀仁在他的著作《坤舆图说》中，编撰了《七奇图说》（即古代世界七大奇迹图说）。南怀仁把亚历山大灯塔称之为“法罗海岛高台”，并作了简略的介绍：

“厄日多国多禄茂王（厄日多即埃及（Egypt）音译，多禄茂今译托勒密）建造崇隆无际高台，基际起自丘山细白石筑成，顶上安置多火炬，夜照海艘以便认识港涯丛泊。”③

从此更多的中国人知晓了这座灯塔，清末的维新派人士王韬于同治年间阅读《七图奇说》后，在他写的《瓮牖余谈》第五卷中提到了亚历山大灯塔，称赞这座灯塔为“灯塔之先声”，“其工程巧妙过于异常。”

（二）近代东亚地区灯塔建设的事例

从东亚近代史上看，部分航标的设立是随着欧美列强对东亚地区的侵略轨迹而延伸的，从这些航标可以看到该地区过去殖民文化的痕迹，而且一部分航标的设立还体现了当时“弱国无外交”的社会背景。例如，1858年，由于与美、荷、英、法诸国缔约，日本幕府时代的江户政权向各国开放了横滨、长崎和涵馆三个港口。但直至当时日本的海上助航标志“灯台”由于是给沿海水域小船助航所用，尺寸小、亮度弱，因而航行于布满礁石的黑暗海域对于来自西方各国的大型帆船来说非常危险，于是，依据1866年签订的“改革税金协定”，幕府政权要为外贸建立助航设施，这便是日本建立西式灯塔的开始。幕府时代的将军统治垮台以后，明治政府接管和延续了灯塔建设，由于当时日本还不具备建设西式灯塔的技术，明治政府就请求英国人帮助，于是，由英国政府选派的R·H·布鲁顿带领的小组在1869～1877年约9年的时间里承建了28座灯塔和两艘灯船，在为日本的灯塔建造技术打下基础的同时也印下了日本灯塔深刻的西洋文化印记。④

现代灯塔的雏形起源于欧洲17世纪的工业革命，而中国近代灯塔则发源于西方殖民主义入侵时期，每一座近代修建的灯塔几乎都记载着一部屈辱与沧桑的历史。1840年鸦片战争后中国的沿海航运权逐步丧失，西方国家先后在中国沿海险要之地建立了多处带有各国文化与中国地域文化特色相结合的灯塔。《天津条约》的第三十二款就曾规定：“通商各个口岸分设浮桩、号船、塔表、望楼，由领事馆会同地方官酌视建造。”清同治七年（1868

年）主要由英国控制的清政府海关总税务司成立，他们在我国主要内河及沿海进行河道、海道测量，绘制图表，印制所谓的“航路指南”，控制了我国大部分航道的航标设置权。自此以后的50年时间里，沿海地区南起琼州，北至营口，以及在主要的内河航道上都建立了相当数量的航标。但是，这些航标的设计、维修均由外国技术人员把持。我国航标建设初具规模的时期，也正是我国航运主权丧失的开始。例如，广东汕尾红海湾的遮浪岩老灯塔至今已有近百年的历史。老灯塔的建造是英国殖民者的需要，鸦片战争爆发后，英国商品源源不断地涌入我国，为了开辟一条安全的海上贸易通道，1911年英国人建造了遮浪岩灯塔，作为粤东海上公共干线和船舶进出红海湾、汕尾湾的重要助航标志。1942年，灯塔在抗日战争中被炸毁。

在东南沿海的险要之地，西方资本主义国家亦争相修筑航标以便于更安全畅达地掠夺近代中国的资源。浙江省舟山市的花鸟山灯塔就是典型之一。花鸟山灯塔地处我国沿海南北航线与长江口交叉处，是从上海直达日本及太平洋的船舶必经之地，附近海域岛礁甚多。鸦片战争爆发后，英帝国主义开辟了上海至太平洋的航线，并将该航线的航海权占为己有，又霸占了上海江海关税银。为扩大对长江流域地区经济和资源的掠夺，保证其航道安全，清同治九年（1870年），清政府海关海务科建造了花鸟山灯塔，成为英帝国主义侵华的物证。1943年，侵华日军从英国人手中接管了灯塔。1945年，国民党的飞机曾轰炸花鸟山灯塔，最终未能炸毁，只在水晶玻璃上留下了斑斑弹痕。

我国台湾岛的航标修建历程也同样反映了近代西方列强和日本对我国进行殖民侵略的历程。台湾岛东临太平洋，西隔台湾海峡与祖国大陆遥相对望。海岸线长达1560余公里，加上位于大陆架外缘，兼具东深西浅的水域特征，以及黑潮、大陆沿岸洋流、东风流、季风流、局升流等天然障碍，所以在每年秋至第二年春的东北季风期间，海域惊涛海浪，更添凶险。过往船只往往难以驾驭，失事搁浅、撞岩触礁等海难事件时有所闻。据史料记载，台湾自清代开埠后，由于外洋船只进出频繁，附近海域的海难事件一再重演。乾隆四十三年（1778年），清廷除了在澎湖马公设置营堑巡泛，用以加强防务外，为顾及船只安全，并于西屿古垒基址以石块筑成七级浮图，入夜后点燃油灯，权充台湾与厦门两地船只航行辨识方位的标识。这座因陋就简的石塔，从嘉庆至同治年间曾经多次改建，但利用油锅燃灯所产生的光源毕竟有限，对于航行于台湾与天津、上海、福州等地港埠的外洋船舶来说助益有限，澎湖海域的暗礁险岩仍是一大威胁，因此引起英、法、美、日等国不满，纷纷照会要挟修建灯塔。

建塔一事拖至光绪元年（1875年），始由海关税务司赫德聘请英国工程师哈定在澎湖修建一座圆形白塔，即目前屹立在西屿的渔翁岛灯塔。这座首度出现于台湾的西式灯塔，是台湾地区兴建灯塔之开始。此后清廷又相继在台湾本岛的恒春、高雄、淡水港、安平等地建造了四座灯塔。其中仅鹅銮鼻与高雄为大型西式灯塔，淡水港与安平为铁架方塔，其中以鹅銮鼻灯塔的修建经过较为独特。清光绪元年（1875年），海关开始在鹅銮鼻筹建灯塔，清廷派王福禄率兵500名前往保护，因为当时该地尚在未开化土著部族之手，部族强悍，滋扰堪虞，动建之时仍须应付圆通，运用策略，俾使就范，方能进行。光绪九年（1883年）灯塔建造完成，共耗银二十余万两，塔身为白色铁造，装置一等定光五芯煤油灯，向七星礁方向设红色光弧示警，为防土著侵扰，该塔建筑特殊，成为炮垒形式，以塔基作为炮台，围墙上装有枪眼，墙外四周设壕沟，并置枪械自卫，该塔建成后曾派有士兵守卫多年，以防不测，为世界上独一无二之武装灯塔。

日据时期，日本人为攫取台湾农鱼矿产等资源，从1896～1939年间在台湾本岛与澎湖列岛陆续修建了18座灯塔以方便运输，使得台湾地区的灯塔累计达到23座。但在二战期间，这23座灯塔几乎悉数遭到盟军飞机轰炸，侥幸逃过轰炸并能继续发光使用的已寥寥无几。直到台湾收复后，关税总局海务处才

鹅銮鼻灯塔 塔高21米，灯高56米，射程27海里，位于台湾恒春半岛南端，是台湾陆地向巴士海峡隆起的一个珊瑚礁海岬（中国航标展馆供图）

大王家岛灯塔 塔高10米，灯高108米，射程25海里，位于黄海北部大王家岛南端，日本人于1939年建造，主要为来往于丹东港和庄河港的船舶提供助航服务（天津海事局供图）

开始将这些满目疮痍、残破不堪的灯塔逐一加以修复或重建。因此，作为航标较为密集的闽台地区，近代的各种航标、灯塔不仅带有其具体的地区文化和西洋文化的烙印，还带有近代中国政府疏于国防，国家文化上缺乏国际对抗性的色彩印记。例如，闽台沿海港口布设为近代国防重要秘密，本来引水权绝无委诸外人者。内河航行，允准外人建设航标并引航，尤为少见。而清光绪十年（1884年）的中法之役，法国军舰深入闽江，全歼福建水师，即系由当时的中国海关颁给执照的美国人引航。对此，梁漱溟先生认为如此种种显性文化"不过是其一端；类此不讲国防之事例，大约要数出十件八件亦不难"。⑤

我国北方沿海地区的部分航标、灯塔的设立，也同样带有西方国家的殖民侵略痕迹乃至日本军国主义侵略中国的铁证。例如营口港的台子山灯塔，就是抗日战争时期日军为掠夺营口当地资源而修建的具有军事和导航作用的灯塔。营口地处渤海湾畔，大辽河的入海口处，作为沿海港口在清雍正年间就已成为一处商贸繁华的国内贸易口岸，素有"通郡渡津"之称。清咸丰十一年（1861年），在英法联军坚船利炮的威逼下，营口开埠成为通商口岸。到了抗日战争时期，日军在中国东北疯狂掠夺木材、煤炭等物产的运输使营口港的吞吐量达到开港以来最高水平，在台子山修建炮台、灯塔就是为日本的军舰、商船进出营口护航。⑥

由于历史渊源，青岛的灯塔在建筑风格上具有鲜明的德、日风格，也是青岛城市建筑艺术的一个重要组成部分。清光绪二十三年（1897年）11月，德国以山东巨野教案为借口，出兵占领了它梦寐以求的青岛。为引导船舶顺利出入港口，德军占领青岛不久，就将修建灯塔列为重要的建设项目，先后建造了小青岛、团岛、千里岩、马蹄礁等灯塔。日本侵占青岛后，又对因战争毁坏的航标设施进行了一些建设。可以说，青岛灯塔在百年历史变迁中，见证了青岛近现代航标发展的荣辱兴衰，它是青岛近代航标发展厚重历史的缩影，也是中国近现代航标发展史的一个缩影，具有厚重的历史积淀。如今，小青岛灯

团岛灯塔 塔高15米，灯高24米，射程15海里。坐落在胶州湾团岛西侧南端，始建于1900 年，主要为进出胶州湾的船舶提供助航服务（摘自中国海事局组编《中国灯塔》）

塔、团岛灯塔已被列为青岛市二级文物保护单位进行保护，并已申报山东省文物保护单位，不仅成为航标界的文化财富，也成为全民共同的文化财富。

在当代，同样具有跨文化交流的象征意义的灯塔还有位于博鳌亚洲论坛所在地的新建的灯塔，据当地的灯塔管理者介绍，这一灯塔除了导航的作用外，还象征着亚洲的发展与繁荣。

①李长林：“亚历山大灯塔与文化交流”，《阿拉伯世界》，1998年第3期，第47～48页。

②转引自李长林：“亚历山大灯塔与文化交流”，《阿拉伯世界》，1998年第3期，第47～48页。

③转引自李长林：《亚历山大灯塔与文化交流》，《阿拉伯世界》，1998年第3期，第47～48页。

④周俊安编著：《内河助航标志》。北京：人民交通出版社，1996年，第2页。

⑤梁漱溟：《中国文化要义》。上海：上海世纪出版集团，2005年，第141页。

⑥参见汪卫兴：《使命与大海同辉——走进中国海事》。北京：作家出版社，2006年，第287页。

三、航标建设与海洋文化、内河文化的关系

从沿海和内河的航标建设及发展看，由于地理环境和自然条件等方面的巨大差异及航行活动需求的不同，航标的地域文化又呈现沿海和内河之间的较大差异。

在这一点上，航标的建设和当地文化的关系更为密切，例如由于地区历史文化传承的原因，造成北方沿海地区的灯塔和南方沿海地区的灯塔有所差别，而在长江河道上有竹标，甚至有峭壁航标，都体现了航标在具体地域历史、空间、地形、文化背景下的文化特征。在长江和运河交界处还有体现运河文化的航标，而宗教上的佛塔等建筑在具有航标功能的同时，也具有鲜明的地域文化特色。

天后救险（施友仁供图）

（一）无处不在的妈祖神灵

灯塔的建设，出自对航海平安的企盼，历史给我们留下了许多关于航海与灯塔的神话故事。在古希腊文化中，就有女神的侍女希洛，每天晚上手持火炬，为心爱的人利安德横渡海峡引航的千古绝唱。中国的五千年文明史，从中原黄河流域到黄海海域，从长江河口到东海沿岸，也都留下了许多与灯塔有关的史话，有观音佛光、妈祖神灵等传说，据《中国航标史》记载，140多年前，慈霖法师东渡蓬莱，听说西鹤嘴外的五虎礁险恶莫测、迷雾朦朦，他毅然前往西鹤嘴，搭起草棚，开荒种田，每天晚上点上小油灯，为过往船只引航。后来，又铸一口铜钟，遇到雾天就撞击此钟，慈霖法师守此钟声，为纪念他，当地船民在他的茅棚处建了一座庵，名为船灯庵。春秋战国时期沿渤海黄海的航海活动，秦朝的徐福东渡、汉朝的海

上丝绸之路、明代航海家郑和7次下西洋更是世界航海史上的创举。中国的航海家也曾在波斯湾的海面上耸立华表，夜置火炬，为夜航的人们增添了几分亲近，中国为世界灯塔史留下了内涵丰富的文化遗产。

沿海灯塔的修建与妈祖信仰的传播也有莫大联系。妈祖作为一种民间信仰起源于福建莆田，逐渐由莆田向福建各地、沿海各省及海外各地拓展，终于成为一千年来产生于福建本土、影响最大的一位民间神祇。在妈祖文化形成初期，其传播范围只限于莆田、泉州及其附近地区，到南宋，传播到福建沿海、浙江、上海和广东及海外地区，元代向我国北方沿海地区传播，明清又向海外广泛传播。到今天，在我国漫长的海岸线上，北起丹东、沈阳，经天津、烟台到上海、杭州、福州、广州、海南和港澳台等地都建有妈祖庙，甚至内地江西景德镇、贵州镇远、安徽天长县、内蒙古通辽和北京等地也建有妈祖庙。一部分沿海的妈祖庙在一定时期起到了航标的导航功能并给以航海人心灵慰藉。

庙岛的妈祖像（天津海事局供图）

（二）运河上的燃灯塔

京杭大运河是我国古代河运枢纽之一，在京杭大运河的航道上，还有一种航标向我们生动阐释了航标与运河文化特征的密切关联，它就是“燃灯塔”。“树梢看塔影，烟外过通州。”这两句诗是清代乾隆帝出巡途径北京通州时所作，诗中所说的塔就是北京地区著名的古塔——佑圣教寺燃灯佛舍利塔，习惯上简称为燃灯塔。燃灯塔位于通州城北，京杭大运河绕塔而过，这条古代著名的南北交通大动脉，南起江南的杭州，北至京东的通州，相距千里，行程漫漫。几百年间，沿着大运河北上的来往商旅只要远远望见高耸于万绿丛上的燃灯塔，便知漫长旅程的终点就要到了，久而久之，燃灯塔也因此声名远扬，成为大运河终点的标志和京都恢宏气象的象征之一，为京外人所朝拜。

燃灯塔之所以得名，据说是塔中供奉有燃灯佛祖的舍利子。燃灯佛在佛教文化中是辈份极高的人物，按佛教故事来说，释迦牟尼的出家、受戒，均与这位燃灯佛大有关系。至于有关燃灯塔修建的年代，据载是南北朝时期由北周宇文氏所建。当时的燃灯塔是何模样已无从考证，因为在塔建成后没多久，北周武帝宇文邕下令取缔佛教，拆除佛塔，销毁佛像，燃灯塔也在劫难逃，这时的时间大约为建德三年（574年）。数十年之后，唐太宗李世民已平定天下，刀枪入库马放南山，他手下一位名声显赫的猛将尉迟恭，大概因年近古稀，突然后悔平生杀戮太多而开始吃斋念佛，于唐贞观七年时（633年）又捐出一大笔钱重建燃灯塔，这次重建的燃灯塔大约存在了200多年，唐会昌5年（845年）时，唐武宗李炎下令禁佛，又一次大规模毁坏佛像佛塔，燃灯塔再次被拆毁。

元大德年间（1279～1307年），元成宗铁木尔派大臣都里都尔苏为总管，重修燃灯塔，约400年后又毁于清康熙十八年（1679年）北京的一次地震，当时燃灯塔除基座外全部倒塌，寺内僧人在废墟中拾得佛牙一枚及舍利子百颗，十几年后，僧人们开始四处募捐打算重修燃灯塔，终因所募寥寥，修复工程时断时续，有时一年也修复不了一层。康熙三十五年（1696年），通州知府程存礼奏请朝廷后由官府出资才修复完成。①我们今天所看到的燃灯塔，即是这次修复的。需要指出的是，这次修复的燃灯塔仍然保留了浓郁的辽金古塔风格。

（三）长江上的航标

"大江东去浪千叠"。除了京杭大运河之外，我国长江航道上的航标也有其独特的地域文化特征。在长江川江航道及三峡地区的航道上就设有与该地区自然条件、文化氛围相应的竹标、季节性航标和船桩等，长江上游和下游的航标制式也随地域自然条件差异而有所不同。

长江中下游是以平原地形为主，航标的岸上标志就设有灯塔、灯桩，水

早期长江上使用过的竹制航标，抛设航标曾使用竹编的石笼和篾缆（长江航道局供图）

上标志则有浮标、灯船、棒形竹标等。而长江上游山区较多，水流湍急，设置航标困难较大，因而就产生了具有鲜明地域特色的水上助航标志，如在船舶对驶有碰撞危险的江段设置标杆信号，在水位不稳定的岩岸或礁石上设置水位标尺等。[②]长江上游的川江航道不同于江面开阔平缓的长江中下游，此段航道的地域特点是滩多流急、设标困难。清光绪三十四年（1908年）后，虽然航运已趋兴盛，但仍迟迟未能设标。在航运业界的一再要求下，海关总税务司批准于1915年3月在重庆海关成立了长江海关上游巡江事务处。当年的8月17日，首先在狐滩南岸设立标杆信号台一座，同时在佛面滩石梁嘴设警船桩一座和在兰竹坝尾附近右岸设立警号标杆一座，当汛后航道出现淤沙时悬挂黑球以示警示，是为淤沙的信号。这是川江航道设置的第一批近代航标。川江属于山区河流，滩险流急，河道弯曲狭窄，水位涨落幅度大，航标设置季节性较强，初期的川江航标设施较为简陋，例如，佛面滩石梁嘴所设的警船桩就是在竹竿上悬挂黑球一个，在水涨石没时设置，水落石梁嘴出现时即撤。而狐滩标杆信号台则为一个全年固定的标位，每当有上下水的轮船、木船经过狐滩时，在标杆的横檐上悬示信号，指示船只自动采取避让措施，防止发生碰撞，这是川江上的第一座独有的信号台。

在1915年，上述3座具有川江航道文化特点的航标设立后，当时的巡江事务处又在青滩以及腰叉河一带设置标杆信号台3座和棒形竹标13座。[③]长江竹标的文化内涵包括了两个方面：一是体现了三峡航道的分布（长江干流主航道和支流分航道），它的文化功能在于划分了长江三峡航道的贡输官漕、民间商运、战时运输等主要功能和历史变迁，而且体现了该航道历史悠久、风景奇美，人文荟萃的鲜明特征。二是竹标比其他材质的航标更容易融入到三峡航道的自然环境和文化内涵中，它的存在能够在景观上与三峡航道的民间传说、三峡航道的古代名人诗文、三峡航道衍生出来的航标文化、三峡航道的古代巴人生衍迁徙的古迹、三峡航道沿江城镇的兴起与繁盛等人文景观融为一体。

我国西部的山区河流，有些地方航道弯曲狭窄，部分河流需实行通行控制指挥，因而设立通行信号台，有些河流由于季节性雾情严重，设雾情观察哨，向行船通报雾情。因而地域环境与气候条件与航标有着非常紧密的关系。

①叶永："大运河终点的标志——燃灯塔"，《中国房地信息》，1998年第3期，第39页。

②王轼刚主编：《长江航道史》，北京：人民交通出版社，1993年，第169～174页。

③中华人民共和国海事局组编：《中国航标史》（内部资料），2000年，第165页。

四、地域自然条件、气候特征与航标的使用

《周礼·考工记》写道：“橘逾淮而北为枳，鸜鹆不逾济，貉逾汉则死，此地气然也，”说明了各个地域的自然条件对物质文化特征的深刻影响。而人作为意识文化的载体，特定的人文地理环境则会影响到人群的精神性格，从而再通过人群的活动对物质文化产生作用。

我国幅员辽阔，由于不同的地理位置，最北的沿海航标设在丹东的鸭绿江河口，最南的航标在西沙群岛，最东的航标在东海的春晓油田附近，最西的海上航标则位于广西北海。所以，从气候条件看，在气候严酷寒冷的地区，会有专门的冰标，它完全是地域的产物；在地势险峻的河谷大川，则有石标、岸标或灯船。冰标不但运用于我国的黑龙江等东北航道上，在世界上的其他冬季封冻的沿海沿河地区也有使用。例如，部分国土地处北极圈以内的芬兰内海和湖区航路曲折、窄、长，设置的航标数量庞大，该国国家海事局管理的包括在波罗地海沿海和在本国湖区设置的航标就达26000多座。芬兰冬季寒冷，时间长并且航运繁忙，大部分海上航标必须能够在冬季结冰情况下正常使用，在长期的实践中他们积累了大量冬季结冰航道上航标建设、维护管理的实际经验，如固定在水底的钢管型冰标，水下部分直径仅1m，壁厚5mm，但可以抵御高达两节的流冰速度或承受1000吨的冰推力。

冰区航标（天津海事局供图）

就我国北方诸港口实际情况而言，天津、秦皇岛、营口、黄骅等港冬季都会有浮冰，而在冬季普通的浮标不能使用，在使用活节式灯标以前，天津港是使用不能发光的棒标来导航的。对于天津港这个吞吐量超过3亿吨的大港而言，即使在以前尚未使用活节式灯标和冰标的时期，冬季夜晚封冻不通航对港口吞吐量造成的影响也是巨大的。可见，冰标的使用与地域自然条件、气候特征有着密切的联系。

我国山东的成山头被称为“中国的好望角”，这是根源于它矗立于“天尽头”的独特地理位置，南来北往的船舶都要靠它来定向、导航。据说，秦始皇曾经东巡至此，以为到达了天尽头，

成山头灯塔的压缩空气瓶和雾笛（摘自《中国沿海灯塔志》）

浮标抛设作业（海南海事局供图）

故命丞相李斯撰写“天尽头秦东门”，勒石成碑，立于成山头顶峰，面向大海。成山头的雾也是有名的，据《中国沿海灯塔志》记载，1887年招商局“宝大”号轮触礁沉没，1890年招商局“福佑”号轮遇险，溺死者甚众；1895年“苏州”号轮失事，竟致全舟覆没……这些事故都和成山头的雾相关。由于终年多雾的气候特征，为了能给雾天航行的船舶以指引，成山头灯塔很早就设置了雾炮，1893年换成气压雾笛，1927年改装成当时新式的直径为7寸的雾笛。这些都印证了地域的气候特征对航标设置的影响。

我国南方与北方最大的不同在于长江水系和珠江水系河道纵横，长江享有“黄金水道”之称，长三角和珠三角则是经济比较发达的地区，水网密布、交通便利，这对于处处依赖河海交通生活和生产的南方人来说，既是限制、又是扩大了他们的生存空间。出于出行安全的需要，近代以来各种与地域地理气候条件相适应的灯塔逐渐建成。在我国岭南文化区内，航标、灯塔的建设也是深受地域自然条件的影响，体现出南方特有的地域文化特色。例如，广东的硇洲岛等诸多岛屿上的灯塔就全部由当地所产石料所建。经专家考证，硇洲岛是约五万年前海底火山喷发、火山岩堆积露出海面而形成的火山岛。岛上的火山石（玄武岩）布满大大小小的孔，因此得名“麻石”。硇洲灯塔便是由麻石建造而成。而在古代的长江流域，在开发长江丘陵地区航道时，则有凿石为标或刻字引航的方法。饶有趣味的是，在地域自然条件、气候特征迥异的背景下，中国沿海航标的建设也有一个小小的巧合，即位于香港大东门水道的横栏洲灯塔与大连老铁山灯塔的历史经过完全相同，可谓是稀世之偶，两座灯塔都于光绪十九年（1893年）3月24日落成。

海南三亚的白排灯桩（海南海事局供图）

海南的热带气候造成沿海设置航标的海区湿度高、温度高、盐度高，而且这些海区风浪大、暗涌多、水深流急。琼州海峡有十几座浮标设在100多米水深的水域，对海南航标的管理和养护带来一定难度。海南当地的航标管理者也根据海南的热带气候特征，在设置灯塔时，注意与当地的热带风情相结合，与当地的自然景色和人文景观融为一体。

第七章　一个平凡而神圣的职业群体

——航标人

人类是文化的动物，有了人类，就有文化。所以，文化的历史与人类的历史，可以说是同时发生的

——陈序经

总有一种精神令你感动，总有一种力量让你信心倍增，总有一种氛围使你不断完善。有这么一群人，他们或穿梭于红绿浮标，或攀上耸立的灯塔灯桩，他们几十年如一日，默默地用汗水和心血谱写着海的篇章，展示着迷人的风采。[①]他们便是那些长年默默无闻地工作和生活在孤岛、荒野，夜以继日地坚守岗位，保证航标正常，为航行船舶提供安全保障的航标人。他们，犹如一盏盏航标灯，日夜耸立于江海航道，迎击汹涌波涛，默默地为航船引路指向，安在哪里就在哪里闪闪发光。他们远离亲人，长年工作在苍凉的海岛上，不仅要经受艰苦物质生活的磨练，而且要经受枯寂精神生活的考验。[②]

为了让社会上更多的人了解航标人这一特殊的人群，弘扬航标人吃苦耐劳、坚忍不拔、恪守职责的行业精神，在这里，我们将以时间为线索，从早期航标人、现代航标人和未来航标人三个层面来描述“航标人”这个默默为航海事业献身的特殊职业人群，让更多的人能够走进他们的工作、生活和精神世界，感悟他们对事业对生命的态度和看法，发掘他们在平凡工作中所担负的神圣使命。

所谓平凡，在他们的工作和生活中，看不到惊天动地的壮举，听不到令人奋进的豪言。然而，正如那些千年来经受了风吹浪打却依然巍峨屹立在大海和孤岛上的灯塔一样，灯塔人近百年来继承和发扬了以岛为家的敬业精神、忠于职守的奉献精神，世世代代无怨无悔，用他们的青春和生命点燃了一座座永不熄灭的灯塔，为航海者的生命安全，为航运事业的发展，默默地作出了无私的奉献，铸就了“灯塔精神”。[③]从这一点来看，他们的工作又是无比神圣的。

我们所描述的航标人，主要以灯塔人为主，因为就整个航标业而言，灯塔人的工作最能体现航标人不畏艰险、勇于奉献的“灯塔精神”。当然，航标业的管理者、航标建设者、航标维护人员以及长年驻守在险滩的航标人、信号台的信号工都为祖国航运事业的发展作出了卓越贡献，他们的事迹也同样的感人。但是，相比之下，灯塔人的工作和生活更鲜为人知，灯塔人的事迹更值得颂扬。

一、早期航标人：神圣的坚守

自灯桩、灯塔、灯船等人工助航标志产生以来，航标人这个群体便形成了。我们所说的“早期航标人”，是一个时间上比较模糊的概念。也就是说，“早期”的上限时段应追溯到哪年哪月，下限又该截止到何年何月，并没有确切的界定。我们在描述航标人时，之所以从早期、现代和未来三个时段来写，也只是为了描述之便。我们暂且称那些解放前至20世纪80年代之前从事航标设立、维护、管理、看守等工作的人为“早期航标人”。

歌颂航标人的作品已出版了不少，如《远洋渔歌》、《长江航道回忆录》、《长江航道礼赞》以及《不熄的航标灯》等文集都是描写早期航标人生活与工作的文学作品，其中有许多感人至深的场景。

镜头之一：从繁华闹市到僻静的世界

1953年春天，一条小船载着一个刚满18岁的青年，经过4个小时的航行，来到了距青岛市36海里的朝连岛。

小岛无码头，小伙子提着一个小小的行李卷，轻轻一跃，落在岸边的礁石上，转身向小船摆了摆手，然后迈着富有弹性的脚步朝着小岛最高处的灯塔走去……18岁的李云腾从车水马龙、人流如潮的闹市来到这人迹罕见的孤岛，好像进入了另一个世界。每天睁开眼，看到的是浑然无际的天，浩然无际的水；听到的是海风的呜咽，海浪的叹息；闻到的是腻人的海腥。从此孤独、寂寞成了他的伙伴。

最让他心烦的是大雾天。弥漫的浓雾把周围的一切遮挡得严严实实，连自己伸出的手也消失在迷茫之中，人被雾气压得透不过气来。面对冲不破、撕不开的浓雾，李云腾有时像头困在笼子里的狮子，想吼！

从春天到秋天，海岛上有三分之二的时间空气潮湿的能拧出水来，宿舍地面上结着晶莹的小水珠，布底鞋

长岛西北咀灯桩（王晓雷摄）

穿不了多久就烂掉了鞋底，挂在绳子上的汗衫不出三天就长毛。在岛上，淡水贵如油。生活用的淡水全靠从陆地上运来，碰上连续十天半个月刮大风，水就越发紧张了。一杯水用一天，一脸盆水用一个星期的事时有发生。到了这种时候，蒸馒头只好用海水，海水蒸出来的馒头又苦又咸，真难吃，可不吃又有什么办法？饿不死为原则。蔬菜更稀罕，新鲜蔬菜与他无缘。对于他和他的伙伴来说，能吃上顿新鲜蔬菜就像过节一样。岛上常备的是咸菜疙瘩，有时连咸菜疙瘩也没有了，只好在白开水里倒点酱油或是扔上几粒盐（那时岛上没有味精），他们把这叫做“光荣汤”。

比物质生活更难熬的是精神上的孤独、寂寞。岛上除去1人看守灯塔，剩下的连打扑克下象棋都凑不够人手，两人在一起待得时间长了，连聊天都找不着话题（那时还没有电视机，也没有收音机），他经常默默地坐在海边，一坐就是半天，涛声是听不完的乐章，大海是永不褪色的画面。④

镜头之二：恶战狂风与严寒

1963年，由于工作需要，李云腾被调到北隍城岛看守灯塔。那年冬天，一场罕见的台风袭击了长山列岛，北隍城正在风口上。狂暴的海风像一只失去理智的恶魔，吼叫着掠过海面，掀起小山似的骇浪，直扑海岛，仿佛要把这小岛永远打入海底。汹涌而来的巨浪扑到岛后的悬崖，掀起十几丈高的浪花，浪花随风卷过海岛，直扑到岛的南端，所以这个小岛历来有“后海起浪，岛前飞水”之说。

狂风呼啸着横扫海岛，树木拦腰折断，枯叶飞上天空，豆大的沙粒横冲直撞，打得灯塔看守人宿舍的门窗噼啪作响。天近黄昏，又到了点灯时分。当时灯塔的光源是乙炔气，必须由人点燃。那天是李云腾的班。虽说从宿舍到灯塔不过50多米远，但是这几十米的小路，一边是临海的悬崖，一边是几丈深的山涧，平日走在上面都要格外小心，何况台风天气。

李云腾穿上棉大衣，装上一盒防风火柴，拽过一根绳子要去开门。狂风把门顶得紧紧的，一只手根本推不开，乘着狂风喘息的一刹那，李云腾双手猛地推开门，立即卧倒在地，风沙打得他睁不开眼睛，他伏在地上一步一步地朝灯塔爬去。一边是悬崖，一边是山涧，稍有不慎或葬身大海，或跌入深涧。此刻，占据李云腾身心的只有一个念头：必须要让灯塔闪闪发光。他终于爬过了几十米的死亡封锁线”，开始攀登两丈多高的灯塔。狂风拼命地撕扯着李云腾，极力想把这个敢于向它挑战的灯塔看守人扔进大海。李云腾双手紧紧抓住扶手，身子紧紧贴住塔身，一点一点地向着灯塔顶攀登……由于风太大，很难用火柴点燃乙炔灯，李云腾索性解开棉大衣扣子，用大衣襟包住灯罩，然后又用绳子将自己和灯捆在了一起。灯终于点燃了，用去了47根火柴……海面一团漆黑，唯有灯塔上闪烁起那不灭的灯光。

初春的一天清早，李云腾到香炉礁灯桩去更换乙炔气瓶。香炉礁形状像个香炉，退潮时有一张床那么大，涨潮时只剩下个石头尖尖。到了冬天，飞溅的海水泼到礁石上，礁石便成了站不住人的冰坨子，海水溅到灯桩上，灯桩变成了冰柱。冰层厚了，灯桩便发不出光，影响船只航行，灯塔看守人必须冒着寒风，摇着小船，来到礁石边，然后手脚并用，爬上苍蝇也难以站住的冰大坂，铲掉冰块，露出灯罩。一年冬天，还是那个香炉礁，灯桩让冰糊住了，只能发出很微弱的亮光。第二天，李云腾摇着舢板来到香炉礁。阳光下的香炉礁成了一个闪闪发光的大冰坨。刀子般的西北风像要把灯塔看守人和灯桩冰为一体。李云腾爬在冰上，一点一点地挪近灯桩，待到他站起身来时，发现穿着棉大衣在灯桩上站不下，他脱下棉大衣，靠近灯桩，灯桩上结满了冰，又不能用锤子砸，怕砸坏了冰里的灯，只能用螺丝刀一点一点地往下抠。手冻僵了，放在嘴上哈一哈，伸到胳肢窝里夹一夹，再抠……⑤

这就是昔日的航标人，李云腾只是他们中的普通一员。他们长年以岛为家，坚守在自己平凡的岗位上，默默地献出了自己的青春。对于他们来说，他们无愧于自己的工作，却对自己的家庭愧疚不已。下面是李云腾妻子的一段独白“有一年年三十，外面下大雪，家里没有炉子，老大、老二感冒了，老三发高烧，都翻白眼了，俺吓坏了，一个女人家，难得俺不知怎么办，俺推醒了7岁的老大，哭着说：‘洲啊，老三不行了，你好生看着他，妈去找医生。’老大抱着他弟弟直哭，俺跑到部队上找来了卫生员。外面的雪一个劲地下，卫生员和俺抱着孩子跑到5里外的卫生院，在那儿打了针，回到家里，人家开始过年放鞭炮了。说起来不怕你笑话，那时俺家里连张囫囵席子都没有，炕上铺的都是老李从海边捡回来的破帆布。⑥是啊，航标人的工作维系着千万只船舶的安危，为了燃亮夜幕中那一盏盏灯光，保证行船的安全，他们日夜坚守在自己的岗位上，他们个个都是顶天立地的男子汉，但是，他们却无力照顾自己的家人。从他们的言语中，你听不到“奉献”和“牺牲”词语，但就他们的行为而言，不是奉献又是什么！

航标人中最苦的要算灯塔人，灯塔人中最苦的要数那些长年累月工作和生活在孤岛上的灯塔人。孤岛上的生存条件之艰险，是我们常人难以想象的。早在70多年前，德国人班思德在他的《中国沿海灯塔志》中就有这样的描述："夫海岸之灯塔，犹海上之逻卒也。处境岑寂，与世隔绝，一灯孤悬，四周幽暗，海风挟势以猛吼，怒潮排空而袭击，时有船只覆没之惨，常闻舟子呼援之声，气象之险恶，诚足以警世而骇俗也。"⑦在这些孤岛上，没有居民、没有水源，甚至连我们脚下的泥土都没有。孤岛上的饮用水、粮食和生活用品要靠陆地定期补给。遇到风浪天气，缺水断粮是常事。孤岛上气候潮湿，夏天闷热难当，蚊虫、蛇蝎颇多，稍不小心，就有会被咬；冬天虽没了蚊虫和蛇蝎，但阴冷、刺骨的寒风比蚊虫和蛇蝎更可怕……

镜头之三：忍受"刮骨疗毒"之苦

猴矶岛是一座无居民、无水源、无耕地的孤岛，面积仅有0.28平方公里，原来有一支部队驻守，部队缩编后撤离该岛。如今这座荒凉的孤岛上只剩下6个灯塔看守人和他们的家属了。猴矶岛上蛇蝎多，蝎子钻进被窝里、鞋壳里的事时有发生，被蛇咬的也不乏其人。岛上有个灯塔工人叫李海明，刚上岛时一次脚踝骨处被蛇咬伤，当时没有船往岛外送，只好自己处理，灯塔工人们七手八脚找来毛巾扎住海明的大腿，找来一把水果刀切开伤口放血，怎奈刀子不快，只好拉锯似地来回割锯，才连皮带肉地割下一块，好在李海明是条流血不流泪的硬汉子，硬是承受住了这"刮骨疗毒"般的手术，然后敷上蛇药，算是保住了一条命。⑧

灯塔看守人就是在这样的处境中，将自己宝贵的青春年华融入到了航海事业的建设与发展之中，但他们却质朴地说：守护好灯塔，保障过往船只的安全，是一个灯塔人的责任。看见灯塔的灯光，就如同看到了彼岸，那是光明、希望、到家的感觉。⑨

镜头之四：口衔油灯，赤脚攀崖

原长江航道局党委书记张祥麟在其回忆录《解放初期川江见闻录》中生动地描述了1950年航标船工的工作情形："（我们的船）不久就进入了举世闻名的长江三峡中的西陵峡，但见两岸高山对峙，水势汹涌，流速很急，水道也变窄了。船行中看到江中横卧着一个巨大石梁把江水分为两半，水道更窄了，水流更急了……我忽然看见船的右上方划来几条小木船，顿时觉得这情形很危险，当船靠近时我看到小船上有两个人双手握桨，奋力从船侧划过去，船上还有一面小红旗。船员告诉我这是川江有名的险滩——崆岭。这里航道狭窄，水流湍急，明石暗礁很多。过去曾有七八艘轮船在此触礁沉没，木船就更多了，所以人们把它称为"鬼门关"。方才那小划子是标志船，它告示右边多礁石船舶不可靠近。凡有来船它就划出来，船过后它就停在江边等待再来船，风雨无误。我想小船上的航道工人终日迎着峡风，有时还要淋雨，单身守着岸

崆岭险滩（长江航道局供图）

边孤舟多辛苦啊。”[10]

助航标志往往设在水文复杂、地势险要的地方，有许多标位都设在悬崖峭壁上。熊伯宗老人回忆说，巫峡深处，山高路陡，悬崖峭壁，杂草丛生，设置航标难度大，几乎每个标位都要翻越悬崖或在四面环水的石梁上设标。有时设一个岸标要用三四个小时。那些无处攀缘、无处生根的标位，叫人望崖兴叹，但更叫人无法忍受的是在设标过程中还要穿越近两米多高的杂草树林，有时被毒蛇缠脚甚至咬伤，一条裤子穿不了多久便磨破了。[11]巫峡有一座著名的标位，叫“碟子大个天”，设在悬崖上，每次移动这座标，航标工身背绳索，用抓钩钩住上面的固定物，然后脚登岩石，手抓竹杆，一步一步往上爬，到了上面，系好绳索，再把标灯拉上去，下来时双手握住绳索往下滑，手掌常被绳索磨出血。另一座叫“老鼠处”的标位则设在悬岩上，标下是紊乱的水域，航标船无法接近，只有绕道到高崖后再往下挪动，但一失足就会掉进滚滚长江里。但是，航标工们不畏艰险，扒开藤萝荆棘，硬是用牙咬住绳子套好的航标灯，脚蹬住岩石上的凸出部位，双手扣紧可触的石缝，慢慢地往下一步一步挪动，将航标灯放在准确的位置上。他们用身体挡住吹来的江风，划燃火柴点亮航标灯。每到黄昏，人们总会看见航标工口衔煤油航标灯，从高崖上艰难地上攀下挪点亮标灯。[12]巫峡的“南石角”处标位令人望而生畏，这里抬头是断崖绝壁，脚下是百尺深渊。为了这座灯标，20世纪50年代航标工在岩崖上凿了几级石梯，钻几眼指孔，移标时航标工背几十斤重的三角架，赤脚登上石梯，用食指抓住岩上的石孔向上攀登，一旦失手就有坠入深渊的危险。[13]川江上的黄颡洞地势险要，但为了行船的安全，必须在该处设立一座岸标。谈及当初设标的情景，曾庆龙老人回忆说，那里（黄颡洞）的自然条件极为恶劣，设标点的上面，悬崖似刀削斧劈卓然屹立；设标点的下面，江水急穿岸洞，泡旋翻滚。航标艇接近洞口标位，随时都有被这泡漩和岸洞急流推向岩石撞碎的危险。面对这只“拦路虎”，航标工夏永华身背绳索、木棒，扒开藤萝荆棘，脚蹬手扒岩缝，像壁虎一般，经过两个多小时的艰苦攀登，在距黄颡洞40米处，登了上去。他的十个手指都磨破了，在石壁上留下了斑斑血痕。他将木棒插入石缝，人骑在木棒上，用绳索将9斤重的三角航标架牢牢地吊在木棒上，从此，黄颡洞有了第一座岸标。[14]

往日的航道工人，白天晚上均在水上，天天住梢划子，一遇刮风下雨，船上就无法躲避，只能跑到附近的岩洞避雨。由于没有住处，一些航标工人的家属就住在离航标船不远的岩洞里，生儿育女。据苗毓亮回忆，航标工乔汉成、杨开启、陈贤忠等人的妻子就是在岩洞里生的孩子。[15]

当时的航标灯是煤油灯，风一刮就熄灭了，航道职工常常冒雨去恢复标灯。那时没有雨衣，工人们长期披蓑衣工作，雨一淋湿就格外笨重。一个航道站，一般都有几十盏煤油灯。每天晚上发灯，每天早晨收灯，风雨无阻。很多点灯航标工一双手由于点灯烧的次数多了，大拇指和食指被烧成了一层又黑又厚的皮。特别是在盛夏高温季节，在一个小小的船头舱里，点燃几十盏煤油灯，不说别的艰苦，光是煤油灯烘烤的热气和煤油烟的呛味，就叫人难以忍受。[16]每天下午三四点钟就出去发灯，第二天早上收灯。无论收灯和发灯都得先将划子推到航标站所管辖最上端河段上，再从上游往下游进行，遇上激流，人就上岸拉船，若太急的水流，要反复几次才能点上浮标灯，在收灯时，为了节约煤油，天不亮就推划子到上游河段上，等到天刚亮就开始收灯。……说起来，航标站工作是为了行船安全，而航标工自身做的却是不安全的工作，同凶滩恶水作斗争，冒着生命危险在激流和环水中点灯设标。[17]

航标人有个专业术语叫“跳标”，这是一项极其危险的活儿。据谷海源回忆，有些标位因为水势复杂、流速太快，机艇无法靠近标志船。机艇只得从标志上游往下行驶，航标工手提十多斤重的煤油航标灯站在船头上，待机艇飞速擦过标志船的一瞬间，一个箭步跳上标志船，把灯拴好。机艇到下游掉转头，沿缓流上行，再次擦过标志船时，航标工抓住毫竿又跳回机艇，稍有不慎，就有落水、被机艇刮伤甚至丧命的危险。[18]多少年来，他们为了保证航标发光，让船舶航行安全，不顾个人安危，小心翼翼，把标灯设在既定位置。面对这样恶劣的环境，航标工没有退却、没有惧怕，而是以乐观、开朗、认真、严肃的姿态和青春的活力，保证了行船的安全。

长江航道局一位80岁的航标老人

回忆说，“早期航标工人的工作是很辛苦的，口衔煤油灯，赤脚攀悬崖是50年代川江航标人最常见的劳动方式。他们的生活是很艰苦的，没有粮食，他们就吃‘观音土’。航标干部下去，要实行‘四同三化’，即同吃、同住、同劳动、同学习。吃这种东西，连大便都拉不出来。为了节省粮食，‘米坨坨’里要参上石灰，这样可以将米发得很大”。这是早期航标人工作和生活状况的真实写照。为了行船的安全，为了祖国航运事业的发展，这些孤岛上的灯塔人不畏工作和生活环境的险恶，长期与家人分离，经受着生理和心理上的痛苦与煎熬，但是，他们并没有因为工作的艰险和生活的孤寂而退却，反而几十年如一日，“献了青春，献终身；献了终身，献子孙”。航标人的工作充分体现了“燃烧自己，照亮别人”的“航标灯精神”。正如镇海航标处的孔泉福老人所总结的那样：“许多年来，行业的几代人，他们传承了‘清苦、自强、团队、奉献’的灯塔品质，蹉跎一生，无怨无悔。”⑲

①冯心恺：“航标闪闪指征程”，《珠江水运》，2006年第4期，第30页。

②张毅：“生命之光在孤岛燃亮”，《不熄的航标》。北京：人民交通出版社，1993年，第51页。

③中华人民共和国海事局编：《中国灯塔》，北京：人民交通出版社，2000年，序言。

④孙为刚：《远洋渔歌》，北京：中国文学出版社，1993年，第29-31页。

⑤孙为刚：《远洋渔歌》，北京：中国文学出版社，1993年，第38-40页。

⑥孙为刚：《远洋渔歌》，北京：中国文学出版社，1993年，第45页。

⑦班思德著：《中国沿海灯塔志》，李廷元译，海关总税务司公署统计科印行，1932年，第36～37页。

⑧孙为刚：《远洋渔歌》，北京：中国文学出版社，1993年，第152页。

⑨周建顺：“灯塔人的感情”，《北方航标》，2003年第3期，第46页。

⑩张祥麟：“解放初期川江见闻录”，中共长江航道局委员会：《长江航道回忆录》，第1页（1996年内部刊行）。

⑪熊伯宗：“岩洞里的婚礼”，中共长江航道局委员会：《长江航道回忆录》，第97页（1996年内部刊行）。

⑫中华人民共和国海事局组编：《中国航标史》（内部资料），2000年，第308页。

⑬中华人民共和国海事局组编：《中国航标史》（内部资料），2000年，第302页。另见奉节航道处：“唯有事业永存”，《不熄的航标》。北京：人民交通出版社，1993年，第102页。

⑭曾庆龙：“川江‘日航夜泊’历史的结束”，中共长江航道局委员会：《长江航道回忆录》，第133页（1996年内部刊行）。

⑮苗毓亮：“解放初期三峡航道工人生活的回忆”，中共长江航道局委员会：《长江航道回忆录》，第95-96页（1996年内部刊行）。

⑯谷海源：“60年代我到川江航道工作的感受”，中共长江航道局委员会：《长江航道回忆录》，第78页（1996年内部刊行）。

⑰姜凤章：“我为祖国富强而奋斗”，中共长江航道局委员会：《长江航道回忆录》，第120页（1996年内部刊行）。

⑱谷海源：“60年代我到川江航道工作的感受”，中共长江航道局委员会：《长江航道回忆录》，第77页（1996年内部刊行）。

⑲孔泉福：“东海上的海礁”，《宁波晚报》，2005年9月8日，第20版。

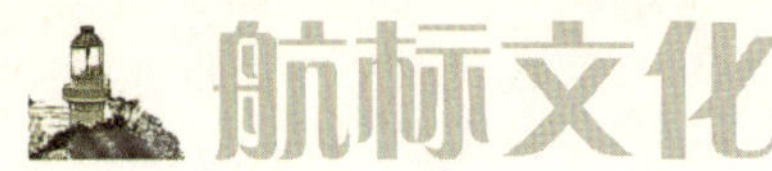

二、现代航标人：铁肩担大义

20世纪80年代初期，经国务院、中央军委批准，海军管理的海上干线公用航标移交交通部管理。随着改革开放进程的加快，中国沿海航标进入全面现代化建设时期。[①]部分海军战士脱下军装，继续从事航标的维护和管理工作。他们虽然脱下了军装，但仍保持着军人尽忠守职的品质和坚韧、务实、干练的工作作风。同时，随着航标事业的发展，陆续有人走进了航标的“大门”，我们暂且称这批人为现代航标人。

（一）守卫“普罗米修斯之火”

普罗米修斯因给人类带来了光明而成为人们心目中的光明之神，但是，有多少人知晓那些长年坚守在半岛和孤岛上，在黑夜中为迷失航向的船舶燃亮“水上星星”或“海上明珠”的灯塔人呢！

“有一些行业可能需要人们一辈子去坚守，甚至是付出生命；有一些行业

七里峙灯塔（摘自《中国灯塔》）

可能人们一辈子都不会去接触，更别说理解……灯塔工就是这样的职业”。[②]

每当夜幕降临的时候，海岸上矗立的灯塔就成为一道最迷人的风景。它的光束冲破黑暗，引导航海者避开恐怖与危险的暗礁，像希望的灯火指引着游子回家。它是光明与希望的象征，但是，在给予他人光明与希望的同时，旋转的灯光也在讲述着守塔人守卫这生命之火的故事。

为了进一步了解、感悟灯塔人的日常工作和生活，加深对航标文化与航标人的认识，2007年6月7日我们来到青鱼滩、镆铘岛和苏山岛调研和体验生活。我们试图从灯塔人平凡的工作和生活中提炼出航标人的奉献精神。尽管生活史是一种口头叙述，但它清楚而又广泛地记载了一个人的生活，提供了一种对生活方式的生动描绘。人类学的研究也表明，个人生活史(LifeHistories)对于我们理解研究对象如何感知世界、对应社会变迁等问题具有重要意义。[③]

1. 青鱼滩灯塔

青鱼滩灯塔坐落在山东省荣成市爱伦海西侧高地，离市中心15公里。穿过山脚下的小镇，汽车驶入狭窄的林间小道盘旋而上，在通往灯塔的路旁边，满是高大的松柏。

灯塔与值班室、办公室一同驻守在一个绿树掩映的小院子里，两座白瓷砖墙、红屋顶的房子分外醒目，紧挨着两座房子的石砌白色圆形塔，就是青鱼滩灯塔。据青鱼滩灯塔班班长刘新伟介绍，这两座房子是1963年灯塔初建时的配套老建筑。1963年刚建成的时候，灯塔用的是乙炔灯；1980年改建，用柴油机发电，改用电灯。

青鱼滩灯塔 又名海猫子头灯塔，塔高14米，射程25海里，位于黄海北部，山东省荣成市青鱼滩上，建于1963年，1980年重建。主要为由成山头至胶州湾、石岛等港口的船舶助航（王晓雷摄）

从小院仰望青鱼滩灯塔，灯塔在蓝天的衬托下显得格外洁白，格外醒目。灯笼底部是一座白色圆柱形塔身。顺着窄窄的螺旋形铁梯爬上灯笼，海面上的景象便可尽收眼底。灯笼不大，只能容得下三四个人。灯器设计得十分简洁，由24块起聚光作用的鼓形透镜组成，镜片镶嵌在金光闪闪的铜器上，灯器中心就是一个椭圆形的金属卤化物灯。鼓形透镜是20世纪60年代安装的，虽然经历了近半个世纪的岁月，但在灯塔工们的精心维护下，除了有一块镜片后部缺损了一点外，灯器设备依旧完好如初。镶嵌透镜的铜器散发出黄金般诱人的光泽，这是灯塔工每天细心擦拭的结果。

在青鱼滩灯塔工作，要经得起大风大雾的考验。灯塔刚好处于风口位置，在这里，七级以上的大风并不罕见。据灯塔工老刘说，狂风的时候，站在塔顶维护灯器，听着外面风呼啸而去，心里还真有点不踏实。灯塔工最怕雾天，青鱼滩的雾说来就来，一来就是十天半个月，它的穿透力很强，门窗都挡不住，灯塔工人的被褥就会潮呼呼的，那种湿冷会渗到人的骨头里，晚上常常只能是困极了的时候和衣而眠。尽管如此，淳朴的老刘说，咱这里有淡水有居民，比起在孤岛上的灯塔，青鱼滩的条件已经很不错了。

老刘是1982年参加工作的，曾在苏山岛等灯塔守灯，2000年才调到青鱼滩灯塔工作。他说，虽然换过几个地方，但从没有离开灯塔，灯塔工人都一样，一旦认准了这工作就不会轻易离开。灯塔小院里有一棵枝繁叶茂的无花果树，老刘清晰地记得，2000年他初到青鱼滩的时候，看山的老人特地告诉他，这棵树和灯塔的年龄一样大。

在青鱼滩灯塔日志上简短的记录着，“2003年7月28日，灯塔遭到雷击。灯器、充电机被烧毁，经过灯塔站人员维修，当日恢复正常工作”。老刘记忆犹新地说道，“夜里那雷打得震天响，当时我和值班的老秦都挺紧张，就怕雷打着灯器。可偏偏怕什么来什么，一个响雷打下来，变电箱里顿时冒出了一个大火球，灯一下子就灭了。这下可急坏了我们，天气越是糟糕，灯塔对航船就越是重要。我们立刻联系了站里的维修人员，和他们一块，咬牙上灯塔维修，弄了两三个钟头，才恢复发光，当时心里甭提有多高兴”。“记得还有一次，大概是2004年冬季，下了一场大雪，持续了好几天。白天还好，晚上那雪不一会就把灯笼外面的玻璃给糊住了，我们每天值班时，过几个小时就得爬到灯笼外面去擦雪……”。听到这儿，我们下意识地仰头看了看那座高高耸立的灯塔，灯罩外只有窄窄的铁梯，想像着老刘和他的伙伴在肆虐的暴风雪中奋战的情景，我们不禁倒抽了一口凉气。面对我们的采访，冬天凛冽刺骨的寒风暴雪、夏日肆虐的电闪雷鸣、阴霾蔽日的浓雾……这些在他的口中都只是轻描淡写地一带而过，仿佛它们也只是生活中再平常不过的事情，而在他们的眼神和表情里更多流露出的是对灯塔、灯器所特有的情感。

老刘一天的工作十分单一、机械：

日出时分熄灭航标灯，上午进行设备维护，下午进行安全检查，日落时分点亮灯塔，上半夜和下半夜和另一个值班的灯塔工人轮流察看灯器的运行情况。“以前需要柴油机发电供灯塔发光，所以还有察看和维护柴油机的工作。80年从山下村子铺设了供电线路，就很少用柴油机发电了。现在科技发展很快，没准过几年灯塔就完全实现无人值守了，到时候我也该回城里工作了”。说到这里，老刘的眼里流露出一种难以言表的神情，说不上到底是兴奋还是伤感。

长期以来，由于人们对灯塔人的工作缺乏了解，误认为他们的工作轻松、生活清闲。实际上，他们的工作既辛苦又危险。在一线工作的航标工，由于长年工作和生活在潮湿的半岛或孤岛上，很多人都患有关节炎、肩周炎或皮炎；由于补给困难，正常饮食常得不到保证，他们许多人都有慢性胃炎、肠炎等疾病；但是，令他们最难以忍受的却是日复一日的机械重复、年复一年的孤寂。我们注意到院子里有一小块地，边上种满了绚丽多彩的月季花，里面种着土豆、向日葵、辣椒等作物，看上去生机勃勃。但谁会想到这一小块地，是他们花费了几个月的时间才开垦出来的呢？据老秦回忆，他当时来青鱼滩看守灯塔时，这里还是一片不毛之地，今天的这块菜地是他和伙伴们一筛子一筛子将石子筛出，再从山下把土背运上来，才开垦出来的。“不忙的时候就种种菜，侍弄侍弄月季花，也是调剂生活嘛，”老刘如是说。“咱还能一周回一趟家，比起苏山岛个把月上不了陆地，咱这儿的条件好太多了；就是比起镆铘岛，咱的条件也算好的”。面对这些世界上最能吃苦、最耐得住寂寞却又最容易满足的灯塔工，我的思绪沿着海岸线飞向镆铘岛……

2. 镆铘岛灯塔

关于镆铘岛这个名字的来历，有一段动人的传说。镆铘，是一柄旷世宝剑的名字。据陆广微的《吴地记》卷九·匠门记载：吴王使干将铸剑，铁汁不下。干将妻莫邪问计，干将曰：昔先师欧冶子铸剑，曾以女子配炉神，即得。莫邪闻言投身炉中，铁汁出，铸成二剑。雄剑“干将”，雌剑“莫邪”。④后写为“镆铘”。镆铘岛，因为形状与镆铘剑酷似而得名。镆铘岛位于山东省荣成市东南方，原来是一座孤岛，涨潮时与大陆分离相望，退潮时有滩涂与大陆相连。1969年，建成了一条公路与大陆衔接成为半岛。虽然称为半岛，但由于深入海洋，气候条件仍然和孤岛无异。镆铘岛地处黄海要冲，附近海域礁石错综复杂，加之雾气浓重，从前南上北下的船只主要仰赖灯塔才能避开浅滩和礁石。

一个浓雾深锁的下午，我们乘车沿

着并不平坦的半岛公路来到了镆铘岛航标站。迎面走出来两个穿着制服的航标工人。一个是身材较为瘦小却神采奕奕的老许，另一个是身材健硕、面孔枣红的小肖。

老许1978年在海军部队的时候就在镆铘岛上干灯塔工作，转业后，他继续留在岛上照看灯塔。至今他陪伴灯塔已经有近30个年头了。他热情地带我们参观了灯塔，小肖却显得有些腼腆，没聊几句就出去了。当他再出现的时候，桌子上魔术般地摆上了几大碗菜肴，有酱烧八带鱼、辣椒炒肉、红烧鱼，原来他专程去采购原料准备晚饭了。老许乐呵呵地说，今晚的饭很丰富，咱们可是跟着你沾的光啊！来，咱们边喝边聊。小肖拿出一瓶二锅头。岛上湿气太重，得喝些白酒才能祛湿。

几杯烧酒下肚，大家脸上都泛出红光，话不知不觉就多了起来。肖辉强，原本就红彤彤的方脸此时此刻显得更鲜亮了。“老许是我师傅，1984年我刚来的时候就是跟着他学习看护柴油机。我老爸也是干航标工的，也许是受了他的影响，我才来干航标这行。开始的时候，一下子来到这荒岛上，整天眼前就这几个人晃来晃去，觉得可孤独了，闲暇时连打扑克的人都凑不齐。于是我就自学无线电，帮附近村里的人维修电视或收音机什么的，从不收钱，这也算是排遣寂寞的一种方法吧。这地方与外界接触很少，所以航标站光棍特别多，我刚来那会，站里有一半多是光棍。我媳妇是本地农村的，是通过别人介绍才认识的，我是1992年才结的婚，1998年单位给分了一套房子。虽然房子的面积不大，但也挺满足的。那时候航标人的工资很低，不到三万元的房子，我还借了一万多元才买的起。现在孩子都十几岁了，这辈子就是灯塔的人了。要说灯塔这工作，最重要的是责任心，这一点已经扎根到了我们的心里……”

老许接着说道，“岛上工作是挺单调的，可又离不开人，条件比城里差得远，每天的工作几乎一样，做久了也挺烦人的。可我们都知道，不能怨天尤人，这就是我们的工作。灯塔该亮的时候不亮，对我们来说就是失职，就是犯错误，就是大事故，海上就可能出现海难。所以大家伙都有一种责任感，自然就要尽力把工作做好。”

“你知道吗，《灯塔世家》的外景就是在咱们院里拍摄的，我儿子还背着书包演了个角色呢，哈哈……”说到儿子，老许眼中流露出无限的怜爱和自豪，可转而却又黯淡下来。“可我对他关心的太少了，平时在塔上难得回去一趟，学习、生活都是他妈管。儿子扳着指头都能数出来我在家过过几个年，跟你说句实话，我觉得很对不起他们娘俩啊。”一仰脖，一杯二锅头把无限愧疚送进心底。黑暗中，灯塔的光柱在不停地旋转，好像也在聆听着他们的述说。

第二天凌晨4点12分，小肖就已经起床上灯塔了。我们睡的被褥潮湿得像刚从洗衣机里拿出来，这是我们所始料未及的。由于被褥太潮湿，我一大早也醒来了，看到他上灯塔，也就跟着上了灯塔。关灯，检查线路，擦拭灯笼，清洁透镜，他做的有条不紊。随后他又开始清扫楼梯，然后又检查一遍各种器材，最后才下塔。我下意识地看了看手表，这时还不到五点半。

"每天都这么早工作吗？"我对这样的工作时间显然不习惯。

"是啊，要是8点半灯还亮着还不让人笑话啊！"小肖笑着说。

"昨天你们肯定没睡好吧？"小肖关切地问，"岛上的条件就是这样，大风大雾大老鼠。有时候那雾上来，一个月见不着太阳，被褥潮的能挤出水来。我刚来岛上那阵子，也因被褥太潮湿而常常睡不着，过了很长时间才习惯。在岛上工作的人个个都患有关节炎，上塔的时候，爬着爬着膝盖就会突然不听使唤。这还是次要的，最可怕的是单调和寂寞。原来用柴油机发电，还有空压机控制雾号，夜里两小时一班，时刻都得守着。现在技术进步了，用不着柴油机，每天就是随着太阳升起的时间起床，关灯、保养灯器，搞搞卫生；晚上再把这些倒过来做一遍，几乎每天都是

镆铘岛灯塔（天津海事局供图）

这样。唯一热闹点的就是周五大保养，六个人都到齐了，把灯器设备包括外墙玻璃整个清理一遍。”

波兰作家显克微支在《灯塔看守人》里说，对于灯塔看守人，“灯塔也就一半等于坟墓”，但是孤独的灯塔却能使漂海的人减少孤独，坟墓般的灯塔却是生命的护卫者！苏山岛的灯塔上就驻守着几位这样的生命守护者。

3. 苏山岛灯塔

说起苏山岛，和青鱼滩、镆铘岛不同的是，它是一座孤岛。它位于黄海前哨的最东端，距陆地6海里，海拔115.5米，面积只有0.47平方公里，岛上没有淡水源，没有耕地，也没有居民，遍地是乱石杂草，时常有毒蛇出没。

苏山岛在青鱼滩、镆铘岛航标工人的口中，就是艰苦的代名词，他们都说自己的条件比那里好多了。究竟是怎样的生活？我们带着这样的疑问登上了苏山岛的简易码头，迎接我们的正是老贺，一个豪爽的湖南汉子，他已经驻守苏山岛20多年。沿着崎岖的山路，我们弯着腰低着头向山头的灯塔攀登而去。

路上，老贺向我们介绍起孤岛灯塔工的工作和生活。苏山岛冬天刮大风、下大雪，外面冰天雪地，屋内的顶棚和四周的墙壁都挂着厚厚的一层霜。春天有大雾，空气潮湿，被褥衣服都能拧出水来，衣服晾在绳子上都会长毛。到了夏天，为了躲避岛上凶猛的蚊虫，天再热也得忍受闷热的折磨，把自个儿捂得严严实实的。

岛上没有耕地，没有居民，也没有淡水源。粮食和菜都要靠半个月一次的补给船往上送。粮食还能放得住，可蔬菜不行，放不了多久就会烂掉，不敢多送。岛上吃的最多的，冬天要数胡萝卜、大白菜，夏天是土豆和洋葱。岛上的简易码头，遇上大风船只根本靠不上去。要是连续刮几天大风，连胡萝卜都送不上来，有时只得吃野菜。可野菜吃上一两顿还可以，吃多了，脚腿都会肿。所以我们最后就只得拿馒头蘸着酱油吃了。

来到灯塔站，我们最先看到的是奇怪的平房，每栋平房的上面都有半尺来高的水泥围墙，有一根水管从围墙里通出，连接到地下的蓄水池。这就是他们的淡水来源，靠收集雨水来维持日常的生活用水。蓄水池已经使用十几年了，边缘布满了青苔。贺正来说，遇上连续二十天不下雨，这雨水是要限量的，每人每天就只有一脸盆。

孤岛折磨人的不单是艰苦，更有那极度的孤独寂寞。到了冬季海上风急浪高，岛上冰封雪盖，对外交通也断绝了。没有游人，没有花草，连飞鸟也不见了踪影。岛上共有4个灯塔人，除去休假，平日里只有两三人在岛上，成天就是那么几张面孔，最后就连聊天都没了话题。站里虽然给他们订了报纸，但只能随供给船送上来，等送到岛上来也都成了“半月刊”了。那份孤独、寂寞，不是常人所能体会得到的。“但是，这活总得有人干。既然我们干了，就一定要把它干好。”老贺说。

上岛很不便，遇上紧急情况，更是急得人团团转。有一次值班工人突发急症昏厥，来接的船由于风浪大，根本靠不上岸，最后动用了直升飞机才将他及时送到医院。

岛上环境恶劣，可贺正来他们却靠着一股不服输的韧劲，扎根海岛，靠努力改变了环境。灯塔发光，需要柴油机供电，所需的油料、设备都要由补给船运到码头，再由人力搬运到山顶。每次补给的油料重达几千公斤，他们就像泰山的挑夫一样，挑着百十斤重的担子，一趟趟往返于码头和山顶之间。脚上撵出血泡，肩膀磨出血痕，浑身沾满油污，他们全然不顾，硬是把油料全部运上山。1994年，在上级部门协助下，改善了岛上的条件，终于改变了靠人力运送补给上山的历史。

当我们问起老贺自己的事情时，他的反应几乎和镆铘岛的老许一样。对家人特别是女儿充满愧疚之情。原来他家就在与岛一水之隔的石岛镇，但是因为工作他很少回家。说起1990年冬

擦拭太阳能电池是灯塔人工作的一项重要内容（广东海事局供图）

天，他的语调一下子变得沉重起来。那时妻子临产，电话打到岛上，可风浪太大，出不了岛，急得没辙。等风小船来时，闺女已经出生一个多星期了。直到现在，女儿的生活学习也是妻子和岳母在照管，女儿见到他还是怯生生的。说到这里，贺正来有些伤感地叹了口气，“亏欠她们的太多了。”

又一位灯塔人，发出了同样的感慨。何止是两个，所有的航标人都是这样的。他们对航标事业怀着剪不断的情结，把本该留给父母妻儿的时间和精力几乎全部都留给了灯塔，留给了航标事业。对于家人，他们觉得愧疚，然而他们却无愧于航标人的光荣称号！

听说要搞太阳能无人值守灯塔，老贺显得很高兴，“太好了，我们终于可以到陆地上定居了。”他的脸上充满阳光般的笑容。技术的进步，带来航标事业的飞速发展，航标人欣喜于这样的变革，也努力适应着这喜人的改变。灯塔无人值守是科技发展的大势所趋，然而灯塔人的执著和责任永远不会消失，会随着时间而越发强烈。⑤

对于灯塔人而言，再艰苦的工作环境他们也能面对，但单调、寂寞的生活以及对家人的思念却令他们难以忍受。灯塔人是平凡的，平凡的就像一棵荒漠上的小草，但正是这一棵棵、一簇簇平凡的小草，编织出荒漠中那一片片绿洲，给迷失了方向的人们带来希望！也正是这一片片绿洲，给荒漠带来了生机！灯塔人又是不平凡的，他们的不平凡就在于他们的工作和生活过于平凡，就在于他们对平凡工作的热爱与执著，就在于他们的平凡工作与我们的平安幸福息息相关。

就现代灯塔人每天的工作而言，他们的劳动强度并不大，也没有过高的技术要求，然而难得的是几十年如一日地重复着同样的工作，始终如一地认真对待每一天的工作。正是他们的这种热情与执著、甘耐寂寞和默默奉献的精神，才保证了夜空中那不断旋转的光束，也正是这一道道划破夜空的灯光，才使那些迷失方向的船舶看到了回家的路，为绝望的人们带来了生的希望。平凡而又伟大的灯塔人，一如夜晚中发光的灯塔那夺目的光束，让人觉得安全而又温暖。无比的责任心、无私的奉献和执著的追求是对灯塔人最好的诠释。

（二）奔向光明的执著

在浩瀚的海面上，屹立着一座座巍峨的灯塔……日复一日，年复一年，它们永远默默地忠于自己的职守；在黑暗中照亮航道的同时，也照亮了它们自己。⑥它们把希望、信赖和光明赐予海上航行的船舶，它们也在明灭之间，见证了灯塔人工作的艰险与生活的执著。

在中国北部湾海面的涠洲岛上，有位两鬓染霜的航标工。40年里，他在通往灯桩的4公里长的悬崖小道上，每天来回二至三趟，日复一日，年复一年，终于在荆棘丛中踏出了一条闪光的路。他就是湛江航标处涠洲灯桩的航标工许承志。岛上是雷电多发区，最可怕的是雷电。一天傍晚，他从灯桩顶下来，在离地面两米高处，突然近处一道电光，一个闷雷爆起，他一阵昏眩，手一松，跌在地上……到灯桩的路弯曲、窄小、坎坷，路边长满仙人掌，里面藏着毒蛇、蜈蚣。一次，他拿着树枝去灯桩，沿途见蛇就打，一路就打死了几十条，条条有拇指般粗。1987年中秋夜，他从灯桩回来，途中不慎踩着一条竹叶青蛇，那蛇狠狠咬了他一口，若不是抢救及时，说不定就没有命了。⑦汕头船标处的灯塔人苏贵聪已记不清30多年来自己经历了多少次遇险。1979年8月2日傍晚，12级强台风袭击红海湾，为了不让台风将小木筏卷走，苏贵聪趁着浪涌向岸上拉木筏，一个巨浪打来，将他重重地摔倒在礁石上，顿时头破血流。同事把他扶进小屋，他在医院里昏迷了21天。医院为他做了开颅手术，取出一大块淤血，才捡回了一条命。还有一次，苏贵聪和谢声松在海上遇到台风，小船被掀翻，两人在大海里漂流了30多海里才侥幸被渔船救起。一次次与死神擦肩而过，没有动摇苏贵聪的信念：守护好灯塔，保障过往船只安全，这就是一个灯塔人的责任！

在孤岛上工作和生活是艰苦的，而更让人难以想像的是孤独。22年前，刚刚高中毕业的池才明第一次告别家人上岛守灯，就在荒岛上坚守了整整77天。下岛后，他一看见家人就禁不住热泪滚滚。他说：“岛上只有两个人，几乎没有生活内容，到后来连能说的话都找不出……”那是池才明第一次承受寂寞和孤独的折磨。22年后的今天，池才明依旧坚持在这座孤岛上工作、生活，一时的孤独还可以忍受，可是又有几个人能像他那样把寂寞和孤独憋在心里整整22年？他的宿舍里有一副1000多块的拼图玩具，可多年来，这副拼图却从未被完整地拼出来过，原来是他故意的。他说，如果哪天把拼图拼完整了，好像就失去了一份生活内容，心里总像少一点什么似的。

对于岛上生活，绝大多数人认为寂寞是最可怕的，但下三星灯塔主任乐康儿有自己的体会，他认为最苦的不是单调，也不是生活寂寞，而是断粮或没有蔬菜吃。一般来说，大米是可以保证的，但没有蔬菜吃是经常的事情。接下来让人比较揪心的事是家里有急事不能回去。有时候家人生病了或者有什么重要的事情，可没有船下岛，或者自己因工作脱不开身，岛上就那么几个人，一个萝卜一个坑，谁也顶替不了你，那可真叫人揪心啊。第三是自己或同事在岛上生病，真是叫天天不应，喊地地不灵呀。有一次，有个职工肚子痛，在床上打了一夜滚，大家急得不知该做什么，多亏第二天补给船来了，送到医院检查才知道，他得了急性阑尾炎，要是处理得不及时，他可能就没命了。还有一次，一个职工家属带刚出生不久的婴儿上岛探亲，结果小孩发高烧，幸亏部队的船将她们母子送到了陆地医院。

守灯人的工作有时也很危险，尤其是在台风季节。镇海航标处的乐康儿，有一次休假回岛上，当时海上涌浪很大，岛上又没有码头，小木船只能硬往礁石上靠，跳得不好就会跳到海里，这还好说，爬上来就是了，最怕的是被小船挤在礁石上，那可是很危险的。有一次刮台风时他到井边去提水，被台风吹的紧紧地贴在围墙上。好在还有围墙，否则就会被直接吹到大海里去了。2005年9月，“卡努”台风袭击上海，大戢山的风力达到了12级以上。12日凌晨，连续8个多小时的狂风暴雨，将大戢山灯塔DGPS发信天线刮断了两根，迫使发信台停止发信。25米的高塔，平时无风上去也会让人腿脚发软，何况要冒着9级大风上去，其难度可想而知，危险性更是可想而知。但是，为了保证船舶安全航行，池才明一咬牙说：“上，我来上去。”刚上到十米的地方，呼呼作响的大风把池才明的衣服吹得鼓起，身体的平衡受到极大的影响，再上去太危险了，他只好下来，用绳子把裤脚扎紧，用皮带保险绳把衣服收紧，把修理用的工具放进裤袋，不带工具包，一步一步登向天线顶端，将断了的天线头取下，拿到地面进行连接，待修理完成后，他顾不上休息，再次爬上铁塔把天线架上去……⑧

大竹山岛无居民、无耕地、无水源。这座海拔204.6米，面积1.46平方公里的孤岛上，驻守着7名灯塔工人，李宗民是其中之一。他1979年当兵来到长山列岛，先在北隍城岛，后到了大竹山岛，已有17年没离开海岛。说起自己17年的灯塔看守生涯，李宗民沉默片刻，然后操着一口浓重的日照腔儿说：“一言难尽，我家有4口人，老婆带着两个孩子在日照老家。1990年，我父亲病危，电报打到岛上，海上正刮着六七级大风，出不了岛，我急得团团转，等风稍一停，我搭船出了岛，马不停蹄地往家奔，回到家，父亲已经去世4天，家里等了我两天没等着，就火化了。唉，没见上最后一面。”说着，他眼里噙满了泪，“处理完父亲的丧事，我返回竹山岛，过了没几个月，又接到我母亲病危的电报，当时正赶上灯塔的大忙季节，我就在岛上忙了两天，安排好了塔上的工作，第三天赶回老家，母亲她已经去世了。唉，爹娘在天有灵，他们会原谅我这个不孝儿的。海岛工作，就这么个实际情况，没法子。”⑨

不知不觉中天色渐暗，夜幕降临，

孤岛上的灯塔慢慢睁开眼睛，巨大的灯器开始转动，明亮的灯光划破夜空，一闪一闪地射向远方和海面。远方依稀可见星星点点的渔火，灯塔的光芒犹如不眠人的眼，指引着南来北往的航船。"灯是不会熄灭的"（巴金语）。因为这是一种信念，这是一盏心灵的灯。岛上没有五颜六色的霓虹灯，没有穿梭的人流，没有花园小区内的笑语欢声。这里只有惊涛拍岸，只有机器轰鸣，只有灯塔和彻夜不眠的灯塔人。[⑩]

上述灯塔人工作和生活中的故事，让我们感受到了灯塔人身上的一种品质，那是一种坚韧、诚信、奉献的品质；那是一种敢于拼搏、敢于牺牲的精神；那是一种始终将航船的安全和祖国的航运事业装在心中的气节。人的生活意义在于人的精神的高尚，从某种意义上说，是"航标精神"或"灯塔精神"给予了航标人以崇高的生命价值和意义。在当今物欲横流、追名利逐的社会里，灯塔人的品质显得尤为可贵。在他们平凡的工作和生活世界中，我们看到了他们对平凡工作和生活的执著追求以及对人生真谛的深切领悟。正如宋江波在"叩问：灯塔魂灵"一文中所描述的那样，"他们的英雄业绩散落在平凡岗位上、平凡的劳动中，散落在他们情感生活的生命长河之中，散落在几代人不屈不挠的努力之中"。[⑪]这就是那些鲜为人知的灯塔人，他们日复一日年复一年地守护着灯塔，用青春和生命燃亮着灯塔之光；他们是夜空中的启明星，带着奔向光明的执著！

①中华人民共和国海事局组编：《中国航标史》（内部资料），2000年，第54页。

②赵菲、沈良中、刘引华："灯塔耀东海——走近洛伽山灯塔人"，《中国水运报》，2005年7月25日，007版。

③参见Chan, Anita, Jonathan Unger and Richard Madsen. Chen Village: The Recent History of a Peasant Community in Mao's China[M]. California: California University Press.1984.黄树民.林村的故事——一九四九年后的中国农村变革[M].北京：三联书，2002。

④孙为刚："夜太阳——烟台航标区海岛纪行"，《远洋渔歌》。北京：中国文学出版社，1993年，第144页。

⑤参阅孙为刚：《远洋渔歌》，北京：中国文学出版社，1993年，第141—144页。

⑥嘉期："灯塔颂"，《世界文化》，1995年第1期，第15页。

⑦中华人民共和国海事局组编：《中国航标史》（内部资料），2000年，第309页。

⑧上海航标处提供："甘愿青春伴海涛——上海海事局上海航标处大戢山灯塔主任池才明先进事迹"。

⑨孙为刚：《远洋渔歌》，北京：中国文学出版社，1993年，第157-158页。。

⑩孙为刚：《远洋渔歌》，北京：中国文学出版社，1993年，第157页。。

⑪孙大斌："大戢山灯塔散记"，《中国水运》，1999年第3期，第43页。

三、航标人的生活变迁

航标从其产生至今已有千余年的历史了。从最初的天然航标发展到人工航标，从最初的煤油灯到现在的灯器数字化，航标经历了从无到有，从人工点灯、守灯到部分灯塔、灯标无人值守，远距离进行监测、遥测、遥控，航标事业得到了空前的发展。随着时代的进步、科学技术的迅速发展和在航标建设与管理方面的应用，以及航标宏观管理与微观管理能力的提高等，航标人的工作、生活条件也发生了巨大的变化。

与历史情况相比，航标人生活变迁的原因，很大程度上来自于吨税制度的改革。船舶吨税是对进出我国港口的国际航行船舶按其注册的净吨位征收的一种税，简称“吨税”、“灯塔税”，由海关负责征收。我国自1952年发布“船舶吨税暂行办法”，开始征收船舶吨税。吨税起初由海关代征、财政部管理；其后列作关税的一种，由海关征收管理，所征税款全部上缴中央金库。1986年，国务院批准将吨税划归交通部管理，由海关代征，所征税款直接用于海上干线公用航标的维护和建设。在吨税划归交通部管理的过程中，我国交通主管部门和航标主管部门做了大量的工作。可以说，今天的中国航标建设与管理能够有这样大的成就，吨税使用管理制度的改革功不可没！因为吨税与航标科技的发展、航标技术装备的升级、航标人工作环境的建设及工作和生活条件的改善等有着极大的关系。

科学技术发展的最大功能，在于一步步地将人从繁重的体力劳动中解放出来。在航标科技的发展过程中，我们也可以看到这一基本脉络：人类技术进步的成果总是很快地应用在航海和助航领域，有些技术曾多年来处于科学进展的前沿。航标助航技术进步的历程，从其提供的方式和服务的范围也可以看出发展脉络：由天然到人工，由陆地到水中，由近程到远程，由陆基到星基，由实体到数字，由参考定位到精确定位，由单一助航到综合信息服务。

从我国情况看，航标科技进步一直在持续进行，而国家财政给予的重点支持——吨税专款专用，成为航标发展建设的基本保障。从目前来看，我们目视航标的技术进步主要体现在光源、能源和自动控制方面。航标的光源，从油绳灯、乙炔气、油气燃烧器进展到电弧灯、钨丝灯、卤素灯、发光二极管(LED)、激光发生器等，灯光射程和光效能得到成倍的提高；发光控制装置由人工控制逐步发展到机械控制、电子自动控制，比如旋转灯器和闪光灯器的周期和灯质的控制已经全部实现了智能化；能源方面也逐步采用可再生的波浪能、太阳能、风能发电装置，基本实现了节能和环境保护。这样的科技进步，自然大大解放了航标人。

导致航标人生活变迁的第三个原因，就是航标管理水平的提高，无论从宏观管理还是从航标业务单位的微观管理方面都是如此。随着社会的进步，以人为本的理念逐渐深入人心，人性化管理水平日益提高，这也是航标人工作与生活变迁的重要前提。

在进行了航标人生活变迁基本原因的讨论之后，我们需要具体地告诉大家这些变迁的内涵是什么。为了理解的方便，我们将采用“生活史”的写法，力图通过一些航标工生活史的描述，让您看到这一变迁的全貌。

生活史是社会记忆的原材料。在这里，我们将从个人生活史的角度，进一步理解航标人的工作、生活和心理变迁历程。人类学家的目标是尽可能地亲身体验所研究社会成员的生活，收集生活史方面的资料，以理解当地人的生活经验。近些年来，人类学家越来越多地使用口述证据，或访问一些人，通过口述史听到普通人的声音，以了解他们的某种记忆。这种通过口述史获取的资料能够产生一种触摸过去的令人兴奋的“现实”感受。我们知道，时间的流逝已经深刻地改变了我们的生活方式，而生活史作为一种个体经历，提供了对一种生活方式的生动描绘。[①]因此，对过去的人和事件的回忆和描述，有助于我们理解重要的事件和更一般的历史，有助于说明最近的社会变迁状况。

在这里，我们从航标业的不同工种入手，聆听来自不同层次人员的声音。这些声音可以从一个侧面反映出航标人在应对社会变迁过程中的心理历程，比较真实地反映航标人的社会生活与实践，以及他们对航标业现状的看法与评价。这对于我们从不同的侧面了解航标人的生活变迁具有重要的启示性。

蒋师傅，1973年从部队转业分到宜昌航道局，开始时主要从事航标维护工作，后来调到航道局机关。他的叙述给我们描述了一个早期航标人的工作场景：

刚来的时候宜昌航道局还没有航标艇，维护航标的船是竹排筏子或60马力的木船。每天晚上都要值夜班，观察附近的航标灯有无流失、熄灭。夏天推筏子，收灯，一个站负责30～40个岸标，还不包括浮标。每天都要与航标见面，不管夏冬，每天至少要出巡两次。每天的工作十分单调，天一亮，起床用拖把抹船（因晚上有露水），夏季打磨船，涂铜油。出巡的工作主要是移标、清理竹排上挂的杂草等。夏天杂草特别多，很难清理，干一天下来累得腰酸背疼，只想躺下睡觉。因为没有专门的炊事员，男人们轮流做饭，每人一天，当时做饭烧的是散煤。出航回来后还要开会，总结一天的情况。那时站上没电视，除了工作外，没有其他什么娱乐活

早期长江航标工以篾缆系草包装土固定浮标（长江航道局供图）

动，至多是几个大男人坐着聊天，天南海北地瞎聊。

那时候还没有社会保障制度，医疗条件也很差。干这一行的，许多人都有风湿病。尽管工作、生活条件艰苦，但那时的人，不讲待遇，只讲奉献，不像现在。那时一年只有52天的休假，但因人手不够，有好多人都没有休过完整的假期。

王老是1948年从海事班毕业的，1948年底，被分配到江汉关，从事航标补给管理工作，下面是他的一段回忆：

1949年5月16日汉口解放，我就一直在长江航道局工作，作航标技术员。当时的所谓航标实际上就是一个大原木。解放初期，航标工人的工作是很辛苦的，口衔煤油灯，赤脚攀悬崖是20世纪50年代川江航标人最常见的劳动方式。早期，长江（中游，包括汉口以下）用的是竹浮标“竹头”，洞庭湖用的是原木浮标。当时长江下游用的是灯船。江阴以下老早就用铁浮标了。“文革”前，在南京开始搞电气化试点，1964年、1965年开始用半导体。20世纪70年代开始用铁质浮标代替竹头。以前是“万里长江，险在川江”，而现在是“万里长江，险在荆江”，这里，长江九曲回流。一般而言，枯水期航标工的工作最忙。

在我们航标行业中最苦的要算是灯塔人了，他们长年工作和生活在海疆前沿、湍流边缘或偏僻的孤岛上，用青春和热血点燃了一座座永不熄灭的灯光。当时由于整个国民经济都比较落后，他们的工作和生活条件都相当艰苦，尤其是那些孤岛上的守灯人，没有电，他们就用煤油灯；没有淡水，他们就接雨水喝；没有蔬菜，他们就吃野菜或咸菜疙瘩或吃“酱油饭”，遇到暴风雨天气，他们甚至面临断粮的危险。

20世纪80年代后，航标人的工作和生活条件有了巨大改变，但他们的工作依旧很艰苦，也比较危险。实际上，出海本身就是一件具有冒险性的工作。虽然现在配备了航标船，现代化的程度也高了，但出航巡检航标还是很辛苦的。天气好的时候还好说，遇上风浪天气，航标灯出了问题也得去修啊。普通人可能不知道，海上最可怕的不是浪，而是涌，船被拱得晃来晃去，胃里翻江倒海，吐到昏天黑地，工作还得照常干。有风浪的时候，维修浮标就变得更困难了，船和浮标晃来晃去，跳标需要格外小心。

刘老1959年参加工作，干了一辈子航标。他的感受反映了老一辈航标人的内心世界。他自己的亲身经历，描述了信号台工作人员的艰苦生活，以及他们乐于奉献、甘于寂寞的精神。

三峡蓄水之前，长江上狭窄水道交通的指挥协调全靠信号台。信号台，是设置在水道拐弯处指导行船的台站。信号是由悬挂的信号标发出的，信号标用竹篾编成，做成不同的形状，刷上不同颜色的油漆，当地人称为“靶子”，信号工就被叫做“扯靶子”的人。不同形状不同颜色的“靶子”发出不同的指令，两个三角形并列表示禁行，尖向上的三角表示上行，尖向下则表示下行，黑色或红色（依背景颜色不同而定）的菱形（1953年之前用圆形）是有雾的信号。在汛期，上游会把砍伐的原木绑成筏子，顺着水流运输，这些筏子没有动力，没有舵，因此无法避让也无法调头，下游上行的船只只有依靠信号台及时发出的信号采取避让，避免相撞的危险。以前，信号台之间的联络主要依靠可见的信号标和号角、铜锣等，1966年信号台才安装了内部电话，这样一来联络就方便多了，工作效率也大大提高了。

信号台上的生活是艰苦而枯燥的。改革开放之前，每个人每月只有半斤油，斤把豆腐干，凭票到市镇上去购

如今信号台（长江航道局供图）

买。为了节省开销，好多信号台的信号工，捡江边的石头围成小园圃，里面垫上土，自己种菜。其他的食品、生活用品都得自己花钱买。信号台通常离市镇都比较远，而且路况不好，来回要花上大半天的时间。有些信号台，运煤很难，就自己上山砍柴烧。后来，由航标船每个月给信号台送煤、米和其他给养，生活状况有所好转。

信号台的居住条件也比较艰苦。固定台，住土墙的房子，活动台，则住木板房，需要根据水位的变化移动房子的位置。真可谓逐水而居，居无定所。信号工没有办法顾及到家庭，有的信号工索性把家搬到信号台，以台为家。工作很单调，每天都记录水文情况、每艘船的通过时间、船只基本状况等，悬挂信号标，降下信号标。台上工作人员少，连娱乐活动都组织不起来。可是信号工也有自己的乐趣，看着航船安全地从自己的信号台下面缓缓驶过，船员挥着手臂和自己打招呼，心里充满了成就感。

以上是部分早期长江航标人的回忆，他们大都是解放前加入航道行业的。他们亲身经历了解放前后航标业的变革与发展。从他们的回忆中，我们看到的更多的是航标人的艰辛与辛酸。解放前，航标业主要掌控在外国人手里，航标人没有人生自由，没有工作和生活保障。新中国成立后，长期身处社会底层的航标人成为国家的主人，正如崔老所说的那样，（航标人）翻身作主人了，航标人的社会地位一下子就提高了，工作起来也起劲了。他们大都来自农村，出身清贫，虽然月薪并不高，但与父辈或家乡的同龄人相比，他们的收入状况要好得多，因此，大多数人对自己所从事的工种都比较满意。另外，由于特殊的历史经历，他们从心底里感激党把他们从苦难中解救出来，并希望能通过自己的工作来回报党和新社会。因此，他们多数人都有比较强的责任感和奉献精神。这可以说是早期航标人的群体特征，也是新一代航标人应该继承和发扬的职业品质。

再看看沿海航标人的情况。现任花鸟山灯塔主任的武振民，1977年开始从事航标工作，至今已有30个年头了。1983年起任灯塔主任，一直从事灯塔管理工作。

1983年，我调到菜花灯塔做灯塔主任，菜花是一个孤岛，工作和生活条件比较艰苦，顶多一星期补给一次，如果遇到台风可能一个月补给不上一次，吃酱油汤是常事。在雷雨季节，灯塔最容易遭雷击，因为灯塔上有许多电线和铁器。一般都是落地雷，很可怕的。有一次，我们的机电房遭到雷击，响雷一个接一个地落到地上，只见地上火球乱窜，电源闸刀上被打得到处都是洞，人吓的连动也不敢动，真的很危险，弄不好就会被雷电击死。但是，我们的工作非常重要，菜花航道是镇海通往上海的重要航道，如果我们不守好灯，夜间不能保证灯光明亮，弄不好是要坐牢的。即便是在这样的情况下，我们也得想方设法保证灯塔正常发光，这是我们的职责。

在岛上最可怕的是台风，有时候刮起台风来，一搂抱粗的大树都会被拦腰刮断，人一出门准会没命，太危险了。另外，岛上蚊虫也特别多，如果你站在那里不动，一会儿腿上就会爬上一大片，黑乎乎的。岛上蜈蚣也特别多，被那家伙蛰一下痛的不得了，红肿几天都下不去。像太平和花鸟岛上还有不少眼镜蛇，它们经常爬在小路上晒太阳，不小心就会踩上，那可是有生命危险的。

2005年我调到花鸟灯塔任主任。岛上的生活是很寂寞的，平时也只能吹吹牛，谁要是轮休回来，大家就会围拢来听他讲岛下的新闻趣事。但与先前相比，现在岛上的条件好多了，处里给我们配备了彩电、电脑，还能上网，虽然网速很慢，常常掉线，但毕竟比以前的日子好过多了。

110吨油水补给船 交通部接管公用航标以来，建造了一批75吨登陆艇和110吨油水补给船，专门用做灯塔补给，为改善孤岛灯塔航标人的工作和生活创造了良好的条件（天津海事局供图）

回合庭，1983年复员后转到定海航标站，从事航标补给和管理工作。1996年8月调到太平灯塔，1998年调任菜花灯塔主任，2003年菜花灯塔实现无人值守后，调到七里峙灯塔任主任直到现在。

现在我们的待遇提高不少，每个礼拜处里给我们补给一次，平时我们还种种菜，生活倒也不错。前几年与现在不一样，以前是一个月补给一次，有时候遇到台风，也常常喝酱油汤的。以前补给靠的是租用当地老百姓的小木船，遇到风浪就很难靠岸，补给相当困难，现在好多了，航标处有专门的补给船。我们在孤岛上守灯大都得喝雨水。雨水是从屋顶上接的，铁皮屋顶每年都要刷一次油漆，雨水从屋顶流到水窖里储存起来，味道很大。另外，刮大风时，海水会把泥水刮到屋顶上，雨水又将这泥土冲刷到水窖里。喝这种水，每年5～6月份他们身上都会生疮。后来航标处给岛上配备了净水设备，情况才有所好转。

平常闲暇时，我们可以打打羽毛球或乒乓球，下下象棋，看看电视，或者上网打打游戏，业余生活比不了岛下，但与过去相比要丰富得多了。当然，与城里相比，岛上的工作和生活是艰苦了点，但就我个人而言，有这份稳定的工作，我已经很满足了，最起码我现在的收入能养家糊口。再说，我们年龄也都大了，找份工作不容易，现在就是给我们一份城里的工作，我们可能也干不了。

从部分现代航标人的口述史中，我们不难感受到航标人的工作和生活发生了巨大的变化。尤其是随着社会经济的迅猛发展，航标设施和航标人的生活条件都有了显著的改善，喝劣质雨水和“酱油汤”或“光荣汤”的日子已经成为历史。

在航标管理人员和科技人员的共同努力下，许多环境条件特别恶劣的孤岛灯塔，大都已经实现了无人值守，而那些还没有实现无人值守的灯塔或信号台，其条件也与先前大不相同了。仅就生活条件而言，现在大多数灯塔都配备了冰箱、彩电、DVD和电脑，有些灯塔还能上网。通讯和交通条件也有很大的改善，现在岛上有了紧急情况，再也不需放火报信了，通过手机或网络他们随时都能够与岛下取得联系；如果没有特大风浪，补给也都有保障，通常是每周一次，完全能够保证岛上职工的正常生活。

①[英]约翰－托什（John Tosh）著、吴英译：《史学导论》，北京：北京大学出版社，2007年，第365页。

四、航标人的生存环境与性格特征

航标人是一个特殊的人群，他们常年工作和生活在荒无人烟的海岛、岬角或孤岛上，那里除了灯塔、灯桩、大海、礁石、岩崖、风浪和偶尔从天空掠过的几只海鸟外，几乎再没有什么别的景观和生灵，有些孤岛上就连我们最常见的泥土都没有。镇海航标处嵊泗航标站管辖的半洋灯塔就建在这样的一个孤岛上，10年前，这座条件非常艰苦的灯塔已实现了无人值守。2007年8月7

日，在原半洋灯塔主任、现任岱山航标站书记李敏、嵊泗航标站田组长和镇海航标处政工科的钱元成先生的陪同下，我们怀着一种钦敬之情踏上了这座岩崖交错的孤岛，去领略半洋灯塔的雄姿，寻觅昔日灯塔人的足迹，聆听他们留下的故事。这是面积只有7500平方米的悬水岛礁，仅高出海面十几米，远远望去就像一艘停泊在大海中的小船，只不过是倒置的。班思德在《中国沿海灯塔志》中曾形象地把半洋礁描述为："乃一出水之礁，体积微小，地势甚低，英文名之曰'纽扣礁'可谓名实相符矣。"①1988年，年仅25岁的李敏从白节灯塔调到了这个"纽扣礁"上，成为当时镇海航标处最年轻的灯塔主任。

岛礁上没有一把泥土。在这个只有一只"纽扣"大小的岛礁上，"除岩石外，并无他物，全岛所生草木亦不过二三种而已。"②一百年后的今天，只剩下一种生长在岩崖缝隙里的野草，当地人叫做"野菜"的植物了。据李敏讲，因为岛上没有泥土，一些职工上岛后不久全身边开始浮肿，尤其是双脚，但一回到陆地上，这症状就会自然消失。从此，职工们每次回家休假回岛，

半洋礁灯塔 塔高10米，灯高19米，射程14海里，始建于1904年，位于舟山群岛北部嵊泗县菜园镇西南6海里一干出礁石上，是白节峡水道的重要航标之一（摘自中国海事局组编《中国灯塔》）

就带一包泥土上来，倒在山顶的一个凹陷的石罅里，每天踩上几脚，获取一点“地气”，以缓解腿脚浮肿的症状。

岛礁上没有水源。灯塔工们的饮用水和生活用水全靠雨季汇集在蓄水池里的雨水。雨水蓄得太久，里面会寄养许多寄生虫和微生物，长期饮用这样的水，自然对身体有害。如果遇到干旱天气，就连这种雨水都没有保障，只得靠油船从陆地运水，岛礁上没有电，没有冰箱，一年四季吃不到新鲜的肉类和蔬菜，一旦遇到台风或大风，就只能靠盐水煮面条或酱油泡饭度日。

岛礁上没有闪烁的霓虹灯，没有喧哗的人流，连海岛上常能听到的海鸟声都没有。这里有的只是礁石边的涌浪声和大海发怒时的狂涛声，以及灯塔和彻夜不眠的灯塔人。正常情况下，补给船一个星期上岛一次，但如果遇到风浪只能十天半月补给一次。平日里仅有的三个大男人就像小孩一般扳着指头数天数，期盼补给船只的到来。每当看到补给船出现在海面上时，他们便兴奋得手舞足蹈，然后争先恐后地涌上补给船，从船老大手中抢过一封封家书(当时通信条件还很差，没有电话，更谈不上手机)，迫不及待地打开。这是他们生活中最兴奋的一刻。送上来的日报，早已成了月报。一份报纸他们可以从头到尾、一字不落地反复看上几遍。有职工休假回来，大家便会聚拢在他身边，听他讲述家乡的趣闻轶事。几天以后，大家依旧在听他重复地讲述着同样的“新鲜事儿”，因为再也没有比这更新的新闻了。而在这一交流过程中，双方不是互动的，待在岛上的人只是静静地听，很少插言。在我们看来，岛上只要有两三个人就可以交流，并不会感到十分寂寞，但实际上，每一个在灯塔上的人都有其各自的工作，除了吃饭时可以碰碰头、见见面之外，平时大家都是各干各的事儿。灯塔上实行24小时值班制，如果岛上只有三个人，每个人至少需要8个小时的时间独自一人值班，白天维修机器和灯器，

换班（天津海事局供图）

夜间看守柴油机和灯光，余下的时间大都用来睡觉，很少有聊天的时间。就是有时间，两三个人常年待在一起，也没什么可聊的话题。此外，由于工作关系，他们在社会上几乎没有什么人际关系网络。即便是下岛休假，他们也主要是待在家里做些家务活儿，帮家人买买菜，烧烧饭，很少与社会上的人交往。人类心理学的研究表明，交往是人类最基本的社会需要之一，人际间的交往对个人的心理健康有着极为重要的作用，同时也是人们赖以同外界保持联系的重要途径。通过交往，保证了个人的安全感。人都有归属的需要，通过彼此间的交往，可以诉说各人的喜怒哀乐，增进彼此之间的思想、情感交流，从而强化交往双方的认同感。人是社会的人，人不能孤独地活着，他需要社会，需要交往，需要与他人进行沟通。正如歌德所言："人不能孤独地生活，他需要社会。"但我们的调查却发现，就社会交往与沟通而言，航标人尤其是灯塔人，明显地缺乏"社会性"，主要表现为缺乏与周围人交往的能力，缺乏参与社会的能力，缺乏应对急剧变迁的社会的能力。因此，他们一旦离开现有的社会环境，他们便很难适应，更难在竞争激烈的社会中生存与发展。

下三星灯塔主任乐康儿说："由于一天到晚都见不到什么人，闲暇的时候就盼补给船能早些来。直到现在我们见到补给船也很亲切，说不好听的，见到补给船就像见到自己的爹妈一样，它不仅能带来吃的喝的，而且还可能有家书。此外，围坐在船老大身边听他讲述陆地上的新鲜事儿，也是一件很快乐的事。我们灯塔工在岛上待久了，回到陆地上一下子都适应不了。我每次从灯塔回去，连自行车都不会骑，在人行道上不知道该怎么走，跟在别人后面，老是撞别人的车，真是叫人尴尬。"

在岛礁上守灯需要献身精神。有一次刮台风，狂浪咆哮着从岛礁上掠过，狂风裹着浪花扑打着门窗，令人心惊胆战。连续几天，守灯人只能猫腰躲避在坚固的塔身内，饿了啃一口干粮，渴了喝一口凉水，困了打个盹儿。即便是在这种情况下，他们依旧按时开灯关灯，保证灯塔正常发光。在这个几乎与世隔绝的孤岛上，李敏和他的同事们为了祖国的航标事业，为了航行船舶的安全，就这样与日月大海为伴，忍受着常人难以忍受的清苦与孤寂，伴随着半洋灯塔，度过了一个又一个春秋。

圆岛是一个只有0.032平方公里的孤岛，岛上几乎没有什么平地，守灯人每天走的只有217级台阶，不是上就是下。赵文贵在上面守灯3年未下岛，有一天他下岛购置器材，走在平坦的柏油路上，迈出的脚老是踏空，不像是在走，而像是在跳。他两眼发直，看什么都新鲜，他感到自己已经完全脱离了这个原本属于他的世界，他感到一种比海岛还要难受的孤独和寂寞。③

人类学关注人与环境的关系由来已久，在过去一百多年里，一直有人类学家关注这个主题。人类学的研究已经证明，人对环境有影响，也受到环境的影响。环境，无论是自然环境还是社会环境或人文环境，都会在某种程度上影响生活与其中的人的性格。从半洋灯塔的例子中，我们已经感受到航标人生活在一种什么样的环境之中。尽管我们不是环境决定论者，但是，我们却无法否认，一个人如果常年工作和生活在像半洋礁岛这样的封闭环境中，其性格会逐渐变得内向、孤僻。毫无疑问，这是由于他们长期处于闭塞的环境之中，缺乏与社会交往和沟通的结果。

①班思德著，李廷元译：《中国沿海灯塔志》，上海：上海总局税务司署统计科印行，1932年，第205页。

②班思德著、李廷元译：《中国沿海灯塔志》。上海：上海总税务司署统计科印行，1932年，第203-204页。

③邓刚、田少华："大海里的太阳"，《不熄的航标》，北京：人民交通出版社，1993年，第138页。

五、新一代航标人及守灯人的未来

与早期和现代航标人相比，我们所说的新一代航标人可以基本界定在自20世纪90年代开始加入航标队伍的院校毕业生。新一代航标人大都来自城市，又接受过良好的学校教育，忽然离开繁华热闹的都市，来到偏僻的荒野孤岛，无论是生理上还是心理上都难以适应和承受。加之改革后商品经济浪潮所带来的负面影响，以及海上孤寂的生活，大多数人都有跳槽的想法。但是，经过党组织的宣传教育和老一辈航标人的言传身教，他们中有许多人都留在了自己的岗位上，同时，不断提高航标科技事业也在吸引着他们，而成为新一代航标人中的佼佼者、现代航标领域的中坚力量。

小王2001年从广西军区退役后分配到宜昌航道管理处，主要负责航标维护工作。

在我们船上，除了船长和轮机长年纪大，其他的都是年轻人。他们有的是从地方航道学校如武汉航道学校等毕业分配来的，有的是从部队复转来的。以前还有临时工，现在没有了。我2001年刚来时主要负责标航维护，后来又调到宜标201船上。

每天做的工作大致相同，主要是维护标灯，包括岸标和浮标，确保标位正常。干我们这行要有责任心，要学会默默地付出。我们每天早上7点起床，做清洁维护，包括甲板、走道、舱室、厕所等活动空间，然后吃早饭。九点左右，船长根据水位布置一天的工作。如水涨，岸标上迁，水落，下迁等。如果遇到突发情况，如浮标流失、标灯熄灭，则需出航进行维护。

工作之外，休闲活动也挺丰富的。你可以看书看报、看电视、听歌，这两年处里还给我们配备了电脑，可以上网看新闻或玩游戏。每年有112天的休假，可以回家与家人团聚。休假根据船上的安排，大家协商，统一调度。洪水水位控制相对紧一些；以前一般一个月一次，休假时主要在家陪父母，或看看朋友，但更多的年轻人利用休假的时间更新知识、钻研业务，以提高自己的业务素质。现在是科技信息时代，知识的更新很快，如果不看书学习，随时都有被时代淘汰的可能。

新一代航标人与我们所说的早期和现代航标人的老一代之间，至少在观念和对工作的态度上还是有差别的。正如老一代航标人刘老在谈及新老航标人时说："我们这一代人对工作的热爱是发自内心的，新一代人也努力工作，也以岗为家，但信念上的差异好像还是蛮大的。比起老航标人，新生代的抱怨更多，怨天尤人的也大有人在，这不能怨他们，当今社会的大环境就是这样。经济发展的这么快，难免人心有变。以前下基层，要自带铺盖卷，和一线工人同吃同住同劳动，你要是住旅馆都不好意思报销。老一代的，一干就是一辈子，认准了航标这行。新生代的就不一样了，能跳槽的都跳槽了。艰苦朴素的优良传统需要传下去，航标人要有一颗为航标事业奉献的心啊！"

我们在实地调查过程中也隐约地感受到新老航标人之间的差异性。正如刘老所言，这是社会和历史造成的。老一代航标人吃苦、敬业、奉献的精神难能可贵；新一代航标人爱科学、爱学习、敢于创新的品质同样值得颂扬。时代不同，对航标人的要求也不同。老一代的优良传统需要继承和发扬，但仅仅继承和发扬老一代的精神，已不能满足当今航标事业发展的需求。早期航标人只要肯吃苦，敬业爱岗，就能把本职工作做好。比如早期的灯塔工，他们的工作更多的是体现在体力方面：开灯关灯、擦拭、保养灯器和机器（如柴油发电机）、维护和保养灯塔塔身（如修理、加固门窗，定期给塔身除锈渍、粉刷油漆）等强度比较大的体力活儿。当然，他们也需要了解灯器和机器的基本性能，以便在出现故障时能进行必要的处理。而新一代航标人，仅能吃苦、敬业已远远不能满足当今航标事业的发展。他们必须具备较高的学历和专业素质，了解市场经济，懂得信息化、科学化管理。也就是说，当今航标需要的是知识型、技能型和科技型人才。随着社会的发展，科技的进步，时代对航标人提出了更高的要求，需要他们不断地去努力、去拼搏。

说起守塔人的未来，这是一个令航标人既憧憬又担忧的话题，憧憬的是，随着科技的发展，航标设施科技含量必将越来越高，航标的维护与管理必将越来越人性化，航标人的工作环境和生活条件也将越来越好，生活水平和生活质量也在不断提高，所有这些无疑是所有航标人梦寐以求的。业内专家预测，从总体上来讲，尽管各种船舶配备了电子定位设备，视觉航标的作用在明显下降，但在未来多年里，对小型船舶的驾驶者尤其是沿海的渔民来说，灯塔仍然是有价值的视觉助航标志，是暴风雨中吉祥的信号，是指引船舶通过凶险的暗礁和浅滩的向导。视觉航标在数量上仍会占绝对优势，仍需用浮标来标示航道边界，识别沉船的存在和标示碍航物，仍需灯塔和立标来定位，仍需导标来导向。在某些方面，视觉航标绝不能被其他航标所代替。①

但是，随着航标事业的发展，灯塔、大型浮标和灯船正在向自动化方面发展，同时，在实现灯塔、灯船、大型浮标自动化的基础上，计算机必将被应用到航标管理之中，以实现对航标设备的标准化管理，这不仅能减少设备类型、减少维护人员、减少储备的配件和场地，而且也能最大限度地减少故障响应时间和现场维修的时间，②这是航标未来发展的大趋势。这样一来，势必有一批航标人将从事新的工作，尤其是守灯人，随着灯塔采用先进的雷达应答器、太阳能硅板及配套的充电控制器、电瓶等现代化设备，整个工作系统将成为自动化控制，从而实现灯塔少人化或无人化管理。从1996年开始，上海航道局镇海航标处已经朝着这个方向在发展。1996年镇海航标处条件最艰苦的孤岛灯塔半洋灯塔率先实现无人值守。目前，他们辖区原有的12座灯塔中已经有8座完成了灯器等设备

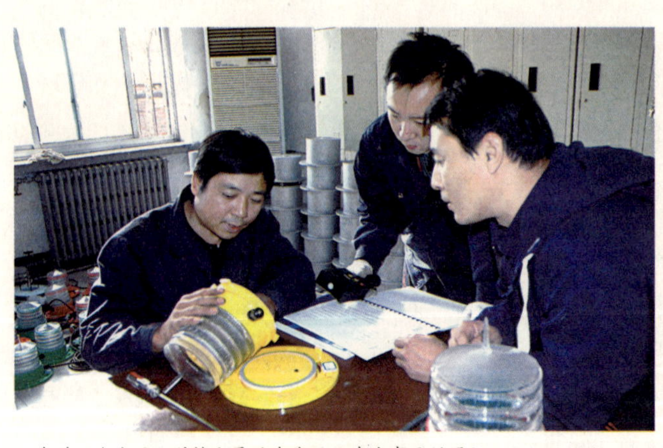
只有学习才能跟上科技发展的步伐（天津海事局供图）

大沽灯塔的守灯人正在检查灯器的转速（赵建伟摄）

改造，完全实现了无人值守。现在只有花鸟灯塔、下三星灯塔、七里峙灯塔和洛伽山灯塔仍在实行有人值守。

守灯人虽然长年工作和生活在海上或孤岛上，但他们并没有完全脱离这个社会，摆脱世俗的浸染。他们和我们一样，都是凡夫俗子，他们也都有七情六欲。他们之所以能在平凡的岗位上作出非凡的业绩，那是因为他们很实际，“当灯塔工，有得有失啊。总体上讲，我们的收入还不错，党和人民也给了我们不少荣誉……在岛上待久了，我们原有的‘棱角’也都磨没了，养成了与世无争的性格，这不都挺好的吗？”是的，他们需要这份收入还算不错的工作来养家餬口，尽管这份活儿很辛苦，也有危险性，但由于各种因素的限制，他们只得从事这份在外人看来似乎很低微的工作。可贵的是，他们有一种质朴的职业信念，干了这行，就要把它干好！另外，由于近些年来单位里实行竞争上岗制，他们时刻都面临着转岗或提前内退的压力。从心底里讲，他们也想离开孤岛到陆地上来工作，谁不想每天都能与家人相聚，享受天伦之乐？由于工作环境的特殊性，他们大都不善言谈，社会交际能力差，更为重要的是，他们没有什么社会资本，加之他们自身素质

（如文化水平低、没有什么技能等）的局限，从事新的工作也是一种挑战，因此，有些灯塔人已经开始学习计算机等与航标工作相关的新知识，准备应对将会面临的选择。他们自己也承认，没有人会“以苦为乐”，他们是平凡的人，不是神。但他们所付出的艰辛、忍受的孤寂以及所作出的贡献，却是极不平凡的，是伟大的，这就是现实生活中真实的航标人。

或许，一些在我们社会上一般人看来是极不寻常的先进事迹，在航标人眼中只不过是些家常便饭。因此，从一定意义上讲，每个航标人，尤其是守灯人，都称得上是劳模，他们每一个人的工作和生活经历都有许多感人的故事。但在他们看来，这些都是他们分内该做的事儿，算不上什么先进事迹，更谈不上在大会小会上大肆宣扬。这个发自普通航标人的声音使我们想到了许多，同时也感觉到，我们颂扬的不应该是某一个航标人或几个航标人，而应该是一个群体、一种精神，即我们所说的“航标精神”或“灯塔精神”。这种精神不是空洞的，正如一位灯塔人所言，“我认为灯塔精神就是以岛为家，干好自己的本职工作，讲奉献，要有责任意识。当然，这种精神要建立在物质基本有保障的基础上。如果连饭都没得吃，还谈什么奉献，对吧？”

就航标的发展而言，灯塔无人化是一种趋势，此外，随着基于卫星的全球定位系统(GPS)的出现，人们可以借助复杂的无线电导航系统或简单经济的手持设备得到导航信息，对视觉航标的依赖性也会大大降低，但并不一定一律都实行无人化管理，应因塔而异，有些灯塔可以实行少人值守，但可增加其功能和效用，而不必局限于其导航功能。正如镇海航标处的孔泉福老人所展望的那样，像花鸟山、七里峙、洛伽山等环境优美、交通便捷的灯塔，可实行向社会开放的管理模式，给人们提供一个教育、休闲的基地，以此提高对航标的认知度，使更多的百年灯塔受到国家的保护。[③]从某种意义上说，灯塔，尤其是

那些百年灯塔，本身就是一种文化旅游资源，一座蕴涵着丰富人文历史的博物馆，一部人类探求海洋的历史。对于许多人而言，灯塔会引发一种特殊的情感。看到它们，就会想起一个船舶统领世界的时代。在这方面，国外的一些例子是可以借鉴的。比如，在澳大利亚，随着灯塔无人化和人员精简进程的加快，人们已经意识到灯塔，至少是历史灯塔需要交给专注于灯塔保护业务的机构管理。因此，澳大利亚海事局（主管部门）把一些重要的历史灯塔站移交给各州，各州接管后再交给他们的公园管理当局管理，使灯塔成为一种教育资源、休闲资源和景观资源。

①王英志：“航标的发展趋势”，《大连海运学院学报》，1994年第4期，第83页。

②王英志：“航标的发展趋势”，《大连海运学院学报》，1994年第4期，第84页。

③孔泉福：“百年老塔的改造、保护和发展”，《航测技术》，2002年第1期，第123页。

第八章 用灵性点燃“海之明眸”

——航标人群体文化

我们在黑夜中穿行，为的是寻找灯塔，寻找光明

当今社会是一个多元的、具有文化差异的社会。而这个社会的总体文化特征是由许多不同的亚文化组成的。

在这个社会中，每一个群体都有它们自己独特的文化，以区别于其他群体。不同的族群、不同的宗教群体、不同的社会阶层、不同的社会性别、不同的年龄群体以及不同的职业群体都会给观察者留下某种印象和看法，他们的规范与价值观念、行为和思维方式、社会地位和社会支持体系等与我们自己所属的群体都有或多或少的差异。

当社会内部存在这些群体、每一个群体又都行使自己独特行为准则的职能、而同时又分享某些共同的准则时，便可用“亚文化”这个概念来表示一个群体在较大社会内实行的一套独特的准则和行为模式。

航标人便是一个很特别的职业群体，走近他们，你会发现他们这个群体的人员组成、平时工作和生活的环境、工作和生活的行为方式、所思所想，以及他们的婚姻和家庭、与他们息息相关的组织和制度等都体现了区别于其他群体的某种程度的独特性，这样就形成了航标人的亚文化。

一、航标人的人口学特征

航标人具有明显的人口学特征，其职业工种的划分、岗位级别的设置、人员的组成、性别和年龄特征、技术特征等都使航标人这个群体区别于其他职业群体，使之具有一定的神秘性和特殊性。

（一）航标人的分类

正如前文所说，航标人包括所有航标业界的人，是一个统称，根据不同的分类标准，可把航标人划分为不同的群体。根据工作所在机构可划分为内设机构（机关）和下设机构（基层），以各地的航标处为例，机关设有行政办公室、政工科、航标（业务）科、人事科、财务科和技术装备科等科室，下设机构有航标养护中心、船队、航标管理

灯塔补给（赵建伟 摄）

站等；根据工作的主要场所是在水上还是在陆地又可分为陆地和船舶，而陆地又可分为内地、江河海岸、半岛、孤岛等；根据水域可分为海区与内河，如此等等。在机关工作的人员由于不直接与航标打交道，在此不作细分和叙述。由于航标文化研究的重心更多地关注一线工作人员，所以，我们根据具体工种把在基层工作的航标人划分为以下几类。

灯塔工：在塔站工作，负责灯塔的维护和管理。

油机工：在柴油机房工作，负责柴油机的正常工作和维护。有的塔站职工兼作灯塔工和油机工的工作，称为“灯机工”。

RBN/DGPS操作工：在机房工作，负责RBN/DGPS的操作和维护工作。

航标工：一般分陆地班和海上班，负责航标的置换、维护和保养工作。

养护工：在养护车间或养护场工作，负责航标设备的保养工作，如除锈、打油漆和安装等。

船员：在船舶工作，主要工作是航标的巡检、置换等航标作业，有些内河航标船还负有执法的职责或进行测量工作。

信号工：在信号台工作，负责发送信号。

此外，在这个行当内还有其他一些工种，比如负责航标勘测、设计、建设的工程技术人员，现代化的VTS、AIS、RBN/DGPS管理和操作人员等。

（二）航标人的来源

航标人的群体构成，除原有管理人员和基层航标工作人员外，主要来源包括：军转、大中专院校毕业分配和社会招工；除此之外，在1996年以之前，为了照顾退休职工，也招入了一部分退休职工的子女。1983年，随海上干线公用航标移交的军转人员，包括干部、战士和职工，各航道局从地方招收新工人及调入人员1400多人。①以大连航标处为例，1980年航标由海军移交给交通部管理时，海军旅顺基地成建制和非成建制移交人员干部、战士共计90余人。1981年10月9日，由交通部、国家劳动总局联合下发（81）交人字2065号文“关于招收航标工的通知”，大连航标区于1982年在大连市各县、市区共招收新工人83人。1986年5月4日，按交通部批示，大连港装卸联合公司管理的港内航标设施移交给天津航道局大连航标区管理，大连港装卸联合公司共移交航标职工6人，其中干部1人，组建大港航标站。军转人员作为航标人的重要组成部分，赋予了航标人亚文化一定的特殊性。虽然军转人员文化水平不高，但其职业素质却很高，他们保留了军人的作风，如吃苦耐劳、敢打硬仗、服从命令、忠于职守、具有集体主义精神等。

（三）航标人的性别特征

一般来看，航标处的下设机构（基层）几乎是男人的世界。初遇大连航标处大窑湾航标管理站的副站长兼书记（女）陈晓薇时，着实让我们吃了一惊。探明缘由后不由释然，原来陈副站长是部队转业到机关，2005年经过岗位聘任，才到了基层工作。此外，也有特殊的工种不乏女性职工，在长江流域信号台工作的信号工便属此类。长江的上游川江属山区河流，滩险流急，河道弯曲狭窄，在大坝截流前，在急湾河段上、下水船只不能互见的两端设有信号台，指示船只航行。由于在信号台工作的职工以女性居多，当时“女子信号台”赢得了很高的声誉。

为什么基层航标工作人员几乎是清一色的男性？这与航标人的工作对体能的较高要求以及环境的艰苦性有关。相信您看了前面我们关于他们环境部分的介绍和下文航标工的工作与生活模式，便会对此有深刻的理解和体会。

（四）航标人的年龄特征

1983年，航标由交通部从海军接管沿海干线公用航标时，来自军转和社会招工的航标人大部分年龄在20岁上下，时至今日，人员断层、年龄偏大是整个航标行业基层职工普遍存在的问题。在调研所到之处，无论是天津

黄白咀灯塔 塔高16米，灯高95米，射程20海里，位于辽宁省大连市东端，始建于1925年，1945年停止发光，1947年恢复发光，1987年重建，主要为进出大连港的船舶提供助航服务（天津海事局供图）

海事局，还是长江航道局，其所辖的基层单位，都反映出这一较为突出的问题。以大三山岛塔站为例，加上灯塔长共10个职工，平均年龄44岁，最小的40岁，最大的50岁；再以黄白嘴灯塔站为例，6个职工，1个53岁，2个52岁，1个50岁，2个42岁，平均年龄为48.5岁；天津港航标管理站海上班8名职工，平均年龄为40岁，最小的34岁，最大的44岁，而行业内的人都知道，海上班的工作是一种具有危险性、随机性和艰苦性的工种，对体能有一定

的要求。年龄到了40多岁，一是体力不济，二是常有关节炎，三是灵活性下降，跳标的危险性就会加大。

（五）航标人的健康状况

整体来说，航标工人在身、心健康方面存在程度不一的问题，具体的情况因工种不同而有所差异。正如我们在环境部分所述，航标人的工作场所靠近水域，空气潮湿，因此，航标工人容易有风湿病、关节炎等疾病，夏季则易得湿疹。同时，从事江河海上航标工作的航标工由于工作的随机性，吃饭没有规律及饭菜的冷热不均，因此，胃病在他们当中也屡见不鲜。

（六）航标人的教育和技术特征

早期的航标工人实际上是一个熟练工种，从事航标工作对航标工人的技术要求不是很高，但一专多能是他们的特点。据《中国航标史》记载，近代的航标队伍中灯塔工是主要成员，他们在灯塔上的具体操作除了管理灯器和机械操作外，还要维修保养塔身和住房、道路、围墙、码头等工作，因此，这批灯塔工成为具有铜工、机工、电工、木工、泥水工、油漆工本领的多面手。他们中许多人没有进过专业学校学习，但在实际工作中，积累了丰富的管理经验和技能。②建国之后，航标职工中有一批人具有大学、大专、中专学历，有许多人高中毕业后经过培训上岗。

交通部接管沿海干线公用航标以来，航标工人文化程度参差不齐，相对来说偏低，这是历史的原因造成的。他们的青少年时期是一个上山下乡的年代、一个不学知识的年代。因此，他们工作起来靠经验，感性多，理论高度差一些，但有时却能解决实际问题。

随着航标技术的发展、航标器材和设备的更新换代，现代航标工作对工人们的技术水平提出了新的挑战，科技更新换代开始伴随着航标人，因此，定期的培训和学习必不可少。如遥测遥控系统的投入使用，对航标工人来说就有很多新的东西需要去学习和掌握。但正如前文所提，航标工人的年龄呈现老龄化的趋势，这个年龄段的人学习新事物的能力有所下降，因此也不乏存在一些技术落伍的例子和现象。

交通部除加强对航标人员的专业培训外，以培养航标工程高级技术人才为目标，于1988年和1989年委托海军大连舰艇学院开办了两期航海航标工程技术班，大连海事大学亦于1989年开始连续4年开设航标管理专业（而后将航标、VTS及航政管理合并为海事管理专业），两院校的生源均为应届高中毕业生，学制4年，本科学历，授予工学学士学位。在实践锻炼和培养中，很多毕业生已成为全国各航标单位管理层的中坚力量。

与此同时，在各地的航标管理机构我们都能够看到，改革开放以后尤其是20世纪90年代以来，大中专院校毕业的航标专业或类似专业的毕业生人数增多，这些知识型的人才多在技术性比较强的岗位上工作，如航标技术管理部门，技术装备先进的VTS、AIS，遥测遥控、航标维修等部门。

①中华人民共和国海事局组编：《中国航标史》（内部资料），2000年，第254页。
②中华人民共和国海事局组编：《中国航标史》（内部资料），2000年，第309页。

二、航标人的工作与生活模式

航标人是什么样子的？你能不能描述一下航标人？在调研的过程中，我们多次问所访谈的航标人以及接触过他们的人。沉思之后，他们总能总结出一些词汇，但却总是意犹未尽的样子，觉得表达得不够，不足以形容他们。以下是我们汇集起来的形容他们的词汇（前后没有排序）：默默无闻，平凡而伟大，有责任感，团结，艰苦，奉献，耿直，坦诚，勤劳，肯吃苦，敬业，对事业忠诚、热爱，不善言谈，寂寞……如此等等。然而这些抽象的词语不足以让我们真正了解航标人，为了真实地、感性地了解航标人的生存状况，让我们看一看他们平时是怎么生活和工作的，听一听他们的讲述——自己的故事和他人的故事。

（一）灯塔工

中国海域辽阔，岛屿众多，海岸线长达1.8万多公里，在滩头海边、暗礁岬角及孤岛上耸立着许多灯塔，为过往船只提供助航服务。而负责这些灯塔的维护和管理，以保障灯塔正常发光的航标人便是灯塔工。灯塔工，正如张砚利在他的随笔《塔工人生》中所写：“灯塔工现实工作、生活的地方，并不像诗人笔下浪漫的描绘，茫茫大海，朝阳喷薄，海燕翔天，千船竞渡，一派诗情画意。然而，塔内艰苦的工作环境，实际生活感受却鲜为人知。”

灯塔工的工作模式，简单来说就是“白天维护，晚上点灯”，说明白点儿就是，早上太阳出来之前关灯，晚上太阳落之后点灯，夜里巡视灯是否在正常发光。然而，了解了他们的工作、生活环境和轮班制度后便不会感觉这么简单。

灯塔的位置，大都处于交通不便的地方，环境比较差，因此交通难、吃水难是普遍存在的问题，只不过是困难程度不一罢了。目前来看，除了孤岛外，随着周边地区经济的发展和交通设施的改善，交通条件已得到提高；但吃水仍旧是个问题，因为灯塔所在的位置大都偏僻，且地势普遍较高，大都没有自来水设施。过去，很多塔站的房檐都翘起，为接雨水提供了方便，因此雨水是他们经常饮用的水。除此之外，由于靠近水域，除了冬天，其他时间湿气都很重，被褥衣服等潮乎乎的，很不舒服。

灯塔工一般实行三班倒的轮班制

老灯塔工王光民攀登灯塔（刘华芹摄）

度，工作一个班期，休息两个班期。一个班期的长短视灯塔的位置而定，还要考虑季节性以及往返灯塔的成本大小。比如，大沽灯塔是建立在海水中的，距离陆地约24公里，一个班期为一个月；孤岛上的灯塔，像圆岛、大三山岛，过去曾是半个月一个班期，但后来为了节省开支改为夏天半个月，冬天圆岛为一个月，大三山岛为20～25天。陆地上的灯塔，通常是一个星期为一个班期。值班时正常情况下是两个人一个班，但因为人员编制不足的问题，也有一个人值班的情况。以黄白嘴灯塔为例，黄白嘴灯塔在编职工6人，灯塔长负责日常管理工作，其他5人分三个班，有两个班是两人，一个班只能是一人。

陆地上的班期比较短，问题不大。但像半个月甚至一个月的班期，只有两个人，问题就有很多。首先便是寂寞，有人说，有些灯塔工下岛后都不愿意说话，因为在岛上两个人，话都说完了，不知道再说什么了。其次是单调，日复一日地看着相同的面孔和景观。单调不仅体现在工作和景物上，还体现在饮食上。现在虽然多数的塔站都有冰箱，但是蔬菜的存放时间一般保持在一个星期左右，因此其他的时间只能吃有限的几样保质期长的菜，像土豆、萝卜、大白菜。有时候，因为天气的原因，补给不能及时送上，他们自己圈地种上蔬菜以解燃眉之急，而冬季则束手无策。但天天吃同样的食物，再美味的东西也会吃腻的。

值班时最难熬的便是时间，塔站除了电视外，通常没有其他文化娱乐设施，即使某些条件比较好的陆地塔站，像老铁山灯塔，建有球场，但因为人太少而活动不起来。因此，有电视之后，休闲时间用得最多的便是看电视，而电视过去只有中央台和地方台，有了卫星电视之后，可以看中央台和省台。但在原先没有电视的时候，生活的单调性更是可想而知。

除了条件比较好的塔站，像老铁山灯塔、大三山岛灯塔、木栏头灯塔等，雇有临时工为他们做饭外，一般台站的灯塔工通常是自己做饭。陆上的灯塔工谁当班谁自己买来做着吃，岛上的食品则由补给船按固定的日期送来。因此，虽然灯塔工绝大部分是男性，但都会做饭。下面用我们在调研中接触到的一些个案来具体说明。

个案 1　老何，男，黄白嘴灯塔职工，1982年从大连招工来到此处工作至今。2007年6月8日上午我们到达黄白嘴灯塔时，塔站只有他一个人值班，他简单地述说了值班情况：

太阳出之前（当时是夏天，通常是4点半）关灯，完后擦拭灯，因为灯转了一宿有灰尘。每星期集中擦一下铜器（灯架），每星期职工集中一次，站长讲一周的工作安排。

5点打扫场院，扫房前屋后树叶及周围场外易燃物，以保证站的人员、设备安全。然后是自己做饭，谁的班自己买了带过来做着吃；做完这些，上午便没事了，下午补觉，工作主要在晚上，太阳落后（7点）点灯，躺下也不敢睡，时时看灯亮不亮。

娱乐方面只能看电视，没有其他的，更没有电脑。电视只有省台和中央台，演的节目重合的多。生活枯燥，头三四天还可以，后几天觉得闷。

个案 2　老冯，男，1983年的转业军人，在圆岛工作了19个年头后，于2003年调到黄白嘴灯塔工作，任灯塔长至今。听说我们想去圆岛，他以圆岛的危险来加以劝阻：

说是岛，其实是个礁石，碰上一个可以与船抵平的礁石，赶紧向上跳。我们跳习惯了还可以，你们还是不要去冒这个险。小岛只有0.032平方公里，上面活动空间约100米长，20米宽，下台阶到海边礁石，台阶就有280多个。在上面比较艰苦！待惯了不觉得，下来之后就反差大了。一是寂寞，人少，平均一班两人，四面是海，平时看看电视，生活比较单调。二是环境特恶劣，到了圆岛真是无风三尺浪，一年四季没有几个好天，给上岛、下岛、装卸物资造成很大困难。岛上风大、雾大，特潮湿，不得风湿病，是不可能的。被子除了冬天，没有干的时候，潮乎乎的，很不舒服。下午两三点钟拿出去晒的被子拿回去一会儿就又潮了。再一个是冷，晚上值班躺一会儿就得出去看一会儿，特别冷。苦，首先是自然环境跟陆地不同，茫茫大海，通讯不方便，家里有啥急事，比如有病，路太远，赶不上好天气啥的，下岛不及时，很耽误事。岛上难处太多了，时间长了，不觉得怎么回事了，适应了。两个人一个班，半个月一班，现在更长了，夏天半个月，冬天一个月，因为冬季好天更少了。

饮食方面，岛上什么都没有，淡水都是陆地供应，岛上有一个蓄水池，补给船上有水泵，把船上的水往池里抽，这只能在好天气的时候才能进行。一个班吃的全带上去，下班时几乎什么都没有了。因为交通不便，经常断水、断菜、断烟。断菜还稍好点，可以钓个鱼打个汤喝；断水有个蓄水池，不行的话提前注意接雨水，分水，一天不能超过用多少水，不能一点水没有，下面有个水库，挺脏的，不行的话也去打；最难受的是断烟，过去是铁床，抽完烟后烟头通常塞到床缝里，断烟后实在受不了了，便拆床，把烟头倒出来抽。值班基本三班倒，值一个班休两个班，休完后回去再接着值班。

现在各方面条件强多了。现在是新改造的房子，住的得到了改善；人员少了，吃水不那么紧张了；船现代了，在路上跑的时间短了（2小时40分钟到3小时），过去是5～6小时，有时路上看情况不行就又回来了；过去不通电话，现在通讯发达了；过去没有卫星电视，现在有了。

（二）油机工

几乎每个塔站都配备台数不等的柴油发电机组，以提供灯机等的动力和生活用电。在可提供市电的塔站，为了预防断电等不测情况的发生，一般也都配备两台柴油发电机组。负责柴油机的正常运转以及维护、保养工作的航标人称为油机工。

油机工的具体工作有开、关柴油机，时常巡视柴油机工作状态并做记录，包括转速，运转的声音，滑油的压力和温度，进出口的水温，发电机的电压、频率，机器的运转时间，柴油和滑油的消耗量等。维护及保养工作有日常的维护以及一级技术保养、二级技术保养和三级技术保养。日常的维护包括开机前检查冷却水是否加满，机油油位

柴油空气压缩机组（广东海事局供图）

是否正常，燃油箱内的燃油是否充足，起动系统各线路接头是否正确，一切正常后开机，检查机器在工作中各项仪表指数是否在规定范围内，停机后擦拭机器上的油污和清扫机房。各级技术保养则是根据不同型号的机器工作满多少小时之后，对机器各零部件的拆卸、清洗和保养。如型号为495AD的机器工作满200小时后要进行一次一级技术保养（小保养），包括清洗机油滤清器及粗滤网，清洗燃油滤清器和空气滤清器等。

油机工的轮班制度和生活模式通常与同一塔站的灯塔工相同。由于很多塔站用上了市电，柴油发电机组只是处于备用状态，所以通常油机工和灯塔工的工作合而为一，没有专设油机工，如旅顺航标管理站的灯塔机电班组负责老铁山灯塔和两台柴油发电机组。而有的塔站由于人员短缺，虽然柴油发电机组一天24小时不间断地长期工作，但职工同样得兼灯塔工和油机工的工作，称为“灯机工”，大三山岛的情况便是如此。

个案 3 老周，男，大三山岛灯机工，1982年从大连招工而来工作至今。2007年6月11日上午，我们随着送补给的航标船来到大三山岛。相对于其他航标人来说，周建顺是个健谈的人，在与他两个小时的交谈中，大三山岛灯塔、工人的基本情况、日常的工作和生活状态逐渐清晰起来。

大三山岛灯塔/GPS站（天津海事局供图）

大三山岛灯塔是集灯塔、GPS站为一体的地方，因要供电给GPS站，柴油发电机组一天24小时需要不间断地工作。除了灯塔长，有9个工人。实际配额是油机工5人，DGPS工4人，因油机工不够，从DGPS工调一人给油机。别的单位有灯塔工、油机工，我们这儿称“灯机工”（兼顾灯塔和柴油机），这种情况下，早、晚到灯塔或做机器保养时，机房都没有人。

平时岛上三个人，两个灯机工两班倒，一个GPS工24个小时都在班上（*GPS*

工在班时可以睡觉）。在岛屿上生活精神压力重，因为没有人，一个人值一天的班，就GPS工一个人做伴。

班期是夏天15～18天，冬天20～25天。这个天数不是固定的，遇到大风和大雾，班期就要拖，冬天25天，拖到27～28天是正常的现象，有时要30天。每个班期刚开始时，从城市的喧闹到这儿的清静，因此头一个星期特高兴、舒服，10～15天后又开始烦躁了，过了15天，人的生理周期到了，这或许与值夜班、神经高度紧张有关。烦躁了怎么办？找事做，抹窗、抹机器……

值班时在值班室，所做的工作是时不时地巡视柴油机工作情况，看看油箱里的油量、柴油机水温、油温、机油压力表、频率、电压等。灯塔那边，现在从烟台接了一个自动控时装置，设为夏天晚上7点30分、冬天下午4点30分发光，发光后要上去拉开灯帘。大灯有时因为电压不稳或是灯泡寿命长了会熄灭，灭了后要开备用灯（小灯）。

这样的班看着不累，其实很辛苦。白天人的神经可以放松点，晚上值班高度紧张。GPS瞬间发报，电流起来，柴油机的声音会"嗡"地一下，这时值班人会从值班室一下子冲到机房，以前门框低，头总被撞一下。机器保养时特别累，9个人要全部参加。按照规定，机器工作1000小时以上必须进行大保养三级技术保养）。140公斤重的柴油机往下抬，GPS工必须得帮着抬，帮着拧螺栓等。这样的大保养一年有两次。

（三）RBN-DGPS（无线电指向标—差分全球定位系统）操作工

为适应国民经济、国际贸易和社会发展的需要，满足航行在我国主要港口、重要水道和近岸的航运船舶以及国防、海洋测绘、海洋石油开发、海洋渔业、海洋资源调查、海上交通安全管理、疏浚、引航等需要高精度定位用户的需求，中华人民共和国海事局在"九五"期间建设了中国沿海无线电指向标——差分全球定位系统（RBN-DGPS）。这种国际标准化、现代化的无线电助航系统可以向公众用户提供全天候高精度导航定位服务。到目前为止，中国沿海共建有20座RBN-DGPS台站，而在这些台站负责操作和维护该系统的人称DGPS操作工。

DGPS操作工的工作职责是按照相关规定对设备进行操作、维护和保养。该工种对操作人员有一定的技术要求，操作工要了解该系统工作原理和组成，正确操作各种设备，掌握设备指示灯和仪表读数的含义，掌握台站监控软件的操作和各项参数的正确设置等。值班时的主要工作是监视台站设备的工作情况，填写《值班日志》，按日、月打印工作报表。值班时如发现异常情况应立即报告站长（紧急情况应采取适当应急措施）。除此之外，还要严格执行设备保养规则，做好设备的日常保养和年度保养工作。

DGPS操作工，采取24小时值班制。根据人员编制情况，有些塔站分班，如旅顺航标管理站有4名DGPS工，每人轮6个小时，而大三山岛的DGPS工一个人要值24小时的班，且因为在孤岛上，班期比较长，与灯机工一样，一个班期为夏天半个月，冬天近一个月。工作一个班期，休息两个班期。由于RBN-DGPS台站通常与塔站相邻而建，因此DGPS操作工与灯塔工、油机工的生活和工作条件差不多，只是在劳动强度方面有些差异。

个案4　老王，大三山岛上的DGPS操作工。2007年6月11日上午10时45分，在大三山岛DGPS工作间的休息室，老王接受了我们的访谈，以下是访谈内容。

问：您一直在这工作吗？

王：不是，我从1982年招工开始，直到2003年一直是在老铁山灯塔管理站工作的。在那我工作环境条件前后变化很大，现在还不错，挺舒服的，当初在那儿待着很艰苦，真是很难熬，现在强多了，我走的时候就好多了。

问：您在老铁山是做什么工作的？

王：开始是做灯塔工的，后来在DGPS机房工作。

问：您到这之后一直在DGPS机房工作吗？

王：嗯，是，到这之后我就一直在这工作。

问：现在和您刚到这的时候感觉有哪些方面的变化？

王：变化还是不小的，2004年机器都重新更新了，房间都装了空调，现在我就只需要看着电脑屏幕就行了，如果出现问题，我从屏幕上就能看出来哪出问题了，在屋里看机器就行了，工作任务量倒不是很大，就是需要在上班的时候一直盯着，不能断人。

问：您感觉现在岛上的生活怎么样呢？

王：生活还行，现在我们自己就有鸡和牛。其实对生活是没有太多要求的，我对现在还比较满意，世界上的事哪有十全十美的。

问：那您是怎么工作的呢？

王：我就是盯着电脑屏幕。上班的时候就我一个人，没人说话，就是感觉单调、枯燥。不过我也感觉责任挺重大的，有时候挺自豪的，我在这能让很多船平平安安的，我也感觉到了自己的价值。现在船上的导航设备都很齐全，灯塔的作用削弱了很多，很多时候不需要灯塔了，但大雾天看不到灯塔时，我们的责任就很大了，所以有时候也挺自豪的。总之感觉在这工作挺稳定的，还不错。

问：你们是三班倒吗？

王：我们是三班倒，另外两个也都是1982年招工招来的。我们的工作轮休制度安排还是比较合理的。现在的换班时间比以前长了，等到补给船来的时候我们交班，交班程序还是挺严格的，现在主要考虑的是降低成本，原来是一个星期换一次班，现在夏天不冷的时候改为半个月了，要是冬天，天冷的时候就是一个月左右换一次班。平时人少，也就是换班的时候人多，热闹一点。每次补给船来的时候都会送来米、油、面、菜，还有柴油。天气好的时候我们的物质生活还是很有保障的，天气不好的时候就只能等了，不过现在也没什么太困难的，岛上自己也有一些东西。

问：你是主要做DGPS工作的，平时你还做其他方面的工作吗？

王：那当然会做的，现在都提倡“一专多能”，要把自己的事情做好，有自己的专业技能，还要能做其他工作。我们这儿和柴油机房、灯塔离的很近，这些工作应该都是能做的。平时机器出现了问题，都在一起上班多年了，大家就都相互帮忙，没事的时候就一起相互探讨研究，摸索着学习。

问：你们平时有技术方面的培训吗？

王：有，我们是两到三年培训一次，包括操作规则、技术，都是有一定的技术要求的，现在老提倡学习。

问：你们这儿的工作人员年轻的多吗？

王：不多，很少，只有一个40岁以下的，我们基本上都是1982年招工招来的，再就是军转来的，主要是这两部分人。现在好像好多年都没招工了。

问：你们这的最大困难是什么？

王：最主要的困难是交通不便，物资运输缺乏，只能等补给船来的时候才行。再就是工作的时候太单调，每次轮休回来的时候，刚开始的那几天感觉还不错，再过几天就感觉很枯燥、乏味，找个说话的人都很难。还有一点就是，我们的工作区和生活区离得很远，吃饭什么的比较麻烦。

（四）航标工

航标工在航标人中算是工作比较辛苦的工种了，他们负责航标的置换、维护和保养工作，但在不同地方工作的航标工其工作与生活模式会有些许的差异。海区与内河环境不同，因此航标维护会有所差异，且不同的海域、不同的河段、不同的季节也会对航标工的维护工作造成大大小小的差异。

负责海区航标工作的航标工一般归航标管理站或灯塔管理站管理，有的管理站将航标工分为陆地班和海上班。以天津港航标管理站为例，陆地班负责保证导标、船闸信号台（标示海河水位）的正常工作，预报潮汐并预防潮汐带来的灾害；海上班负责水上航标的更换以及日常的维护和保养，主要针对浮标、冰标和柱标。由于北方海区冬季结冰，需要在秋末（11月）将浮标换成冰标，开春后（3月）换回浮标。因此，海上班的最繁重工作是每年两季的换标。除此以外，海上班还要定期巡查浮标，保证浮标使用正常。一旦发生突发事件，如航船撞到浮标，浮标损坏，需要立刻出海维修。从这个意义上讲，所有的海上班成员是没有休假日的，随时待命是他们的常态。而大部分管理站的航标工不分陆地班和海上班，兼管两个班的所有工作。东海和南方海区虽然没有北方海区的两季换标工作，但是夏季的台风会给他们的日常维护工作带来很大的艰辛。

海区航标工的轮班制度通常是工作一星期休息一个星期，也有的按照国家规定的职工正常工作和节假日上班，只不过在休息日安排值班人员。

从事内河航标工作的航标员[①]因为所处河段的环境以及季节性，所做的工作有所差异。以长江为例，巴东一带山区岸标多，浮标少，航标工每天做的工

过去对曹妃甸灯塔巡检是从海上登塔的（天津航标处供图）

作大致相同——维护标灯，确保标位正常（包括岸标和浮标），与来往船舶联系（如果灯有故障，一时无法恢复，要与船只联系以保安全）。洪水期水位每天有变化，要天天与航标见面，根据水位移动岸标，工作较辛苦。枯水期则水位相对稳定，两天巡检一次；桥区则岸标少，浮标多，维护力度大，且在浮标上作业危险性会大一些。现在航标遥测遥控系统在桥区的使用使维护轻松了一点，但维护里程加长了。

长江航道上的航标员平时工作和居住都在船上，吃的可以到岸上的集市上买来，船上的人轮流做饭，每人负责一天。一艘船上有8～10个人，根据职务分船长、大副、轮机长、大管轮（三等船以上才设）、航标员（水手）、机工。航标员负责航标维护，船长负责定位和船舶操纵；轮机长、大管轮和机工负责船只的动力设备。值班时，早上8～24点属白班，由1人负责；夜班在枯水期是2人值（0—4—8），洪水期是3人值（0—2—4—8）；除了值班的，其他人有自己的事，如准备器材、自己日常清洁维护及生活中的琐事。因为一天24小时都在班上，所以有休假。过去是一年52天，现在是一年112天。休假根据船上的安排，大家协商，统一调度，实行轮休制，一般一个月休一次。洪水期突发情况比较多，控制相对紧一些，一般就是待命，家里有事可以请假回家，但回去时间不会很长。

与海上航标工不同的是，过去内河的航标员有不少是河流沿岸当地的水手，现在的航标员有的从地方专业学校（如武汉航道学校，重庆和南京也有类似的学校）毕业而来，有的是复员转业军人。

不管是在内河还是海区工作的航标工，其工作都具有几个特性。首先是危险性，如有风浪的时候，船和浮标动来动去，跳上浮标需要格外的小心；其次是随机性，航标工的工作时间和休息时间没有严格的区分，平时正常上班，休假也随时待命，接到应急反应便得随时出航，以确保标位正常、灯光正常；第三是艰苦性，遇到航标失常，不管天气好坏都得去修，天气不好的时候晕船，胃里翻江倒海，吐得一塌糊涂，工作还得照常干。另外工作没有时间点，也不

长江航标工（天津海事局供图）

能按时吃饭。这样的工作性质使得胃病成为他们的职业病。另外，由于海上和江上风大，空气潮湿，因此风湿性关节炎也成为他们的常见病。

个案5　小肖，2007年4月27日上午9点，在天津南疆港、天津航标处天津港航标管理站、全国劳模崔永发带的海上班的职工接受了访谈，当时正值春季换标刚刚结束、相对清闲的时候。海上班共8个人，其中在站的有4人，其他4人中有2人去黄骅港巡检去了，2人负责协调工作。1990年参加工作的小肖向我们介绍了海上班的工作和生活情况，以下摘自他的讲述。

目前是换标完的扫尾工作——将标归位、灯具的擦洗等，为冬季做准备。今天的工作是归位，指挥铲车、吊车司机如何摆放，各种标要按类型、尺寸摆放，临时急用的摆放一边，临时用不上的放另一边。

忙季是冬季和春季换标的时候，大概是每年的11月份和4月份。这两个季节的区别是冬季天气凉，结冰，较危险，小航标船没有吊车，需要人上去；春季环境好，但风大，也耽误工作。天气好时恨不得多干几个，从早8点干到晚上7、8点，换一个浮标要20分钟。换标时两条船同时进行，8人分工，小船4人，大船2人（因为船员可以干一些），陆地两人。

我们是闲时看着没事干，一有电话便要动起来。闲时晚上有紧急情况出去的，第二天可以歇一天，但一般要保证4～5人在班上。活多的时候，则不得歇。夜航（指的是每月一次的巡检）在25日左右，还要视具体的天气情况。

最好是这会儿，可算忙完了，该歇歇了。那次在黄骅港，从早5点干到晚10点半。那次是从当地租的渔船，回来后赶紧洗个澡（因限时供水），吃完饭，赶紧睡个觉。

我们后备力量差，一个航标工的培养需经过三四年，杨师傅以前是GPS工，在海上班刚两年，跟着一边干，一边学，练跳标，练不晕船。记得去曹妃甸时，第一次吐早点，第二次吐绿水，脚着陆后好点，回来时继续吐，现在练得吐完后就得赶紧吃东西。

职业病是胃病、关节炎。胃病是因为吃饭没时间点，冷热不均；关节炎主要是潮湿，干活时出一身汗，风一吹，凉，造成风湿性关节炎。年轻时不注意，现在岁数大了，知道干完活赶紧回船去。

平时怎么休闲的？家里有电脑，可以玩游戏，聊天，喝酒。上班时，可以看看书，聊聊天，但不许玩牌、下棋，不能睡觉。

“五一”7天假，24小时要求开手机，安排一天两人值班，如有紧急情况，其他人也要到。如果要去别的地方玩，要提前打招呼。去年“五一”，我去了湖北宜昌的岳母家，今年哪儿也不去，就亲朋好友坐坐。

关于私家车，单位有班车，住得不远，没必要。要像我们天天上白班，油也耗不起，再说交通也不方便，过船闸有时一堵就得40分钟。吃的，3口之家，一般2个菜，晚上多做点，预备第二天的中午饭，带到单位热一下。

在船上工作，不许喝酒，以确保安全。工作安全第一，先看好了，怎么做，干活都互相照应点儿，提个醒儿。工作危险性很大，开始时老同志提醒你，现在自己知道，还提醒别人。工作中危险的情况很多，船不够用的时候租渔船，而渔船不像自己的船，常检查，就得自己注意。在工作中也会积累一定的经验，如做事之前先考虑危险性，再决定怎么干。

工作中靠得是相互的默契，如果有新手就麻烦点。我们班比较团结，在一起呆时间长了有了默契；有困难的时候，大家集思广益，工作中意见不统一时也有争吵。

在海上喜欢晚上天上的星星，早上的日出；夏天坐渔船，在前甲板上一躺，风一吹，也挺美的。别出风浪，一有风浪，想着赶紧回去。原先在海上刷漆，刷着刷着就吐了，吐完继续刷。

我们这行，过了45岁，疲劳程度便承受不了。刚上班时，离三、四米都敢蹦，现距离一米都不敢蹦了（蹦指的是从航标船跳到浮标上，也称跳标、跳鼓）。问题是人员年龄偏大，再有5年，就差不多了。工作待遇，比上不足，比下有余。

个案6 老蒋，1947年生，宜昌航道局职工，1973年从部队转业分到这儿来，开始在船上当了8年航标员，接着在信号台工作半年之后于1981年调到局机关工作，2003年内退，内退后又被返聘，在保卫科工作至今。2007年6月1日上午，在宜昌航道局办公室，老蒋接受了我们的访谈，以下内容摘自他的讲述。

航道站有大站小站之分，大站管6条船，小站就是1条船。

我刚来的时候（1973年）维护航标的船是木船，60马力的。没有航标艇，是竹排。航道夏季洪水时晚上不走船，只白天行船；冬季分段可以夜航，因冬季枯水期，水平稳。那时是点煤油灯。

一条船上5～6人，轮流做饭，天天晚上值班，看附近的航标灯有无流失、熄灭，每人值2小时；夏天推筏子，收灯，每天都要与航标见面，不管冬夏，每天都要出去两趟，不出去的时候在站里。

早上：天一亮起来用拖把抹船（因晚上有露水），夏季打磨船，涂铜油（保养）。

吃饭：一日三餐，每人轮流做一天饭，没有专门炊事员，烧的是散煤。

开会：准备出航，根据水位，班组长安排动哪些标识（岸标，浮标）。冬天好，夏天杂草多，搞不动，累得直想躺下睡觉。那时（大坝没有截流前），一个站负责30～40个岸标，不算浮标。

出航：移标，清理杂草（竹排上挂的）；水急开上水船时，船马力小（小船7、8米长，2米宽），1小时才走几公里（慢）。原有6个绞滩站，水流急，上水船上不去。

出航回来：开会，总结一下一天的情况。几个人坐着聊天，也没有电视看。

52天假，6个人轮休，夏季事多不准休，一年的假休不完就只好放弃了；那时一年到头几乎没有休过。

职业病：风湿。那时没有社会保障，很危险的，曾有一个老师傅丢锚石，钢缆缠到脚掉到水里，几个人扯上来；船不稳，搞不好就翻了，但很少出现这样的情况。

那时的航标员（老师傅）大都是江边的人，从当地招的；除当兵转业的不是当地人，其他都是当地的老水手。

吃住都在船上，江边的人，今天你回家，别人帮着代班。要查航完了才能回去，得走夜路啊，八九点钟开始回，走到家里就上十点钟了，一般情况一个星期回家一次。

从当地情况看，航标工的待遇还可以，参加工作时只有15块（1964年，当兵前参加工作），1973年当航标员（按8年工龄以上），工资算高的，46块3毛，一般的只40块，最高的属老师傅，58块钱。按照级别算，等级越高工资越高，每个级别差5块钱左右，35，40，46，52，60（五级），学徒20～30块。现在我一个月1400多，什么都比过去好。船上的航标员分工是这样的：

安全员，负责船上安全，一个星期开安全会；

打头航标员，船前面最前的一个，过去船上有蒿杆，船靠岸时，绳卷到杆上，撑着；

点灯航标员，点煤油灯，白天摆好灯，晚上点上，放上，用铁丝绞紧；

学习委员，船上组织学习、开会，政治学习，读读报纸（那时没有电视，邮递员送报，读给大家听）；

仓库保管员，仓库在坡上，柴油、木料等航标器材都放在坡上；

轮机员和艇长各1名。

虽然有分工，但不是负责这样，就不干那样，都干。特别是夏季打磨船，穿短裤，站在水里，人晒得像非洲人。打磨船需要用石头把船磨光，涂铜油，起码要两个月。不是磨一遍，要三四遍呢。木灯船也要磨，程序如下：刮皮—磨—擦铜油—磨—擦铜油。要做到“木发光，铜发亮”，船上不穿鞋，打赤脚。

到机关后，下基层了解工作，自带行李（被子），还要背着煤炭，挑水、送菜、送米，有的信号台特偏僻。那时机关经常下基层，一个月只能在机关待10天左右，不像现在半个月一个月下去一次，现在什么都有，那不一样；那时社会什么形势，工人都不知道，有时候带报纸下去给他们读。灯罩擦拭不小心弄坏要赔的，那时出差都不报销的。

过去只讲奉献，从来没讲过享受；现在呢？被子、衣服（西服、衬衣）都是国家发的，过去工作服（袖口可扣）一年一套，船员服（中山服）2年一套。过去不能和现在比，不管什么都不能比，过去过夏防暑降温发七八十块，蛮高兴了，现在不会少于千儿八百的。

（五）船员

船员在航标船舶工作，属于船队的职工，隶属于航标处，主要工作是运输和抛标，长江航道局的船员还要承担执法和测量工作。船员分为两个部分，甲板部和轮机部。在甲板部工作的船员有船长、大副、二副、三副和水手（大的航标船称水手，小航标船称航标员），船长或大副等负责船舶驾驶，其他人员主要负责甲板上的作业；在轮机部工作的船员包括轮机长（老轨）、大管轮（二轨）、二管轮（三轨）、三管轮（四轨）和机工，轮机部主要负责机舱内各种设备的运转正常。以下以海标11号航标船为例来具体说明。

海标11号是大型航标船，1985年开始服役，船员33人。船员有一定的流动性，根据需要也在船队的其他船上工作。主要工作是每年冬春两季，与航

大型航标船（天津航标处供图）

标站海上班共同作业，完成换标工作，以及每个月航标巡检、不定期航标维修的出海任务。需要维护维修的时候出海工作。由于服役时间较长，船上设备及生活条件不算很好。尤其是机舱内，柴油的味道弥漫，噪声很大，为了防止长期强噪声造成的危害，舱内建有带隔音效果的集控室，以监控机器运转情况，也改善了机工的工作环境。

个案 7　海标11的大副，中专毕业以后，分配到海事局工作，1981年上船，经过一年的实习，考取驾驶证书，正式在船上工作。至今已有26年的工作经验。

毕业之后的理想就是成为一名海员，没想到会做航标工作。对大海有一种情结式的爱恋，每当面对大海的时候就感到舒畅和喜悦。

刚刚工作那会儿，喜欢归喜欢，上船照样晕，遇上风浪，吐得一塌糊涂，后来在胸前挂一塑料桶，随时低头就吐。随着时间变化，慢慢习惯了，除了大的风浪，也就不怎么晕船了。可吃饭没点儿，加上常在晃动的环境中工作，免不了得上慢性胃病。船上的好多人都有胃病。

工作有的时候蛮单调的，但是从没觉得有多苦闷。航海就是充满乐趣的，看着大海你就不会感觉苦闷了，这就是航海最大的乐趣。

觉着工作本身就是蛮自豪的一件事情，虽然没有当成远洋海员，可也是在船上工作，能面对大海，算是实现了自己的理想了吧。夏天天气好的时候出海，特别是到了晚上，躺在甲板上，海风徐徐吹着，看着满天的星星，别提有多舒服了。

这工作也有苦的时候。有任务的时候，起早贪黑，有的时候为了赶潮水，三四点钟就得起来开工。换标那阵子，一出去就是个把月。忙起来，每天6小时都睡不到。干这行，没有节假日。没有任务的日子，三班倒，连续干24小时，然后休息两天。可就是休息，也是随时准备接任务，手机没有关机的时候。

（六）信号工[②]

在航标人中，现在人们对之知晓最少的或许要算信号工了。信号工在信号台工作，负责发送航行信号。信号台，是设置在水道拐弯处指导行船的台站，在长江属航道局管理。

信号是由悬挂的信号标发出的，信号标用竹篾编成，做成不同的形状，刷上不同颜色的油漆，当地人称为“靶子”，信号工就被叫做“扯靶子”的人。不同形状不同颜色的“靶子”表示不同的信号，通行信号为一个三角形，三角形的尖朝上表示上行，尖向下则表示下行；两个三角形并列则是禁航信号，一般是航道局通知有活动（比如游泳）、整治航道、下雨滑坡时用这种信号；黑色或红色（依背景颜色不同而定）的菱形（1953年之前用圆形）是有雾的信号。另外还有小轮信号和木筏（排）信号等，按规定的马力，四五百匹以下的轮船为小轮，可对行；在汛期，上游会把砍伐的原木扎成筏子，顺着水流运输，这些筏子相当笨重，没有动力，没有舵，因此无法避让也无法掉头，因此要通知所有的船让行，下游上行的船舶只有依靠信号台及时发出的信号采取避让，才能避免相撞的危险。信号台之间的通信，以前依靠可见的信号标和号角、铜锣，1966年信号台安装了内部电话，沟通方便了很多，效率也大大提高。

过去，信号台上的居住条件也比较艰苦。在固定台上，住土墙的房子，在活动台上，则住木板房，需要根据水位的变化移动房子的位置。可谓逐水而居，居无定所。20世纪80年代中期之后，房子由土木结构变成砖石结构，工作和生活设施也添加了不少，居住、工作和生活条件得到了改善。

工作是固定而单调的——记录水文情况、每艘船的通过时间、船只基本状况，悬挂信号标、降下信号标。台上工作人员少，连娱乐活动都组织不起来。可是信号工也有自己的乐趣，看着航船安全地从自己的信号台下面缓缓驶过，船员挥着手臂和自己打招呼，心里充满了成就感。

三峡今昔信号台（上为解放初期的信号台）
（长江航道局供图）

工作占据了日常生活最大的一部分，信号工没有办法顾及到家庭，有的信号工索性把家搬到信号台，以台为家。信号台上的生活艰苦而枯燥。改革开放之前，每个人每月只有半斤油，斤把豆腐干，凭票去市镇上购买。为了节约，好多信号台的信号工，捡江边的石头围成小园子，里面铺上土，自己种菜。其他的食品、生活用品自己花钱买，有的就从家里带到信号台上。去镇上的路都很远，而且路况不好，来回要花上大半天的时间。有些信号台，运输煤很困难，就自己上山砍柴烧。后来，由航标船每个月给信号台送煤、米和其他给养，生活状况有所好转。

个案 8　杜兰英，女，1957年生，1980年作为下乡知青接父亲的班来到宜昌航道局，初在船艇上负责一些餐饮工作，1982年调到信号台。她向我们讲了她在信号台的工作生活情况及目前的状况，以下内容摘自她的叙述。

我1982年来到山区信号台，沅江一带比较偏僻，生活蛮枯燥。工作性质就像公路交通警，单行航道不能对开，因为河道狭窄，特别是冬季，双行容易发生碰撞。

信号台女同志多，那时八九个信号台，每台四人。我所在的信号台（红星信号台），最初三个人，1984年始为四个人。我们四人，三个女的、一个男的，基本上父亲都是这个单位的。那个男的，在单位工作，找对象在农村，因父亲在农村，包办婚姻，所以家在农村。我们三个女孩都是县城的，都是接班。我父亲在绞滩站工作，过去人力拉纤，后来用机器。父亲50多岁病退，按正常得60岁退，那时提前退的多，让子女接班。一方面是工作可以，主要是就业。我们那时知识青年下乡，从农村回城后就业难。山区信号台，工资蛮高，且稳定。

信号台的工作辛苦，枯燥无味。信号工有三项要求：多联系，多瞭望，多检查。船经过，要准确无误地、百分之百地发送信号，准确性要强，要有责任感，因为这涉及到生命、财产的安全。整个长江的信号台都是相互联系的，工作时，上面信号台告知船只要到时，信号工的精神要高度集中。逆水和顺水的时间掌握好，一般可判断行驶时间，这要靠在工作中总结经验，掌握规律。发信号后要检查信号是否发错，发现错后要马上改正过来，一般是先让顺水的走，再让逆水的走。工作就是这个性质，这是我的工作，要把工作做好，不出差错；如出差错，船碰撞，就会有危险。当时对“女子信号台”评价挺高的。

我们一年52天假，一般是工作一个月后集中休10天。我们平时都住在信号台，三个人时晚上分班，有时轮上两个人值班，一人休假，就无法分班。调来一个人后四个人时，一人休，三个人分早、中、晚班。

三个人休息时也在一个房子里，信

号台都在偏僻的地方，天天看山水也没有兴趣；自己在信号台边挖地种小菜，菠菜、土豆、南瓜、西红柿等。河边一带是沙石，没有野菜、菇类等野味。夏天泉水大，冬天是小溪。

的确是蛮艰苦，最初相当艰苦。吃的是山沟里的泉水，发洪水时，水要用明矾澄清；做饭烧的是煤和木柴，没有电器；几个人，吃菜、买米要走15里路到县城买，自己出钱买，单位给一点野外补助。《待到满山红叶时》那部电影反映我们的生活，相当淋漓尽致，讲一个信号工的生活、爱情、工作，你可以找来看看。

从1982～1994年我一直在那儿工作。变化体现在对讲机、房子和电视上。最初是土木房子，房子建在险峰山岭上，因为河道曲折，这样可以看到两边的船。1984年，房子变成砖石结构，每人一间。同年，值班室有了无线电话，开始有四个人了。对讲机是1985年才有的，也是从那时起逐渐开始有了电视机，电扇、有线电话、健身器材等，开始时除电话外没有什么设施。闲时就是看电视，看书报，聊天，睡觉。

大江截流后，信号台少了，人员精减，就内调到宜昌，当时自己有申请，单位也有安排。这样，从1994～2003年我就在宜昌工作，先在工会工作了两年，后又到行卫科（事务中心）管水电。2003年内退，拿90%的工资。

内退后也就是锻炼身体，参加舞蹈，与亲戚朋友在一起；上班时精神多些，有紧迫感，有压力，充实，要是能找到一份工作，还是想上班，现在觉得不充实。

（七）养护工

养护工负责航标及其有关的所有设备的保养工作，具体工作主要有除锈、打油漆、安装等。根据工作的需要和安排，养护工相对来说有特别忙的时候，也有相对轻松的时候，不同的海区具体情况有所差异。海南海事局管辖的海区有"三高"（高温、高湿、高盐），腐蚀得厉害，2006年以前每年要在4～8月份对航标进行一次大保养，大保养的准备工作从2月起便开始，除锈、打油漆、安装，工作量比较大的是锚链的处理，包括除锈、拉直，不好的链子还要切割；2006年之后，由于设备的跟进和长效油漆的使用，开始实行两年一次大保养（现北方海区是3年一次大保养）。平时养护工一周5天工作日，大保养时，尤其是5～6月份最忙的时候，周六、日都不能休息。[③]而北方海区某些海域由于冬季结冰，在此期间使用冰标，每年秋末冬初和春季的换标工作十分庞大，所以，除了大保养外，每年的11月（换冰标）和次年的3月（换浮标）也成为北方海区养护工的忙季。

上为养护工为浮标加压重铁，下为养护工在烈日下为浮标上面漆（刘华芹摄）

三、航标人的婚恋与家庭

在岛上，家里有事不能及时下来，影响家庭稳定。身为站长，既要安抚职工，又要安抚家属，给她们做工作，职工家里有事要协调。过去待遇没有提高时，航标工找对象不好找，人家随便找一个都比航标工强，找你航标工干啥？待遇提高后是一种补偿，作为一个大男人，腰杆也能挺起来了。过去怎么找对象？各人有招。军人往那儿一站，能靠得住；还可以找同学；实在找不到也有找农村的。20世纪90年代正是下岗时期，人们发现航标人起码工作安稳。

这是在海标0507航标船上从大三山岛返回大连的途中，大连航标处灯塔管理站张站长在甲板上对我们讲的。由此，我们有必要来了解航标人的另一面——婚恋与家庭。

（一）海区航标人

航标人的婚恋状况是和航标行业的发展密切相关的。就海区航标人来说，从20世纪80年代刚接标时到1995年前，航标人待遇比较差，工作环境也差；管理方面比较严格，不是歇班不能回家，就是家里有事照顾不了。女孩子觉得航标人回不了家，待遇又低，不愿意找他们。因此，当时航标人找对象比较难，通常托朋友、老乡、同学等介绍，实在找不到就回老家找。相对来

①在内河上从事航标维护的航标人一般称为“航标员”。

②本部分关于信号工的内容来自于宜昌航道局的刘总工程师和退休信号工杜兰英的讲述，在此表示感谢。

③此处海南海事局养护工的情况得益于海南航标处养护部经理范启的介绍，在此表示感谢。

说，航标人中军人出身的则容易一些，因为人们觉得军人有优秀的品质，靠得住。20世纪90年代之后，航标人在找对象方面的情况有所好转。一是因为那时正值下岗期，人们觉得航标人工作比较稳定；二是1995年体制改革之后，工资有所提升，管理方式也日趋人性化，社会上认为航标人生活有保障，尽管看上去不善言辞，但比较可靠。

就家庭关系来说，1995年之前，问题比较多。航标人的待遇提高之后，不稳定的因素少了，家庭关系比较融洽。"灯塔人疼老婆"，这句话出自灯塔人之口。而且，不光是灯塔人，从事其他工种的航标人也是如此。

对老婆好、对家人好，这已是航标人中普遍存在的现象。究其原因，他们几乎是众口一词地说，"一种补偿"。的确如此，航标人对家属特别偏爱，因为心里感到愧疚，回家后要做补偿：把钱老实地交给老婆；歇班在家时，抢着买菜、做饭。大连航标处的叶维国笑称大家都是"优秀的厨师、优秀的保姆"。

为什么愧疚？因为，作为航标人，正如我们在工作和生活模式部分所述，工作的需要使他们在家庭方面作出了很多的牺牲。短则一个星期，长则一个月不回家，照顾老人、孩子的担子落在家属身上。天津航标处"海标11"轮的大副在接受调研人员访谈时满怀愧疚地说：

工作这么多年，觉得对家人挺歉疚的。家在蓟县，回趟家也不是个小工程，忙的时候根本顾不上回去。没有怎么分担过家务，孩子的学习就更管不了了，也很少全家出去玩。有机会的话应该好好补偿家人，多陪陪他们。

在孤岛上工作的航标人，因为天气和交通条件的原因，家里有什么急事，也不能及时赶回。黄白咀灯塔长老冯曾在圆岛工作过19年，他回忆道：

茫茫大海，通讯不方便。家里有

上塔第一餐（赵建伟 摄）

啥急事，比如有病，路太远，赶不上好天气啥的，下岛不及时，很耽误事。我在岛上父母去世都没有看见，父亲得重病后，家人干脆不告诉我了，去世一个月后我下岛才告知的；我母亲身体不好时，家人通过车载电话打到岛上，天天告病危，我呢，就天天盼好天，盼到好天下去时，母亲已去世了。

驻守岛上的航标人，有的家在农村，或者妻子没有工作，考虑到长期的两地生活挺艰难的，因此允许他们有时把家属带到岛上住。目前，航标人的妻子们在工作方面有几种情况：一是在城市有自己的工作，二是下岗人员，三是农村人。大三山岛的十名职工，妻子有工作的有三个，下岗的有四个，另有三个是农村的。灯机工周建顺的妻子原在大连港客运站工作，人员减员时本来也可以不下岗，但周建顺让她下来照料家里的孩子和老人。再以天津港航标管理站的海上班为例，有一半多航标工的妻子都在家待着。下岗是一方面的原因，另一方面是因为现在航标工的待遇不错，一个人可以养活全家，再加上航标工因为工作的性质不能兼顾家里的事，家庭事务的确需要有一个人打理。这一点，我们可以从航标工小肖的讲述中去体会：

从过年到现在，家里的事我什么都没干过，更别说崔班长了。大部分家务都是我爱人干，她原先有工作，我不愿意让她干，让她待在家里做饭、洗衣、伺候大人孩子。我自己挣得钱够，每月3000多，公积金每月2000多，贷款买的房。我们这儿一半多对象都在家待着，自己当然愿意她们什么都不干。我们这行，通常是上班有点，下班没点，加班加点很正常，不加班反而不正常了。相对工资高，家里了解，一般不会有怨言。发了工资，把钱都给她，烟、酒、茶都由她准备，我在家嘛也不干，挺幸福的。

（二）内河航标人

内河航标员情况则不一样。20世纪60～70年代时，航标员比较好找对象，因为除了军转人员以外，大部分的航标员都是从沿河两岸的当地水手中招聘而来，他们大部分都来自农村。60年代的老师傅通常就在农村找对象，70年代以后来的（包括军转人员）一般找镇上的女孩子，像教书的，小企业单位的等，因为那时船上工资相对较高，机关则低一些。80年代后期至今，随着沿江两岸经济的发展，航标人的经济优势体现得不那么明显了。

以长江航道局的现代航标人为例，因为工作的原因，他们跟社会上的人接触得不多，认识的人比较少，结婚通常比较晚，一般得要等到三十岁左右，二十七、八岁结婚就算是早的了。在谈到找对象时，宜昌航道管理处的欧阳靖说："洪水期，老有突发事件，一次人家会体谅，久了就分了。"

在家庭关系方面，尽管内河航标人的待遇一直不错，但与海区的航标人一样，他们同样对家人感到愧疚，同样有一种补偿心理。长江航道局的一位老航标工说："航标男职工，都会做饭，对家人好。"因为，他们没有办法顾及家庭，他们的家人一样为他们付出了很多。正如在介绍信号工的工作和生活时所讲，早期有的信号工索性把家搬到信号台，以台为家。长江航道局曾经有一个女信号工，小孩得脑膜炎不能及时治疗，变成了残疾。

男职工因为工作而有愧于家庭，女职工同样如此，但她们都能够应付。我们可以从曾在长江上游红星信号台工作的杜兰英的讲述中窥其一二。

我家住秭归县城，爱人在秭归。信号台在山区，离县城较近，我值班一个月才能回家休10天。生小孩可以休一年，按70%的工资发；一年以后可以把小孩放在家里，家里人或请保姆照顾到上幼儿园。孩子放到家里还可以，生活就那么回事，家庭等要靠自己调节。

四、航标组织管理

航标文化的产生，经历了一个由自然到人为、由自发到自觉的过程。文化因人而产生，但是，只有人在主体上自觉地意识到文化的存在并有意识地强化文化的整体或一部分时，文化的发展与创新才能得到保障。因此，航标文化研究的另一个层面就是对航标相关组织和管理制度的研究。

文化自身无法进步，航标文化的持续进步和发展，也不是仅仅依靠一线工人的自觉行动来促进的。从总体上看，航标文化的发展与创新，与航标管理部门长期以来的管理政策、管理制度、管理方法和管理措施密不可分。从航标组织角度看，航标文化在很大程度上是由组织和制度的创新与变革推动的。虽然我们进行的这一研究以航标的物质文化研究为主，不过多涉及组织文化及其建设的内容，但由于航标的建设与发展是一个组织化的过程，所以，还是有必要将航标组织管理对航标文化的产生与发展的作用进行简要介绍。我们在这里说的组织有两个层面，一是国家航标宏观管理，二是基层航标管理。

（一）旧海关航标管理及工作规范

从历史看，我国海区航标管理机构始于19世纪60年代。清同治七年（1868年）4月，清政府海关总税务司署设海务科，下辖由巡工司和总工程师领导的海务和工程两大部分，负责全国航标的建设、管理、维修和灯塔补给、航标巡检及水道测量工作。

从这个时期开始，航标管理部门在

组织管理上采取了一些措施，如在人员和灯塔管理方面，清光绪十年（1884年），海关完成了《新关灯塔灯船诫程》十卷，其中“灯塔管理条款”五卷、“灯船事务诫程”五卷，详细规定了灯塔值守人员的工作流程与工作纪律。如“诫程”规定，值班时不准离开灯笼，不允许打盹，为了防止瞌睡，灯室里只准放一张方凳，灯笼里不准吸烟、吃东西。灯塔居所“树木不宜过高”、“草宜畅茂”、“严禁事外人寄居”、“勿别构庐室”、严禁赌博、贸易等等。

从现代角度看，我们可以将这些内容视为组织对职工行为规范的管理，当然也包含着一些工作程序方面的内容。我们也知道，职工行为规范的制订和实践，对其行为文化的形成具有重要指导和规范作用，在航标这一行当中自然也不例外。此后的相关资料不多见，但是可以相信，在灯塔业务和工作规范方面的类似规章制度肯定还有很多。这些措施，对于强化航标人的职业意识和规范工作行为、养成良好的工作习惯，无疑具有重要意义。

（二）20世纪80年代前的中国航标组织管理

建国后不久，全国海区航标划归海军管理。1953年7月，遵照中央人民政府政务院及中央军委的指示，海军接管原交通部负责管理的海区航标。同时，在上海组建海军司令部海道测量部(由原海军司令部海道测量局与交通部航务工程总局航标处合并组成)，下设航标处、航海处等。航标处统一领导、管理全国海区的航标工作。1953年9月，各海区海军司令部水道测量科亦相应扩编为海道测量处，各海道测量处设有航标科，分别负责辖区内的航标建设和航标管理维护工作。1954年3～7月，借鉴苏联经验，为健全充实各级航标管理机构，经海军批准，先后组建了舟山、厦门等海道测量段，分级管理辖区内的航标工作。1957年6月，海军各舰队整编，海区海道测量区、段改称为海道测量处、科，继续负责辖区内的航标工作，仍归所在基地、水警区、巡防区司令部建制领导。

通过这些管理工作的强化，一直到20世纪70年代后期，海军航标管理组织机构得到了较大的加强和充实。比如，海军在加强各级航标管理机构建设的同时，还重视和加强航标、导航部队和维修力量的建设。一是在舰队组建航标(导航)机动部队，下设航标分队、探照灯分队和机动无线电指向标分队(后改为机动无线电导航队)，配备适用于保障作战、训练用的机动航标、导航器材装备。二是在舰队、基地、水警区、舰艇支队组建不同规模的检修所(后发展为航保修理所)，负责辖区内航标、导航装备器材的维护、修理和建标器材的加工配套工作，保证了航海导航任务的顺利完成。三是在沿海航标比较集中的基地、水警区，建立了航标保养场所，配备了吊杆、吊车、绞车等必要的维修工具，承担海上航标和锚系设备的保养、维护和配套，保证了海区航标的及时调换布设和维修保养。

再如，在航标专业的人才培养方面，航标专业在海军创建初期是个空白。1953年海军海测部接管交通部管理的沿海航标后，陆续组建了各海区航标机构和航标部队，但缺乏航标专业人员的矛盾非常突出。只有依靠交通部移交的航标专业干部，基本保证航标机构的正常运作。然而，这些为数不多的专业人员难以适应航标事业发展的需要。所以，加速培养新的航标专业人员已刻不容缓。20世纪50～60年代，通过短训培训，使大部分参训学员通过多年的工作实践锻炼，逐步成为各级航标部门的骨干力量，为海军航标事业的发展做出了贡献。70年代中后期，海军采取多种办学形式，经常举办各种临时训练班、专题短训班并组织人员到上海航标厂等单位学习专项业务技术，开展"一专多能"、"技术能手"和"以老带新"等办法，取得较好效果，缓解了航

早期长江航标工在测量浮标处水深（长江航道局供图）

标专业人才紧张的不利局面。在海军负责管理海区航标工作的三十多年中，航标队伍逐步成长壮大。1988年经海军批准，在安徽蚌埠海军士官学校正式设置了航标中等专业班，海军航标人才培养工作逐步趋向正规化。这些人才培养措施，对于之后我国航标建设与管理，起到了重要的保障作用。

在内河方面，长江航道是我国最重要的水上交通枢纽之一，建国初期由于财力、物力和技术状况所限，长江上夜航设施依然原始落后。除下游河段少数航标上悬挂有乙炔气航标灯外，其他河段均悬挂煤油航标灯。航道一线数千名航道工人，每天都要驾起木划子早收灯、晚点灯，披星戴月，风浪再大也要冒险出航，水面作业危险，劳动强度极大。而且，煤油航标灯难以抵御风雨浸袭，灯焰射程短，不能为航船提供清晰的助航目标，轮船在长江上夜航没有安全保证。据统计，至1952年建国3年来，长江上共发生各类海损事故1177起，其中，因航标助航效能低下或管理不善造成的船舶搁浅、触礁事故就有370起，占全部事故的31.42%。

为了较大限度地避免海损事故的发生，1953年4月，长江中游航道工人率先在中游河段实施航标改革试点。1954年10月，上游河段航标推陈出新。1955年8月，下游河段航标改革启动。在实施改革的过程中，三千多名航道工人满怀翻身做主人的喜悦，活跃在两千多公里的航道一线，无论是酷暑严冬，还是白天黑夜，他们忘我劳动在凶滩恶水之上，在人迹罕至、芦苇丛生的荒洲野滩往返跋涉，实施测量。饿了，啃一口干粮；渴了，捧一口江水。有时为了设置一座浮标，在航标艇不能抵近的地方，工人们不顾个人安危，淌入奔腾湍急的江水，肩扛浮标、涉水定位。尤其是在两岸高山绝壁的川江航道上，工人们不顾生命安危，用嘴衔着10多斤重的铁质标灯，手脚并用，攀爬上悬崖峭壁……

长江航道工人历经三载艰辛，在全线2000多公里的航道上，制作、设置了近6000座新式航标，实现了长江航标全面改革的壮举。1953～1955年的长江航标改革，结束了旧中国航标助航效能低下、海损事故频繁的落后状况，初步改善了长江的通航条件，迈出了长江航标技术革命的重要一步，推动新生的中华人民共和国走向社会主义建设的新高潮。经过这次改革，在航标的合理配布、科学分类、质量提高诸方面取得了显著成效，为营运船舶白天在长江上航行提供了安全通道。

1958年3月一个春光明媚的日子，毛泽东主席乘坐“江峡”轮从重庆下驶，视察长江。次日清晨，“江峡”行至三峡峡谷，主席踱上甲板，发现高山夹峙的江流之中，一座浮标上有两个人

毛泽东主席视察长江查看航标配置图（长江航道局供图）

在大浪中颠簸起伏，就问身旁的一名长航负责人："那两个人在干什么？"负责人答："那是航道工人在更换煤油航标灯。"主席说："航标灯为什么不能用电呢？"答曰："过去试过，干电池容易受潮，亮度没有保证。"主席说："那还要很好改进。"事后，毛主席关于要改进航标灯的谈话，作为"航标要电气化"的指示，在长江上下广为宣传。到70年代，长江全线实现了航标电气化改造。①

（三）20世纪80年代以来航标组织管理

在我国航标建设与发展过程中，无论在怎样的历史条件下和由怎样的部门来管理，航标的唯一使命就是保障船舶航行的安全。在这一航标使命的引导下，航标业务部门在各个方面采取的管理措施，都在不同程度上提出了航标建设与管理的新理念，强化了航标服务于社会和经济发展的基本宗旨，为我国航标的建设与发展提出了正确的指导思想，为航标基层组织的管理提供了基本指导和组织及思想保障，同时强化了航标人服务、规范、高效和敬业等职业意识。20世纪80年代初以来，随着海区航标归属交通部管理，同时伴随着我国持续的改革开放和经济蓬勃发展，本着为经济建设服务的宗旨，航标管理也迈上了一个更新的台阶。从80年代初到目前为止的航标宏观和微观的管理，从各个层面对航标文化的发展产生了重大的促进作用。

20世纪80年代后，沿海航标不但在数量上大增，标志的规模和数量都有明显的改观，先进灯器的引进，雷达应答器的推广应用，使港口航标在阴晦的天气能提供全天候助航服务。差分全球定位系统的开发与应用，提高了船舶的定位精度。灯器向电子化发展，光源和光学元件向小功率、高光强、远射程发展。科技的发展与应用对航标的管理工作提出了新的要求。1993年，交通部安监局在全国开展安监系统设备管理、维修、保养、使用检查评比活动。这项活动始于上海海监局，交通部安监局转发了上海海监局的相关文件，要求各海区进一步做好航标维护质量的检查考评工作，使航标工作质量的考核制度化和经常化。北方海区将这一活动的范围扩大、引申，将维护检查工作扩大到所有助航标志及其附属设施，引申到航标技术档案管理制度和健全规章制度上，并率先引入竞争机制，在海区内开展互查和评比，将其命名为大维护、大保养、大检查、大评比活动（简称航标“四大”）。这项活动开展以来，北方海区航标及设备的技术状况有了明显改善，助航效能明显提高。1991年，全国航测工作会议要求，东海和南海海区要借鉴北方海区的经验，进一步深化，使航标维护管理工作逐步形成正常化、制度化和标准化。通过3年的活动，在航标的维修和养护管理工作方面收到了明显的效果。

在我国航标的高层管理层面，从钱永昌部长提出“让沿海航标亮起来”到我国对数字化航标的倡导、研发和建设；从《中华人民共和国航标条例》、《沿海航标管理办法》的颁布实施到一系列国家和地方性法律法规的落实；从我国航标科技发展规划的持续进步到吨税改革；从对航标人家庭、生活等各个方面的关心支持和相关政策落实到航标人性化管理的倡导，无不体现出航标高层管理者对航标建设与发展的关注。自然，这些政策、战略和管理策略的实施，在很大程度上加强了我国航标管理的科学化、人性化，大大提升了航标管理的效能。

在技术进步方面，面对诸多的挑战和国际发展趋势，我国航标管理部门已经在着手研究制定新世纪的航标发展战略和技术政策。立足于为国民经济发展服务，履行国家法律赋予的职责，履行国际公约规定的相应义务，以满足航海者需求为宗旨，以建设海上高速通道为目标，运用风险管理技术，系统地分析了我国航运的现状和未来发展趋势，提出了建设中国沿海综合航海保障系统的构想。这个系统是以数字通信技术和计算机信息技术为依托，改进和集成现有的传统目视航标、无线电航标、电子海图和地理信息系统，以及管理信息系统等，提供船舶动态、水文气象、航标状态等可靠、安全、高效的综合助航信息服务，达到满足不同层次的船舶和航标用户的需求。

在“十一五”期间以及今后较长时间内，我国沿海航标管理依靠技术创新、管理创新，结合中国国情，不断研究国家、区域经济发展规划和港口建设规划，分析、预测相关航路和重点区域的船舶流量，科学决策，超前规划，建设高风险区域的航标助航设施。从被动地提供航标助航服务，到主动地对航行在中国沿海的大型船舶、高危险性的船舶进行动态监控，提供实时的互动的交通信息和助航服务，降低船舶碰撞和搁浅的风险。同时兼顾不同需求的小船和渔船航路的助航需求，研究采用适宜的方式，让助航服务信息更加适合小船的需求。在搞好沿海航标建设的同时，将加快航标管理队伍建设，努力提高航标检测手段和维护装备的水平，提高快速应急修复和应急设标能力，提高航标的可靠性和可用性。

在中国经济大发展的新时期，我国对航标宏观管理政策和战略提出了新的目标和理念。制定于2004年的《全国沿海航标建设总体布局规划》提出了我国海事航标发展战略的指导思想，重点在于落实交通发展总体规划和中国海事发展纲要，坚持以促进海洋经济和水运事业发展为前提，坚持以保障航运安全为重点；转变航标的管理理念和管理模式，扩展航标的内涵和服务范围；提高航标在国民经济中的地位和作用，实现航标的跨越式发展和可持续发展，全面开创航标事业的新局面。

《规划》同时指出，海事航标发展战略应遵循的方针是：以人为本，以全面提高航标队伍的业务素质为根本，以保障航运安全为重点，以促进海洋经济和水运事业发展为前提，以提高航标在国民经济中的地位与作用为中心，以实现航标的可持续发展为方向，以建立完善的航标管理法规和技术标准体系为保障，以科技创新为源动力。

重点水域航标建设是海事航标系统"十一五"期间的重要工作之一，2005年中国海事局通过组织专家现场调研、召开用户座谈会、发放调查表等多种方式，广泛征求航标用户的意见，围绕服务港口建设和航运经济发展这个中心，依据中国沿海航标风险评估结果，制定了系统的航标改造规划并分步实施。仅2006年就完成了渤海湾、长江口、珠江口及琼州海峡的航标改造，新设和调整了350座航标，使这些重点水域航标的服务水平得到了明显的提升。

在我国航标基层管理的组织层面，在国家宏观航标管理政策指导下，基层航标管理部门一直在管理制度、管理方法、管理技术和管理沟通等方面进行着持续的创新性工作。在组织管理和制度改革方面，各地航标处都在努力学习和实践先进的管理理念和管理方法，力图通过科学的制度设计达到科学管理的效果；在人事管理方面，许多航标处持续加强劳动和人事制度改革，力图通过改革进一步提高职工工作积极性和创造性，提高航标管理效能；在组织文化建设方面，一些航标处在航标精神指

表角灯塔 塔高16米，灯高62米，射程24海里。位于粤东沿海汕头港达濠半岛广澳角，始建于1880年，1992年重建。是粤东沿海干线和进出汕头港外航道的重要助航标志。（广东海事局供图）

引下，归纳和提炼了结合自身特点的航标文化建设理念，并逐步通过管理过程加以实施；在具体的业务管理方面，各地航标处在业务过程中坚持精益求精，通过科技进步和人员业务素质的提高，全面提高航标的导航与助航效能；在思想政治工作方面，各地航标处一直在努力加大航标文化、航标工作者素质的宣传、教育和引导工作，通过多种形式加强航标文化、航标精神在行业内外的宣传力度，努力培育航标职工的崇高责任感和使命感，强化职业精神。

无论在怎样的群体中，文化会表现在可以观察的外显物以及所提倡的价值观、规范和行为规则上，要理解一个群体的文化，就首先要从组织、制度等宏观层面上来理解。正确地理解了航标组织或群体的制度和规范，也就能够在很大程度上抓住航标文化的基本走向和核心价值。

①《中华长江文化大系》，中国言实出版社，2004年。

第九章　心灵的故乡 精神的家园

——航标文化的价值理念与建设实践

精神是灵魂的真理，是灵魂的永恒价值

精神是人身上最高的品质，最高的价值，最高的成就

——尼古拉·别尔加耶夫

是除夕夜的酒后，在父亲的书室里。父亲看书，我也坐近书几，已是久久的沉默——我站起，双手支颐，半倚在几上，我唤："爹爹！"父亲抬起头来。"我想看守灯塔去。"

父亲笑了一笑，说："也好，整年整月地守着海——只是太冷寂一些。"说完仍看他的书。

我又说："我不怕冷寂，真的，爹爹！"

父亲放下书说："真的便怎样？"

这时我反无从说起了！我耸一耸肩，我说："看灯塔是一种最伟大，最高尚，而又最有诗意的生活……"

父亲点头说："这个自然！"他往后靠着椅背，是预备长谈的姿势。这时我们都感着兴味了。

我仍旧站着，我说："只要是一样的为人群服务，不是独善其身；我们固然不必避世，而因着性之相近，我们也不必'避世'！"

父亲笑着点头。

我接着："避世而出家，是我所不屑做的，奈何以青年有为之身，受十方供养？"

父亲只笑着。

我勇敢地说："灯台守的别名，便是'光明的使者'。他抛离田里，牺牲了家人骨肉的团聚，一切种种世上耳目纷华的娱乐，来整年整月地对着渺茫无际的海天。除却海上的飞鸥片帆，天上的云涌风起，不能有新的接触。除了骀荡的海风，和岛上崖旁转青的小草，他不知春至。……"

——冰心《往事》（二）之八

这是冰心先生在《往事》里对灯塔和灯塔人的认识。看守灯塔是一项"高尚"而"伟大"的工作，是"光明的使者"。

有意思的是，我们在课题研究过程中采访航标工时，却听到了另外一种说法，"其实，我们没有必要将航标人的精神无限地拔高。在解放前，许多人之所以愿意做灯塔工，首先是因为工资比较高。但同时，在这一行当中做得久了，与灯塔长期接触，自然就产生了一份感情和依恋。爱护灯塔，恪尽职守，也就变成了份内的事情了，可能，我们说的航标精神就是由这里延伸出来的吧。"一个须发皆白的老航标人这样说。

进行航标文化研究的过程中，我们时时刻刻被航标人的许许多多的事迹和精神所感动。但是，在这个开放的、价值观日趋多元的社会和时代，我们又不愿意将我们看到的和听到的航标人的故事进行一般"口号"式的拔高。如果这样做，就会在一定程度上失去了我们研究这一课题的意义。而我们的初衷是将航标、航标人和航标精神介绍给社会，如果还是坚持一般"宣传"的口吻，我们的成果不一定能引起社会和读者诸君的共鸣。因此，在写作"航标文化的价值理念"之前，有必要先交代一下我们对航标精神的认识。

第一，在我们对一些先进人物的宣传感到漠然甚至不以为然的同时，我们又会发现，哪怕是就在我们身边，总有一些品德高尚的人、努力敬业的人、乐于助人的人和舍己为人的人……我们承认有这样一些人的存在，而且如果稍加思考，我们也会承认，他们，实际上代表了人类向善、崇高和其他一些令人景仰的品质！这种东西是什么呢？就是我们人类终级化的精神追求。人类仁爱、善良、敬业精神的进步，所要依靠的，恰恰就是这样一些人的模范作用！在这些先进分子身上体现出来的精神，可能是我们所学不会的和暂时没法学的，但是，它们毕竟存在并且代表着一种方向。因此，发掘航标人身上的这些优秀的品质，一定是航标文化价值研究的首要任务。

第二，这个世界上存在着各种方式的美德和善，我们发现，一个人如果是为了自身利益而行善，那么，从社会意义上看，他的这些善再大、再多，也是"小善"；反之，如果一个人的善行是为了众生，具有广泛的社会价值，那么，他的善行哪怕再小，也是"大善"。而我们所研究的航标人，恰恰就是这样一群人：从社会分工来说，他们的工作可能微不足道而且默默无闻，但是，他们为整个社会提供的物质和精神方面的价值，却是广袤的。

第三，我们中绝大多数人的任何行为动机，往往是从自身的、物质性的利益开始的。任何人在进行追求任何物质利益活动的同时，又往往会产生一种超越物质利益的精神，而且，随着日积月累，这种精神往往会成为一个人行为动机的主体。所以，是不是可以这样说："人类的活动从物质开始，却又无处不在精神之中。"这也就是说，我们在承认航标人职业动机是物质利益的同时，却并不妨碍我们对航标人崇高精神的探索。

在进行了这样一些介绍之后，就让我们一起进入航标人的精神世界吧！

一、航标文化的精神价值

航标是人类发明和使用的物质，因此，航标文化的研究，首先要从物质文化的研究开始。而简单地看起来，我们会发现，“物质文化”是一个似乎有点矛盾的词汇。我们可以确信，物质不是文化，文化也不是物质。但是，从另一方面来说，物质又是人类文化进步的产物，物质的生产和使用过程中，无所不在地蕴涵着人类的创造性文化；而文化呢？文化不是物质，但是，如果离开了航标这一物质的具象来谈文化，自然也是行不通的。

物质文化中的“物质”是由自然物质转化而来的，在这一转化的过程中，包含了人类创造性的思维和劳动，是人类“物化的知识力量”。人类在对自然物质施加影响的过程中，使用了知识和技能。这种知识、智慧和技能是人类特有的，而且是持续进步的。同时，人类创造物质进步的过程，也是人类物质文化和精神文化不断进步的过程。因此，著名的文化学者马林诺夫斯基认为，文化的物质方面并不是一种动力，物质的制造需要知识，而知识是关联于智力及道德上的训练，这训练正是宗教、法律及伦理规则的最后源泉。物质文化的匹配部分，包括着种种知识，也包括着道德、精神上及经济上的价值。只有在人类的精神改变了物质，使人们依他们的理智及道德的见解去应用时，物质才有用处。①

由上面的几点简单理解，我们可以将对航标文化的理解，重点放在两个方面，即“人化”和“化人”。

所谓人化，是指物质是人通过对自然界的改造产生的，物质是人类文化进步的结果。同时，文化是人创造的，是人类改造自然的结果。作为具体的航标来说，“人化”是指航标是由人类的活动创造的。人类的水上活动产生了航标，航标的产生过程包含着人类对灾难的思考、对知识的创造、对技术的创新等，沿着这些路径思考，我们就能够找到航标文化的精神层面意义。

所谓化人，是指一种文化一旦形成，就会对身处其中的人类产生一种约束和导向作用，使人对这一类的文化产生一种依附感和归属感。比如，航标在使用过程中，无论是作为管理者的航标人，还是作为成果享受者的水上活动者，都会围绕航标的使用，产生一种对航标这一物质的特殊的心理、情感及行为上的需求和反馈。

因此，航标文化的研究，就是要沿着两条路线进行，一是航标产生及进步过程中人类知识、智慧和创造性的融入，二是航标使用过程中人类精神的产出。

那么，我们究竟应该怎样理解航标文化中的精神价值呢？这些精神是什么？包含着什么？又在什么地方体现出来？

什么是精神？“精神是灵魂的真理，是灵魂的永恒价值。在这个意义上，精神具有价值论的特征……精神是人身上最高的质，最高的价值，最高的成就。精神赋予现实以意义。”[②]按照这一理解，所谓航标的精神文化，其实就是在航标的规划、设计、建设和使用过程中，受一定的社会背景、文化氛围的影响而长期形成的一种精神成果和文化观念。具体来说，航标的精神文化可以包括航标精神、航标人精神、航标人的人生价值和工作价值取向、航标人的道德观念、航标人的精神风貌等。

航标精神是从哪里来的？不用说，自然来自航标人长期工作的过程。倒在灯塔旁的陈义、口衔煤油灯的郑兴高、灯塔世家的叶中央、39年坚守的苏贵聪……航标人中一连串闪亮的名字，给了我们很好的答案！航标精神文化，产生于航标建设和维护过程中的火热实践。随着这一过程的进展，航标精神和航标人的精神风貌，在很大程度上变成了航标工群体认同和实践的基本规则和思想动力。在访问中，我们常常听到这样的话语：“其实我也没什么，因为大家都是这样做的。”同时，阅读航标发展的历史，我们又深深体会到，航标精神具有鲜明的时代特征，是与时俱进的。航标精神是时代精神的体现，是航标业个性和时代精神结合的具体化。优秀的航标精神，能够让人从中把握时代的脉搏，感受到时代赋予我们的勃勃生机！[③]

①［英］马林诺夫斯基著、费孝通译：《文化论》，北京：华夏出版社，2000年，第5页。

②尼古拉·别尔加耶夫：《精神与实在》，北京：中国城市出版社，2002年，第7页。

③参阅刘光明：《企业文化》，北京：经济管理出版社，2004年，第189页。

二、来自火热实践的航标精神

（一）“一把土”精神

圆岛位于黄海北部、大连港东南方向28海里，原是一个身处万顷碧波之上的礁石坨子无名小岛，因为它像半个圆球浮出水面，故称“圆岛”。圆岛的面积只有0.032平方公里，只有四五个标准足球场的面积，没有淡水、没有人烟，是一个在地图上被“忽略”的角落。“站在海拔60米的最高点大吼一声，全岛人都能听见。”圆岛灯塔始建于1925年，1991年原灯塔拆除重建，同年12月31日新塔建成并正式发光。

“圆岛冬天风疾，夏天雾浓，自然条件恶劣。岛上几乎没有泥土，没有淡水，树木无法生长，石缝里零星地钻出的一些野草，就是这里的生机。”“到冬季，北风急；狂浪吼，无平憩。入夏时，临雾季；一整月，二天曦。最难熬，心里寂；度时光，楚汉戏……”这是圆岛灯塔站站长姜昌军在《圆岛情》里描述的圆岛自然条件。就是这样一个自然条件十分恶劣的地方，有的人一呆就是20多年。而我们要说的“一把土”精神，就是从20世纪50年代开始的。

有意思的是，“一把土”精神，是由驻守圆岛的解放军雷达兵和航标兵共同创造的。由于特殊的地理位置，解放以后，圆岛上就驻扎着一个连队的解放军，承担导航、信号、雷达和报务等方面的工作。1959年的一天，雷达兵炊事员陈金良因为连队的炉灶坏了，想和点泥修补一下，结果寻遍全岛也没有找到一点土。陈金良记住了这件事，一次下岛办事返回时背回了半袋土。不久，他的战友徐承米在一次下岛返回时，也悄悄地背回了一袋土，并在避风处开出了脸盆大小的菜地。两名老兵与“一把土”的故事在全站迅速传开，带动了官兵们往岛上带土的行为。河南籍战士岳文明上岛第一天就给父母写了一封信，请他们把家乡的土邮来一把；炊事员方和义随解放军代表团参观井冈山后返回连队时，带回了一包井冈山的土；指导员马荣贵受到毛主席接见后，在人民大会堂旁边的一棵松树下挖了一包土……官兵们就是利用这些从四面八方带回的一把把土，在岛上“造”出了108块大如床、小如盆的菜地，种出了扁豆、辣椒等20多种蔬菜，并根据土的来源，形象地命名为“中南海田”、“大寨

圆岛灯塔 塔高20米，灯高66米，射程20海里，位于黄海北部，圆岛之上。始建于1925年，1991年重建，主要为进出大连港的船舶提供助航服务（林芬 摄）

田”、“延安田”等。

来自祖国四面八方的小小一把土、混合了每个战士家乡泥土的小菜田，昭示着驻守孤岛战士的扎根精神、团结精神、协作精神、爱岛精神……

在研究航标文化的过程中，我们一直试图能够登上圆岛，感受一下“狂浪吼，无平憩”，亲眼看看一把土的菜地。但是因为种种原因，一直未能成行。为了弥补这个缺憾，我们采访了现任大连航标处工会主席、曾在圆岛工作近十年的张树林先生。“每一批新兵上岛，接受‘一把土精神’的教育是必需的。大家探亲回家或者回到陆地，带回一把土，已经成为一种习惯，不用别人提醒。”张主席这样说。

1982年，航标从军队交地方管理，连队中灯塔分队中的航标兵变成了航标工。此后，扎根圆岛、爱岛奉献的“一把土精神”就由灯塔工继承下来。张主席在转为航标工后，又在岛上干了3年。“这个时候，‘一把土精神’就变成军民共建的事情，大家都以自己的实际行动呵护这一块块来之不易的‘一把土田’。”

多少年过去了，如今的航标工们，在“一把土田”上种韭菜、黄瓜、豆角、丝瓜、南瓜、辣椒。由于岛上淡水都是从岸上运来的，所以这些蔬菜只能用雨水或洗碗、洗脸剩下的水浇灌。同时，“一把土精神”的内涵也有了很大的延伸，据张主席说，现在的圆岛，“一把土精神”已经演化为航标职工爱岗敬业、勤俭节约的好传统，节约一度电，节省一滴水，成为航标员工自觉的行动。

当然，“一把土田”里种的蔬菜，对于航标工的生活来说，可能是“杯水车薪”，但是，“遇到恶劣的天气、陆地的补给不及时时，这些菜还真能发挥很大的作用。”张主席说。

“能常常看着生命从‘一把土田’中萌芽、成长，对灯塔工来说，那是孤寂生活里的无限生机！”一位曾经采访圆岛的记者说。

（二）为信仰而工作

近年来，在许多职业培训中，我们会屡屡听到一些外国的敬业故事，《谁动了我的奶酪》啦、《把信送给加西亚》啦，等等。这些故事当然让我们很受启发，但是，回过头来看看，其实我们民族的历史上，尤其是现代史中，这样的经典性人物实在也是不少的，邱少云、黄继光、董存瑞……一连串闪光的名字。下面我们要介绍的，就是航标工中这样一个极具经典意义的人物——陈义。

座落在湛江硇州岛的硇州灯塔，是湛江著名的八景之一，硇州灯塔是一座百年灯塔，有两个值得称道的特点，一是世界上现存的两座能同时发出两束灯光的灯塔之一（另一座位于好望角）；二是硇州灯塔曾经有过一个著名的守塔老人陈义。

1945年初，河南安阳人陈义参加了东北抗日联军，之后又参加了全国解放战争，随着中国人民解放军胜利的步伐，一路南下打到了广东。在革命战争年代，陈义舍生忘死，立过4次大功。1955年，已经是团级干部的陈义转业到了地方，他没有留恋城市机关的舒适环境，而是主动要求转业来到硇洲岛灯塔担任管理员，从此与灯塔结伴终身。

1955～1985年，陈义在硇洲岛灯塔当管理员30年，从来不休假，也没有过过星期天。他精心维护灯塔的正常运行，每天至少把灯塔内部和水晶镜片擦拭两遍，“30年如一日，天天提着一桶水，走七八十级台阶到灯塔顶部，把直径1.78米、镶着160多条棱镜的透镜，擦洗得一尘不染。”①据曾经和他一起工作的灯塔工讲，有时灯泡出现故障时，为了抢时间恢复发光，他经常直接用手更换烫手的灯泡，手掌经常被烫伤。还有一次，透镜的旋转机械出了故障，由于设备的原因无法及时维修，为了使灯塔正常闪光，陈义老人硬是一边看着钟表，一边用手推灯座以保持固定的转数，愣是坚持了一个通宵。至于工作中对付台风，更是常有的事情。他的同事回忆说：“1980年，七号台风来袭，硇洲灯塔受到台风威胁。陈义带着两名灯塔工到灯塔外围的平台上，冒着生命危险加固灯塔的门窗。当时，台风袭岛三天三夜，他们隔不了多长时间就要出去加固一次门窗，确保了灯塔的安全。”

到了退休年龄，领导本来想安排他到陆地安享晚年，无奈被陈义坚决拒绝：“办什么手续都可以，俺决不能离开灯塔，要义务为它服务一辈子。将来俺死后，请组织把俺埋在灯塔旁，石碑上写上灯塔工人陈义，俺就心满意足了。”70多岁的时候，他说：“俺决不能离开灯塔，要义务为它服务一辈子。”到80岁时又说：“俺不算老，俺还要干它十年二十年呢！”②“灯塔是俺的生命，俺一天没见到它，不摸摸它，俺就吃不下饭，睡不好觉哩！”③一席肺腑之言，道出了老人和灯塔的不解之缘。他人老志壮，不论白天黑夜，不管刮风下雨，始终保持灯塔透镜一百六七十条水晶镜片和挡风玻璃透亮无瑕。翻开灯塔日志，可以看到他忠于职守的记录。三十年中，他离岛开会、办公事或看病，仅有4次，加起来还不足40天。

陈义在硇洲岛灯塔工作的时期，硇洲岛的经济条件还相当艰苦，物资贫乏，交通不便，岛上的自然环境也较为恶劣，连生活用水都要从雨水中收集。尽管如此，老人依然十分乐观。他利用业余时间开荒耕地，种植作物，改善岛

陈义事迹展览馆（许凡摄）

上的生产生活环境。生活中，他极尽简朴本色，“灯塔之旅”记者吴楠在“传奇灯塔工陈义”一文中写道：“他不抽烟、不喝酒，连手表也没有一块，穿的都是补过多次的工作服，身无长物，宿舍里只有一张床和两个用木板钉成的箱子。”但是，对于别人的困难，他却是慷慨解囊，“20世纪80年代和陈义一起守灯塔的朱其源有三个小孩子，他的爱人却没工作，生活十分困难。陈义便把三个孩子的读书和穿衣费用全包下来，直到三个孩子全部念完了高中。”他去世时，身上却只有十块钱。

1982～1984年，陈义老人先后获得了交通部广州航道局先进工作者称号。1985年，广东省政府授予他“广东省劳动模范”称号。1983年，中央人民广播电台广播了陈义的事迹后，在全国引起很大反响。陈义老人的事迹，感动了许许多多的人，不少人远道而来参观灯塔、学习劳模。1985年，中山大学的几位大学生在湛江度假时参观了硇洲灯塔，并见到了陈义。返校后，他们给陈义写了一封信，信中写道：“我们终于看到了报纸上报道过的、电视上播出过的您，感受到您那大公无私、严于律己、热情大方的优秀品德，深为您的言行所感动。至今，我们还记得和您的对话：‘您要注意身体，多休息啊！’同学们说。‘我不怕，我不怕辛苦。’您回答。以前，这些话只在电影里听到过，在小说中看到过，而那天，却终于亲耳听见了。您那无私的品德、忘我工作的精神，将会激励我们发奋学习！”

可惜的是，陈义老人却没有能够看到这封信。1985年8月12日，81岁高龄的陈义老人对设备进行保养时，不慎踩空摔了一跤。等被人发现时，老人已奄奄一息了……

按照他的遗愿，组织上将陈义老人安葬在他毕生工作的灯塔附近。在离硇州灯塔不足200米的地方，可以看到一座坟墓和纪念亭，老人就安息在这里。为了纪念陈义老人，2003年，湛江航标处利用灯塔附属房分别改造成小型航标展馆和陈义事迹纪念馆，方便和促进了旅客观光、宣传灯塔精神和教育下一代等工作，展览室里摆满了老人生前获得的各种奖章和奖状。在老人铜像的背后，是“灯塔光照大地，革命精神永存”12个大字。

人们称颂他的精神如百年灯塔永放光芒，照亮人们的心灵。著名作家张永枚以陈义同志的事迹为题材，撰写了长篇小说《海角奇光》。他当年在雾号站旁种的一些香蕉树，后来被湛江市园林管理部门搬回市里，作为对这位革命老人的纪念……

《中国沿海灯塔志》描述航标人的工作环境时写道：“处境岑寂，与世隔绝。一灯孤悬，四周幽暗。海风挟势以狂吼，怒潮排空而袭击……诚足以警世骇俗也。”陈义老人的一生，用他艰苦卓绝的精神和勤劳敬业的工作，为我们阐释了灯塔精神的深刻内涵：燃烧自己，照亮他人！同时，老人的精神世界，如同长夜暗火一般，向我们昭示着人类终极化的追求！

“俺还要干革命，继续为人民服务，俺永远不离休。”陈义老人的这句话，足以引发我们的深思！

（三）长江上“闪烁的航标灯”

作为全国劳动模范的长江航道局李汉成的事迹很感人，是值得大书特书的。但是，先前的众多事迹记载，好像已经从各个方面说了许多。从一个什么样的角度来介绍李汉成，才能引起大家的共鸣呢？看到李汉成的雅号——长江上的航标灯，我们受到了启发，就从李汉成个人的职业成长和管理方法入手向大家介绍吧。

在这个崭新的时代，我们每一个人都在进行着自己的职业生涯规划，都希望通过社会平台的支持和自己的努力，能够达到自己职业生涯的顶峰，能够成就一番丰功伟业。同时，每一个家长也在望子成龙。那么，职业的道路应该怎样走？这个过程中应该付出什么？这是许多人的困惑。让我们一起看看李汉成的成长轨迹：从一个贫苦的农村孩子到一个海军战士，从一个普通的航标工再到全国劳动模范，他能够告诉我们什么呢？吴绪松在《李汉成颂》中这样说：

李汉成啊，你是长江航道人的榜样，

你前进的脚步总是这般的稳健铿锵。

是故乡的沃土给了你勤劳朴实，

是军旅的生活赋予了你斗志昂扬，

是长江的航标灯熏陶出你无私的情怀，

几十年如一日你执著地实现理想。

李汉成是一个苦孩子。他的儿子李冬海在《我的父亲》一文中写道：“父亲出生于鄂州一个贫农家庭，兄弟姊妹七人，少年丧父，十岁左右开始分担家庭的重任，或破冰捉鱼，或赤足采挖野藕。酷阳寒雪、凄风冷雨，雕削了他刚毅的外表，锤炼了他不屈不挠的心灵，敲打了他过硬的身板。”李汉成将农民的勤劳朴实和军人的刚毅勇敢集为一身，铸就了艰苦奋斗的精神。他所在的黄石大桥桥区航道，每到洪水泛滥季节，顺江而下的草渣在浮标船头堆积如山，必须及时清除以确保航标安全。每当此时，李汉成总是第一个趴在被烈日晒得发烫的浮标船甲板上，用刀砍，用钩子钩，用手拉，一点一点将草渣清除。有时一趴就是一个多小时，胸前烫得发红，他从来不叫一声苦。每年维护航标刷油漆，在岸标上施工难度最大，位于顶端13米多高处的八面块漆最难刷，人的脸仰向天，刷油漆的同时风一吹，满脸溅的都是油漆，眼睛都睁不开。每次刷岸标顶端的油漆，李汉成都是抢着上，把施工难度小的岸标下端留给其他人。按照长江航道局的规定，职工每年可以休假100多天，可是李汉成每年的假期一般只有20多天；当站长之后的17个春节，他只有两次过年回家。看了这些故事，我们可以总结出李汉成职业成长的第一要素，这就是艰苦奋斗。任何一个人，即便是再聪明，要成就一番事业，也必须经历一个持续的艰苦奋斗的过程。

海尔的领袖张瑞敏说过一句话：“什么是不简单，将简单的事情一千遍一万遍地做下去，就是不简单。”我们要说的李汉成的第二个优秀职业品质，就是持之以恒。你看：

“李汉成带领黄桥站的一班人，在平凡的岗位上做出了不平凡的事迹。他所管辖的航段，做到了标正灯明，做到了白天一标见一标；晚上一灯见一灯。从1990年以来，共维护航标9万多座天，航标维护正常率达到100%，他驾驶的站艇安全航行12万多公里，其主机运转8千多小时无故障。”

“他每天都比别人早起30多分钟，从航标艇的前头擦到后头，哪怕是不显眼的地方，也见不到一点灰尘。擦洗过的甲板就像一面镜子，光亮照人。在他的言传身教下，每天早晚抹船，工作之后及时洗船，已成为全站职工的自觉行动。机舱是油污最集中的地方，难免有“跑、冒、滴、漏”的现象，但在黄桥站航标艇的机舱里，不用说机器干干净净，就连舱底也见不到半点油污，真正做到了木不发黑，铁不生锈，铜不发绿。有一次长航党委书记张永泰到这里检查工作时感慨地说：“这才是长江上的华铜海轮”。

从李汉成身上我们看到，坚持不懈、持之以恒，是职业成功的又一必备品质。“认认真真地过好每一天，认认真真地把每一件平凡小事做好。”李汉成如是说。

那么，具备了这两点，是否就足够了呢？当然不是。学习李汉成的事迹我们可以发现，确立工作目标、坚守工作信仰，是又一个值得我们思考的方面。李汉成说，他是从旧社会过来的人，深知生活的艰辛。解放以后，能够参军、能够当工人，是新社会提供的工作机会。他十分珍惜这样的机会，因此，好好工作、报答社会，就成为他工作的信念和精神支柱。“人生的价值，就在于圆满完成应尽的社会职责。我的职责，就是团结全站14个人，确保辖区江段畅通，尽力为过往船只提供安全保障。”当然，李汉成并不是一个先知先觉者，他的职业精神和职业信仰，是在工作和生活过程中不断实践、不断思考、不断创造而积累起来的。沙市航道职工学校的王宜法这样评价李汉成：“我不否认李汉成的平凡与普通，他和我们干一样的活，可他与我们不一样的是他总比我们干得多，总比我们干得重，总比我们干得精。并且不是一时的热忱，而是天天、月月、年年，将爱岗敬业的实际行动在脑子里积蓄为一种精神，这就是李汉成精神！”

有了信仰，就有了对工作的热爱。所以，李汉成能够告诉我们的，还有第四种品质，就是对工作的热爱。“我很爱船，船艇就是我的家”，是李汉成当兵时就挂在嘴上的口头禅。在部队的6年，他是在船上度过的。到长江航道局工作20多年，也是在船上度过的。整个职业生涯中，李汉成与船结下了不解之缘。爱船、爱工作、爱单位、爱职工、爱事业，就成为李汉成毕生的信条。他日复一日、年复一年地擦洗工作船，不是一般人能够坚持做到的。有了爱，也就有了责任，所以，李汉成在很多时候会很吝啬、很会过日子。站里的青年职工说：“平时我们绑扎锚链多一小截铁丝他都会留下来，留着下次用在合适的地方。有时外单位将一些报废的旧铅丝绳丢了，他却如获至宝，带着站里职工去抬回来，拆成许多股，作浮标定位用。拆废铅丝非常费劲。他的手经常被扎出血，但李站长全然不顾。”在生产经费比较紧张的情况下，他把废铅丝绳连接起来，拴上石头，固定浮标船。他把旧灯座、旧灯罩修理组合后重新派上用场。抛设浮标使用铁锚成本高，他想方设法制作水泥锚以降低生产成本……

阅读李汉成，使我们领悟到了成功的四要素，这就是：艰苦奋斗、持之以恒、坚定信仰、热爱工作！

说完了作为劳动模范的李汉成，似乎觉得意犹未尽，我们还想和大家说说作为站长的李汉成。为什么呢？因为李汉成并不是仅仅只作为劳模存在的。在他的带领下，由他担任站长的长江航道局黄石大桥站成为一个先进的工作集体，获得全国内河船舶双文明竞赛先进船、全国模范职工小家、湖北省先进工会小组、全国总工会“五一”劳动奖状……

在我们极力关注西方先进管理理论的同时，也让我们看看我们身边像李汉成这样的管理者是怎样做的吧。李汉成总结自己的管理方法，用了四个字，叫做“严管厚爱”。按照我们的理解，“严管”，就是作为一个组织化的群体，首先要讲规则、讲制度、讲纪律；所谓“厚爱”，就是在执行制度的过程中和结果中，一定要注重情感的投入，包括工作中的循循善诱、生活中的真切关怀、情感上的及时排解、事业上的积极引导……对于违反制度的员工，李汉成绝不手软；而对于员工在工作和生活中的细节，李汉成又及时介入。“平时在站里，我对每一名职工，都像亲人一样关爱，使他们在生活上感受到一种家庭般的亲情和温暖。”“不同的人，不同的性格，我就用不同的方法去做工作。”为职工做一碗肉丝面，为睡觉不老实的年青人盖好被子……李汉成短短的几句话和普通得不能再普通的行为，其实为我们道出了管理的真谛！

我们的传统管理讲人情，但经常忽视制度，所以管理会出现很多问题。西方的管理更多地注重规则和制度，但往往忽视情感的问题，所以也出现了危机。李汉成的管理方法告诉我们的便是：缺少了制度的组织是没有战斗力的，同样，缺少了情感的组织是不能持久的！

李汉成是长江上的“航标灯”，他又何尝不是我们做人做事的航标灯呢？！

（四）忠诚不渝叶中央

如果说陈义老人带给我们的是对事业的信仰，那么，叶中央一家四代带给我们的，就是对职业的忠诚。

在航标业界，叶中央的名字可谓“如雷贯耳”。这不仅因为以他为原

全国劳模叶中央（镇海航标处供图）

形的电影《灯塔世家》的影响，更由于他职业旅途中的悲情故事。四代人守灯塔、三口人因为守灯塔而牺牲，叶中央带给我们的，是关于职业忠诚的沉甸甸的思考。

在我们研究航标文化的过程中，在对许许多多航标人访谈的过程中，“对职业的忠诚”这个字眼，经常被大家提及。但是，当我们接着提问，想从这些普通的航标工嘴里挖出一点儿“豪言壮语”时，他们所说的，又往往像叶中央说的这样，朴素而直白。

“有人问叶中央：灯塔上这样苦，这样危险，收入也不高，你又付出如此大的代价，为什么不离开？究竟图个啥？他的回答是：‘既然有灯塔工这一行业，它又这么重要，就得有人去干。我不干，别人也得干。我要尽一个灯塔工的责任，守好灯塔’。”④

2007年8月3日下午，在镇海航标处的岱山航标站，我们终于见到了鼎鼎大名但似乎又平常得让我们有一点儿“失望”的叶老。叶老是一个十分和蔼的老人，没有一点儿全国劳模的架子。老人自2000年退休后，一直待在家里，生活很有规律，每天早上4点起床，爬山锻炼身体，白天买菜烧饭，晚上9点左右休息。现在他与妻子和妻子带来的女儿生活在一起，安度晚年。老人唯一的遗憾是现在身边没有小孙子或孙女。

叶中央出生于1940年，原任宁波市镇海航标区白节灯塔主任。从19岁干上航标工作，守护灯塔40余年。他家祖孙四代航标工，堪称“灯塔世家”。祖父叶荣宝从清光绪九年（1883年）就在白节山灯塔做守灯人，成了中国第一代灯塔工；叶中央5岁那年，他父亲叶阿岳为保护守塔用船，在与大风浪搏斗中捐躯——“还在我5岁那年，我亲眼目睹了父亲在一次台风中，为了灯塔租用的一条木船不被风浪刮走，他自己却被无情的海浪夺去了年轻的生命。”⑤19岁那年，他接过守塔的接力棒，2000年退休了，他的儿子叶静虎又接了他的班……⑥1987年他被评为全国最佳灯塔工，1989年获全国劳模称号。1998年，以他为原形的电影《灯塔世家》公映。在航标业界，一家几口人、或者两代、三代人在“干航标”的可谓屡见不鲜，但是，像叶中央这样，一家四代都做灯塔工的却是凤毛麟角。

“1971年春节前夕，为了让灯塔上其他职工能回家团聚，我留在灯塔上值班，写信告诉妻子带孩子来灯塔过年。不幸，我妻子在来岛的途中，因风大浪急，乘坐的小船翻沉，29岁的她与5岁的小女儿双双遇难。在组织的关怀和同志们的安慰下，我战胜了悲痛，也更坚定了我扎根海岛的信念。我狠狠心，把年幼的儿子、女儿托付给了年迈的岳母抚养，自己含泪返回了灯塔。”⑦

“有记者问我，如果再给你一次机会选择工作和家庭，你会选择哪一个？我想都没有想就回答说，我会选择家庭。我和妻子结婚十年，和她在一起的时间还不到一年。在她还活着的时候，我倒没太在意她们，但她们母女俩去世后，我才觉得十分歉疚，我欠她们的实在太多。现在我做事情都会想到她们，打电话时会想到，看电视时也会想到。她们连这些东西见都没有见过啊！”我们对面的叶老，似乎陷入了深深的内疚和自责之中……

阅读叶中央，其实我们感受到的已经不是一般航标工人工作环境的恶劣、生活的艰苦、家庭温情的缺乏等等事情了。可以说，叶氏家族的富有传奇色彩的经历，显示了我们研究的主题，那就是以叶氏家族为代表的航标世家对航标文化深深的“浸入”。

怎么解释这一现象呢？社会学中关于“代际”问题的研究，给了我们很好的启示。代际研究的理论认为，父亲一代的工作和职业，一般会对下一代人的职业选择产生影响。当然，按照严格的学术意义说，这种影响分为直接的和间接的两个方面，而且在不同的社会制度下、不同的工作和生活环境下和不同的地域、不同的经济发展程度上，这种影响的结果是不一样的。

按照这样一个说法，航标世家的几代人在一个较为漫长的过程中，基本面对着相同的社会文化环境，在基本需求、价值取向、生活方式和思维模式等各个方面，有相同的地方。在这种情况下，文化的濡化就发生了。所谓濡化，表达的是“在文化中”或“进入文化”的意思，就是在一个特定的文化环境中，一个人作为个体适应其文化并学会完成适合其身份与角色的行为过程。一般来说，家庭是一个人的第一濡化机构，我们可以想见，在相对比较封闭的文化环境中，一个航标工的一言一行和所作所为，将在很大程度上影响着其下一代的生活和职业价值观。在这种情况下，航标工人的“子承父业”也就变得好解释了。在我国航天事业领域和石油等工业领域存在的“献了青春献终身，献了终身献子孙”的说法，就是这样一种代际文化传递和塑模而成的“工作世家”后面的“文化世家”。

那么，这种“世家”现象和牺牲精神的背后，是一种怎样的价值观在起作用呢？看了叶中央们的事迹，恐怕我们最能够体悟到的，就是一种对职业的忠诚精神。在现实生活中，一些人的忠诚可能是一时的，而叶中央以“四十年的孤独、四十年的坚守、四十年的牺牲”，日复一日地在这茫茫大海上为过往的船只指点迷津，默默地像灯塔那样点燃自己的生命之火，才真正阐释出了“忠贞不渝”这个词汇的真正寓意！

“一个人做事要有事业心，我认为我能坚持下来靠的就是事业心。灯塔精神的内涵是‘燃烧自己，照亮别人’。一个人的青春都花在灯塔上了，实际上就是燃烧了自己。我19岁上灯塔，到60岁退休，40多年的时间都在灯塔上，什么酸甜苦辣我都经历过，有苦，如遇到风暴，没有吃的，生活寂寞，‘多见海水，少见人头’。当然生活中也有快乐，如20天的假期，回家与家人团聚、孩子暑假到岛上来等。”我们采访时叶老如是说。

一个年轻人读了叶中央的故事后写到：“读到这里，我心潮澎湃，要是让我去那荒无人烟、毫无生机的‘鬼地方’去工作，要是吃不上我喜爱的蔬菜和水果，天哪！那还有什么乐趣？我可能一天也待不住！有谁能把自己的青春献给守塔人这个职业，有谁能承受43年的寂寞，有谁能为这个小小的职业付出巨大代价啊！然而，他——叶中央却能坚守了43年！做的是那么平凡而又不平凡！”

坐在叶老的对面聊着，让我想起了参与航标文化研究才熟悉的嘉期的《灯塔颂》，让我们把这段文字送给叶老、送给所有忠诚于职业的守塔人。

在浩瀚的海面上，
屹立着一座巍峨的灯塔；
熹微的晨光映出它朦胧的身影，
金色的晚霞给它带来黄昏的宁静。
日复一日，年复一年，
它坚定地站在自己的岗位上；
不管风吹浪打，
不管潮起潮落。
在阳光灿烂、和风吹拂的日子里，
间或有海鸥在它身旁飞翔嬉戏；
一阵喧嚣过后，
又剩下蓝天和大海与它在一起。
日复一日，年复一年，
它永远默默地忠于自己的职守；
黑暗中照亮航道的同时，
它也照亮了它自己。⑧

（五）铁山精神：“爱航标，爱岗位，做主人，做贡献”

“老铁山灯塔”、“铁山精神”、“孙国民”，这是我们研究航标文化相关资料时，时常展现在我们面前的几个关键词。到天津海事局大连航标处调研时，最想见到的，自然就是孙国民了。但是，真正见到孙国民时，我们又感觉到他和我们的想像有着不少的差距——和我们见到的一些航标工不同，孙国民给我们留下的最初印象，似乎和劳模“搭不上界”，他展示给我们的，完全是一个现代化的航标管理者形象。于是，便有了我们对孙国民、对铁山精神的深度挖掘和更多思考……

老铁山灯塔是我国著名的灯塔之一，1893年由清政府海关投资建设，是辽宁省文物保护单位、大连市重点保护文物。1997年，国际航标协会批准老铁山灯塔为世界历史文物灯塔，2002年该灯塔被国家邮政局列为《历史文物灯塔》特种邮票发行。建成之后的老铁山灯塔的命运，似乎更像是中国近代历史的一幕缩影，“灯塔之旅”记者韩世铁在《老铁山灯塔的非凡经历》一文中记载：1894年，中日甲午战争以后，灯塔由日本人管理了几个月，又于1895年11月交还清政府海关管理；1898年，沙俄侵占旅大，灯塔由沙俄管理；1904～1905年，日俄战争在旅顺爆发，日本战胜沙俄，灯塔再次被日本人染指。1945年，苏联军队进驻旅大后，灯塔由苏军代管；1955年4月，苏军撤离旅顺时，灯塔由我国海军管理。”

当然，老铁山灯塔之所以出名，不仅仅因为它是一座百年灯塔，也不仅仅是因为它坐落于天山山脉的余脉和黄海、渤海的分界线上。陈甲标先生在谈论物质文化研究的基本层面时提出，物质文化的研究，从“因自然而人化”、“因名人而留迹”，同时我们也认为，物质文化的研究重点，更应该放在“因使用而赋予”⑨上面——有了人类对物质的使用过程，有了人类使用物质过程赋予物质的精神价值，才是我们真正要追寻的。

“爱航标，爱岗位，做主人，做贡献”是铁山精神的核心内容，虽然这一理念是“孙国民时代”才提出来的，但其实，铁山精神有着它独特的“源头活水”。

1985年10月，时任大连航标区党支部书记的栗荫友先生在陪同上级领导视察老铁山灯塔之后，写了一片文章，叫做“铁山明珠”。在这篇文章中，栗荫友记述了时任老铁山灯塔站站长季开华：他带领由六名海军老战士组成的团队，“发扬解放军的光荣传统，做到退伍不褪色，用改革的精神，带领大家建立了一整套岗位和经济责任制。凡是要求别人做到的，首先是自己做好。在规章制度之外，他为自己立了一条规矩，公布于众：坚持每天夜间查岗、查机，一次不查，主动罚款。”“他的一言一行都集中体现了铁山人的风貌：勤劳、善良、爽朗、热情，谈话叮当响，说干就干。”之后，栗荫友道出了铁山人精神：“季站长和当战士时一样，把灯塔看成是他神圣的战斗岗位，是他的家。一次，他把五个老战友召集到一起，开了个党员大会，商量怎样在铁山扎根，把毕生的精力献给党的事业。于是他们先后将家属和子女从湖北山区、河北平原和辽南水乡迁到铁山落户。尽管他们面对住房、吃粮、烧柴和就医等方面的种种实际困难，思想上却毫不动摇，白天做站里的工作，晚上做家属的思想工作。这种对待事业的精神，是多么难能可贵。难怪村民称赞他们是具有铁的性格、铁的纪律和铁的作风的铁山人。”

在季开华之后，继承和光大“铁山精神”的人，就是孙国民了。如果季开华进行的是“扎根行动”，那么，孙国民所做的，就是家园建设。

“荒芜的山坡上乱石满地杂草丛生，闭塞的大山里人迹罕至，难见炊烟，除了灯塔等设备外，整个营区只有孤伶伶的五间宿舍和一间食堂。由于房子破旧不堪，草丛里的蛇经常窜到食堂和宿舍，蝎子时不时地钻到被窝里蛰伤人。”记者韩世轶在“花园式塔站的缔造者”一文中这样描述孙国民刚做站长时老铁山灯塔的情形。为了彻底改变工作和生活环境，孙国民带领大家利用业余时间向乱石、杂草和荒地“宣战”，清除乱石、杂草，平整土地，拉土回填，再种上草籽、树苗和鲜花。同时，自筹资金，改造宿舍和食堂，将所有房屋装饰一新，并建立了学习室、荣誉室、文体室和篮球场等，安装了电视卫星接收机（含天线）……十多年来，孙国民是灯塔站的领导，又是航标工、泥瓦工、油漆工、搬运工、修路工，他同伙伴们把荒山野岭只有几间老营房的灯塔站整饰得像花园一般。[10]

看到这里，您可别以为孙国民所做的，就是改造环境的工作。“有一次在全国安监系统开展的航标‘四大’竞赛活动中，时值盛夏，天气异常炎热，他带领全站13名同志，每天凌晨4点多钟就进塔除锈。由于灯塔呈封闭状态，此起彼伏的敲锈声听起来特别刺耳，心脏都振得难受。塔内灰尘漆粉弥漫，呛得人透不过气来。就这样，大家一点一点地敲，一铲一铲地刮，一片一片地抠，抢时间，赶进度，原定15天的工作量，结果仅用了8天就完成了。”[11]孙国民勤于工作、精于工作，曾经多次获得各类航标保养技术评比第一名。

孙国民的“爱航标、爱岗位”精神，不仅体现在他自己身上，他的家人也为老铁山航标站的建设做出了贡献，甚至付出了生命的代价。为了加强副业生产，孙国民把60多岁的老父亲从老家接来，养了4000多只鸡。他的妻子因为勤劳、贤惠，被同事们誉为“铁山第一嫂”，在一次劳动中，不幸遭遇车祸重伤去世了。

从荒草丛生到花园式塔站，从毛头小伙子到两鬓斑白，老铁山灯塔默默见证了环境的变迁和孙国民的成长历程。“爱航标，爱岗位，做主人，做贡献”，铁山精神背后的东西是什么？当我们问到这一问题时，孙国民提到了老铁山水域“无风三尺浪，有风浪三丈”的险况，提到了渔民们说的“见到老铁山就知道到家了”的话，提到了航海者对老铁山灯塔的敬重，提到了守塔人和航海者的“鱼水之情”……从这些朴素的话语中，我们可以感受到的，唯有沉甸甸的责任！是的，有了对灯塔守护的责任，有了对航海者安全的责任，才有了爱，才有了积极、创新、顽强、坚韧的主人翁精神！

（六）临高灯塔：信念是可以传承的

临高灯塔位于海南省临高县美夏乡的临高角，灯塔高22米，是船舶进出琼州海峡西口的重要助航标志。据《中国沿海灯塔志》记载，临高灯塔当时是“中国沿海极西之灯塔也”，“由印度支那及东京沿岸而来，则未入海南海峡之先，该塔即已巍然在望”。临高灯塔的建设，主要是因为琼州海峡“航行素称奇险”，“自海滨以达洋面，暗礁棋布，面积甚广，船舶行驶须距塔稍远，方免触礁之患。此即该灯塔设置之主旨。”临高灯塔始建于1894年，“塔身为锻铁圆柱所造，外涂红白相间之横纹”。[12]1997年，临高灯塔被国际航标协会誉为世界历史灯塔；2002年5月，该灯塔被国家邮政局列为《历史文物灯塔》特种邮票发行。

进行航标文化调研时，我们常常听到业内人士说：“研究航标文化，建议你们去临高灯塔看看。那个灯塔已经有一百多年了，可看起来还和新的一样！看守灯塔的两位老职工，没有得到过多大的荣誉，却一样把灯塔维护得这么好，实在是难得。他们每天维护灯塔时，进塔都是光着脚的。”

2007年8月11日，迎着台风“帕布”带来的暴雨，我们的临高灯塔调研终于成行。“临高有两件出名的东西，一是人偶皮影戏，二就是临高灯塔。”路上，陪同我们调研的海口航标处何志成科长如数家珍般地向我们娓娓道来，“而临高灯塔所在的临高角之所以有名气，一是因为有临高灯塔，二是因为这里曾经是1950年中国人民解放军解放海南的登陆点。前几年，为了纪念海南解放，当地政府在临高角建设了一个公园，叫做解放公园。这样一来，临高灯塔就变成了公园里的灯塔了，工作和生活条件比以前好多了”。“除了这些以外，我觉得从文化角度看，临高灯塔的独特之处在于灯塔看守人群体的文化传承，一代代的灯塔工在工作信念、工作态度等方面的不断积累和传承，是我们应该最关注的东西”。

何科长的一席话，启发了我们此行的调研思路。因此，到达灯塔之后，我们就与前任和现任的灯塔看守员王光民、王健父子聊上了。自从1894年法国人建临高灯塔开始，临高灯塔的守护者都来自位于临高灯塔一公里外的昌拱村，王光民也是昌拱村人。“现在已经记不清有多少代了，但是在我来灯塔的时候，领导和我说的需要掌握的工作方法，本上记的，口头教的，就有很多。这些东西，都是前面的人在工作中积累下来的。”王光民说，“自我懂事起，就知道这个灯塔了，那时候觉得它挺神秘的，但是从来没有想到自己会来守护它”。1969年，当时守护灯塔的一个职工离任了，管辖灯塔的部队决定从昌拱村招收一名新的灯塔工。于是，当时思想好、家庭出身好、工作积极肯干的王光民经过严格审核后被部队选上了。在那个年代，能够做一名灯塔工，是一份令人羡慕的工作，他备加珍惜，一干就是30多年。

王光民上任后，与比他早来灯塔几年的王锡琼成为工作伙伴，日夜守护着灯塔。那个时候，灯塔远离村庄和人群，生活十分寂寞。当时的临高角，不通水，不通电，也没有电视机，漫漫长夜，只有孤灯相守。即便是这样的工作环境，也没有打消两个灯塔工的工作积极性。由于灯塔是临海而建，而海南又是高温、高湿和高盐气候，为了防止盐分对钢制灯塔的侵蚀，灯塔每天得用清水擦洗一次，每年全塔罩涂油漆一次，每六年彻底洗刷一次。当时，由于不通水，每天用淡水擦洗灯塔，都是两个人从远处的山上挑来的。一座灯塔高20多米，有82级旋转式的台阶，周围的栏杆有300多条，要每天清洗一遍，就得提着水在狭窄的空间里80多个台阶上上下下20多个来回，工作量可想而知。而每年一次的大维修，要把灯塔上的点点铁锈敲掉，然后涂上新的油漆，一干就得十几天。

1983年，灯塔由海军移交地方后，为了替单位节省资金，王光民和王锡琼向上级要求，每年的灯塔大保养由自己来做。每年5、6月份的海岛骄阳似火，无论是高空作业还是灯塔内部的整修工作都十分辛苦，灯塔内部不通风，在猛烈的阳光照射下，灯塔就像一个铁蒸笼，加上敲铁锈的巨大声响和刺激性的油漆气味，工作不仅辛苦，而且具有一定的危险性。有一年，在灯塔维护时，王光民从4米多高的架子上摔下

父子航标工王光民、王健（刘华芹摄）

来，造成脑震荡，住院期间，仍嘱咐妻子代替自己完成工作任务。就这样，两位职工自己做维护保养，每年能够为单位节约近万元的开支。

海南多台风，这对灯塔来说是最危险的时候，最容易出故障。1989年的29号台风袭击灯塔时，灯塔的电源线被刮断。在狂风暴雨中，王光民和王锡琼冒着生命危险爬上20多米高的灯塔检查线路，经过半个多小时的努力，终于将电源线接好。1996年，18号台风强度达12级，灯塔周围的部分房屋遭到破坏，不少树木被连根拔起，灯塔的部分配套设施也遭到破坏，久经考验的临高灯塔受到前所未有的考验。这个时候，两位职工坚守岗位，时刻准备保护灯塔。在台风袭击的三天三夜里，他们不眠不休，最终战胜了台风，确保了灯塔正常发光。

从1969～2002年，三十年如一日，王光民和他的工作伙伴王锡琼一起，用自己的青春和几乎全部的热情，保障了临高灯塔的安全和正常运行。“灯塔是我家，是千百家船户和渔民的眼睛，守塔如守土，不能有半点差错。”[13]30多年来，临高灯塔不仅历经百年而崭新，而且发光率和维护正常率年年达到100%，十多次被评选为先进灯塔。20世纪90年代初，在一次全国海区的航标质量大检查活动中，检查组的领导看到一座百年灯塔被保存得如此完好，当场给了满分！2002年，王光民获得了中共海南省直机关工委颁发的“优秀共产党员”称号。同年8月，再获中国海员工会全国委员会颁发的“金锚奖”。

王光民的家庭，可以称为一个标准的“航标之家”。1997年，王锡琼退休后，为了减轻王光民的负担和劳动强度，组织上安排他的妻子为临时工，和他一起守护灯塔。从此，夫妻灯塔的名字就叫开了。王光民的大儿子在海南海事局海口航标处任船员，小儿子王健退伍以后也到海口航标处担任了航标工。2002年王光民退休之后，组织上将王健调到了临高灯塔“子承父业”，继续守护临高灯塔。今年39岁的王健已经干航标工作十几年，其实是一个老航标工了。而且，接任时，老人家已经千叮咛万嘱咐地将他数十年看守灯塔的经验倾囊相授。尽管如此，王光民还是不放心，一天要从村里跑好几趟到灯塔，唯恐儿子的工作有哪些不对的地方。说到这里，王健露出了无奈却又幸福的微笑：“有老爸把关，心里踏实啊。”而王光民老人呢？却从言谈话语中露出了自己来灯塔的真实想法：“和灯塔一起待了30年，心已经长在这里了，一天不见面，心里就堵得慌。在村里待得时间久了，村里人还感觉奇怪：‘哎，老王，你怎么不去看你的灯塔，在这里晃悠啥啊？’”

文化的形成，是一个漫长而深沉的过程。也是如王锡琼、王光民、王健等一代又一代人努力的结果。漫步在航标文化博大精深的物质和精神内涵中，我们清晰地看到，一个个优秀的群体、一代代优秀的职工，以他们坚实的脊背，挺起了航标精神最伟岸的丰碑！唯有如此，航标精神，才能够如临高灯塔一样，历经百年，历久弥新！

①中华人民共和国海事局组编：《中国航标史》（内部资料），2000年，第306页。

②梁钜华："灯塔工陈义"，《中国交通报》，1985年6月29日。

③交通部湛江海上安全监督局编：《灯塔精神永放光芒》，（内部资料），1997年，第14页。

④宁石："叶中央：不熄的灯火"，《今日浙江》，2006年第8期，第30页。

⑤叶中央："愿航标事业后继有人"，《中国交通报》，1996年3月2日。

⑥"风雨守塔人——叶中央"，《温州日报》2006年3月29日。

⑦叶中央："愿航标事业后继有人"，《中国交通报》，1996年3月2日。

⑧嘉期："灯塔颂"，《世界文化》，1995年第1期，第15页。

⑨陈甲标："中国物文化的蕴涵形式探论"，《湖南社会科学》1995年第4期，第69-71页。

⑩中华人民共和国海事局组编：《中国航标史》（内部资料），2000年，第308页。

⑪韩世轶："花园式塔站的缔造者"见"灯塔之旅"。

⑫班思德著、李廷元译：《中国沿海灯塔志》，"海关总税务司公署统计科"印行，1933年，第53-56页。

⑬陈新、涂靓，"灯塔守望者"，《中国水运报》，2004年8月13日。

三、航标精神和航标人精神

（一）从航标人到航标精神

我国近代著名学者陈序经先生在其《文化学概观》中说："人类是文化的动物，有了人类，就有文化。所以，文化的历史，与人类的历史，可以说是同时发生的。"[①]从这个观点出发，我们认为，航标文化的产生，也是与航标事业的发展相始终的，是航标物质文化和精神文化相互作用、相互促进的结果。

在上面一部分里，我们之所以不惜浓墨重彩对航标人的事迹进行介绍，不仅仅为了渲染航标人的先进事迹，更为重要的是，我们试图通过对"经典"航标人的描述，从中找到和提炼航标精神的实质。航标文化不是一个人或者一部分人的，航标文化研究的重点，还是要关注整个航标人群体。与此同时，航标人群体的文化脉络尤其是其精神价值，却又可以从个体或者部分中展现出来。关于这一点，我们可以从两个方面来理解。

从航标文化产生和发展的角度来看，航标先进人物是航标人群体"集合性"的人格象征。文化哲学有一个基本观点，认为人类或者群体精神价值的产生与发展存在一个历史和现实之间的相互促进和衍生关系。一方面，历史上发生的精神现象，往往会成为现实中人类精神的“共时状态或结构”，也就是说，历史上出现的精神价值，会成为人们现实生活中精神价值的基本样式；另一方面，现实社会中存在的精神价值或现象，又可能成为今后历史发展过程中占据主导地位的精神指向。在这一过程中，航标人起到了文化产生和发展的核心作用，航标文化的核心——精神，也由一代又一代人的艰苦努力而得以形成。正如哈维兰所言，文化是一整套共享的理想、价值和行为准则，人们用它们来解释经验，生成行为，并在其后的行为中持续体现出来。[②]

从航标文化精神的基本构成内容看，航标先进人物是航标人群体精神结构的人格象征。航标先进人物是航标业界的优秀代表，在简单甚至枯燥的工作过程中，他们以自身奋发向上的品质和脚踏实地的作风，做出了与众不同的闪光业绩。他们在工作和生活实践中体现出来的人格精神，在很大程度上包涵了航标人群体精神价值的基因。他们在工作中表现出来的优秀品质和先进行动，一方面反应了航标人群体的基本文化与精神状态，同时也成为航标群体精神的价值坐标。这种精神，作为航标人的“社会文化遗传”，在漫长的历史积淀过程中，通过教育、规范、传播和颂扬，由客体的因素逐步转化为每一个航标人的主体因素，得到了航标人群体性的心理认同和行为实践。因此，航标“文化由明确的或含蓄的行为模式和有关行为的模式构成……文化的核心由传统(即历史上获得的并经选择传下来的)思想，特别是其中所附的价值观构成。文化系统一方面是行为的产物，另一方面又是下一步行动的制约条件”。[③]

（二）“燃烧自己，照亮世界”的航标精神

著名哲学家恩斯特·卡西尔认为，人类所有精神文化都是符号活动的产物，文字带来意义的建构。[④]航标精神产生于火热的劳动实践，而要将这种精神传播和继承下去，就需要我们用文字恰当地表述航标精神的基本价值理念及其含义。

在调研中我们发现，我国航标业界对航标精神或者灯塔精神的描述和总结基本一致，但略有差异。位于秦皇岛的中国航标展馆院里的“灯塔颂”中写到：“燃烧自己、照亮人间的灯塔精神垂绩千秋”，而在其他诸多文字材料和航标人的口述中，又先后出现了“燃烧自己、照亮别人”，“燃烧自己、照亮航道”、“燃烧自己、照亮世界”等词汇，显示了航标业界在充分肯定“燃烧自己”的同时，对于“照亮”“谁”的问题略有出入。

目前来看，航标精神的这一理念，由谁、在什么时候提出，已经不太好

考证。在航标文化研究中，我们也就这一问题多方求证，但不得要领。从字意上看，“燃烧自己、照亮别人”是著名的护士南丁格尔提出的护士从业人员的价值理念，在护理业界有很大的认同感。从实践看，虽然这一理念在航标业界已经得到了较多的传播和认同，而且也的确比较贴切地反映了航标精神的基本内涵，但是，相比之下，毕竟有借用之嫌，因此，我们认为需要在借用其基本理念的前提下，通过替换相关文字以示区分。那么，其他三种叙述如何取舍呢？我们认为，“照亮航道”，虽然反映了基本事实，但是其文化寓意相对较弱，过于平实，可以排除掉；“照亮人间”比前者相对宽泛一些，但与“照亮世界”相比，其概念范围似乎又有所局限。而且从字意上看，“人间”不如“世界”大气。所以，我们认为，以“燃烧自己，照亮世界”作为航标精神的核心理念比较能够体现航标精神的实质。下面简要谈一下我们对这一理念的理解。

关于“燃烧自己”，我们可以从几个方面来理解：

首先，“燃烧自己”是从灯塔的基本工作状态引伸出来的关于航标精神的解释。灯塔是航标的一个重要组成部分，而且从文化意义上说，它比一般的航标更具有人格化和召唤性的特征。灯塔以燃烧和照明来助航，体现了一种无私的精神和恢弘的气度。

花鸟山灯塔（上海海事局供图）

其次，“燃烧自己”指明了航标这一特殊职业的工作性质。从社会层面上看，每一个行业和职业其实都是社会服务链条上的一环。从这个意义上说，行业或职业之间都是相互帮助和相互服务、互相借鉴的，唯有如此，才会有社会的和谐与持续进步。但是，在这一过程中，也的确有一些行业和职业有一定的特殊性，需要从业人员付出更多，甚至是生命的代价，比如军人和警察等职业。相对而言，航标工这一职业，要比一般的社会职业更要求从业人员具有奉献精神和责任感。有人说，“灯塔是用无数沉船的残骸堆立起来的”，仅仅从这一句似乎有一点“危言耸听”的话中，我们就可以掂量出航标工的职业分量！

再次，“燃烧自己”体现了航标人的责任意识和职业精神。航标的设计、建设和看护，直接关系到船舶和水上活动者的安全，其助航作用和社会公益性十分明显，同时其责任也十分重大。“保证让灯塔正常运行，保证航标设置的合理性与助航功能，是我们神圣的职责！这一方面绝对不能打折扣！”一位老航标人斩钉截铁地说，“所谓‘燃烧自己、照亮世界’，就是要求航标工‘守土有责’，无论在怎样艰苦和危险的条件下，都必须保证航标的正常运行，哪怕是付出多大的代价，都不能含糊。要知道，如果航标出了事，就是我们最大的失职。”从这里我们体会到，虽然航标工一般不会有生命之虞，但是由于航标工作环境的艰苦性和不可确定性，有时候甚至必须独自坚守、独当一面、无人替代。所以，用“燃烧自己”来表述航标人的艰苦卓绝、坚忍不拔和默默奉献精神，是较为贴切的。

关于“照亮世界”，我们可以这样来理解：

首先，从最本源的意义上说，世界各地都有正在发挥着助航作用的航标，所以，说航标精神“照亮世界”，一点儿也不为过。同时，世界各地的航标，无论在怎样的国度，都有着引导、帮助和指引的功能，它们所起到的作用，就是维护航行者的安全，指点迷津，指引归途。

其次，从航标精神的延伸意义上看，所谓“照亮世界”，就是航标通过

吴淞口灯塔（上海海事局供图）

其物质功能所体现出来的奉献、关怀、引导、温暖等寓意，反映了人类社会一些终极化的追求。这些美好的精神理念，是我们每一个人、在任何地方和任何状态下都试图得到和追求的。这些美好的精神追求，在其社会化的传播过程中，也将成为全社会的价值坐标，成为人人“心向往之”的美好世界！从这一意义上说，航标文化的“照亮世界”，就是以其精神价值，向社会昭示和传播一种人类共同向往、共同追求的美好情怀。所谓“一花一菩提，一树一世界”，就是这个意思。

在上述对“燃烧自己、照亮世界”进行了简单的阐述之后，我们感觉，在这样一个总体的价值理念之下，要更好和更加准确地解释航标文化的精神价值，还必须将航标精神从基本功能上加以细化和进行层次性分析，这样将更有助于我们全方位地体会航标精神的实质。

如前文所述，根据国际航标协会（IALA）《助航指南》的描述，航标具有定位、危险警告、确认和指示交通的四大功能。其中，定位功能是指通过获得的航标信息可确定船舶的绝对位置和相对位置，确认功能是指通过获得的航标信息可与相关坐标系衔接或确认从另一系统获得的位置，这两个方面是航标具有的通用功能。危险警告功能是指通过获得的航标信息可了解通航水域危险物的存在、位置和范围，这种功能是一些航标具有的特殊功能。而指示交通功能是指示船舶航行应遵循水上交通规则，如指示分道通航制、深水航道等，这种功能也是一些航标具有的特殊功能。

我们对航标精神的具体分析，也需要从航标的一般功能、特殊功能等方面展开，同时从航标和航标受益者互动的视角来分析。总体来说，我们可以将“燃烧自己、照亮世界”的航标精神细分为奉献精神、导向精神、博爱精神、母性精神、理性精神和服务精神6个方面。

1. 奉献精神：俯仰天地，独领风雨

每一种物质的存在，都必然有其使用价值和精神价值的功能，航标也是这样。以灯塔为代表的航标，由于其对人类活动的独特贡献，而被赋予了极大的精神价值，而奉献精神，则是其最为重要一个方面。

英国诗人拜伦曾说：“如果人人都为自己活着，世界便冷却下来。”奉献是一个人或者一种物质对人类社会的最佳馈赠，是社会得以进步的最伟大的能源。奉献是人类精神的最高境界，是无私的给予，是爱心的光芒，是人生最大的幸福。

奉献是一种精神，但首先是一种行动，是一种无私和忘我。一位学者在谈到灯塔精神时说：“这就是灯塔，它总是为你提供驶向彼岸的力量和源泉，它总是那么的孤独，俯仰于天地间，悲天地之大悲、喜天地之大喜。那种只身担大义、独自领风雨的浪漫情怀，令无数知己者独怆然而涕下。”

“灯塔，有无私无畏的节操。她燃烧自己，照亮世界，心地坦荡，耿直无私。战凄风，斗苦雨，英勇无畏，锐不可当。而对浓雾弥身，黑石压顶，千尺浊浪，力钧万霆，她心眼亮，神态自若，昂首挺胸，岿然不动。恰如人神，凛然不容侵犯。灯塔，有温柔炽热的情怀。她扎根海洋，拥抱太阳，虚怀若谷，视野开阔，矢志专一，忠于职守，日落而作，从无懈怠。”⑤

2. 导向精神：长夜暗火，指引迷途

在著名的《灯》一文中，巴金先生这样描述灯的指引作用：“我自己也有过这样的经验。只有一点微弱的灯光，就是那一点仿佛随时都会被黑暗扑灭的灯光也可以鼓舞我多走一段长长的路……但是我始终挺起身子向前迈步，因为我看见了一点豆大的灯光。灯光，不管是哪个人家的灯光，都可以给

海南锦母角灯塔（海南航标处供图）

行人甚至像我这样的一个异乡人——指路。”之后，他还提到了希洛的火炬和哈里希岛上的姐姐：“古希腊女教士希洛点燃的火炬照亮了每夜泅过海峡来的利安得尔的眼睛，”“哈里希岛上的姐姐为着弟弟点在窗前的长夜孤灯，虽然不曾唤回那个航海远去的弟弟，可是不少捕鱼归来的邻人都得到了它的帮助。”

可以说，巴金先生对灯的描写十分传神地点出了航标的导向和指引精神。当然，航标中不仅仅灯塔具有指引的功能，中国海事局编写的《通航管理》一书中对航标的作用是这样描述的：航标的作用之一是标识航道，在进出港航道或在狭窄的水道岸上设置导标，或在水上设置灯浮与灯船，引导船舶安全进出港口；航标还有指示危险的作用，指明危险物或危险区，指引船舶避开这些危险等等。⑥

从语言学和语义学角度看，航标的导引精神，是其在物质基础上延伸出来的社会化精神价值中最为著名的精神。无论在哪一个专业领域，都有大量的文章将航标的指引精神作为其基本立意。比如，冰心先生在《往事》中写到：“几多好男子，轻侮别离，弄潮破浪，狎习了海上的腥风，驱使着如意的桅帆，自以为不可一世，而在狂飙浓雾，海水山立之顷，他们却蹙眉低首，捧盘屏息，凝注着这一点高悬闪烁的光明！这一点是警觉，是慰安，是导引……”

3. 博爱精神：播撒光明，普照人间

任何国家在任何地区设置的航标（军事用途除外），都是为过往的所有船舶助航的，在这一点上，航标之发挥作用，并没有国家、地区、民族和意识形态等方面的区分。因此，航标便衍生出一种博大与宽广的博爱精神。

所谓博爱，就是无差别的爱，就是对全人类的爱，就是“对其他人有一种热忱的心，去帮助所有需要关心的人”。博爱，体现了其广博，体现了其深邃，体现了其平等，体现了其宽容与悲悯之心，博爱乃仁者之爱！

在实践中，航标由其作用所表达的这种博爱精神，并不仅仅是一种精神化的寓托或者象征意义，在很多时候，航标和航标工们以其实际行动，向人们展示了博爱的情怀。编写于1982年的《关于海区航标管理工作的若干规定》中就指出，“航标站、航标船、艇和有人看守的灯塔，在执行航标任务的同时，应认真做好海区瞭望工作。如实记录海区情况。对于过往船舶，应根据其请求，提供有关部门航道、航标情况，指导安全航行和给予可能的救援”。⑦

4. 母性精神：关怀备至，慈爱无限

对航标体现出来的母性精神的关注，是我们在采访渔民和船员的过程中开始的，下面是我们在采访中听到的：

“在漫长的黑夜中航行，看到灯塔的第一感觉，就是亲切、温暖和安全，有一种深深的信赖感和依赖感，就像一个小孩对母亲的依赖一样。”一位有着三十多年航海经验的老渔民这样说。

一位远洋船员的表述，则和这位渔民有异曲同工之妙：“你知道，远洋船舶在海上经常一跑就是几周甚至几个月，见到灯塔意味着什么？意味着接近陆地啦！意味着平安啦！那个时候，真的有一种投入母亲怀抱的感觉！这一点，恐怕是没有远洋航海经验的人永远也无法体会到的。”

关于航标的母性精神体现，香港著名诗人林农的《故乡的灯塔》可以作为一个很好的佐证：

您站于南海边陲
漠视风浪的嘲讽
古稀的身躯举着残灯
为夜航者尽送热情
您就像我生身的母亲
一生平庸善良的农妇
只认道路的方向
不问终点的风景
故乡啊，亲爱的母亲
灯塔在我的心中长明
天涯的儿子循着指引
在风浪的长程扬帆前进

在茫茫的大海上，远远看去，灯塔可能只是一点点微弱的光芒。但是，就是这一点点的光，却是古往今来多少夜航者心中的圣火！这一点点的光，是爱的表达，是平安的象征，是温馨的话语，是希望的召唤！这一点点的光，可以点燃无穷的生命之火！

5. 理性精神：科学规范，精确导航

除了引导、关爱作用之外，航标的另一个重要的功能是对危险的警示和提醒，对船舶航行的规范和约束。关于这一点，我们可以将它总结为航标的理性精神。

什么是理性精神？简单地讲，理性是和感性相对立的，也就是说，理性主义倡导不是通过感觉和经验得来的，而要通过知识化的认识和严格的理性逻辑推论才能得到。理性精神倡导三个基本过程，一是反思，即对目前存在的客观事物加以审视、检查和求证，以确定其真伪以及发展变化的可能性；二是通过

VTS 优质服务（梅传东摄）

认识，努力发展其客观的真理；三是通过科学的分析，建立一以贯之的、具有实践指导性的客观方法。

我们都知道，古往今来的航标建设过程，首先是通过人类对航运活动中不断发生的灾难的思考开始的，而现代航标建设的发展，则在简单的保障安全基础上强化了快捷、便利等基本趋向。无论是怎样的目的，航标的存在，在很大程度上都体现了科学、客观、规范性、标准化的、持续改进等这样一些基本特性。无论是昔日长江巨石上的"对我来"，还是现代航标规范的A系统和B系统，或者是完全现代化的海上交通管理服务，都表现出了不以航行者意志为转移的客观性和规范性，甚至是强制性，都是这一理性精神的精确体现。

6. 服务精神：恪尽职守，精益求精

航标巡检（天津海事局供图）

作为一种公共物品，航标自它诞生那天起，就带有公共服务的基本职能。服务，是航标最基本的职能；服务精神，也是航标精神的最基本内涵之一。

所谓公共服务，就是由公共权力运用公共财政所提供的服务，不管它们是由公共权力机关自身直接提供的，还是通过公共权力机关的购买而间接提供的。公共服务一直是全社会范围内理论和实践界关注的问题，美国亚利桑那州立大学丹哈特夫妇提出的新公共服务理论，更是将对公共服务的要求提到了前所未有的高度。他们认为，公共服务要将公民置于整个服务体系的中心，强调公共物品提供者的服务角色而非指导角色，推崇公共服务精神，持续提升公共服务的质量与价值。

从航标的服务精神看，它的服务有三个基本层次，第一个层次是直观的，即服务于船舶和航行者的安全；第二个层次，就是服务于经济发展对航标导航功能的日益提高与完善的要求；第三个层次，就是服务于国家整体的经济发展和社会持续进步。无论是从国际还是从国内航标建设的发展轨迹看，从航标的技术进步到航标的种类繁多，从航标的功能日益强大和精确到航标的国际协调与合作，从航标人的艰苦奋斗到航标人整体知识水平和技术能力的提高，无一不体现出航标的这一服务特色和服务精神。

（三）“尽职尽责，至诚至爱”的航标人精神

在进行这项研究的调研过程中我们发现，无论做怎样的表述，但“航标精神”这个词汇已经得到了行业内部和外部的共同认可。在这一共识基础上，我们认为，在航标文化研究的过程中，应该在一定程度上对航标精神进行区分和细化。这其中，最先遇到的问题就是关于航标精神和航标人精神的区别。

对于这一问题，我们的考虑是：第一，航标精神作为一种物质使用过程中产生的“人化”的精神，在他产生的过程中，虽然每时每刻都离不开航标人的贡献，但是，相比之下，航标精神显得比航标人精神更为宽泛一些，对社会精神层面的贡献和指导价值也更大一些。第二，以灯塔为代表的航标精神，由于其指引、规范和关爱的特点更为明显，其立意和传播价值也要大于航标人精神。如果简单地将两者混为一谈，可能会在社会上产生歧义。第三，航标精神主要体现一种人文的精神，其内涵更为重要、广泛和深远，主要体现在精神层面；而航标人精神更多地体现一种职业精神，其重要作用在于向社会推介和传播一种良好的职业道德与职业行为，更多体现在行为层面上。

在实践中，一些航标管理部门也提出了类似的精神。比如，上海海事局福州航标处提出“爱岗敬业、乐于奉献”，并在参与社区文明共建活动中积极向社会辐射，体现航标人优秀的精神文化品质，扩大社会影响面；长江航道局总结出长江航标人的精神是：“团结、诚信、奉献、卓越”；长江南京航道局提出，航标灯精神的内涵是：勇于吃苦、敢于拼搏、善于协作、勤于创新、甘于奉献，并提出了有关“航标灯精神”的具体体现，即艰苦奋斗的精神、英勇作战的精神、团结协作的精神、开拓创新的精神、无私奉献的精神。[⑧]上海海事局上海航标处则提出了弘扬“五种精神”，即默默奉献、认真负责的敬业精神，艰苦奋斗、勤俭节约的主人翁精神，兢兢业业、真抓实干的务实精神，遵章守纪、团结协作的团队精神，与时俱进、开拓进取的创新精神等。正是因为有了上述思考，加上实践的启示，我们就在叙述了航标精神之后，总结出了“尽职尽责，至诚至爱”这样一种航标人的精神。

“尽职尽责”首先体现了航标人

的职业责任和岗位意识。我们认为，无论一个人承担怎样的任务或工作，尽职尽责是首先要做到的，这既是职业的基本要求、职业素质的基本体现，也是良好职业精神的基础。任何优秀的职业精神，首先发端于对职业的忠诚、热爱，所以航标人的精神，正是首先从航标人恪尽职守的层面上发散出来的。马克思说过，人是一切社会关系的总和。每个人的社会角色不尽相同，由于职业的区分，我们也无法确定一个量化的指标来衡量每个人对社会贡献的大小或多少。但是，每个人都在各自的工作岗位上最大限度地发挥自己的聪明才智，无所保留地作出必要的业绩，却是我们对职业的基本要求。

在此基础上，我们需要强调的是，社会分工决定了每一个行业的艰苦程度，付出程度不一样。作为航标工来说，在总体上，他们的工作要比社会上一般的职业付出更多的辛苦，其岗位责任意识要比一般的工作更为重要，同时，环境变化的不确定性和工作中突发性事件更多一些。这样的一种工作，自然要求要比一般的职业付出更多，责任更大。因此，我们就试图用“至诚至爱”来表达航标人在坚守职责之外的另外一种精神境界。

“诚”，我们可以理解为对事业的忠诚、对航行者的诚信。在许许多多的航标人故事中我们看到，为了让灯塔正常发光、为了保证航标的正常工作，航标工们付出了巨大的代价，这就是一种诚信的表现。

“爱”，首先表现为对航标的爱，无论是临高灯塔的航标工进灯塔时不穿鞋，还是青岛航标处的全国劳模王炳交说灯塔好像有灵性，都体现了航标工对航标的深厚情感。其次，这种“爱”表现为对航标事业的热爱，我们在航标业中发现了许多世家，这其中，固然有“近水楼台”的成分和习惯的因素，但是，离开对航标事业的热爱这一点，恐怕很多事情就无法得到圆满的解释。

在简单地解释了“尽职尽责，至诚至爱”这一航标人精神之后，我们依然想将航标人的这种精神展开一下，以更准确地体现航标人精神的深厚底蕴。结合航标人的优秀行为，我们可以将“尽职尽责，至诚至爱”的航标精神细分为开路先锋精神、艰苦奋斗精神、爱岗敬业精神、勇于奉献精神、持续进步精神、开拓创新精神。

1. 开路先锋精神

在许多人眼中，所谓航标工就是看护航标的人。“实际上并不完全是这样的，写航标工，理所当然应该将航标的测量和建设人员写进去，他们也是航标人中重要的组成部分。”一位年轻的航标科技管理干部的话，十分及时地启发和拓展了我们的思路。

人类水上活动的足迹延伸到哪里，

黄骅港航标改造，海标12轮在布设活节式灯桩（冯志刚摄）

航标也就追随到哪里。航标之所以能够起到指引和警示作用，就是因为人类的航行活动在一定程度上受到了自然条件的局限。航标的建设和发展，保障了通航的需求，保障了航行活动的安全。从这一点看，将航标人尤其是航标的规划设计者和建设者们视为“开路先锋”一点儿都不为过。大量的相关报道证实了这一点。

2006年10月，三峡水库坝前水位将由139米提高到156米，长江三峡重庆段航道将发生新的改变，400多座航标的设置位置需要调整，或就地后靠或异地搬迁。甚至由岸标改为浮标或由浮标改为岸标。航标搬迁，首先要知道迁往何处。为此，重庆航道局组织专家小分队，逐标逐点踏勘，历时半个多月。“小分队责任重大，工作非常艰辛。一路上悬崖，穿荆棘，冒风雨；有忧虑，有沉思，有争论，也有欢笑……”⑨

黄骅港是位于渤海湾的能源大港，我国西煤东运第二大通道的海上出口。37公里的航道泥沙淤积非常严重、潮流流向很不规则，由港口管理的高驻定式灯浮标不适合当地海况，导致航标故障发生率越来越高，严重影响着港口生产和水上通航秩序。黄骅港航标问题得到交通部和部海事局的高度重视，作出黄骅港航标综合改造并由天津海事局接收管理的决策。天津海事局接受任务后，打破常规，精心组织，在2006年暑期，奋战118天，提前一个月完成了黄骅港导助航设施改造工程。此间，在不影响港口生产的情况下，施工船舶累计航行1860海里，作业60艘次，在港区和主航道起吊和抛设航标204座次；陆上航标改造101座次。接收黄骅港航标后，组建了黄骅航标处，改造后的航标和规范化的管理，使航标效能得到显著提高，我国目前最长的人工航道灯明标亮！高层管理者的正确决策，航标建设者的精品工程和基层航标处的规范管理，为港口生产和能源运输提供了优质的服务，北煤南运海上通道的畅通，有航标人的一份功劳。

2006年，根据交通部海事局的部署，对北方海区两个海岛县进行航标综合配布调整，有效地改善了当地海上通航环境，并为船舶的夜航创造了条件。辽宁省长海县是黄海北部的一个海岛县，全县共有142个岛、坨、礁，陆地面积119平方公里，海域面积7729平方公里，水域航线密集，通航环境复杂。近年来，长海县经济快速发展，但陆岛交通运输越来越成为制约地区经济发展的一个重要“瓶颈”。根据交通部海事局的总体部署，大连航标处实施的长海水域航标配布调整工程，新设灯桩7座、灯浮标33座、雷达应答器3座，改善了长海水域的导助航体系，极大地方便了长海陆岛运输。改善了该县港口、水道以及陆岛交通运输环境，为渔农民生产安全、海上救助和社会经济发展、社会主义新农村建设起到了显著的推动作用。该工程也因此被当地人民称为“妈祖工程”。

位于渤海海峡南部的长岛是山东唯一的海岛县，由40个岛屿组成，其中10座岛屿有人居住，常驻居民达4万余人。长岛水域码头密布、航线密集、通航环境复杂、气象多变。长山水道是船舶进出环渤海港口群的重要通道，每年船舶流量达4万多艘次。船舶运输是岛上居民出行和运送各种物资的唯一方式，长岛水域陆岛运输、岛屿之间运输十分繁忙。随着经济社会的快速发展，长岛水域从事海上运输、渔业生产及旅游等水上活动逐年增多，迫切需要对航路、航线进行标识。为改善长岛水域的通航环境，使海岛居民出行更加便利，烟台航标处于2006年启动长岛水域航标综合配布调整工程。调整增设9座码头灯桩、30座灯浮标、2座雷达应答器，涉及9个岛屿码头，覆盖长山水道、蓬长航线以及登州水道，准确标识水道边界，有效地改善长岛水域的通航环境，为蓬长水域夜航创造条件，为地域航运经济的发展提供更有力的支持。

2. 艰苦奋斗精神

航标工作尤其是灯塔看守的工作十分艰苦。苏贵聪是广东汕头航标处的灯塔养护工，已经看守灯塔39年多。30多年来，苏贵聪已记不清多少次遇险。1979年8月，12级强台风袭击红海湾。为了抢救进出岛的唯一交通工具小木筏，苏贵聪被一个巨浪打倒在礁石上，在医院里昏迷了21天。后来，医院为他做了开颅手术，才保住了性命。还有一次，苏贵聪和另外一个航标工在海上遇到台风，小船被掀翻，在大海里漂流了30多海里才侥幸被渔船救起。岛上所需的淡水等生活用品和灯塔器材设备都靠小木筏运输，遇上风大浪高，木筏不能出岛，他们就只能咽白饭拌盐巴。一次台风突降，他被困在岛上，饿了吃野菜，渴了喝雨水，坚持了三天两夜才得以回到陆地。[10]30多个春秋，在艰苦恶劣的环境中，苏贵聪坚守着一个航标人的职责。“让每艘船只安全航行是我最快乐的事。听到过往船只拉响了致谢的船笛，一种幸福感、自豪感总是油然而生。”他说。[11]

金其强在“重点工程铸就‘航标灯精神’”中描述了航标人在长江航标建设和维护中艰苦奋斗的精神：“航标工人夏天要忍受甲板五六十度的高温，冬天要忍受刺骨的寒风和结冰滑倒的危险进行艰苦作业，而有的航道处使用的设备、站房还十分落后，有的航道站比较偏远，条件相当艰苦，但航道职工始终以高度的责任心和主人翁精神，尽心尽责地维护着航道，默默地承受着常人难以想像的困难，进行着超负荷工作。”“在一项项充满困难、面临巨大压力的工程中，没有一项不是付出艰苦努力后取得胜利的。不要说是连续几十天的高强度施工、一天数百次地搬动沉重的航标器件、爬高的危险，就是光在船上颠簸也需要一种常人没有的惊人毅力；许多航道职工在施工中一天几乎不喝一口水、不去一次厕所，为了及时恢复失常标志，有时一天仅仅睡上三四个小时。”[12]

“苦，真是苦，每天三餐就是早上炒黄豆，中午和晚上黄豆汤……”

“孤独，一天几乎不说几句话，在岛上也没什么人可以聊天……”

“想家，但是回不去，一年到头家里人都看不到我几回，就像没我这个丈夫和爸爸……”

洛伽山守灯人乐康儿接受记者采访时这样说。问他为什么能够坚守这个艰苦的岗位那么久，他说，这是他的工作。因为“人在灯亮、保障海上航行安全”是灯塔工最神圣的职责！[13]

3. 爱岗敬业精神

航标工作无小事，因为它直接关系着船舶的航行安全。在调研过程中，我们印象最深刻的，莫过于航标工对工作的一丝不苟。每一座灯塔、灯桩，每一次值勤值班，每一次机器、设备保养，都来不得半点马虎和懈怠！在艰苦的环境中，在强烈的事业心和责任感驱使下，航标工日复一日，年复一年地坚守着，全身心地投入，忘我地工作！

“30年的灯塔工作，让王炳交和灯塔结下了深厚的感情。虽然海边常年潮湿，生存环境较恶劣，多数人都患上了风湿性关节炎，而且工作单调乏味，但王炳交深爱这份工作。灯塔工是个特殊的行业，特殊的行业也就意味着往往比一般的行业付出的更多。白天面对的是茫茫大海，晚上值守孤灯，听到的是单调的机器声，没有高度的敬业精神和责任感是做不久的。”[14]王炳交还是一位苦中作乐的“诗人”，他写的打油诗充满了乐观的情怀：“海岛条件特别

全国劳模崔永发（天津航标处供图）

差，海雾潮来风浪大。恶劣天气经常化，小咬蚊子更可怕。困难虽然特别大，航标工人不会怕。任凭风吹和雨打，奉献青春和年华。”

下面是《中国水运报》记者记载天津海事局全国劳模崔永发的事迹：“天津港航标管理站海上班班长崔永发无暇欣赏这风景，麻利地穿上救生衣，只待‘海标0521’船停稳，便要跳到对面的天津港36号浮标上。浮标的直径只有2.4米，‘海标0521’船随着海浪飘浮不定，浮标也飘浮不稳，稍掌握不好时间、力度，就会落入大海里。只见崔师傅纵身一跳，稳稳地落在了浮标上，接过船上同事投过来的缆绳，系牢摇摇晃晃的浮标，背着器材登了上去。接着，他开始仔细地擦拭灯器，检查电池箱的电压，神情专注而严肃，被阳光晒成古铜色的脸沁满汗水。同事们说，他这样‘跳标’已经有26年了。26年来，为了这一次次‘跳标’，他的身上留下了许多伤痕。[15]而苏贵聪则和灯塔‘交上了朋友’”。“灯塔设备最怕的就是海水，为照顾这些‘朋友’，苏贵聪定下许多刻板的规矩：例如进灯塔必须先洗手、换拖鞋，为的是防止手上、鞋上的海水被带进来。岛上没有淡水，苏贵聪就从陆地上运水过来搞卫生。每天一次的小保养，苏贵聪要在128级台阶上走上10多个来回。‘朋友们’仿佛要报答苏贵聪的爱，灯塔的正常发光率每年都是百分之百；因延长寿命，节约下来的钱超过了10万元。”[16]

无论在何时何地，航标都担负着为过往船只保驾护航的神圣使命。正是这一伟大的使命，赋予了航标事业伟大的品质，同时也赋予了航标人对航标的尊重、对岗位的依恋、对事业的忠诚！

4. 勇于奉献精神

奉献是人类一种崇高的精神，奉

献也是职业道德的最高境界。在这个“人人靠我，我靠人人”的现代化社会中，奉献，实际上是社会发展最现实的基础，也是一个人能够“安身立命”的本钱。如前所述，就一个职业人来说，他对社会的奉献，首先体现在对职业的忠诚和热爱上，敬业是奉献的基础，而“勤业”则是奉献的根本。

在众多的航标人中，说到勇于奉献的话题，叶中央就是最经典的一个了。在荒无人烟的孤岛上，叶中央日复一日地像灯塔一样点燃自己的生命之火，在茫茫大海上为过往的船只指点迷津。他的住所只有10平方米大小，房里除了一张床、一张写字台和一个小箱子之外，别无长物。为了抵御令人恐惧的孤独和寂寞，叶中央常常能把一本书看上几遍甚至十几遍，十天八天吃不上蔬菜是常事。只有过往船只拉鸣的那一声声汽笛，是对叶中央最大的安慰。[17]

2006年，叶中央被推举为“浙江省最具影响力劳模”，推荐理由是：他在无边的大海上默默地守护着灯塔，为过往的千船万舰指引航向。四十年的孤独，四十年的坚守，四十年的牺牲。他无私的奉献精神是另一座灯塔，照亮了浮世间人们的心灵航道。[18]

5. 持续进步精神

看了航标人的艰苦奋斗，看了航标人的勇于奉献，您可别认为，航标人就是这样一群战斗在最前沿的、似乎有一点儿“悲情”的角色。事实上，随着航标科技的发展和进步，在艰苦卓绝的奋斗精神之外，航标人中还有大量的、也似乎是鲜为人知的持续学习、追求进步的典范。近年来，随着航标科技的日新月异，这种持续学习、持续进步精神已经成为航标人精神的主旋律之一。

看看崔永发。20多年的工作中，崔永发不但是埋头工作的“拼命三郎”，更是实战中的创新者。他不断积累工作经验，自主研发以及和别人共同研发的项目有几十个，既提高了工作效率，又为国家节约了不少资金。在接受记者采访时，他说，自己的人生航标就是要成为一名知识型乃至创新型的航标工人！[19]

苏贵聪则结合实际工作，总结出了一套“清水冲涤、抹布擦洗、喷清洁

全国劳模苏贵聪（广东海事局供图）

剂、干布擦水、白布擦净”的灯塔养护程序。灯塔由太阳能板、透镜、玻璃罩、铜器等不同部件组成，苏贵聪则分别采用8块不同质地的抹布，使用8种不同的清洗程序进行清洁保养，经他保养的器具锃亮光洁、一尘不染。如今，苏贵聪的航标灯器养护方法和程序，在同行中得到广泛推广和运用。2001年，建成的新灯塔中的太阳能设备是从西班牙引进的，面对看不懂的英文标识和操作说明，苏贵聪虚心向技术人员求教，借助英汉词典一个单词一个单词地“啃”，征服了一个又一个“拦路虎”。如今，灯塔的一般性故障他都能自己排除。为了适应新技术新要求，苏贵聪刻苦攻读了航标专业教材。在30年的社会进步中，苏贵聪守护的灯塔也换了一代又一代，科技含量越来越高。苏贵聪见证了历史变迁，也紧跟上时代的脚步，成长为一名与时俱进的知识型航标工。⑳

海南海事局航标处木栏头航标站是目前海南海区最偏远、最为艰苦的一个基层站点，其管辖的木栏头灯塔为中国最高灯塔。木栏头灯塔建成伊始，灯塔人便提出了“以最好的养护，保证最高灯塔发挥最佳效能”的“三最”口号。日子长了，“三最”口号逐步扎根在木栏头航标站每位职工的脑海里，并上升成为“三最”精神。凭着这种精神，该站航标两率几乎年年达100%，位列整个海南海区前茅。更值得一提的是，木栏头航标站职工平均年龄只有34.5岁，为了维护好灯塔，同时提高职工的职业技能，年仅33岁的负责人杨泽英提出了“越是身处偏远，越要有高尚的精神追求和强烈的求知欲望”的要求，除每周定期开展政治、业务理论学习外，还鼓励青年职工参加各种类型的学历教育，目前，木栏头航标站已经成为全海南海区职工学历最高的站点。㉑

6. 开拓创新精神

作为一个公共物品和公共服务的提供者，虽然航标界的创新不像企业界那样迫切，但是，随着经济的发展和国际交流的日益增多，航标建设和管理的不断改革和持续创新，也成为从航标管理部门到航标人的总体要求。

采用蓝色光源的灯浮标（广州航标处供图）

在航标技术进步方面，创新一直是航标人孜孜以求的，从传统的灯塔到现代的数字化航标，从航标灯器的改进到能源的持续进步，无一不体现了航标人在科技创新、精确导航方面的追求。比如，天津海事局负责完成的航标夹持船技术、海南海事局海口航标处发明的灯架制作模具和航标起重机械手装置、广东海事局广州航标处的蓝色光源采用、上海海事局上海航标处的非钢制航标制造和使用等等。

在航标管理体制和组织管理两个层面，管理体制的改革，不断提升着航标管理的专业化和系统化水平；而航标业务部门的组织管理方面的创新性改革探索，则在很大程度上增强了航标人的凝聚力与战斗力，进一步促进了航标人精神的发扬光大。

在业务流程和业务工作中，广大航标人积极学习，勇于探索，不断改进和创新工作方式，积极从事工作中的小发明、小创造。创新，成就了航标人强大的生命力！

①陈序经：《文化学概观》，北京：中国人民大学出版社，2005年2月，第264页。

②威廉·哈维兰著、瞿铁鹏等译：《文化人类学》，上海：上海社会科学院出版社，2006年，第36页。

③克拉克洪：“文化概念”，见庄锡昌等编：《多维视野中的文化理论》，杭州：浙江人民出版社，1987年。

④恩斯特·卡西尔著、甘阳译：《人论》，上海：上海译文出版社，1985年。

⑤滕本峭：“我读灯塔”，《中国商检》，1998年第6期，第47页。

⑥中国海事局编：《通航管理》，北京：人民交通出版社，2006年，第292页。

⑦中华人民共和国交通部安全监督局编：《航标法规标准汇编》，北京：人民交通出版社，1997年，第38页。

⑧金其强：“重点工程铸就‘航标灯精神’”，《中国水运》2006年06期，第59页。

⑨王洪：“探寻三峡库区400多座航标”，《新安全·中国海事专刊》，2006年第4期，第26页。

⑩侯伟生：“守望红海湾——记广东汕头航标处灯塔养护工苏贵聪”，《人民日报》，2006年4月16日。

⑪吴齐强、许凡：“做个快乐的灯塔工——记苏贵聪”，《华南新闻》，2005年4月30日。

⑫金其强：“重点工程铸就‘航标灯精神’”，《中国水运》2006年06期，第59页。

⑬赵菲、沈良中、刘引华：“灯塔耀东海——走近洛伽山守灯人”，《中国水运报》，2005年7月25日。

⑭韩继园：“百年灯塔一生情——记全国劳模王炳交”，《新安全·中国海事专刊》，2005年第5期，第32页。

⑮李轩、郑志伟：“用青春点亮航标灯”，《中国水运报》，2006年9月1日。

⑯侯伟生：“守望红海湾——记广东汕头航标处灯塔养护工苏贵聪”，《人民日报》，2006年4月16日。

⑰宁石：“叶中央：不熄的灯火”，《今日浙江》，2006年第8期，第31页。

⑱风雨守塔人——叶中央，温州日报网，http://www.wzrb.com.cn。

⑲李轩、郑志伟：“用青春点亮航标灯”，《中国水运报》，2006年9月1日。

⑳侯伟生：“守望红海湾——记广东汕头航标处灯塔养护工苏贵聪”，《人民日报》，2006年4月16日。

㉑何志成：“灯塔闪烁之处的年轻人”，《中国水运报》，2006年4月19日。

四、航标文化的建设实践

作为物质文化研究范畴的航标文化，其最终要落脚在什么地方？这是我们在融入航标文化这一过程中一直在思考的问题。航标文化研究的目的，并不单单在于总结和提炼航标的精神价值，也并不仅仅在于颂扬航标人无私奉献的行为，更不是简单地向社会宣传。航标文化研究的真正目的，是要在一定程度上促进我国航标事业的建设和发展，要对航标组织的管理提供思想的和行为的基础。在我们的系列调研过程中，许多单位在航标文化建设方面所做的扎扎实实的工作，为我们这一观点提供了十分充实的依据。因此，下面要说的这一部分内容，实际上是对扎根于火热实践中的航标文化建设的简单总结。

中国航标展馆（天津海事局供图）

（一）中国航标展馆

中国航标展馆是我国唯一一座航标专业展馆，坐落在秦皇岛市东山公园南侧，与秦始皇求仙入海处毗邻，由中国海事局兴建于2000年，建筑面积1809.22平方米,其中展厅面积949.9平方米,附属用房859.32平方米。随着航标事业的蓬勃发展，展示的内容已经明显滞后。2006年6月，对航标展馆进行了重新整修，重新布设展厅、更新了展示内容、重新编撰文稿和图片。

重新布局与调整的展厅，三层五个展区，分别是综合展区、目视航标、音响航标、航标船艇、无线电航标等。新增了数字航标建设的成果展示，如AIS实时演示，可以实时看到黄渤海等水域船舶的航行状态。并运用音像手段对航标业务与航标人的工作进行了展示，还循环播放与灯塔相关的专题片等视频资料，在五楼多功能厅安装了模拟船舶驾驶台。

中国航标展馆的展示特点是:黑暗中突出航标给予的光明，展厅以厚重的黑色和具有激情的红色为主色调。每个展品都是光亮地面对观众，使展览的现代感和历史的厚重感得到较好的兼顾。

漫步在航标展馆，从郑和航海图到英文版的航行通告，从清海关的界碑到巍峨耸立的现代化灯塔，参观者会深切地感受到航标发展历史的厚重感和先进的科学技术给航标带来的时代感。展馆以62块展板、125件/套珍贵的实物和29个模型，较好地展示了航标文化的发展和航标科技发展的进程。在一楼综合展区中部，设邮品欣赏区域，展出了36版以灯塔为主题的集邮精品和我国发行的灯塔邮票。在二楼的实物展区，突出展示了大型灯器，其中有4个大型灯器可旋转发光。在走廊与楼梯，50幅形态各异的国内外灯塔图片，增强了观赏性。在室外展区，展出了大型灯塔的灯笼、雾号、雾炮等大型航标设备。

中国航标展馆已经成为总结我国航标发展史、展示国际航标发展趋势、弘扬航标文化、宣传航标精神的重要场所。2006年，中国航标展馆被秦皇岛市命名为“爱国主义教育基地”。

（二）通过物质展示传递航标文化

物质性展示，是文化传播中最基本的、同时也是最直观和有效的方法。多年来，我国航标业界对航标文化建设中的物质展示建设十分重视，创建了中国

交通部黄先耀副部长视察中国航标展馆（天津海事局供图）

航标展馆这样大型的展览场所。同时，在工作过程中注重“因地制宜”，创建了各类纪念性和宣传性展示基地。

濒海而建的中国灯塔博物馆位于岱山县城竹屿新区，是迄今为止国内第一个以灯塔为主题的旅游景区。博物馆已建成开放的一期馆区投资700多万、占地5000多平方米，以世界著名古灯塔为依据，仿造、会聚了法国的阿姆德灯塔、德国的佩尔沃姆灯塔、加拿大的卡夫灯塔、挪威的考弗特斯灯塔、南非的罗本灯塔及乌拉圭的克罗尼尔灯塔、美国波特兰灯塔等7座来自不同国家、不同建筑风格的著名灯塔。同时，博物馆还建有一座面积为600平方米的陈列展馆，陈列近300件实物图版，游客可以在里面了解灯塔的演变发展史，阅读一座座著名灯塔的轶闻故事。该馆的目标是逐步建成28座世界著名灯塔，并在馆区配套相关服务娱乐设施，打造国内一流的灯塔文化观光度假胜地。

除了这两个大型的展示场所之外，一些航标管理部门还结合灯塔的历史和看护灯塔的先进人物，设计制作了微型的灯塔文化展示室。比如，天津海事局在作为青岛市重点文物保护单位的团岛灯塔上，制作了航标文化展示，展室由三部分组成，一是青岛地区灯塔建设和发展的历史，二是团岛灯塔的历史，三是团岛灯塔守护人、全国劳动模范王炳交的先进事迹。上海海事局在温州市青少年活动中心举办“温州航标展”在青少年中传播航标文化。在著名的硇洲岛百年灯塔旁，为了缅怀陈义忠于职守和无私奉献的伟大精神，广东海事局建设了陈义事迹展览馆，用图文和实物形式充分展示了陈义老人的敬业和奉献精神。在舢舨洲灯塔，广东海事局建立了以表彰全国劳动模范、全国“五一劳动奖章”获得者黄灿明先进事迹为主题的“爱岗敬业教育基地”。而广东海事局广州航标站，则在“职工小家”中建立了灯器展示厅，将近百年的航标灯器一一展示出来。在调研中我们也得知，海南海事局海口航标处也准备利用临高灯塔和解放公园融为一体的便利条件，在临高灯塔建立相关的航标文化展示区，一是充分展示临高灯塔作为百年灯塔的魅力，二也为公园增加更为丰富的活动内容。

（三）通过理念提炼培养团队精神

近年来，组织文化建设的重要性已经为许多航标管理部门所认识和认可。因此，在全国海事系统文化建设活动中，总结航标精神和灯塔精神，结合单位实际提炼能够指导工作实际的理念，已在航标管理界蔚然成风。

在调研过程中我们发现，最容易被航标界提及和接受的，就是“燃烧自己，照亮别人”这一著名的理念，虽然大家对其中的一些字眼有所保留和争议，但是总认同感还是最强的。一些单位在此基础上，还对航标精神进行了分解，如上文提到的长江南京航道局提出的“航标灯精神”。在调研中我们还了解到，广东海事局广州航标处结合航标精神提出了自己的管理理念，即“责任、专业、服务、和谐”，用于解释和落实航标精神的内涵，并提出积极形成“快乐工作，健康生活，卓越服务，和谐航标”的工作氛围。而上海海事局上海航标处也提出了近似的管理理念，即“服务、责任、团队、创新”，与此同时，该处还在2003年作为上海海事局海事航标文化建设示范单位时提出了航标文化建设的任务，即“实现一个目标，突出两个重点，培育三种理念，建设四个平台，锤炼五种精神”。海南海事局海口航标处则在“实现海南航标又好又快发展”的目标下，坚持既管理又服务的理念，积极探索海南航标发展新模式和新途径，三个文明建设取得了新进步。天津海事局天津航标处在文化建设活动中，发动全处职工开展了航标精神口号征集活动，共收集到建议100多条，最终确立了以“我们给灯塔以生命”为本处的核心管理理念。

曹妃甸灯塔的文化墙（郑志伟摄）

（四）通过劳模培育传播航标精神

多年来，航标界的劳模层出不穷，从为信仰而工作的革命老人陈义，到灯塔世家叶中央；从红海湾不落的北斗苏贵聪，到胶州湾畔吟诗作赋的王炳交；从舢舨洲上的“岛主”黄灿明，到渤海畔的崔永发；从沿海的王翠强，到内河的李汉成……一代代的劳动模范，用他们甘于奉献、勇挑重担的工作热忱，为我们谱写了一曲曲动人心弦的劳动者之歌。正如广东海事局领导在劳模事迹报告会上所讲到的，“劳模先进来自平凡，高于平凡。”“他们成绩的取

全国劳模王炳交（天津海事局供图）

得，来源于生命不息、奋斗不止的拼搏精神，来源于立足本职、努力成才的进取精神，来源于恪尽职守、忘我工作的敬业精神，来源于淡泊名利、清正廉洁的自律精神，来源于燃烧自己、照亮别人的奉献精神。”[①]劳动模范和英雄人物的培养和宣传，一直是各级组织和单位文化建设的重要任务。通过培养树立先进典型向社会宣传和传递一种职业精神，同时在内部锤炼职工的职业信仰和职业能力。从现实情况看，航标管理部门宣传劳模的方法很多，而且起到了很好的效果。比如，组织劳模先进事迹报告会、在本单位开展学习劳模活动、汇编和出版劳模先进事迹书籍、制造劳模先进事迹电子与音响制品等等。

劳模事迹在航标管理部门内外的广泛传播，对于宣传航标文化、弘扬航标精神，起到了积极的作用。全国劳模王炳交所在的团岛灯塔，坐落在部队院

内，部队只要有新兵报道都要参观学习劳模的事迹，他经常应邀到驻青部队和学校作报告，还被青岛科技大学等多个学校聘为校外辅导员，他的事迹感染了很多官兵、学生和市民，同时也宣传了航标，传播了灯塔精神和航标文化。

①《学习劳模精神，弘扬劳模精神——广东海事局劳模先进事迹报告集》（内部资料），2007年6月，第3页。

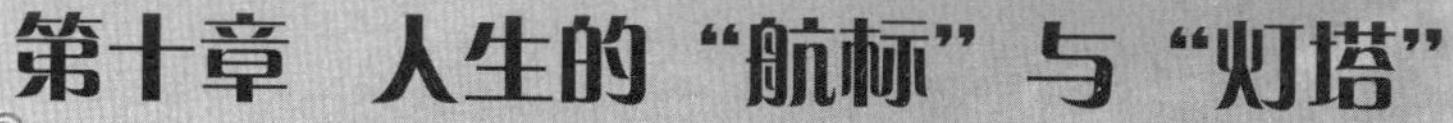

第十章　人生的“航标”与“灯塔”

——航标文化的延展

我偏爱看到在海洋风景画中出现的一座白色的灯塔建筑，这是第二自然风景。人生也是一条航船，在茫茫的生命大海上航行，为了不迷茫，不偏离航道而触礁，它需要灯塔来指引，这正是我偏爱灯塔建筑这种独特符号的深层心理。

——赵鑫珊

在航标文化研究过程中，接触非航标专业的人时，我们会有意无意地做一个简单的测试，就是让大家说说航标是什么。结果令人失望，被提问者十有八九不能回答出航标到底是什么的问题。有意思的是，对于大多数人来说，好像我们印象中的航标或者灯塔，一般不是专业意义上的，而是我们身边耳熟能详的一些东西，比如，我们将一个东西、一个人或者一件事情比喻为航标或者灯塔；比如，我们看过的有关影视作品、文学作品等等；我们还会想到，辽宁有个灯塔市、天津有个灯塔油漆、青岛有个灯塔酱油、经济学中有个灯塔经济……

是的，作为一个助航标志，由于其自身具有的温暖、希望、指引等文化寓意，在人们的心目中，在社会文化的层面上，航标和灯塔，已经远远超越了它自身具有的文化内涵而演化成一种社会化的文化符号。航标，代表一种价值，代表一种方向，代表一种希望，代表一种圣洁的情怀！

一、航标的社会文化寓意

灯塔，是人工提供夜间发光的视觉航标，设在与航行有重大关系的岛屿、港口及重要地角，供船只定位，指示航向，避开障碍物和危险区域。人们感激而诗意地称呼它们是“水上的星星”，是“大海的夜明珠”，是“船舶的眼睛”……也正因为此，灯塔这种物象极富象征意义。所谓象征，指的是通过某种特定的具体形象以表现与之相似或相近的概念、思想和感情。巴金先生说：“‘灯’、‘灯光’主要的寓意是指光明，是指对光明的向往。”由这一层基本意义出发，后来灯塔就有了更为丰富的社会寓意，形成了一种特定的符号意义。正如作家赵鑫珊所说：“我偏爱看到在海洋风景画中出现的一座白色的灯塔建筑，这是第二自然风景。人生也是一条航船，在茫茫的生命大海上航行，为了不迷茫，不偏离航道而触礁，它需要灯塔来指引，这正是我偏爱灯塔建筑这种独特符号的深层心理。”[①]漂海的人在浪天浪海里欲生欲死时寻找灯塔、皈依灯塔！现代的人在大千世界里茫茫人海中也在寻找自己心中的灯塔，这是一个渴望灯塔、皈依灯塔的时代。基于此，我们有必要对灯塔符号的延展意义做一个简单梳理。

（一）灯塔的名字叫悲悯

一看到灯塔，人们心头首先泛起的情愫是感动。那是因为灯塔是对生命诉求积极回应的一种慈悲普世情怀。

灯塔的出现是在海难之后。我们先到西方古老的海洋文明里去寻找海上的灯塔，海上灯塔是从人类的心脏里开始熠熠燃烧历程的。

一个女人，面对海峡，手举火把等候着海峡对岸的情人泅海过来。她叫希洛（Hero），她等候的情人叫利安得尔（Leander）。有一天，夜黑如漆，狂风大作，暴雨如注。女人的火把在淋漓的雨中不再燃烧，赴约的男人负约了，他再也没有出现在女人身边，因为她的火把停止了燃烧，他迷失了方向，葬身在大海。女人失去了生命里最幸福的等待，也投海自尽了。

不幸的传说演绎出幸福的灯塔，希洛的悲剧以及类似希洛的悲剧催生了灯塔。大海上于是出现了一种由人类制造的塔状发光体，在比沧海更广袤的黑夜里，据守着一小片危耸的土地，这就是灯塔。

这是土耳其境内沟通黑海和地中海的一个窄窄的裂缝，也连接了欧洲和亚洲。这里，两岸高耸，寸草不生，据说，海峡两岸最近距离只有一公里多。神话里爱侣葬身的地方更是一个在人类心理上催生灯塔的地方。在心理上催生灯塔的地方居然事实上就是灯塔的起源地：达达尼尔海峡的巴巴角、亚洲大陆的最西端，那座钟楼式的灯塔从公元前7世纪就开始了木炭的燃烧。如今，希洛举火蹈海的形象也化作了国际航标协会（IALA）的会徽（美人鱼的标识）。

更为难得的是，经历海难的人擦干眼泪，为别人举起了照亮的火把。

还是巴金的《灯》里的文字：“孤寂的海上的灯塔挽救了许多船只的沉没，任何航行的船只都可以得到那灯光的指引。哈里希岛上的姐姐为弟弟点在窗前的长夜孤灯，虽然不曾唤回那个航海远去的弟弟，可是不少捕鱼归来的邻人都得到了它的帮助。”

人们感恩灯塔，膜拜灯塔。中国的舟山有个陈财伯的故事。那里有一个燃烧自己的生命成为千古“人体灯塔”的古代渔民菩萨——陈财伯。他是一位清代的福建渔民，在一场海难后漂流到庙子湖岛，弃渔为农后，在荒无人烟的岛上几十年如一日地为来往船只燃烧领航的篝火。于是，每当阴雾和黑暗笼罩，狂风暴雨肆掳大海时，渔夫们总会看到这座荒岛最外侧的山包上有一丛熊熊燃烧的火，为他们导航。每每看见这火，渔夫们就跪拜，焚香祈祷，在甲板上遥遥呼喊——“菩萨！”“菩萨！”人们还在他居住过的茅屋上为他盖了一座庙，以陈财伯点燃的火来作为香火，永续不断。火在庙里就称为神火。

其实，陈财伯燃烧的是无穷无尽的博爱之心、悲悯情怀，这种爱便成为一种普世情怀。这种爱要比只爱自己的兄弟姐妹高尚得多，它是博爱精神的丰富和升华，灯塔燃烧的是与日月同辉的灯塔精神……

灯塔或塔灯是灯与塔的合体。灯寓意光明，塔寓意慈悲，灯与塔和在一

七里屿灯塔（上海海事局供图）

起，就具有了更为广泛的深邃的意义。人们向往光明，皈依灯塔，对灯塔守护人顶礼膜拜。在世界上许多地方灯塔的旁边就紧挨着教堂，一边是入世的关怀，一边是出世的指引。陈财伯的庙，也许人们觉得只有把他奉上神坛，才足可以表达心中的无限感激与尊崇。还有闪烁在佛岛普陀山东南方位的洛迦灯塔，“莹莹一点照迷津，光夺须弥日月轮”，这一炬光柱发自观音菩萨的灵山道场，是一个被人们认为象征慈航普渡的佛教文化胜景！这里，宗教的教义不再玄奥，她是那么贴近众生，那么富有人性的光辉。当然，还有上海青浦的泖塔。置身在海边蔚蓝的天宇中，仿佛是大海母亲的眼睛，看着一个个孩子的平安归来，闪烁着一道道慈爱喜悦的光芒!灯塔引领迷航的船，也引领迷航的众生，因此，灯塔就不仅仅是渔民们出海平安归来的灯塔，同时也成了我们精神上和心灵上的灯塔，使我们在黑暗的大海中航行，也不再有恐惧和迷茫。

灯塔，就是灯塔与佛塔的合一，这不仅是出世入世的积极融合，是大慈悲，更是生命追求的大自在，大境界。

（二）灯塔的名字叫光明

巴金说：“‘灯’、‘灯光’主

要的寓意是指光明，是指对光明的向往。”光明是灯塔符号的最基本的寓意，也是最朴素的寓意。光明是驱逐黑暗的，当一片黑暗的海面上突然亮起灯火，苦苦寻找光明的船舶就找到了希望。

巴金散文常用象征手法，在其人生旅途中常喜欢用灯、火（心中之灯、火）象征对新生活的信念和对光明理想的追求。生活中，人们也常常把能给人们指明方向带来希望的理念、人和事物喻为灯塔。比如，我们经常会这样说“希望（或信念、目标）是我们的人生灯塔”；“每一个英雄人物都是青少年成长道路上的一座人生的灯塔”；“师德：点亮教师的人生灯塔”；“某教授的新作像一座灯塔”；“某先生的演讲宛如人生的光明灯塔”。还有，“老师（父亲、母亲）是我人生的灯塔”；“足球是我人生中的灯塔”等。让我们看看一些例子吧：

《迷茫中前进的灯塔》一文中，记者李振兴提出职业生涯规划是人生前进的灯塔。他说，职业是人生最大的大事，职业最怕没有规划，没有规划的职业生涯不会前程光明。每个专业的各个职位都有所不同，要早日做好适合自己的职业规划。不能做迷茫一族，盲目做事，走了弯路，赔上时间成本后悔不及。根据目前有的人到了大学快毕业甚至毕业后已经做了一两份工作了还没有自己的人生职业规划的现状，他提出不仅大学要做职业规划，甚至高中阶段就要对自己的未来走向做一番规划。这样就会避免一部分“新鲜出炉”的大学生在就业市场上被贱价处理或干脆被就业市场抛弃成为迷茫一族的情况。只有在职业生涯规划这座灯塔的指引下，大学生们才会逐步走出迷茫阴霾，找到适合自己的职业岗位，开始前进的步伐。

黄小燕在《女儿心中的灯塔——忆父亲》一文中，则将父亲黄振喻为自己人生路上的灯塔，她说：人生的路，正像海上的航程。成长的历程，就像在大海里航行，靠的是舵手，靠的是灯塔。父亲就是我航行中的灯塔，他光芒虽微弱，却已深深印入我的脑海。他的精神，是我们后一代人在独立自主、建设家园、创建和谐社会航程中永远闪耀的灯塔。

《妻子如灯塔，引领丈夫走出迷途》中，作为丈夫，痛悔又感激地说：32岁的我，短短四年时间，经历了由县委秘书－经济罪犯-撰稿人的人生历程。可是，如果没有心地善良的妻子，我还能行走在喧嚣的都市里吗？妻子就是我的灯塔！

（三）灯塔的名字叫奉献

海天之间一灯守。灯塔，有无私无畏的节操。她燃烧自己，照亮世界，心地坦荡，耿直无私。波兰作家显克微支在《灯塔看守人》里说，对于看守人，“灯塔也就一半等于坟墓”，但是孤独的灯塔却使漂海的人减少孤独，坟墓般的灯塔却是生命的护卫者！

“长风破浪会有时，直挂云帆济沧海。”而灯塔永远守在原地，远航的是别人，守望的是自己。但是，这里的守望成就了动与静的依存与和谐。守好你的灯塔，就是对动的助推；把好船舶的舵轮，就是对静最高规格的尊重与敬礼。

“高台多悲风”，“明月照高楼”。也许灯塔人在登高望远时，突然会有一种莫名的惆怅袭来，他感觉到了茫茫宇宙中生命苦短，人生虚无，念天地之悠悠，想时空自无穷，感个体生命之短暂和不留。但是他却用灯塔和雾号准确无误地向来往船只传达着珍爱生命、积极用世的最强音。这时的大爱蕴藏在守塔人自己无边的寂寞和大孤独里，这样的牺牲叫崇高。每一瞬间的闪烁，铸成了不朽的丰碑，也铸成了永恒。

黑夜给了我黑色的眼睛，但我却用它来寻找光明。

（四）灯塔的名字叫征服

“何处是归程，长亭更短亭”。人类征服自然、征服社会的过程就是寻找家园的过程，而家园永远是那么漂泊不定，难寻芳踪。哲学意义上的家园从来不是一个确定的概念，所以人的灵魂不可能安分守己，一次漂泊结束，新的漂泊又会开始，家园永远在途中。人类前行的步伐从来就不是平坦的，旅途中充满了挫折、失败、流血、牺牲。尽管身陷重围，人类仍然心有不甘，生命不止，行者无疆。人在途中就是一个不

断征服的过程，而灯塔就像是一座座的纪念碑。灯塔永远昂着高傲的头颅，无论风暴，无论雷鸣。越是恶劣的天气，灯越亮，雾号更响，坚强无畏，恰如天神，凛然不容侵犯，不仅记录下人类不断征服自然的旅程，而且述说着征服者永远不服输的勇气，经历挫折后胜利者的快意和拒绝安逸的义无反顾的决绝。无论怎样的风险，灯在，希望就在。航行者每一次出海和归来也是象征他们战胜时间与死亡获得这种精神光芒的内心航程。

“莫斯科宇宙征服者纪念碑。它是属于全人类的，是全人类的自豪和骄

锦母角灯塔 塔高18米，灯高72米，射程22海里。位于海南岛最南端的峭壁上。始建于1960年，是海南环岛航路和进出三亚港的重要助航标志（海南航标处供图）

傲——那高耸入云的尖顶，让人产生对宇宙的仰视和要征服的决心。”而灯塔的美就在于它体现了人类对地面空间的进一步征服。从征服中生出崇高。如果在征服的历程中有一点点进步，自然会有无限的骄傲。小征服，小崇高；大征服，大崇高。

有趣的是，这个征服者的象征却是以那么宁静的形象出现。灯塔静静矗立，灯塔守护者静静守望。有时候，人类征服了大千世界，难以征服自己内心的狂躁不安，真正的英雄是那些能够守住自己内心的人，征服自我才是真正的大征服。丰子恺先生说：“我以为人的生活，可以分作三层：一是物质生活，二是精神生活，三是灵魂生活。物质生活就是衣食。精神生活就是学术文艺。灵魂生活就是宗教。‘人生’就是这样的一个三层楼。”[②]守塔人对社会有承担，从事的是向善的事业，是生命的最高境界。因为宁静不是安静也不是肃静，它是一种心理状态。科学、艺术、哲学的最高心理状态都是宁静，崇高和宁静是共生的。

（五）灯塔的名字叫皈依

人们渴望着在世间找到自己心灵深处的灯塔。同样是小说，在《到灯塔去》拉姆齐太太眼里，灯塔的光芒代表着“生活的胜利”，象征着“这种平静、这种安宁、这种永恒”；在灯塔守护人史卡汶斯基老人心中，民族精神、爱国情怀就是他的灯塔；在《灯塔守望》里，银儿的灯塔则是她的爱情；而在韩国小说《灯塔守望者》中，主人公俞在宇发现母爱才正是自己要用生命去守望去热爱的灯塔。

在现实生活中，人们更是在大千世界，茫茫人海中寻找自己心中的灯塔，这是一个渴望灯塔，皈依灯塔的时代。理想、信念、愿景、……心中的灯塔各异，生命的意义彰显。

理想是人生的灯塔，照亮自己也照

台子山灯塔 塔高21米，灯高131米，射程25海里。位于营口鲅鱼圈港区墩台山顶，建于1989年，主要为进出营口港、鲅鱼圈港的船舶提供助航服务（天津海事局供图）

成山头灯塔 塔高16米，灯高60米，射程25海里。坐落在山东半岛最东端成山头岬角，始建于1821年，1864年、1874年先后改建，1950年重修。主要为航经成山头水域的船舶提供助航服务（天津海事局供图）

亮别人。理想本意在于勾画人生蓝图，催人努力奋进。理想是加速机、推动器，激励人由一个境界向又一个境界进发。没有理想，生活便没有动力。而那些以人类进步为己任的伟大理想造就了一代又一代旷世奇才，使他们能够在艰难困苦中坚持下去，最终到达胜利的彼岸，让后来人享用他们的奋斗成果。理想使人生放出异彩，使空虚变得充实、平凡变得高大、短暂变得永恒。共同的理想连接共同的事业，组成灯的海洋，照耀人类前进的道路。所以，任何时候我们都不要熄灭心中理想的灯塔。

中国社会科学院研究员、博士生导师姜广辉在给《中国理想社会探求史略》做的序里以"理想犹如灯塔"为题，提出如是观点：《礼记·礼运篇》的"大同"社会理想，在历史上起了一种理想的灯塔的作用。通观人类发展史，人类由原始氏族发展为部落、部落联盟、酋邦、国家，是不断融合发展的，而中国文化的"协和万邦"的理念促进了民族的涵化、融合。"协和万邦"与"和而不同"是中国文化的整体和谐观的表现，是中国文化的一贯精神和传统，正可作为第三代人权的基本准则。"协和万邦"的整体和谐观就是中国文化对于人类文明的永久性价值。因此，我们既应该以西方的人权、民主思想来发展中国文化，也应该以中国文化"协和万邦"的整体和谐观来发展西方的人权思想。这是历史的总趋势，而且我们相信人类一定会走向大同时代。[3]

①赵鑫珊：《建筑面前人人平等》，上海：上海辞书出版社，2004年，第17页。

②丰子恺："我与弘一法师"，《丰子恺散文全编》，浙江文艺1992年12月，第398页。

③姜广辉："理想犹如灯塔"，《理论与现代化》，2003年第五期，第78～79页。

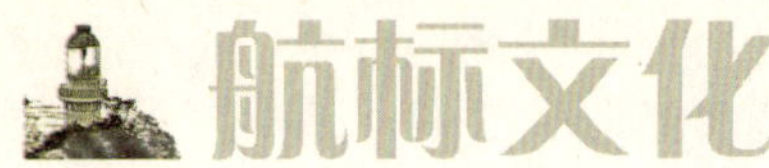

二、小说中的灯塔

（一）《灯塔看守人》

这是1905年获得诺贝尔文学奖的一个短篇，作者显克微支（1846～1916），波兰人，他通过文学作品体现出来的对民族和祖国的强烈情感，赢得了全世界的尊敬。

波兰的历史是一部苦难重重的历史。从18世纪末叶到20世纪初一百多年的时间里，波兰曾三次被沙俄、普鲁士和奥地利帝国所瓜分，人民在亡国的惨痛中挣扎着。战争和亡国的惨痛，带给波兰人民心中的创伤深重。显克微支以一个旅人的身份长期周游外国，这种“异乡人”的感觉时常浮现，于是《灯塔看守人》应运而生。

小说写一个终生漂泊、阅历极其丰富的波兰老人史卡汶斯基，他很早离开故乡，一生参加过多场战争，在经历了人世的多灾多难、漂浮不定之后，看透了种种的人世功名利禄，老了几乎一无所求，但求安静，于是应聘做了灯塔的看守人。在离巴拿马运河不远的一个孤岛上，史卡汶斯基开始了宁静而简单的生活，时常思念着家乡，回忆着当年的坎坷崎岖和惊心动魄。一天又一天，恬静的大海、单调的生活逐渐抚平了他汹涌的心潮，他的心好像已宛如那平静的海水。他沉静了，甚至变得机械化，似乎忘了外界的一切，也不再思乡怀国，甚至忘了母语……

忽然有一天，从岛外伴着每日给他送来的食物中，夹着一本波兰文的诗集，这是来自他的故国、用他熟悉的故国文字写成的诗。美丽的诗篇使他心潮澎湃，哽咽不已。他一遍遍读着诗集，用生命、用灵魂、用自己老迈的血脉和热泪读着，直到睡去。梦里，史卡汶斯基回到童年故乡的怀抱，在波兰平静而寒冷的村庄里，从黄昏一直走到天亮，以至于忘记了自己的神圣职责——及时上灯塔悬挂航标灯。

黄白咀灯塔（天津海事局供图）

为了这一次读书，老人付出了惨重的代价，由于他没有点灯，一条船在海滩上出了事，他差点被送去坐牢。他被解雇了，丢掉了唯一适合于他、给他生活资源的职业，只好再一次踏上漂泊的旅程。而在他新的流浪之路上，唯一与他作伴的，是他怀揣着的一本书——那本永远割舍不下的诗集。他不时用手去抚摸它，好像生怕连这一点点东西也会离开他。

《灯塔看守人》对灯塔的描述，实际上是写"实"与写"虚"结合的。从写实角度看，史卡汶斯基是一个真的"灯守"，他为了读书而忽略了工作而导致了事故，自然是一种错误。但是实际上，显克微支写作此文的用意显然不在描述一个灯塔看守人如何敬业的，而是在于将灯塔比喻爱国的精神——老人失去了灯塔看守人的工作，却守住了内心的灯塔——爱国的情怀！

可以说，1905年的诺贝尔奖授给显克微支，是对整个波兰民族精神的尊敬与褒奖。正像评奖委员会对显克微支的评价那样："他把民族的特性展现在世人面前，他珍爱民族以往的历史，这样做是为了增强全民族对未来的期望。"

所以，我们没有理由不这样揣想：史卡汶斯基老人忘记了点燃黑夜里的航标灯塔，但是他点燃了自己内心深处那盏最亮的灯塔。那是指引他前进的航标，是波兰人的航标，更是全人类的航标——热爱家园，热爱祖国，热爱人民，永远记的她的美丽，不惜付出自己的一切！

（二）《到灯塔去》

《到灯塔去》是英国意识流小说大师弗吉尼亚·伍尔夫的代表作品，同时也是一部带有自传性质的小说。作品采用了音乐中奏鸣曲式的结构，由三个章节组成——恰似夜晚的灯塔照耀大海的节奏。第一部分《窗口》，描写的是拉姆齐教授一家和几个朋友在海滨度假生活中的一个下午和晚上，中心是晚餐。第二部分《岁月流逝》，用淡淡的几个镜头和回忆，展现了这所别墅因主人在战时无暇来度假而逐渐破败下来，而在此期间，拉姆齐家中夫人及长女先后死去，长子也在战争中阵亡。第三部分《灯塔》，讲的是十年以后拉姆齐先生和小儿子詹姆斯、女儿卡姆乘小船来到灯塔，实现了十年前詹姆斯的愿望；而画家莉莉·布里斯科则终于完成了十年前开始而因找不到感觉停顿下来的那幅拉姆齐夫人和小詹姆斯的画。

故事是从九月中旬的一天开始的。拉姆齐夫妇一家和几位朋友在斯开岛上他们的海边别墅里度夏。下午六点钟左右，拉姆齐太太倚窗而立，凝视着海上忽明忽暗的灯塔，陷入冥想中。她的小儿子詹姆斯想在第二天驾船到小岛上去看灯塔，拉姆齐先生却全然不顾儿子的热情和愿望，断言明天的天气不会好，不能去灯塔。拉姆齐太太慈爱地安慰儿子，并说如果天气好，就到灯塔去。

故事中的拉姆齐先生是一个哲学教授，终日思索着生存的本质和生活的基础之类的哲学问题，他的学生们认为他是20世纪最有名的玄学家，对他来说，理性的原则高于一切，尊敬事实、坚持原则要比关心孩子，不让他怀着失望进入梦乡更重要。他的处世态度固执顽梗，甚至到了否定人性、压制感情的地步，因此儿女们都不喜欢他，但他经常需要拉姆齐太太的抚慰和鼓励。拉姆齐太太则具有丈夫身上所缺少的那种直觉和洞察力，她是从生活的混乱烦恼中发现和谐宁静的能人，是帮助各个孤立的宾客之间和疏散的家庭成员间建立起友好稳定关系的纽带。她安抚孩子，帮助客人，关心画家的婚姻，鼓励丈夫的事业。而她自己本身也凭着与生俱来的透视能力审视生活。

在拉姆齐家作客的几位客人中，莉莉小姐是位画家。她正在画一幅油画，她想画一座茅舍，前面站着拉姆齐太太和她的小儿子。她正不遗余力地追求协调、匀称和完美。但作画时，她又感到客观世界是如此混乱无序，现实生活是那样的杂乱无章，无时无刻不在影响她的创作，她必须将两种势力结合起来，相辅相成，才能协调一致。作为一个画家，她所需要的就是丰富的创作灵感和将客观现实与精神世界融为一体的艺术才华。

一个下午慢慢过去了，拉姆齐太太到村子里去看过一个病人后，在窗前打毛线袜子，准备送给灯塔看守人的小儿子。晚上睡觉之前，风雨大作，第二天真的不能去灯塔了。

拉姆齐家离开别墅后一去十年不归。在这十年里，拉姆齐太太在一次安静的睡眠中悄然逝去；长女普鲁结婚后死于难产；第一次世界大战爆发，拉姆齐家的长子安德鲁应征入伍，在法国被炸死。

光阴流逝，海滨别墅也在风雨的剥蚀下逐渐破败。战争结束后，拉姆齐一家、莉莉小姐和已经成为著名诗人的卡尔米奇尔先生等人又回到别墅来度假。一天上午，拉姆齐先生带着最小的两个儿女泛舟海上，向灯塔挺进。当帆船乘风破浪逐渐驶近灯塔时，拉姆齐先生想起了死去的妻子，想起了自己的软弱和对子女的冷漠，他不禁百感交集。他仰望灯塔，心中豁然开朗：人们不仅需要理性，而且更需要温情与理解。他终于明白，理性应该与情感互相结合，一个人在讲究事实与逻辑的同时还应具有直觉与灵感。此刻，拉姆齐先生希望通过到达灯塔与妻子在精神上重新团聚，建立一种和谐与完美的关系。他与子女之间的隔阂和积怨也逐渐消溶了。长期在理性王国中生活的拉姆齐先生突然获得了精神上的升华。

莉莉小姐这天没有随他们一起去灯塔，当她目送他们远去时，拉姆齐太太的形象也浮现在她心中，她突然得到了启示，于是一挥而就，完成了那10年前就因受思想的困扰而不能完成的那幅画。当她作完画放下画笔时，她的精神得到了升华。而此时，拉姆齐先生的帆船刚好抵达灯塔。

《到灯塔去》具有浓郁的象征主义和印象主义色彩。伍尔夫在小说中以印象主义的笔触揭示了人物的主观感受和感觉经验，探索了精神世界与客观世界的联系，并且挖掘了位于表象之下的内在真实，这也正是小说题旨的所在。小说中的情节具有强烈的象征意义，如莉莉作画、到灯塔去等，但象征的究竟是什么，也就是小说反映的主题思想是什么？评论家也是见仁见智，莫衷一是。阿诺德·凯特尔在《英国小说导论》中提到伍尔夫这部作品时说，要想恰当地说出《到灯塔去》表现的是什么是极其困难的，许多评论家使用了"象征"这个字眼，但看来在究竟什么象征着什么上，他们之间极少有共同看法。

有人说，灯塔象征了拉姆齐太太。她作为一个贤妻良母和殷勤的主妇是一切美好品质的化身，她认为人类不该受到事实与逻辑的制约。她相信人类完全可以超越自我，同外界真理建立联系。她倚窗而望，对远处闪烁不停的灯塔赞叹不已，也从灯塔上看到了生活的光明与目标，同时也获得了一种同宇宙精神之间的联系。在她眼里，灯塔的光芒代表着"生活的胜利"，象征着"这种平静、这种安宁、这种永恒"。拉姆齐太太有时候觉得自己也变成了那灯塔的光。

戴维·戴希斯认为，灯塔"既是个独特的存在，又是不断变化中的历史的一个部分。从某种意义上说，到达灯塔意味着和自我以外的真实世界接触，放弃自我的独特性，接受客观的现实。"穆迪则认为，拉姆齐夫妇对现实的不同理解在灯塔身上达成了一致，一方面灯塔是建立在光秃的岩石上的坚实的物质存在，这代表拉姆齐先生的理性和物质的现实；另一方面从灯塔内发出的闪光象征着拉姆齐夫人所代表的精神的现实，这是生活的本质。作者在这部小说中确实是通过拉姆齐夫妇表现了两种现实观，而且力图寻求二者结合的可能。伍尔夫本人是重视物质现实在人的内心和精神上的反映的。

我们认为，"灯塔"充满了象征的意义。灯塔本身就是一种崇高精神境界的象征，到灯塔去这一行动本身平淡无奇，但它却意味蕴藉，不仅是拉姆齐夫人的内在精神，更是人类共同向往的精神之光，而到灯塔去，正是体现了人类追求这样一种精神光芒的过程，成为一次发现自我、探索真理、超越个人和达到新的精神境界的旅行。

（三）《灯塔守望》

《灯塔守望》是"21世纪年度最佳

外国小说”评选中2004年度英国文学入选作品，作者是英国当今实力派女作家詹妮特·温特森。

故事发生在苏格兰的索尔茨，一个偏僻荒凉的海边小镇。女主人公银儿是一个孤儿，居无定所，后来由瞎子普尤收养。普尤是拉斯角的灯塔看守人，行踪神秘，爱在黑暗中烤香肠。在寂静的海边、孤独的灯塔里，他给银儿讲述了许多跨越时空的旅行故事。他说，灯塔自建成以来就有个普尤在看灯，讲故事是看灯塔的传统，也是看灯塔的全部意义所在，只要有故事，灯塔就会闪光。看好灯意味着要知道“那些故事，那些我知道的和我不知道的”。

这些故事多半围绕巴比·达克展开，他是一个19世纪的牧师，有着双重身份的牧师，一生过着一半光明一半黑暗的生活。他误会了最爱的人，背叛和伤害了自己最爱的人与最爱自己的人，从此“个人的行星”离开了沐浴太阳温暖的轨道，直到爱人离去，才悔恨交加，最终不堪感情的折磨，带着他珍视的海马化石，带着他再也得不到的幸福走进了大海。

不仅仅是这样，普尤还教银儿讲故事，要银儿学会给自己、给普尤、给大家讲故事。而在银儿看来，巴比·达克的故事是她自己穿越黑暗的一张地图，与她自己的故事交织在一起，最终通向了爱情，成就了一个娓娓动听的爱情故事。银儿在普尤那里找到了爱。

后来，灯塔不需要看守人了，普尤孤独地离开，银儿到处去寻找。银儿终于在寻找的过程中学会了讲故事，终于长大了。银儿在不断的失落中也终于明白，爱是无法占有的，重要的是去寻找爱以及对爱的记忆。“我把爱看作一种自然的力量——像太阳的光一样强烈，是必需的，是不受个人情感影响的，是广阔无边的，是不可思议的，是既温暖又灼人的，是既带来干旱又带来生命的。爱一旦烧尽，这星球也就死亡了”。“我在灯塔里一直呆到白天将尽。我离开的时候，太阳正在下落，一轮满月正在天空的另一边升起。我伸出双手，一手托着下沉的太阳，一手托着升起的月亮，我的白银，我的黄金，我的来自生活的馈赠，我的生活的禀赋。”

本书用诗一般的语言，讲故事的手法，创造了一个现代寓言。这里的灯塔，是讲故事的地方，也是故事发生和延展的地方。银儿觉得爱是灯塔，守塔人瞎子普尤本身也是灯塔。茫茫暗夜中，我们的生命灯塔在何方？爱的灯塔又在何方？为什么爱总是脆弱的，总是和失落的痛楚纠缠在一起？正像温特森自己所问道的“为什么对爱的衡量是失落？”生命如此短暂，而且充满了偶然性，那么，是否真的有“爱”这座灯塔来守护我们的灵魂？是否真的存在那样的一个人，并能与我们相遇复相知，让人生不再孤单？

我们在黑夜里穿行，为的是寻找灯塔，寻找光明。在寻找的过程中，也许，银儿的故事会带给我们许多启示：

“我的普尤，我又回来了，又回到了灯塔。”

“我又生起了炉火，沏了一壶二十年前的大力参孙茶……”

（四）《灯塔守望者》

“灯塔守望者存在的唯一理由，就是为了点亮灯塔。即使明天死神降临，今天我也依然守候在这里。用我今天的生命，去热爱灯塔。”

“我失去最爱我的人，从那空荡的地方感到心碎般的痛。我从不知晓那种爱，从没说出那句话，它埋在心底的深处，现在终于浮现出来，我爱你，妈妈！”

“儿子是看灯塔的，母亲的一半也是看灯塔的。儿子守望的是灯塔，母亲守卫的是儿子”。

《灯塔守望者》是韩国当代著名作家赵昌任长期采访灯塔守望者，历尽艰辛而完成的新作。因其转达的深邃的人类情感与人生哲理，一经问世即引起极大轰动，一时间洛阳纸贵。

主人公俞在宇是一个普通的灯塔守望者。24岁那年，他因为觉得遭受了

同晖——长江中上游左右通航标，10米单船浮标（长江航道局供图）

恋人与家人的抛弃——所谓爱情与亲情的双重失落，因而结识了灯塔。像一个看破红尘的僧人，过上了与世隔绝的生活——守望灯塔。作为职业的灯塔守护者，他把一生中最宝贵的八年青春交给了灯塔。他觉得这是他“存在的唯一理由”。与灯塔相知相伴的日子里,灯塔成了他生活的来源、生存的期冀、生命的挚友，甚至深恋的爱人。“是灯塔欣然接受了这汉子，是灯塔展开双臂紧紧拥抱那被亲人、被他爱过的人所抛弃的灵魂。八年，那是历经狂风暴雨和酷暑严寒的岁月。在那漫长的岁月里，灯塔是汉子的朋友，汉子的恋人”。八年的岁月，灯塔把他从最初逃避现实的颓丧提升到服务现实的责任与使命的高度。

但是，在他的灯塔面临裁员和他年迈痴呆的母亲被他的哥嫂及姐姐骗至孤岛居住的时候，他的生活发生了改变。患老年痴呆症的母亲给他带来的，除了身体的疲惫，更多的是心灵的愤懑。在宇认为从他小时候起，母亲就一直偏袒哥哥和姐姐，而对自己冷漠至近乎绝情。当他被自己的亲哥哥痛殴的时候，是母亲在一旁视若无睹；他爱上了曾经雇佣自己母亲为仆的主家的女儿陈兰姬，似乎是母亲破灭了他的幻想……在宇起初很生气，他急于想丢掉这个包袱，想丢掉这个大小便不自知、见人就骂、得罪所有同事、还频频添乱的叫做母亲的包袱。

然而岁月是有情的，当在宇的心上人兰姬再次踏上孤岛的灯塔，她告诉在宇这八年期间他的母亲都为他做了些什么：因为怕他孤独，给他买了一条小狗“欢欢”做伴，在宇却一直以为这是兰姬送给他的；一个月问兰姬一次在宇的消息；每到换季时就托兰姬寄一包裹衣服给他；怕他在孤岛上找不到对象，让兰姬想办法到岛上把他拽回来……在宇终于理解了自己的母亲：当初她断然拒绝自己与兰姬的爱情，是因为怕门第的悬殊使他在以后的一生不能平等地做人；在他哥哥打在宇的时候，做母亲的心里很疼痛，只是她不愿意表露于色。即使在精神不正常时，母亲的爱还是没变，默默的关怀着，给儿子做他最喜欢的馒头，尽管她已分不出何为面粉；对欺负儿子的同事大吼大叫，没有理由的本能性的护着儿子；还会手握着一根玉米棒，却三天不吃东西，只因为知道儿子回来会饿。真相唤醒了在宇久未萌苏的亲情。为了母亲，他放弃了自己在孤岛苦恋八年的兰姬。原来看起来是累赘的痴呆的母亲，也由可憎而可爱起来。母亲很自然地成了他在九命岛上坚守的又一座灯塔，更何况这份爱是他寻觅多年的心灵的港湾：“守望灯塔，侍奉母亲，都不能放弃。”

为了实现自己的誓言，为了在风雨交加的漆黑的夜晚点亮灯塔——点亮别人生存的期冀之光，在宇遭到雷击，永远失去了自己的下半身；年迈痴残的母亲，在台风中的灯塔室里，凭借自己母性的本能，用内衣沾雨水一滴一滴挽救了儿子的性命，却献出了自己的余生。灯塔在风中亮起来了，照彻着凄凉的大海和黑洞洞的心灵；母亲死了，她的寄托——儿子，残缺地活着；在宇的肉体残疾了，他的思想却完整了。没有爱的生命，怎么样也不值得崇拜；缺乏爱的生命，怎么样也是不完整的。

这样悲剧的结局，引发了我们对人性和对亲情的思考。或许，我们这些灯塔守望者都不曾真正凝望过如母爱一般的灯塔吧，也不曾发现母爱才正是自己要用生命去守望去热爱的灯塔吧。从光芒的发出到光芒的接收，这是人生真正的灯塔，这就是亲情，赵昌任写作本书的用意大体也在于此吧。

三、影视世界里的航标

（一）《等到满山红叶时》

"满山红叶似彩霞，彩霞年年映三峡……"听到这支曲调，您就会想到1980年由上海电影制片厂摄制的电影《等到满山红叶时》。

在改革开放初期，这部以爱情为题材的电影在当时引起了不小的轰动，影片叙述的凄婉的爱情故事和漫山遍野的红叶一起，给观众留下了深刻的影响，电影的主题曲——《满山红叶似彩霞》也在一时间唱遍大江南北。

故事讲的是解放前的某一天，在长江三峡瞿塘峡段的江边上，一个作航运信号员的父亲，带着只有七八岁的儿子杨明抢救一艘沉船，但只救起一个只有两岁的女孩，女孩的父母都不幸遇难，父子二人收养了这个可怜的女孩——这就是后来的杨英。从此，三人相依为命。后来，不幸的是，当哥哥杨明高中毕业考上大学时，父亲却病故了。为了扶养未成年的妹妹，供妹妹读书，哥哥毅然把大学入学通知书丢进长江，接替父亲当了一名川江上的航标工。妹妹初中毕业，深知妹妹心思的杨明替她报考了她向往已久的河运学校。后来，这种深厚的兄妹感情终于孕育成纯真的爱情。杨英终于向哥哥吐露了深情。但是，毕业后，当杨英满心欢喜回家时，杨明却在抢修航标灯时不幸殉职，留下的是一封情真意挚的信和一束表示爱情的红叶。杨英陷入巨大的悲痛之中。杨英决心在杨明牺牲的川江上开一辈子船，永远守护这承载着真挚亲情纯洁爱情的山山水水。

这是一个凄美动人的爱情故事。看这部电影，人们往往会很自然的被如红叶般燃烧的爱情吸引，却忽略了一个感人的情节：哥哥是为了保护航标灯而牺牲的。这个安排不是随意的，它来自于大量的现实生活素材，有着深厚的生活积淀。远的不说，舟山花鸟山灯塔守塔人叶中央的父亲，就是为保护灯塔不幸在风雨中捐躯的。灯塔工人对灯塔有着一份神圣的膜拜，那是对生命的膜拜，不是自己的，而是人类的。

这里，升腾着人类的大尊严，大崇高。影片在表现女主人公杨英对爱情忠贞的同时，也通过航标灯的意象，反映了航标人解放前后的生活状况和精神面貌，歌颂了他们对航标事业挚爱的高贵品质，告诉世人，在关键时刻，他们甚至可以用自己的生命去保卫神圣的航标灯火。

"等到满山红叶时"，红叶固然富有诗意，但是那盏永不熄灭的航标灯又何尝不是人类美好情感的象征呢？

这部电影的拍摄地就是现在的重庆市奉节县瞿塘峡口的老关庙信号台。如今三峡工程让高峡出平湖，片中兄妹一直守护的信号台如今已经搬迁了，那些长年累月坚守在山崖上的航标工也大多改行了。

（二）《没有航标的河流》

《没有航标的河流》根据叶蔚林同名小说改编，由西安电影制片厂1983年摄制，该片获得了1983年中国文化部优秀故事片奖、1984年第四届夏威夷国际电影节中西方中心电影奖。这部电影由于主题深刻，引起了广泛关注。

故事发生在十年动乱时期，盘老五、石牯和赵良是潇水上三个普通的放排人。带着浩劫的创伤，他们同驾着木排缓缓地漂流。平庸的日子里，烦恼、苦闷与不平缠绕着他们，无法解脱，只好无聊地吵嘴，发泄地殴斗，苦闷地酗酒……然而，在苦难中，这些普通放排工的善良人性并没有泯灭。

一天夜晚，木排停靠在荒野上，

三峡岸标（长江航道局供图）

石牯上岸去找他的未婚妻改秀。原来，改秀被区革委会主任李家栋逼迫嫁给别人，但一直是抗婚不从。返回途中，石牯遇到了被监督劳动、已经奄奄一息的老区长陈鸣鹤。赶来寻找石牯的盘老五毅然决定把老区长转移到一个安全的地方。改秀上木排后，胆小怕事的赵良担心李家栋追查，盘老五又见义勇为，不顾在动乱的岁月里受到的那些批斗和辱骂，愿意承担起一切后果，把改秀留到了木排上，与石牯团聚。石牯和改秀这对年轻人的遭遇，不禁勾起了年过半百的盘老五对自己年轻时爱情悲剧的回忆：三十多年前，他与纯真的少女吴爱花有着一段甜美的爱情。但是，他因为散了排而背上了磨盘债，不忍让吴爱花跟着自己受苦，就主动离散了。与吴爱花的爱情，成为一段幸福而痛苦的记忆，永远铭刻在盘老五的心中。

木排漂流到双河街，盘老五为了急救生命垂危的徐区长，要去买人参，但偏偏钱又不够。这时，平时非常节俭小气的赵良，竟然慷慨解囊，把给女儿办嫁妆的钱掏了出来。在面铺，盘老五突然遇到了吴爱花，谁能想到，这时的吴爱花已经沦为一个讨饭婆子！30年的沧桑变迁，在两个人中间隔起了一道无形的屏障，使他们变得生疏了、冷漠了。可是，旧时的爱情、今日的苦难，却又像一根无形的链条把他们的心紧紧连在一起。吴爱花述说了自己的不幸身世，盘老五向她解释了当年离去的原因，他用诚挚的热情和力量，唤起了爱花生活的信念。吴爱花接受了盘老五给徐区长送人参的委托，可人参又被李家栋一伙劫去。盘老五冒着生命危险夺回了人参。

此时，大雨如注，山洪暴发，木排在洪流中狂奔。盘老五发现洪水中的浮木，他把伙伴们推下木排逃生，自己驾排向前冲去。清晨，石牯、改秀、赵良在河滩上寻找着，呼喊着盘老五……

这是一部有特色、耐人寻味的影片。影片不仅描述了十年浩劫中放排船工们的惨痛故事，更是谱写了一曲普通水上劳工的悲怆的赞歌。在那样的时代，生存着的人们是在一种怎样的无序里打发生命里无聊的日子，他们或者酗酒，或者牢骚，心底里一片黑暗，在和残留的人性的光亮争夺躯壳。

这是一个信仰混乱的年代，这是一个需要航标的年代。剧中的航标，既是写实，也是写虚。一条没有航标的河流，恰似一条没有方向的人生之路。这个比喻很恰切的反映了十年动乱给社会及个人带来的混乱与痛苦，迷惘与挣扎。但同时，没有航标的河流与放排船工们心底深处的昭昭人性之光形成了对比：他们世世代代默默无闻地在连航标都没有的河流上同样为人世建树着自己一份可贵劳绩、可赞高标。

盘老五在风浪中排散人亡，但是

我们的耳畔始终萦绕着这样的声音："我们山里人，知暖知寒，知恩必报，谁给过我们一口水，我们就还他一口井……""人是自尊的，人在各种各样的斗争中，从来是不会轻易服输的……"

（三）《灯塔世家》

这部由长春电影制片厂1998年摄制的彩色遮幅故事片，描写的是一个四代灯塔工家庭的故事，用当代的观点看，影片探讨的是灯塔工职业价值观的问题。在这个"物欲横流"的年代，该片的上演引起人们对于价值观取向的再一次审视与讨论。

1949年，灯塔工齐老榜为儿子咬脐迎来了新人秋女和襁褓中的孙儿大秧。新婚之夜，海盗抢劫，为保护灯塔，新郎咬脐中弹身亡。之后，悲愤而孤独的秋女带大秧离岛回乡。

五岁时，大秧跟爷爷上了岛。爷爷对灯塔的执着，感染了大秧，他爱上了大海、礁石和灯塔。中学毕业，大秧在岛上当上了第三代灯塔工。一天，风暴袭击海岛，为点亮灯塔，年迈的齐老榜献出生命。同时，齐大秧的勇敢顽强，舍己救人的精神感动了女教师韩书秀，赢得了爱情。暑期，临产的韩书秀上岛看望离不开岗位的齐大秧，结果，因为风浪颠簸早产，在灯塔工和海军医生的帮助下，母子脱险。大秧送回母子又返回灯塔，因为他对灯塔充满了爱，他知道岸上的人、海上的船离不开灯塔。

大秧儿子灯儿高考落榜，拒绝了女友一起经营酒店的请求，继承父志，随父上岛，成为第四代灯塔工。经过苦读再考，终于考取了大连海运学院航标专业，灯塔工终于有了自己的大学生。秋女看着这一切，想起自己嫁齐家50年来的风风雨雨，感慨万千。

这是一部取材于真实题材的影片，片中主人公齐大秧的原型就是全国劳动模范、已守护灯塔46年六十六岁的叶中央。他的故事也许比故事片还要曲折感人：自他祖父起到他儿子，祖孙四代航标工，堪称"灯塔世家"。他祖父叶荣宝是中国第一代灯塔工，父亲叶阿岳为保护守塔用船，在与大风浪搏斗中捐躯；他妻子和小女儿也在坐小船上灯塔陪他过年途中遇风浪袭击身亡。叶中央心系灯塔情难舍，处理完了亲人后事，又重上灯塔岛。正如影片宣传海报中所说："灯塔世家坎坷命运，催人泪下；齐家四代无私奉献，撼人心魄"。

值得一提的是，影片中齐大秧在与母亲谈话时道出了灯塔人的苦闷："生活上的艰苦和孤寂都算不了什么，最苦的是吃了那么多苦而不被人们理解。"现实是不是这样的呢？在影片放映后，我们就看到这样的评论："影片一直在'告诉'观众，'正面人物'都以牺牲现实世界的幸福为乐趣，而这跟业已形成共识的人人奔小康的社会共同价值观是相冲突的。在这样的影片里，观众再次沦为被训教者，娱乐、消费的快感消失殆尽。"看来齐大秩心底的苦楚是极具典型意义的。

但是，从叶中央到齐大秩，我们看到的，并不是哪个人为了一种怎样的目的而进行的简单的宣传，而是在生活中常常发生的事实。叶中央（齐大秩）的事迹，到底代表了一种怎样的情怀？这种情怀，是特殊的人才具有的？还是人人都能够做到？这种情怀，代表的是普通人的情感？还是人类终级化的追求？或许，对这些问题人人都有自己的答案。

不过，在对航标工的采访中，我们却深切和真切地感受到：对灯塔的保护，就是对神圣的捍卫，对崇高的捍卫！或许，这份尊严，原本就不属于世俗，所以，她和世俗对于物欲的追求格格不入，而这也是她常常被视为异端的原因吧。

我们也该记住这座影片的原型灯塔：建于1870年的地处浙江海域最北端的花鸟山灯塔，是我国海域重要的集视觉、无线电和音响航标为一体的三合一灯塔，被誉为"远东第一灯塔"。

（四）《守望者》（又译《灯塔情人》）

2004年法国爱情片，上映之后引起轰动，被称为是继美国电影《廊桥遗梦》之后同题材爱情片又一经典。导演是号称"灯塔舵手"的菲利浦·里奥雷。

卡米尔为了卖掉故乡的老屋而回到威桑岛，他的父母都已经去世了，他受到了伯母的热情招待。他发现有人给母亲寄来了一本书《世界的尽头》，作者是安东尼，封面是他父亲和外公都守望过的尤蒙灯塔。他产生了兴趣，细细阅读这本书，因而发现了家族的秘密。

原来，在1963年，刚结束阿尔及利亚战事的安东尼，被派到威桑岛，和卡米尔的父亲伊文一起看守海边的瞭望灯塔。可是没有谁欢迎他的到来，他引起了岛上男人们的敌视和女人们的情感困惑。尤其是男人们更是不断对他质问和挑衅。不友好的排外气氛没有让安东尼灰心，他留了下来。后来外表冷漠的伊文逐渐接纳了他，和他成为了朋友。他们俩轮流值班。伊文的妻子玛蓓也对他分外照顾。玛蓓和伊文这对夫妻结婚多年来一直没有小孩，虽然玛蓓对一成不变的生活有些厌倦，但又没有决心去改变，玛蓓总是将她全部精神寄托在丈夫伊文的身上。后来若隐若现的情愫在玛蓓和安东尼之间产生了，安东尼不掩饰对玛蓓的好感，玛蓓有些措手不及。

幸福是单纯的，可是夹杂在婚姻和友情之中的爱情给他们带来了前所未有的感受。虽然安东尼和玛蓓一直克制着彼此压抑于心底逐渐萌芽的爱意，但两人日久生情的传言仍然很快地传遍了整个渔村。安东尼不愿意破坏伊文的家庭，他决定在值完最后一次班后，就离开这个小岛。玛蓓来到他居住的地方找他，可是她在他的房前止步了，轻轻抚摩他的衣服，自言自语，在这份苦涩的爱情中煎熬。

伊文过生日，邀请了安东尼。安东尼把手风琴留给了玛蓓，玛蓓克制着自己的悲伤。在突如其来的狂风暴雨中，安东尼独自一人在灯塔外接受暴风雨和海浪的洗礼，他放飞了一只受伤的鸟，他的心灵反而得到了平静。伊文知道了妻子的不忠，可他没有怪罪安东尼，只是在房间里默默伤心，甚至忽略了灯塔上的灯灭了。当他听到安东尼的呼叫声后，赶到灯塔外救了安东尼，两人忘记了不快，齐心协力使灯重新亮起来，灯塔再次发出柔和的光芒，每个人的心里也都明白了未来的路要怎么走。

幸福触手可及，可玛蓓还是放手了；安东尼离开了，再也没回来；伊文和玛蓓迎来了他们的第一个孩子——卡米尔。和丈夫儿子继续平淡的生活，掩饰不住的忧伤时时在玛蓓的脸上显现。

卡米尔了解到这个故事以后，他改变了原来的想法，不卖房子了，谨此纪念父亲的伟大以及母亲那段刻骨铭心的爱情故事。

导演菲利浦·里奥雷说：“我喜欢那些流失已久，又为我们现实生活带来深远影响的老故事。我曾想将这部影片命名为《家庭的秘密》，也经常在想我们的父母究竟是什么样的人，过着怎样的生活，老房子里有我们的所有回忆，是我们的根本所在。”《守望者》美不胜收的景致和法国目前最当红的明星，成就了这段隽永绝美的爱情故事。

这部片子的情调舒缓，男女主人公的感情不动声色地流露，又冷静地克制，大海的潮起潮落，灯塔的忽明忽暗，都象征着他们的心事。全片在法国西北部海边的渔村威桑岛和一座闻名的“尤蒙灯塔”实景拍摄，看过电影，所有的观众都对那一座孤立海中的灯塔印象深刻，它让人感觉孤独、壮阔、凄迷、变幻莫测。在特殊的地点，她和他的故事显得更为动人。

就是这一座灯塔，也让导演拍足了戏。本片的导演菲利浦·里奥雷号称“灯塔舵手”，意指其作品中少不了独立海面上的灯塔。

（五）电视剧《远岛》

该剧由大连电视台拍摄于1997年，高满堂导演。该剧以男主人公、灯塔工杨金宝和妻子沈心茹之间的感情纠葛及杨金宝工作场景为主线，反映了一个普通航标工的工作、生活、思想和情感。由于其真实和平实地记录了普通航标工的工作和生活，得到了观众的普遍共鸣，曾荣获第十八届全国电视剧"飞天奖"提名和辽宁省优秀电视剧一等奖。

男主人公杨金宝是远岛上的一名灯塔工，多年前，他的妻子、大学教师沈心茹因为到国外继承亲戚的遗产而远走他乡，一直没有音信。期间，小女儿因为生病没有得到及时救治失去了行走能力，只能依靠轮椅。杨金宝在岛上工作期间，由老母亲带着女儿艰难度日。

一天，杨金宝下班回到家中，忽然见到了阔别多年的沈心茹。原来，沈心茹到国外继承遗产的事情没有结果，但也不想再回到国内，就在国外另外组成了家庭。沈心茹为当年的出走心中不安，这次借贸易洽谈的机会回家，一是看看女儿，二是提出出资为杨金宝开一个小餐馆，这样杨金宝也好离开灯塔工的工作，可以天天和母亲、女儿在一起，能够照顾他们。母亲和女儿听说了这个消息十分高兴，看到杨金宝犹豫的神情，母亲说了一句："你当航标兵当了八年，当航标工又当了八年，你还没干够啊？"

沈心茹的出现和她提出的建议，在杨金宝心里掀起了巨大的波澜，是继续做灯塔工，还是听从沈心茹的建议，辞职开餐馆以便照顾母亲和女儿，他展开了激烈的思想斗争。无奈之下，杨金宝逃避似地回到了工作岗位远岛。陆站长听说了此事，极力赞成他去开餐馆，认为于公于私都可以理解。

晚上，杨金宝准时用手机和女儿通话——每天晚上通话，是他和女儿的保留节目，美其名曰"远岛人民广播电台"。这次，听到女儿的提问，看着陆站长在船上为渔民修理机器的背影，杨金宝想起了自己十几年灯塔的生涯，也对女儿讲起了陆站长不惜生命危险保护灯塔正常发光的感人事迹……是啊！灯塔工的职业，给了他多少值得回味的东西！现在就这样离开厮守多年、已融入自己太多情感的灯塔，让他如何舍得?！这是我们从杨金宝和女儿通话的语调和表情中能够真切地看出来的东西。

故事的结尾，似乎已经作出抉择的杨金宝回到家里，见到沈心茹已经买下、正在装修的小餐馆，不禁百感交集……

值得一提的是，电视剧中陆站长的原型，就是大连航标处圆岛航标站的第三任站长季开华。前文我们曾经提到季开华在老铁山灯塔工作的事迹，到圆岛航标站后，季开华一干就是16年。由于他敬业的工作表现和身先士卒的工作作风，他深受职工的爱戴，几乎年年被评为先进工作者。剧中陆站长的儿子、也就是季开华的儿子曾长期跟他生活在岛上，常年的孤岛生活中，儿子练就了在起伏不平的岛上行走的习惯，到了陆地，居然不会走平地了！岛上艰苦的生活环境，使季开华先后患上了心脏病等多种疾病，不得不常年吃药。后来，他的双腿起了大片的疙瘩，后又扩展到全身。一天，病情突然恶化，住院后经专家会诊，认为是一种由长期潮湿引起的皮肤恶性病变症，但已无法救治了。刚过40岁的季开华，就这样离开了他深爱的灯塔。

和知道季开华的人聊起他，所有的人无不动容。说起他几十年的坚守，说起他工作的艰苦和认真，说起他对灯塔的热爱甚至执著，说起他到了陆地不会走路的儿子……

四、与航标有关的邮票

随着航海而诞生的助航建筑——灯塔，就像茫茫大海上希腊神话中的“普罗米修斯”。全球海洋界把“燃烧自己、照亮人间”赞誉为“灯塔精神”，“灯塔”已成为世界上公益事业的崇高象征，人们通过各种方式纪念灯塔，颂扬灯塔。灯塔邮票就是其中之一，灯塔专题号称世界邮票十大流行题材之一。

（一）世界灯塔邮票

“灯塔”在国外是个热门集邮题目，世界各国大量发行灯塔邮票还是近几年的事。同时，与灯塔有关的各种机构及刊物也不断涌现。例如，美国有专题集邮协会下属的灯塔邮票协会。英国有专门介绍灯塔集藏的《SEAMARK》刊物。限于手头资料的欠缺，暂时还无法将世界各国灯塔邮票统一做一个梳理，这里只是根据我国著名灯塔邮票收集者施友仁先生的文章资料，简要介绍世界首套灯塔邮票和德国的邮票。①

1. 世界上首套灯塔邮票

这套邮票是新西兰于1891年1月2日发行的，同时也是世界上第一套人寿保险邮票，供新西兰人寿保险局作为邮资专用。首套灯塔邮票共6种，面值0.5p（便士）～1sh（先令），邮票齿度有四种，斯科特目录编号OYI-6。2004年目录价1589美元，其中高值票3p275美元，6p375美元、1sh725美元，即便低值的0.5p也要65美元。

新西兰灯塔邮票在灯塔专题集邮中占有重要位置，新西兰从1891～1981年共发行人寿保险邮票7套56枚。邮票的图案既有象征性灯塔也有真实的灯塔。灯塔邮集少不了新西兰的灯塔邮品。

2. 德国灯塔邮票

为介绍德国著名灯塔及其特色，德国邮政特于2004年7月8日发行《德国灯塔》邮票一套两枚。这套《德国灯塔》邮票设计：约翰内斯·格拉夫；邮票主题和面值分别为格赖夫斯瓦尔德岛灯塔（面值0.45欧元）和罗特沙滩灯塔（面值0.55欧元）；邮票票幅：35.0mm×35.0mm；邮票由德国门兴·格拉德巴赫票证印刷有限公司采用彩色胶版印刷。

说到灯塔专题集邮，让人不得不想到德国灯塔公司。这是家成立于1948年、专业生产“灯塔”牌各类高档集邮用品、钱币册及辅助工具的专业集邮用品公司。经过50多年的不懈努力，德国灯塔公司发展成为世界知名的跨国公司，产品销售与服务地区遍及全球70多个国家，出版140个国家所发行的邮票定位册。“灯塔”也成为高品质集邮用品的标志。现在“灯塔”集邮用品已成为越来越多集邮爱好者的首选。

（二）我国的灯塔邮票

1. 2002年《历史文物灯塔》

为弘扬优秀历史文化遗产，2002年5月18日，我国发行一套五枚《历史文物灯塔》特种邮票，分别是大连旅顺口老铁山灯塔（建于1893年）、上海青浦泖塔（建于唐代）、浙江嵊泗县

老铁山灯塔

上海青浦泖塔

花鸟山灯塔

温州江心屿双塔

临高灯塔

花鸟山灯塔（建于宋代）、温州江心屿双塔（分别建于唐代和宋代）及海南岛临高灯塔（建于1894年）。这是我国首套灯塔专题邮票。5枚邮票的面值均为80分。为配合这套邮票的发行，北京市邮票公司特设计印制了首日封、邮折、邮册插页等邮品与邮票同时发行。

值得一提的是，阿富汗于2003年8月5日发行《灯塔》邮票一套6枚，图案分别是南非、法国、中国、越南、日本等5国的6座灯塔。其中表现中国灯塔的邮票上就是颇具唐代建筑风韵上海青浦泖塔。

泖塔是一座砖木结构的方塔，共有5层，高29米，边长8.63米，它建于唐乾符年间（874~879），曾是佛寺“澄照禅院”的组成部分，是我国现存第二古老的传统灯塔。1962年9月成为上海市文物保护单位。1997年10月，经第三次国际航标协会历史文物灯塔顾问会议审查通过，以泖塔为首的5座中国历史文物灯塔跻身世界历史文物灯塔100强，《历史文物灯塔》邮票就是为纪念这一盛事而发行的。泖塔能登上阿富汗邮票想必也与此有关。

将中阿两枚邮票摆在一起对比观赏，可以发现两者构图完全一致，可视作“异国同图”邮票对待。前者采用照片为图案，背景可见高架桥横跨而过，反映了泖塔的现状；后者采用同一照片设计绘制，塔身以雕刻版印制，立体感强，背景衬以上海古地图，设色淡雅古朴，表现了泖塔的深厚历史沉积。

从设计风格来说，《历史文物灯塔》邮票以钢笔素描手法绘出远景、中景和近景的5处6座灯塔雄姿，背景都配有淡淡的海图，设计简洁，主题突出。

2. 2006年《现代灯塔》

为配合国际航标协会第十六届大会在上海召开，2006年5月22日国家邮政局发行了《现代灯塔》特种邮票，全套4枚，图案分别为“大沽灯塔”、“桂山岛灯塔”、“吴淞口灯塔”和“木栏头灯塔”。这是我国第二套灯塔专题邮票。

大沽灯塔是新中国自行设计、施工的第一座大型水中灯塔，位于天津港外的海面上，建于1978年，塔身为圆柱形钢筋混凝土结构，外涂红白相间横纹，高38.3米，可发出旋转的强烈光束，射程17海里，是渤海湾和天津港的重要助航设施。

桂山岛灯塔位于广东珠海市珠江口桂山岛，建于1961年，1998年重建，高14.9米，射程18海里，是珠江三角洲通往香港、澳门及远洋的重要导航标志。

吴淞口灯塔是为了适应长江三角洲的经济腾飞，于1998年9月26日在上海吴淞口重建的。塔身白色圆柱形钢筋混凝土结构，高20.1米，灯光射程13海里，是长江口与黄浦江口交会水域的重

大沽灯塔　　桂山岛灯塔　　吴淞口灯塔　　木栏头灯塔

要引导灯塔。

木栏头灯塔位于海南岛东北角，建于1995年，高72.12米，射程25海里，是我国也是亚洲最高的现代化大型灯塔，是进出琼州海峡，通往越南及西沙、南沙的重要灯塔。

与《历史文物灯塔》设计风格相比，《现代灯塔》则在资料照片基础上采用电脑设计，以连票形式描绘出矗立在夜幕中的4座点燃的灯塔，突出了灯塔夜间导航的作用，背衬蓝黑色茫茫大海和隐约可见的礁石、船只及闪电。有趣的是，每座灯塔的光束，射程远的贯穿整个连票画面，而射程较近的只照射到相邻邮票画面边缘，既诠释了主题，又渲染了气氛，丰富了画面，还增加了视觉上的美感。

（三）我国灯塔专题邮票收藏爱好者

提到灯塔邮票，不能不提到我国著名的灯塔邮票收藏者——上海的施友仁和广东的伍穗生。

1. 施友仁的灯塔邮票

2007年8月15日，我们在古色古香的原上海海关大楼里见到施友仁工程师时，他正为自己凌晨花200美元通过网络拍得心仪的灯塔邮票而兴奋着。

施友仁的航标灯塔邮票搜集广泛，目前已收集有近百个国家和地区、几乎全部的灯塔邮票和一大批专题封片戳。作为专题集邮者，在编组展品时，他掌握了大量的灯塔专业资料，充分研究专题的内容，从认识、了解灯塔的起源、灯塔的结构、灯塔的位置、灯塔的影响等各个方面入手，将《灯塔》展品分为

1 灯塔的产生

1.1 航海的需要

海上贸易

自从人类进行海上贸易以来

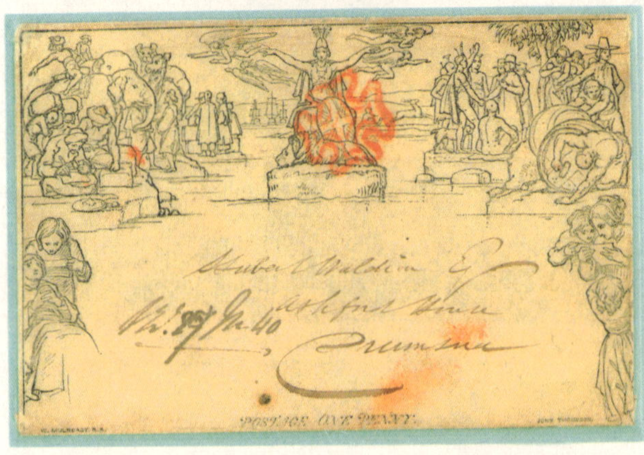

航海危机四伏

如风浪

海风既能助帆

意大利B.L.P信卡

"灯塔的产生"、"你了解灯塔吗"、"灯塔的位置"、"灯塔，不仅仅为航海"和"灯塔的影响"五个部分组成，每个部分又分若干小节。纲要拓展了灯

3.2 港口灯塔

特征灯塔

每个港口都有其特征灯塔，如 …

科沃布热格港灯塔

道格拉斯港灯塔

君士坦丁堡港灯塔

漏齿

墨西哥的维拉克鲁斯港灯塔

中心图案印样

漏印蓝色

正票

其建筑是墨西哥灯塔管理局大楼

中心图案倒印

无齿双连

无齿套印移位

塔专题的各个基本方面，章节之间又符合逻辑顺序。

他充分运用自己所收集的素材，运用素材来说话，“讲述的故事”尽量做到流畅与生动。如“灯塔产生”这一部分的“1.1航海的需要”这一节，他用了一枚马尔雷迪邮资封、两枚风浪中的船舶邮票、一枚意大利BLP信卡讲述了“海上贸易—航海危机四伏—如风浪—海风助帆”，紧接着又用两枚套印移位邮票、七枚齿孔移位联票和一枚齿孔移位票、一枚海难特种封讲述了“又能引起涛天巨浪-将航船击沉-更糟糕的是船舶在风浪作用下偏离航道-触礁搁浅-船体毁坏-船毁人亡-海难事故经常发生。这样的讲述，很自然地就引出下一节人们的乞求平安与后面灯塔的出现。每张贴片上的文字尽量做到文字说明与素材的和谐统一。

专题邮集要有传统性研究，如在

"海上灯塔——礁石灯塔"一节中，他用了一个贴片将新西兰1904年发行的第二套灯塔图人寿保险邮票有关变异进行标注。"港口特征灯塔"中用了一组墨西哥1919年中心图案印样、中心图案倒印、漏印蓝色、无齿套印移位、无齿双连邮品。"防浪堤灯塔"中对但泽1925年邮资片进行型号、规格的区别。"国家主权"中展示了一组四个三联美国版号卷筒票（PNC）等。

目前，施友仁参加的邮展有：2005年，组编的《灯塔》一框展品参加上海集邮节邮展，继而参与了"2005第二届济南一框邮集全国邀请展"和"首届网络一框集邮展览"，分获济南展平面类一等奖和网络展钻石奖。2006年初，《灯塔》正式向五框方向发展，编组的第一稿五框《灯塔》展品参加了中国海员集邮协会"纪念中国海员工会成立85周年集邮展览"。上海华夏专题邮会组织了对《灯塔》展品的点评。1996年，他还参加了美国专题集邮协会下属的灯塔邮票协会。1997年，又与英国专门介绍有关灯塔集藏的《SEAMARK》刊物取得了联系。

2. 伍穗生的灯塔邮票

2006年5月22日，广东珠海举行《现代灯塔》邮票首发式并举办了以《"灯塔"专题集藏展》为内容的展览。其中邮集部分就有专题类"航标"、"中国灯塔"和极限类"灯塔"三部，还有以灯塔为内容的邮资封、片、简、戳、门券、火花、钱币、扑克、台历、磁卡，一共30框。广东省邮协副会长、国家级邮展评审员孙海平说："这三部以灯塔为内容的邮集以及其他灯塔藏品，门类之齐全，品种之丰富无人匹敌，可谓中国'灯塔'专题集邮第一人"。这些展品的作者就是现已退休的原广东省西江航道局副局长、工会主席伍穗生先生。

伍先生说，他收集航标专题是为了"宣传航标，让社会上更多的人认识我们的航标工作，因为航道人一直默默无闻"。有意思的是，据施友仁先生介绍，在他收集灯塔邮票之初，就与伍先生结成了很好的朋友和知己。"我们刚刚去参观过邮票上的灯塔，像花鸟山灯塔。"我们在上海见到施友仁时他说。

伍穗生的《航标》邮集包括80多个国家和地区的500多枚航标题材的邮票、小本票、实寄封、首日封、邮资片、邮资封、邮简、极限片、邮戳及样张。伍穗生将它们分成八个部分，全面展示了航标的功能、分类、结构、材料、形状、色彩、光能源、发展和影响。邮集中还有世界首套和许多早期灯塔邮票等珍稀邮品。这部展品获得过肇庆市1997年集邮展览金奖，并在1997年5月和2000年8月荣获广东省集邮展览镀银奖和镀金奖。1995年曾被特邀在"中国第19届最佳邮票评选颁奖活动邮展"上展出，2000年又分别特邀在"湛江海洋经济博览会邮展"、"第十届海南国际椰子节邮展"上展出。极限类邮集《灯塔》，共2框32贴片，以邮票、邮戳、明信片三者和谐的形式展示了古今中外航标灯塔的历史和现代风采。《灯塔》极限邮集在2005年肇庆市集邮展览中荣获一等奖。

伍先生还担任着广东省集邮协会理事、肇庆市集邮协会副秘书长等"要职"，仍然耕耘着他的航标灯塔集藏。伍先生几十年来在"灯塔"专题的方寸集藏、整理、研究以及所取得的成就，表现了他作为老航道人对航标事业的炽热之情。

①本部分写作时征得了施友仁先生的同意，特此致谢。

五、灯塔名汇

（一）灯塔经济与"科思灯塔"

灯塔是经济学中常用的一个例子，不同的经济学家以灯塔为例来说明自己的某种经济理论。

1. 灯塔经济

一提起灯塔这个诗意盎然的例子，经济学者首先想到的就是收费的困难，这种困难令灯塔成为一种非政府亲力亲为不可的服务。英国经济学家米尔（J.S.Mill）指出，虽然海中的船只可从灯塔的指引而得益，但若要向他们收取费用，就不能办到。除非政府用强迫抽税的方法，否则灯塔就会因无私利可图，以致无人建造，稍后一点的瑟域克（H.Sidgwick）将米尔的论点加以推广。20世纪剑桥学派最后一位代表庇古（A.C.Pigou）则以灯塔说明"市场失灵"和"政府干预"。他认为既然在技术上难以向船只收取费用，灯塔若是私营的话，私人的收益在边际上必定会低过灯塔对社会贡献的利益。在这情况下，政府建造灯塔是必需的。森穆逊（P.A.Samuelson）也有类似观点。①

灯塔之所以为经济学家所津津乐道，就在于它是一种不同于一般物品的公共物品。公共物品本身具有非排他性和非竞争性的特征，在供给过程中不可以拒绝"搭便车"的情况。其供给对于每个人包括穷人都是公平的。私人产品的消费具有排他性，一般不会出现"搭便车"，资源能够实现供求平衡，政府如果过多干预反而会造成资源浪费。公共产品则不然，由于投入与回报的不对等，在市场经济条件下的企业或个人出于逐利的动机，不愿意去经营这些可以"搭便车"的公共产品，而像立法、国防、基础科学研究这类公共物品是任何一个经济都不能缺少的，是社会维持正常运行和经济发展所必需的。为了弥补这种“市场失灵”，庇古他们建议就得由政府建立一种公平公正的供给机制，向社会所有成员提供这种产品。作为有限政府只要做好公共产品的供给就可以了。用经济学的解释就是：“政府只组织和执行公共产品的供给，而不必去管也不该去管私人产品的供给”。森穆逊还指出，公共物品有利于整个社会，作为一种公共事业就不应该收费，维持这种公共事业的费用来自于税收。还有的经济学家提出，不仅提供这些公共产品的经费主要来源于税收，富人多纳税、穷人少纳税甚至不纳税，而且其供给也不都是通过市场机制进行的等价交换，少花钱甚至不花钱也可以获得。

公共产品的供给不仅出于弥补市场失效、维护社会公共利益的需要，同时还要求实现社会总福利和人均总福利的最大化，要求政府必须按照社会公众的集体意愿提供公共产品，而不是以获取利润为最终目的。

鉴于公共产品的这种公平属性，经济学将其喻为“灯塔经济”，意在以灯塔为例，说明公共设施、公共服务等公共产品在社会生活中的重要作用，以及如何有效地向社会提供这些公共产品，说明它应当为所有人提供服务，即使穷人也可以“借光”。“灯塔经济”的真谛是公平。尽管经济学家们在公共

船与灯塔（天津海事局供图）

产品的提供途径和方式上存在着分歧，有的甚至更加强调效率，但他们都不否认它的公平属性。所以，公平优先应当是灯塔经济，即公共产品提供过程中理应遵循的原则，给包括穷人在内的全社会所有人以普照的光，才是灯塔经济的真谛。公共产品的属性决定了"灯塔经济"理应惠及穷人，并与"穷人经济学"有着不解之缘。

2. 科思灯塔

因为政府提供公共物品往往引起低效率，于是有一些经济学家从另一个角度谈论灯塔。产权理论的奠基人美国经济学家科思在1974年发表的《经济学上的灯塔》中，根据对英国早期灯塔的研究反驳了私营灯塔无法收费的观点。他证明了，即使是灯塔这样的公共物品也是可以实现私有化成为私人物品的。这样就可以消除政府提供灯塔这类公共物品的低效率。②

科思根据事实说明，早期英国的灯塔是由私人建造并经营的，这些私人根据船的大小、所经过灯塔的数量，成功地对私人船主收费，并从中获利。以后，灯塔的国营化并不是私人无法收费，而是收费过高。香港的经济学家张五常也发挥了这一观点。张五常进一步把灯塔收费的困难分为二类，一种是偷看灯塔而不认账，拒绝交费，另一种是"搭便车"，承认看了灯塔但就是不交费。前一种情况，并不重要，后一种情况则可以通过政府赋予私人灯塔的"专卖权"来解决。因此，结论就是，对灯塔这类公共物品收费是可能的，并不能由灯塔收费的困难引申出必须由政府提供公共物品的结论。就产权问题而言，也就是公有产权的存在并不必要，对公有产权实现私有化是完全可能的。而且，由于私有产权下效率更高，所以，私有化就是克服公有产权下效率低下的必由之路。科思的产权理论无疑为70年来西方国家国有企业私有化的政策提供了理论依据。也许这正是20世纪70年代之后，产权理论盛行于西方经济学界，以及科思获得诺贝尔经济学奖的重要原因之一。

庇古的灯塔得出公有产权必要的结论，科思的灯塔则否认了公有产权的必要性。在现实中，公有产权确有其种种缺点，而私有化也并不是克服这些缺点的最优途径。矛盾重重，出路何在?

（二）灯塔计划

一颗星可以驱走黑暗
一盏灯可以指引前路
边远地区的小孩
渴望走出山外……

——方向引领一生

灯塔计划是近几年发起的面向我国农村教育的一个纯公益性质的群众性义工活动，其宗旨是致力于改善偏远地区师资力量薄弱的状况，促进当地社会的可持续发展，进一步推动社会主义教育事业。通过组织在城市里受过良好教育的义工到偏远地区的学校任教的过程，带给农村孩子们全新的知识和先进的理念，让他们即使在边远闭塞的农村，也能接触到来自外面世界的崭新事物，感受社会的进步和时代的气息，唤起学习动力和生活追求，改善自己的思考模式和树立积极的人生观，实现自己的人生价值。灯塔计划的核心思想是：方向引领一生。灯塔计划不以盈利为目的，不谋求商业利益，加入灯塔计划的义工是自愿、自发的。

灯塔计划组织者认为，文化知识的贫乏，意识观念的落后，思维方式的缺陷，都不是单纯的财物捐助可以彻底解决的，需要辅以大量优秀的“人”来亲自传授先进的知识、全新的理念，才能开拓孩子们的眼界，改变落后的知识层面和思维模式。所以他们希望通过受过良好教育的义工言传身教这个桥梁，为孩子们的心灵开启一扇明亮的窗户，孩子以义工为榜样，努力实现心中的理想和生活的追求。

灯塔计划坚信方向是人生重要的概念之一，每个人都要根据自己的独特性来确定自己的方向。灯塔计划承诺不接纳以纯粹商业宣传和个人功名为动机的组织或个人。在遵守国家的各项法律规章的同时，接受党、政府和有关业务主管单位的领导。下面的歌词表达了他们的心声：

你是我们一直寻找的灯塔，指引我们的方向，知识力量，照亮前方，把山区孩子的心照亮。

我相信用我真心，能让灯塔更光亮。

（三）奥运灯塔

青岛，可能是国内与灯塔关系最为密切的一个城市了吧。它的许多企业都不约而同地把小青岛上的灯塔作为产品商标。灯塔俨然成为了一个城市的象征符号之一，这在国内可能是仅见的。而那种绵绵不断的灯塔情结，更是令人感动。

作为2008年北京奥运会的伙伴城市，青岛是奥运帆船比赛的所在地,奥帆中心的标志性建筑“奥运灯塔”已经以崭新的面貌矗立在美丽的浮山湾(奥帆中心)内。入夜，站在五四广场、音乐广场等地的海边，亮化后的灯塔如一颗闪耀的明珠照耀着奥帆中心，向世人展示了一幅美丽的画卷——她将照亮2008年北京奥运会帆船比赛中心!在“人文奥运”的口号下，青岛奥帆委的决策者们充分认识到了灯塔所蕴涵的文化意蕴，自觉不自觉地选择了修建灯塔作为传承奥运精神的一个结合点和载体，这在奥运会的历史上恐怕也是不多见的。这个现象看似偶然，却恰恰表现了青岛人内心割舍不断的灯塔情结。灯塔对青岛人的吸引力也充分体现了航标文化的独特魅力。

奥运灯塔，是现代奥林匹克精神与灯塔精神的交融，它将成为青岛承办奥帆赛的历史见证而永载史册，同时，也为青岛市造就了一座新的人文景观。它的诞生，也是青岛灯塔人文血脉的承继和进一步延伸。

（四）灯塔产品

这个题目放在这里也许不太合适。不过我们考虑到许多产品已经家喻户晓，成为一个响亮的名词，其经营理念更是深入人心，所以也一并作为名词加以概括了。

我们知道，许多地方文化特色与灯塔关系密切，与她的历史渊源和现实需要有关，如前面提到的青岛，许多产品冠以灯塔之名，或以灯塔作为商标一点都不足为怪。但是另外还有一些产品纯粹是从灯塔的象征意义出发，要从中引发一些令人深思的精神层面的寓意，这实在是因为灯塔这种物象的符号意义已是光芒普照了。

我们有理由相信，无论是灯塔酱油、灯塔油漆、还是灯塔什么，灯塔产品们都首先寓意企业的发展光明一片，前景辉煌。同时，也会使人联想到与灯塔的文化寓意相关的普惠济世的人性化经营理念。

①梁小民："经济学家话灯塔"，《微观经济学纵横谈》，北京：生活·读书·新知三联书店，2000年8月，第221页。

②梁小民："经济学家话灯塔"，《微观经济学纵横谈》，北京：生活·读书·知三联书店，2000年8月，第224页。

奥运灯塔（姜鹏摄）

第十一章　而今迈步从头越

——以航标为媒介的中外交流

灯塔是执著的。无论岁月怎样蹉跎流逝，无论季节如何更替流年；无论是暴风骤雨、阴霾迷雾；无论是飞沙走石、风和日丽……你总能够在她的岗位见到她执著的身影，一个给旅人以希望，给哲人以思考、启迪的身影。

《中国近代海关历史文件汇编》第6卷记载：1856～1860年，英法联合发动了对中国的第二次鸦片战争，迫使清政府签订了《天津条约》。

《中国海事》杂志2006年第6期报道：2006年5月27日，由24名各国理事组成的新一届IALA理事会投票选举中国海事局常务副局长刘功臣为该理事会主席，这是国际航标协会自1957年成立以来的首位中国主席。这一切表明我国近几年的海事事业，特别是航标事业的飞速发展得到了世界各国同行的认可，表明我国在国际航标协会的作用越来越重要……

这样两份会产生强烈对比的资料，足以引发我们的深思。历史经过了近150年，在近代饱受西方列强侵略的中国，终于成为国际航标大家庭中平等和自主的一员。

从各民族文化发展变化的轨迹看，推动文化发展的动力主要有两种：一是民族自身的发明、发现，二是吸收融合外来有益的文化成果，而后者常常是本民族文化加速发展的催化剂。我们可以显著地看到，当今世界，后一种动力正以前所未有的强劲力量发挥着作用。正如《世界文化报告2000》科学委员会主席洛德斯·阿里斯佩所说，在当今世界文化的发展变化中，“文化交流实际上是这些新现象的轴心。”

中国航标一百多年发展的历史，在中外交流方面有两个值得记载的时期，一是中国近代西方国家在中国的航标建设，二是改革开放以来中国航标事业国际交流的迅猛发展。

一百多年来航标发展的历史经验教训，特别是自1978年我们实施改革开放以来我国在加强航标国际交流所取得的辉煌成就，有力地证明了一个结论：要弘扬我国优秀的航标文化传统，只有坚持改革开放，从世界广阔的视野，以面向新世纪的胸怀，不断地学习，不断地扬弃，才能保持航标文化之树常青。

一、历史的沉思

18世纪，工业革命后的西方列强在全世界范围内开始了以争夺市场为主的殖民活动，也将侵略的触角伸向了古老的中国。

1832年，英国东印度公司派林赛德和郭士利（Gutzlaff）乘“阿美士德”号船，考察了厦门、福州、宁波、上海等中国沿海港口。其后，海关于1869年在长江口大戢山建立的灯塔即命名为Gutzlaff灯塔，以“纪念”郭士利扩张市场的功绩。

1840年7月～1842年8月，英国就以中国禁烟破坏通商为借口对中国发动了鸦片战争；1856～1860年英法联合出兵又发动了第二次鸦片战争，迫使清廷签订了《天津条约》。1858年10月签订的《天津条约》的附约《通商章程善后条约》第十款规定："……任凭总理大臣邀请英（美、法）人帮办税务……并严查漏税，判定界口，派人指泊船只及分设浮桩、号船、塔表、灯楼等事……"；"其经费在船钞（Tonnage Due亦即吨税）项下拨用"。[①]这就是由西方殖民主义者控制中国海关税务和沿海及长江航标的不平等条约的原始依据。

1868年4月，在海关总税务司管辖下设立了海务部门（Marine Department原名船钞部）。海务部门的职责是建筑、管理中国沿海和内河的灯塔、浮标、雾号和其他航行标志，管理港口航道船舶等事务。从此，中国的航标建筑和管理权直接归西方殖民主义控制的海关管辖。

在这期间，我国沿海从西方引进了先进的灯塔设备、管理方法、在通商各口岸和沿海关键航道都设置了灯塔、灯浮、灯船、雾号等助航设备，截至1914年，中国沿海及长江设置的灯塔灯桩已有227座、浮标148处、标桩145座。1911年在香港至汕头之间新建的遮浪角灯塔，是当时世界上灯头烛光最大的灯塔之一；南澎灯塔所设的气压雾笛为世界发声最强的雾笛之一。

在技术管理方面，从1893年开始，沿海重要灯塔都相继更新使用了与国外同步的水银缸旋转灯机、大型牛眼透镜、新型闪光仪、煤油白炽纱罩灯具、乙炔气灯等，定光均改造为明灭相间灯、灯光烛力较原来大幅度增强。"1927年，在长江口花鸟山灯塔建设指向标，设备从英国进口，1930年正式对外开放，"是当时世界上最新的无线电指向设备。[②]

在业务管理方面，1868年，清政府在海关总税务司设置船钞股，主管"建设与管理沿海内河灯塔、灯船、浮标、雾号及其他各项航行标志，撤除航路沉没船只，疏浚港口航道……"总税务司规定，海务巡工司和总营造师每年要对沿海每一座灯标至少巡视一次；灯塔建设工作由海务巡工司和总营造师共同管理，灯塔位置选定之后，总营造师作出设计和工程指标，由总税务司审批，土建部分由灯塔所在地海关承担，灯笼和灯器由总税务司署驻英国的秘书公开招标。自1868～1949年，当时的海关主要职位几乎全由外籍人士担任。在他们的把持下，海务部门的官方语言为英文，所制订的有关行政、人事制度及许多业务章程都带有半殖民地的色彩。[③]海关所有主管人员和重要职位，一律由洋员包揽，华员只居低下职位。

陈向元概括20世纪20年代华员被歧视的情况："华人关员甚多，约占外人关员六倍。惟地位均在下级。开关以后，华人中仅有一人被任为亚东之代理税务司，且非参与征税事务者；除此而外，华人从未占据重要地位，亦从未有一日为一关之主任，专备外人部下之补助机关而已。"④

1894年5月间，北洋大臣李鸿章就上奏了赞赏当时海关设置助航设备的奏章：

中国海面辽阔，港叉纷歧，绵亘万余里。经总税务司赫德历年设立警船、灯浮、灯桩等260余处。如北洋之大沽、曹妃甸、辽河口、镆鎁岛、成山头、崆峒岛、猴矶岛，及海军提督丁汝昌商同添造旅顺老铁山、威海卫、赵北咀等处，均属险要地方。自设置灯塔后，往来船只即遇风雾，不致迷向触礁，于水师行驶、商船人货、获益非浅。现值巡阅海军，臣等顺道勘视北洋各处灯塔、船桩、深为合法。该总税务司赫德尽心筹办，不无微名……⑤

由此可见，建国前的81年时期，在旧海关海务部门主管之下，中国沿海及长江的助航设施，由于引进了西方国家先进的技术、设备和管理方法，达到了国际先进水平，对当时的港口建设和船舶航行安全均起着积极保障作用。但与此同时，我们还应从历史背景出发，更清楚地认识到，西方殖民者在中国进行的航标建设与管理，完全是为了对外扩张、占领市场的需要，其控制中国航标主管权，首先是从为西方殖民主义者的利益服务这一基本目的出发的。

①《中国近代海关历史文件汇编》，第6卷，第465页。

②中华人民共和国共和国海事局组编：《中国航标史》（内部资料），2000年5月，第31页。

③中华人民共和国共和国海事局组编：《中国航标史》（内部资料），2000年5月，第269-271页

④陈向元：《中国关税史》，北京：世界书局1926年版，第44-45页。

⑤《李文忠公全书》奏稿，第49册，第78卷。

二、艰难的历程

建国初期，我国沿海处于军事斗争状态，美蒋对我国沿海实施封锁、禁运，妄图使我国航标和航运处于瘫痪状态。为适应当时军事斗争形势和恢复并发展海上运输的需要，遵照周恩来总理1953年的批示，政务院决定沿海航标移交给中国人民解放军海军管理。

当时，为了反封锁、反禁运，恢复国民经济，国家号召全面向苏联学习，沿海航标移交海军的管理体制亦参照苏联的模式，组建了海军司令部海道测量部，后更名为航海保证部。

建国前，中国所需航标设备器材如无线电指向标、电气及乙炔灯器、乙炔气及电池能源全部从美国、瑞典等西

方国家进口，国内没有航标工业。中国海军接管沿海航标之后，为了尽快恢复受到破坏和停业工作的航标，逐步建设适应军事需要和航运发展的近海航标建设，开始了在航标建设与管理上向苏联学习。

在人员交流方面，聘请了苏联专家在技术和管理上予以指导，如东海舰队当时聘请的苏联专家戈尔斯可夫对中国航标技术人员讲解传授了“导标原理及设计”，这一原理设计后来在全国进行了推广应用，助航效果明显，并在实际使用基础上基于苏联导标原理制订了中国的导标规范。同时，还设计制造了防空罩，安装于主要港口的大中型灯器上，经过实际测试应用，空中难以发现海面上航标折射的灯光，起到了战时防空的作用。

在航标设备方面，引进了苏联的CPM型无线电指向标及KPM型无线电全向指向标分别安装于青岛黄岛及其他台站。

在航标制式方面，1956年，中国、苏联、朝鲜和越南在北京召开了四国航道测量会议，对统一海区浮标问题进行了研讨并取得共识。会后，中国海军海道测量部与交通部进行了具体的技术论证，以原苏联海区浮标制式为基础，结合中国的具体情况，由海军司令部、交通部和水产部共同制订了《海区水上助航标志制度》，于1960年由海军司令部颁布实施。①此次会议之后，会议代表还专程赴上海，参观了海军东海舰队“海航”号航标船表演起吊、投放浮标作业，苏联代表团团长阿尔金对作业过程给予了很高的评价。

与此同时，西方国家的封锁禁运，也激励了我国自力更生、奋发图强的精神。在航标制造方面，在上海浦东原有的浮标修理工场基础上，逐步扩充扩建为上海航标厂，全国劳模老工人金财发研制成功了乙炔喷火嘴和乙炔双闪灯具；上海天原化工厂工程师、先进工作者萨本茂刻苦钻研，反复试验成功生产了高纯度黄粉清净剂，解决了乙炔气能源的难关。1953～1958年，上海航标厂陆续研制生产了690余种电闪仪、换泡机、滤光玻璃圈、透镜、各款浮标等产品，保证了国内的急需，还出口至朝鲜、越南、阿尔巴尼亚等国。1963年6月，中国人民解放军总参谋长张爱萍到上海航标厂视察时给予了高度的赞扬。

建国后的30多年中，由于当时特殊的国际环境和历史条件，除了我们一度对苏联等社会主义国家实施开放交流外，与西方发达国家的国际交流几乎等于零，我们几乎是在“与世隔绝”的情况下从事航标发展和建设的。

①中华人民共和国共和国海事局组编：《中国航标史》（内部资料），2000年5月，第101页。

三、蓬勃的发展

“建设一个国家，不要把自己置于封闭状态和孤立地位，要重视广泛的国际交往，同什么人都可以打交道，在打交道的过程中趋利避害。用我们的话讲，叫对外开放。”①1978年党的十一届三中全会之后，世纪伟人邓小平用过人的胆识和智慧，启动了中国的改革开放历程。这一基本国策使中国航标的发展飞速向前，发生了巨大的变化。时至今日，我国的航标事业已经完全融入了国际航标的大家庭。

“改革开放以来，航标事业发展十分迅速，虽然我们在一些方面还与发达国家有差距，但不可否认，没有改革开放，没有与国外同行在各个领域的交流与合作，就没有中国航标的今天。而且，与昔日的旧中国相比，我们现在与外国人打交道是平等互利的。”一位航标管理部门的老领导侃侃而谈，“现代我国航标的发展，航标的由弱到强，是伴随着改革开放的进程，并以国家的逐步强大为基本前提的。”

（一）采用国际航标协会海上浮标系统“A”区域

能够代表中国航标在改革开放以后很快融入国际社会的经典事件，是中国对国际航标协会海上浮标系统“A”区域的采用。

“一个国家港口航标的设置和管理水平，直接体现出这个国家航标管理部门的能力，很多时候甚至代表这个国家的形象，因为外国船舶到达一个国家时，首先看到的往往是航标。”一位航标工作者深有感触地说。“因此，我们在20世纪80年代中期就采用A系统，首先在国际航标界赢得了认同。”

从国际范围看，各国港口及海上浮标一直存在的“红在左”和“红在右”的分歧，由于习惯和成本等方面的问题，国际航标协会技术委员会对于这一原则性问题一直没有达成统一的意见。由于随着国际航运事业的发展，船舶往来日益增多，船舶驾驶人员难以掌握世界各地种类和制式繁多的浮标，经常因为误认航道而发生事故，航运界要求统一浮标制式的呼声很强烈。1973年，国际航标协会提出了建议，即在侧面标志中保留“红在左”和“红在右”两个系统，并将前者确定为A系统，后者确定为B系统，并分别制订了设置和使用规则，便于各国采用。

1977年，英国首先开始使用A系统。其后法国、西德等国家也开始陆续使用。B系统的规则在1980年提出，主要适用于美洲国家。其后，国际航标协会将这两个规则合称为“国际航标协会海上浮标系统”，分为A、B两个区域。1980年11月，国际航标协会会议一致通过了这个新规则，并建议各国航

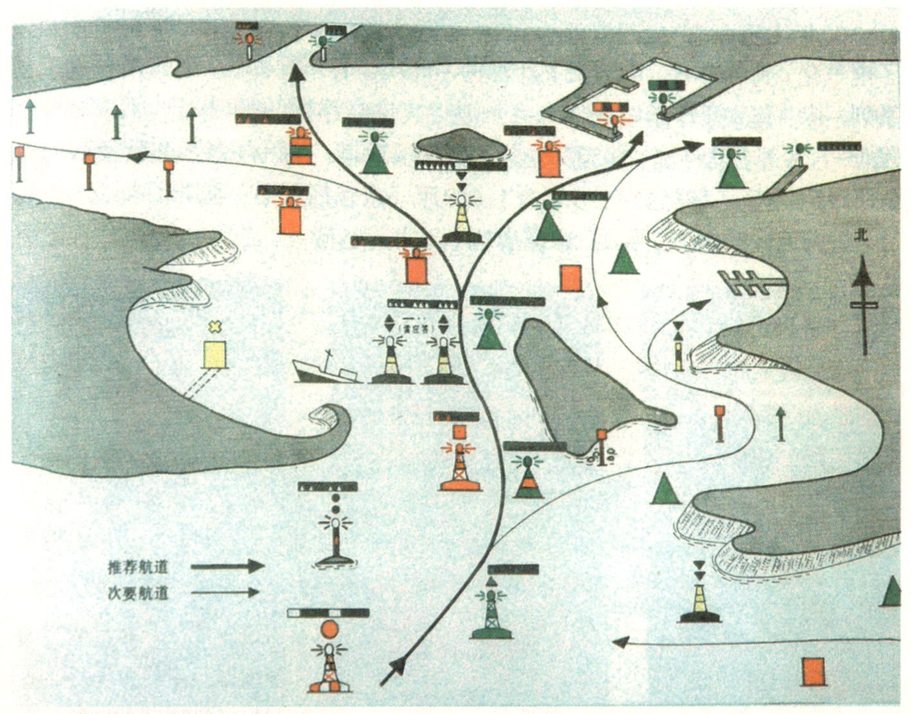

A 区域水上助航标志配布示意图

标管理当局自行采用相适应的A系统或B系统。②

虽然“国际航标协会海上浮标系统”制订和颁布，时值中国改革开放前后，但是考虑到统一海上浮标有利于海上航行安全，中国航标管理部门从一开始就对国际航标协会的建议采取积极的支持态度。1981年10月，中国交通部正式通知国际航标协会，中国采用国际航标协会海上浮标系统“A”区域。1983年6月，经过长期的调研和准备，根据等效的原则，我国提出了《中国海区水上助航标志》国家标准GB 4696-84，并于1984年10月1日国家标准局批准发布，1985年8月1日正式在中国海区实施改革。

（二）引进国外先进技术和设备，向国际一流水平迈进

改革开放以后，我国沿海主要港口和海上干线的公用航标为适应国内外海运事业的发展，根据交通部领导关于引进国外先进航标设备，更要立足自力更生、引进国外先进技术的指示精神，1983年11月交通部组织了由郭南田、王金付、李汶、张家孝、余军等组成的

引进航标小组，邀请了世界各国著名的航标厂商在香港进行引进航标设备的技术商务谈判。

“建国后由于历史原因，我们闭关自守了30多年，这次香港会谈使我们亲眼看到世界上的航标产品竟是如此琳琅满目，第一次看到了不同颜色的155塑料透镜，比我们传统使用的200毫米模压玻璃透镜及滤色玻璃圈要轻便优越实用；第一次知道了大型灯器使用的先进磁控无齿轮传动的旋转机；第一次了解到轻便的无线电航标——雷达应答器在世界上已广泛有效地应用……”曾经参与谈判的李汶老先生深有感触地说。

从1983年11月21日～12月13日，引进航标小组根据技术先进、质量优良、价格合理的原则，最后选定英国的Pharos和Maconi、美国的APITideland等航标厂的产品，签订了设备订货合同。这是中国自建国以来第一次与国外航标厂商在香港进行的官方进口设备会谈，也是我国实施改革开放政策的标志性成果。此后，我国引进国外航标技术和设备工作持续进行，据统计，自1984～1994年，我国进口航标设备444台（套），分别换装了沿海和对外开放的港口的灯塔、灯桩、灯浮标的灯器和无线电指向标，重要部位设置雷达应答器，增强了航行安全的保障能力。1983～1994年，分别从英国和美国进口雷达应答器78台，安装在沿海主要港口的口门、重要水道转向点及容易发生海事的海域。

从1983年我国第一次引进国外先进航标设备至今，根据航标发展的需求，我国陆续优选进口了一批又一批的先进航标器材，安装在沿海干线航道和重要港口水域的重要部位，使沿海航标真正亮起来了，有效地保障了国内外船舶在我国海域航行的安全，促进了我国经济建设的顺利进行。

“在航标设备引进过程中我们认识到，引进的东西都是‘菌种’。”曾经多次参与国外航标设备采购的中国海事局原副局长郭莘女士说。她认为，在航标技术和设备引进过程中，通过双方的交流、学习和使用过程中的培训等，我们不仅从国外航标界学到了先进的管理思想、先进的技术和先进的设备使用方法，更重要的是，航标设备和技术的引进，启动了我国航标建设方面“引进、消化、吸收和创新”的优化过程。在引进国外先进航标设备的同时，我国有关航标科研生产单位通过消化、吸收、创新，目前已能生产与同类产品具有同等性能和技术指标的各款灯器、雷达应答器等航标设施。一些技术发明甚至达到了世界先进水平，如天津海事局烟台航标处研制成功的大型智能化航标旋转灯器。

（三）加入国际航标协会（IALA），积极参与国际交流活动

国际航标协会的标志

国际航标协会（IALA）是一个非政府的、非营利性的国际技术团体，成立于1957年。它为来自于世界各地区的航标管理当局、生产厂商和咨询机构提供一个平台，共同致力于在世界范围内使航标系统的标准协调一致，促进船舶安全和有效的航行，加强海上环境保护等活动。

国际航标协会的职能包括：（1）通过促进成员之间密切的工作关系和协助，建立国际合作—收集和发布信息、交流最新的发展动态和共同感兴趣的问题。（2）与相关的政府间、国际的和其他组织联络。例如，国际海事组织（IMO）、国际海道测量组织（IHO）、国际照明委员会（CIE）和国际电信联盟（ITU）。（3）与代表航标使用者的组织联络。（4）致力于新的航行技术、水道测量技术和船舶交通管理。（5）就航标事宜，提供专家建议和帮助（包括技术的、组织的和培训事务等）。（6）建立委员会或者工作组，制定和出版适当的IALA建议和指南、参与制定国际标准和规范、研究特殊问题等。（7）鼓励国际航标协会成员制定相应的政策，致力于与航标建设和管理有关的社会和环境事宜。这些事宜包括：保护历史灯塔；利用航标作为收集数据或其他政府服务、商业服务的平台。（8）组织助航活动有关的国际会议和研讨会。

国际航标协会的会员有四种：（1）国家会员：适用于任何国家法定负责提供、维护和管理海上航标的国家管理当局。（2）联系会员：适用于与航标或者相关事宜有关的任何其他服务机构、组织或者科研机构。（3）工业会员：适用于海上航标设备的生产厂家和销售商，或者根据合同提供海上航标服务或技术咨询的组织。（4）名誉会员：可由国际航标协会理事会终生授予被认为对国际航标协会的工作做出重要贡献的任何个人。

中国参与国际航标协会的活动，是从改革开放之后开始的。1980年，交通部和海军司令部航海保证部一行5人，参加了国际航标协会在日本召开的第十届国际航标大会。1984年，中国

恢复在国际航标协会的活动，交通部水上安全监督局作为中国航标主管部门被国际航标协会正式批准为A类会员，并逐渐参加了国际航标协会的各类学术交流、技术研讨等活动。

自1985～2002年，由交通部水上安全监督局（后更名为交通部海事局）组成的中国代表团陆续参加了国际航标协会第11届到15届在英国、荷兰、美国、德国和澳大利亚召开的大会。

“1987年，我参加了IALA在英国举办的一次学术研讨会。当时，国际航标界基本没有中国的声音。我进行了紧张的准备工作之后，有幸在研讨会上宣读了以‘中国的航标发展’为题的论文。当时的想法很简单，就是要为国家争一口气，中国必须有声音！”刚刚卸任交通部海事局副局长不久的郭莘女士说起自己20年前的这次活动，仍显出略微激动的神情。

从改革开放至今的20多年间，像郭莘女士这样积极参与国际航标学术活动的例子不胜枚举。据统计，1983年至今24年间，我国交通部曾多次组团赴英、美、西班牙等国和香港地区考察航标及有关组织、设施；结合引进航标设备，派员至国外航标生产厂进行技术培训；参加由国际航标协会召开的各种方式的学术研讨会。同时，交通部还邀请了各国航标界人士到中国参观和交流航标建设和管理活动。

参加国际航标学术活动、邀请外国专家来华讲学，已成为学习国外先进航标技术和管理经验，提高航标管理水平的重要渠道。

1994年2月在美国夏威夷召开的国际航标协会第13届大会期间，我国代表团团长交通部安监局林玉乃局长，代表团成员王金付、徐孝忠、李汶等同志与各国代表进行了广泛的交流，介绍了中国航标的迅速发展与取得的成就，赢得了各国的赞誉。此届大会上，林玉乃局长当选为国际航标协会理事，李汶首次在大会上宣读了“中国海区航标总体配布设计”学术论文，实现了我国国际航标交流有史以来零的突破。

2002年，在澳大利亚悉尼召开的国际航标协会第15届大会上，交通部海事局刘功臣常务副局长光荣地当选为国际航标协会副主席，这是我国实施改革开放国策以来在航标领域中获得的丰硕成果。

2006年5月22～27日，第十六届IALA大会在中国上海浦东国际会议中心召开，大会的主题是：“数字世界的航标”，来自44个国家和地区的400余名代表参加了这次盛会。中国交通部副部长徐祖远到会致辞，向第十六届IALA大会表示热烈的祝贺。围绕大会主题，各国代表在会上广泛地交流了航标技术发展和管理方面的经验、成果论文55篇。中国代表在大会讲坛

IALA 第十六届大会会场（王海潮摄）

上介绍并演示了中国沿海长江口、珠江口、渤海湾、琼州海峡建成船舶自动识别系统（AutomaticIdentification System，缩写AIS）的实施效果：AIS与VTS信息网络连接集成、播发DGPS差分数据、发布水文气象服务信息、警示船舶在关键航道按信息引导安全航行、在制定时间播发航标信息、用于航标保护监控……大会期间，IALA理事会的24名理事投票选举产生了新一届的IALA理事会，中国海事局常务副局长刘功臣当选为IALA理事会主席，这是IALA自成立以来，也是百年国际航标合作史以来的首位中国主席，表明了我国近期海事事业，特别是航标事业的飞速发展，得到了世界上的认可。

①《邓小平文选》第三卷，人民出版社，1993年，第260页。

②中华人民共和国海事局组编：《中国航标史》（内部资料），2000年5月，第104页。

后 记

航标文化研究是交通部组织的“交通文化建设研究”课题中22个子课题之一，研究承担单位为天津海事局。接到这项任务之后，天津海事局按照总课题组的要求，成立了课题研究领导小组、研究课题组和专家顾问组，进行了认真的前期论证和准备工作。为了保证高质量、高起点地完成课题研究任务，天津海事局聘请了南开大学和大连海事大学等单位的专业研究人员共同进行课题研究。

本书写作之前，首先由徐俊池、赵亚兴、孔繁弘、葛树增、王学秀在认真学习领会交通文化建设研究总的指导精神和“航标文化研究大纲”基础上，共同起草完成了研究框架和本书编写大纲。之后经过反复论证、实地调研和搜集大量资料的过程，开始草稿的撰写工作。参与本书初稿撰写的人员是：第一章，王英志；第二章，袁同凯；第三章，刘华芹；第四章，葛树增；第五章，刘凤香；第六章，范冠华；第七章，袁同凯；第八章，刘华芹；第九章、第十章，王学秀；第十一章，李汶。初稿完成后，根据评审专家的意见和建议，由葛树增、王学秀、袁同凯对全书进行了总纂和多次修改。

在航标文化研究和全书撰写的过程中，交通部黄先耀副部长多次就本课题的研究作出重要指示。同时，交通部海事局、交通部体法司及交通文化建设研究总课题组的领导同志给予了热情的指导和关怀。交通部体法司法制与文明建设处，交通部海事局党工部、航标测绘处等部门领导同志多次给予悉心的指导和帮助。在专著框架研讨会和专著初审、终审会上，来自行业内外的诸位专家也提出了许多中肯的意见和建议。在课题研究的调研过程中，我们还得到了上海海事局、广东海事局、海南海事局、长江航道局、黑龙江航道局等许多兄弟单位的大力支持。在此，我们对真诚帮助过我们的诸位领导和专家表示由衷的谢意！

本课题研究过程中，我们参阅了相关领域各个方面的资料。前人的诸多理论成果和来自航标管理部门的实践总结，为我们的研究提供了丰厚的营养，在此一并表示谢忱！

与文化研究的其他领域相比，航标文化的研究是一项可谓“前无古人”的工作。因此，我们在这一过程中进行的研究，大多是具有探索性的。同时，对于这样一个涵盖范围较广和意义深远的课题，我们在个人能力和时间等诸多方面也颇感力有不逮，难免存在许多谬误之处，敬请业内外广大读者批评指正。

参考书目

1.孙光圻.中国古代航海史.北京：海洋出版社，1989.

2.周家华主编.聚焦长江航运——长江航运2001—2005年新闻选集.武汉：长江出版社，2006.

3.大元海运记.雪堂丛刊.

4.班思德著.李廷元译.中国沿海灯塔志.海关总税务司公署统计科,1932.

5.王轼刚主编.长江航道史.北京：人民交通出版社,1993.

6.中华人民共和国海事局组编.中国航标史（内部资料），2000.

7.郭立新主编.考古人类学.南宁：广西民族出版社，1998.

8.周大鸣、乔晓勤.现代人类学.重庆：重庆出版社，1990.

9.王筑生主编.人类学与西南民族.昆明：云南大学出版社，1998.

10.克拉克·威斯勒著.钱岗南、傅志强译.人与文化.北京：商务印书馆:2004.

11.李亦园.田野图像——我的人类学研究生涯.济南：山东画报出版社，1999.

12.乔治·麦克林.传统与超越.北京：华夏出版社，2000.

13.吴坚.实用逻辑学.北京：首都经济贸易大学出版社，2005.

14.黑格尔著.法哲学原理.北京：商务印书馆，1995.

15.张静芬.中国古代的造船与航海.北京：商务印书馆，1997.

16.中华长江文化大系.北京：中国言实出版社，2004.

17.徐万民、李恭忠主编.中国引航史.北京：人民交通出版社，2001.

18.庄孔韶主编.人类学通论.太原：山西教育出版社，2004.

19.诺曼·K·邓津，伊冯娜·S·林肯. 风笑天等译..定性研究.第3卷.重庆：重庆大学出版社，2007.

20.雷蒙德·弗思著. 费孝通译.人文类型.北京：华夏出版社，2002.

21.中国社会科学杂志社编.人类学的趋势.北京：社会科学文献出版，2000.

22.[美]科塔克(Conrad Phillip Kottak)著. 徐雨村译.文化人类学——文化多样性的探索.台北：麦格罗希尔出版，2005.

23.[美]威廉·A·哈维兰著.瞿铁鹏等译.文化人类学.上海：上海社会科学院出版

社，2002.

24.[美]怀特著. 曹锦清等译.文化科学——人和文明的研究.杭州：浙江人民出版社.

25.克利福德 · 格尔兹著.纳日碧力戈等译.文化的解释.上海：上海人民出版社，1999.

26.郭禹主编.航海学.大连：大连海事大学出版社，2005.

27.陈凯丰著.建筑文化学.上海：同济大学出版社.1996.

28.钱正坤著：世界艺术史话.北京：国际文化出版公司.2001.

29.罗哲文.罗哲文古建筑文集.北京：文物出版社.1998.

30.罗哲文、刘文渊、刘春英著：中国名塔.北京：百花文艺出版社，2006.

31.楼庆西著：中国古建筑二十讲.北京：生活 · 读书 · 新知三联书店，2005.

32.张博颖、徐恒醇.中国技术美学之诞生.北京：中国建筑出版社，2003.

33.毛白滔著.建筑作品解读.南昌：江西美术出版社，2006.

34.童孟侯.神秘的航标灯.北京：海洋出版社，1983.

35.王英志.航标学.大连：大连海事大学出版社，1997.

36.胡兆量，阿尔斯朗，琼达等编著.中国文化地理概述.北京：北京大学出版社2001.

37.《宋史》卷401.《辛弃疾传》.

38.程民生著.宋代地域文化.开封：河南大学出版社,1997.

39.方宝璋、方宝川.中国文化通志之地域文化典——闽台文化志.上海：上海人民出版社，1998.

40.罗哲文.中国名胜——寺塔桥亭.机械工业出版社，2006.

41.周俊安编著.内河助航标志.北京：人民交通出版社，1996.

42.梁漱溟.中国文化要义.上海：上海世纪出版集团，2005.

43.汪卫兴.使命与大海同辉——走进中国海事.北京：作家出版社，2006.

44.不熄的航标.北京：人民交通出版社，1993.

45.中华人民共和国海事局编.中国灯塔.北京：人民交通出版社，2006

46.孙为刚.远洋渔歌.北京：中国文学出版社，1993.

47.中共长江航道局委员会组编.长江航道回忆录.1996年内部刊行.

48.[英]约翰 – 托什（John Tosh）著.史学导论.北京：北京大学出版社，2007.

49.[英]马林诺夫斯基著.文化论.北京：华夏出版社，2000.

50.尼古拉 · 别尔加耶夫.精神与实在.北京：中国城市出版社，2002.

51.刘光明.企业文化.北京：经济管理出版社，2004.

52.陈序经.文化学概观.北京：中国人民大学出版社，2005.

53.庄锡昌等编.多维视野中的文化理论.杭州：浙江人民出版社，1987.

54.恩斯特·卡西尔著.人论.上海：上海译文出版社，1985.

55.中国海事局编.通航管理.北京：人民交通出版社，2006.

56.中华人民共和国交通部安全监督局编.航标法规标准汇编.北京：人民交通出版社，1997.

57.赵鑫珊.建筑面前人人平等.上海：上海辞书出版社，2004.

58.丰子恺.丰子恺散文全编.浙江文艺.1992.

59.微观经济学纵横谈.北京：生活·读书·新知三联书店，2000.

60.中国近代海关历史文件汇编.第6卷.

61.陈向元.中国关税史.北京：世界书局.1926.

62.李文忠公全书.奏稿.第49册.第78卷.